阅读日本
书系

近代日本的机运

[日] 鸟海靖 编
欧文东 李群 译

社会科学文献出版社
SOCIAL SCIENCES ACADEMIC PRESS (CHINA)

KINDAI NIHON NO TENKI MEIJI, TAISHO - HEN by TORIUMI Yasushi (ed.)

Copyright©2007 TORIUMI Yasushi et al.

All rights reserved.

Originally published in Japan by YOSHIKAWA KOBUNKAN Co. , Ltd. , Tokyo.

Chinese (in simplified character only) translation rights arranged with YOSHIKAWA KOBUNKAN Co. , Ltd. , Japan

through THE SAKAI AGENCY

KINDAI NIHON NO TENKI SHOWA, HEISEI - HEN by TORIUMI Yasushi (ed.)

Copyright©2007 TORIUMI Yasushi et al.

All rights reserved.

Originally published in Japan by YOSHIKAWA KOBUNKAN Co. , Ltd. , Tokyo.

Chinese (in simplified character only) translation rights arranged with YOSHIKAWA KOBUNKAN Co. , Ltd. , Japan

through THE SAKAI AGENCY

阅读日本书系编辑委员会名单

委员长 谢寿光 社会科学文献出版社

委　员 潘振平 三联书店（北京）副总编辑
　　　　　张凤珠 北京大学出版社副总编辑
　　　　　谢　刚 新星出版社社长
　　　　　章少红 世界知识出版社副总编辑
　　　　　金鑫荣 南京大学出版社总编辑

事务局组成人员
　　　　　杨　群 社会科学文献出版社
　　　　　胡　亮 社会科学文献出版社
　　　　　梁艳玲 社会科学文献出版社
　　　　　祝得彬 社会科学文献出版社

中文版编辑说明

1. 本中文版依据鸟海靖编『近代日本の転機 明治・大正編』『近代日本の転機 昭和・平成編』（吉川弘文館、2007）两书译出，合为一本书出版。关于"近代"的概念，中日两国学界的理解及使用或有差异，本书遵照原书的用法，且文中观点不代表出版社立场。

2. 日本于1873年（明治6年）1月1日起采用公元纪年，废除旧历。为示区别，本中文版中此日期前的天皇纪年均用汉字数字表示，月、日均为旧历；此日期后的天皇纪年均用阿拉伯数字表示。本书中凡用阿拉伯数字表示的日期均为公历。

前　言

　　如同人生不乏转机，历史也充满着转折点。这些转折点或改变历史潮流，或加速历史发展，无论善恶，都会左右历史方向，翻开历史新的篇章。

　　自幕府末期的黑船来航至今，长达约150年的日本近现代历史进程中，就有一些事件在各个领域都成为历史的转折点，并对之后的历史发展产生过重大影响。本书中，各领域的学者将围绕这些事件进行详细的分析与考察。

　　从幕府末期的黑船来航、大政奉还到第一次世界大战后的华盛顿会议、币原外交，这一时期的日本经历了封建体制的崩溃与近代国民国家的建立，同时在东北亚地区进行势力扩张，终而成为在国际上与欧美列强齐肩的强国。明治·大正编正是围绕着这一阶段的历史展开。

昭和·平成编囊括的事件上及世界经济危机、九一八事变，下至地铁沙林毒气事件以及泡沫经济崩溃后的企业丑闻，内容涉及（1）日本对东亚和东南亚进行军事扩张，发动战争，乃至惨遭战败的结局；（2）日本在二战后迅速复兴，实现经济高度增长，成为世界上首屈一指的经济大国，之后经济持续低迷。

本书的各主题主要由诸位编者选定，不仅包括之前人们形成共识的、在近代日本史上极具常识性的重要事件，那些长期不受重视，但随着新观点的出现以及近年来学术成果的不断取得，被重新认识到具有重要历史意义的事件，我们也尽力编入书中。

出于统稿的需要，我作为主编通读了所有编者的书稿。对于一个历史现象的看法、理解和评价，自然是仁者见仁、智者见智。但对主题之下的内容，则原则上交由各位执笔专家决定。

本书作为一个整体，特别注意到这样几点：第一，尽量运用宏大的国际视野从多角度进行记述；第二，尽量采纳近现代日本史研究的最近学术成果和观点；第三，尽量深入到历史现象的背后，努力理解历史的内涵，不以现有的价值标准对历史现象进行非善即恶的二分法简单判断等。

本书虽不是专业的学术性著作，但各主题的记述均以各执笔人的专业学识为依托。如果通过此书，大多数读者能感受到近代日本发展轨迹中的种种可能，能体会到前人的苦心惨淡，能领略到错落于这段历史间的"光"与"影"，将是我们的荣幸。

鸟海靖

2007 年 3 月

目 录

明治·大正编

序幕　黑船来航 / 003

I　**封建体制的解体与文明化** / 011

1. 被排除的"最后的将军" / 012
2. 五棱郭陷落 / 019
3. 废藩置县的号令 / 026
4. 断发和洋装 / 034
5. 陆蒸汽带来的文明 / 042
6. 萨军败退的转折点·熊本城的攻防 / 049
7. 内国劝业博览会与万国劝业博览会 / 056
8. 大久保利通被刺 / 064

II　**立宪政治的实现** / 071

9. 府县会的开设 / 072
10. 政党的结成 / 080

Ⅱ 近代日本的机运

11. 伊藤博文的欧洲观察与立宪政治调查 / 088
12. 立宪政治的实现 / 098
13. 日本最初的政党内阁 / 107
14. 新媒体的形成 / 114

Ⅲ 帝国日本的扩张 / 121

15. 三国干涉与黄祸论 / 122
16. "百日维新"与日本 / 129
17. 八幡制铁所的创业 / 137
18. 新闻主战论和倒阁运动 / 146
19. 外债发行现场 / 153
20. 日本人移民问题的尖锐化 / 161
21. 韩国合并 / 171

Ⅳ 民众的时代 / 179

22.《青鞜》创刊 / 180
23. 拥护宪政、打破阀族 / 188
24. 越中妇女起义 / 195
25. "平民宰相"的登场 / 204
26. 宪法纪念日的示威大游行 / 211

Ⅴ 国际协调与亚洲的民族主义 / 221

27. 废除人种歧视 / 222
28. 三一运动 / 231
29. 五四运动 / 238

30. 华盛顿会议 / 246

31. 币原喜重郎外相与南京事件 / 253

昭和·平成编

Ⅵ **被国际社会孤立** / 263

32. 世界经济危机及其影响 / 264

33. 九一八事变爆发 / 272

34. 五·一五事件 / 285

35. 松冈洋右失算 / 294

36. 遭否认的天皇机关说 / 303

37. 军队叛乱 / 313

38. 从"北支事变"到"支那事变" / 322

39. 《国家总动员法》的采纳 / 332

40. 决定放弃举办东京奥运会 / 340

Ⅶ **战争时期** / 349

41. 大政翼赞会的成立 / 350

42. 建国 2600 年庆典 / 358

43. 大本营政府联络会议上的唇枪舌战 / 366

44. 日本对美英开战 / 375

45. 翼赞选举 / 384

46. 受挫珊瑚海 / 394

47. 大东亚会议和"大东亚共荣圈" / 404

IV | 近代日本的机运

48. 雅尔塔会议及美英苏之间的合作和对立 / 414

49. 东京大空袭 / 425

50. 天皇的裁决 / 435

Ⅷ 从废墟走向复兴 / 445

51. 签署投降文书 / 446

52. "麦克阿瑟草案"的出台 / 454

53. 防不胜防的通胀崩盘 / 462

54. 女议员的诞生 / 470

55. 远东国际军事审判 / 479

56. 朝鲜战争爆发 / 486

57. 恢复主权与独立 / 495

Ⅸ 经济繁荣与病理 / 503

58. 日本保守势力整合 / 504

59. 东海道新干线开通 / 514

60. 田中角荣的决断 / 522

61. 抢购手纸 / 529

62. 东京地铁沙林毒气事件 / 537

终章 混乱而迷茫的日本经济与企业丑闻 / 546

年　表 / 556

执笔者介绍 / 564

近代日本的机运

●

明治·大正编

序幕　黑船来航

黑船的出现

最初报告黑船①来航的，是当时正赶赴下田的浦贺奉行所同心②。嘉永六年六月三日（1853年7月8日）早8时左右，黑船被发现正驶过下田港，由于朝霭茫茫，船上的情况无法看清。只远远望到大小各两艘舰艇，其中小型船由吐着滚滚浓烟的大型船曳引着迅速移动。傍晚时分，四艘黑船在浦贺港抛锚下碇时，从清晨就开始持续的雾气已完全消散，远处的富士山清晰可见。"上喜撰唤醒太平梦，喝上四杯便再难眠"③，在狂歌中所描述的黑船，是以"萨斯奎哈纳"号为首的两艘蒸汽军舰，加上另外两艘克尔维特型纵帆炮舰。"萨斯奎哈纳"号重245吨，"密

---

① 因驶入的美国军舰船体为黑色，所以日本人称之为"黑船"。——译者注
  以下脚注如无特别示明，均为译者注。
② 同心，幕府时期检查船只的下级官员。
③ "上喜撰"，江户时期一种日本高档绿茶的茶名，日语发音与蒸汽船相同。日语里船只的数量词也为杯。全句的意思为：蒸汽船将人们从平安的睡梦中惊醒，来了四艘便再难眠。

西西比"号重169吨，分别装备9门和10门大炮。船是由装载在船身外的两个巨大的轮轴所助推，它们的体积是当时日本"千石船"①的20倍以上。

率领这支美国东印度舰队的马修·卡尔伯莱斯·佩里1794年出生在一个海军世家。父亲是海军上校，兄弟5人均为海军军人。他于1837年晋升为当时美国海军最高级别的总司令官。

1852年11月，佩里一行始发于弗吉尼亚州诺福克，途径好旺角，经停琉球最终抵达日本。早在佩里率领舰队到达日本之前，幕府就已经通过前一年六月荷兰商馆递交的"别段风说书"②里得到这一消息。情报在此之前就已被井伊家等"溜间"③诸侯以及岛津家所获知。

比德尔来航与海防方针

早在7年前的1846年，美国政府就命詹姆斯·比德尔率领帆船战列舰"哥伦布"号（248吨）和单桅帆船"宾塞尼兹"号（700吨）两艘军舰抵达日本，要求商谈通商事宜并缔结条约。面对突然出现在浦贺港的巨大舰船，幕府下令川越松平、忍松平家④两藩主率兵出击。此时距正保

---

① 江户时代中期，只要能装载一千石米就可以叫千石船，并没有特定的船型。
② 锁国时代的幕府规定长崎入港的中国、荷兰商船必须向长崎地区最高行政长官——长崎奉行报告海外局势，这种报告书统称为"风说书"。"别段风说书"专门对幕府所关心的重大事件进行整理并收集报告。
③ 溜间，指江户城内名门谱代大名藩政的房间。
④ 负责三浦半岛警卫的是川越藩，负责房总半岛警卫的是忍藩。

四年（1647）葡萄牙商船抵达长崎整200年。结果，在幕府递交要求离岸的谕旨时，比德尔误入川越松平家的船只，与川越藩兵发生冲突。突如其来的事件，险些引起日美开战。幕府为了吸取教训，同年九月颁布并实施了御备场实地检查条例，次年根据此条例新增设了彦根井伊家（三浦半岛）和会津松平家（房总半岛）共4家海岸防卫，并删除了对凡是越过富津海岸与观音崎间警戒线侵入内海的外国船只一律击沉的条例。海防方面，浦贺奉行强烈主张建造西式大型军舰，但海防挂①海防四家（具体见第5页引文）以及笔头老中阿部正弘却认为应继续加强陆上防卫系统，对于建造西式大型军舰持否定态度。因此在嘉永三年（1850）举行的"御备场实地检查"的答问中，建造小型西式单帆纵向型舰这一提案虽经允许，但原则上仍坚持陆上防卫方针。就在这时发生了黑船来航事件，而正是由于佩里所率领的黑船的威胁，才致使幕府内部最终同意建设海军。

摇摇欲坠的祖法

浦贺港抛锚后，佩里对幕府命令其开往长崎的告谕置若罔闻，要求日本就地接受美国总统米勒德·菲尔莫尔亲笔国书。幕府被迫临时在西侧的久里滨搭建了接待处，并于六月九日收下了美国总统的国书。除了海尼之外，佩里舰队随行还有画家、摄影家以及精通植物学、天文

---

① 海防挂，江户幕府的官职名，全称为"海岸防御御用挂"。

学的专家。他们在日本国内进行了植物标本采集以及海图制作等活动。

国书中，美国要求与日本缔结通商互惠条约，要求救助海上遇难的美国船只并对美国国民予以保护，提供煤炭、淡水以及粮食和救援。当时，幕府浦贺奉行身着阵羽衣①，仿佛双方早有过约定一般默默接过国书后，递交了要求佩里立即离港的谕旨。而佩里当然无视幕府欲其旋即离去的要求，当日便将舰队开至他自己命名的作为美国港口的今横须港附近，展开了赤裸裸的炮舰外交。之所以如此，与佩里要颠覆以往日本视西方各国为蛮夷的传统华夷秩序之强力意志是分不开的。佩里此次来航之前，就打算要求日本进行对等外交，并决心为了实现这一目的不惜以舰队的威力为后盾。另一方面，幕府试图以祖法为由拒不接受美国国书，但考虑这将导致敌人开进江户城直接谈判，于是不得不屈服在佩里炮舰外交的强硬态度之下。在浦贺港附近接受西方国家的国书，以及外国船只越过富津、观音崎间的海岸线入侵日本内海的事件，对于日本来说前所未有。此时，江户城里群情哗然，一片骚乱。原因就在于佩里舰队入侵内海的前日，幕府刚刚颁布了若美国船只侵入需鸣响警钟的通告。此通告是造成此次江户城骚乱的直接原因。加上佩里强硬的炮舰外交，此事成为日本人心中永远的记忆。

---

① 阵羽衣，古时在战阵中穿在铠甲外边的无袖外衣，绢、罗纱等制成，仿制室町时期来日的西班牙人、葡萄牙人服饰而成。

幕府的对策

面对佩里的蒸汽军舰，幕府当局如何应对呢？兰方医①坪井信良在给越中高冈的信中如下写道。

> 只能说，唯两百年来无此严重事态，除此之外难以言表。虽曾在天草和关原有过如此事态，但也未有过大名及其旗下全员总动员之严重事态吧。（宮地正人編『幕末維新風雲通信』、東京大学出版会、1978）

幕府动员了比参加关原之战和岛原之乱还多的大名进行商议。实际上幕府此时，以国持大名为中心进行了兵力动员。具体是新设熊本细川家、萩毛利家、冈山池田家、柳川立花家四家为海防四家，并命宅邸靠近海岸的大名家修筑炮台，紧固海防防线。结果，20家国持大名中，米泽上杉家以外的大名纷纷以种种形式实施海防防御对策。这已经超过了大阪之阵和岛原之乱时的数量。接着幕府又在内海建造6个炮台，以海防四家为主对炮台进行巡视，并在炮台装置154门大炮以防佩里的再次来航。大炮的数量超过了次年佩里再来航时美国舰队的102门炮数。加上诸大名家修筑的炮台，幕府布置了双重防御线守卫江户。此次成功召集诸大名共同商议对策，表面上看虽是由于对外危机而带来各大名对幕府

---

① 兰方医，精通荷兰医术的医生。

的向心力加强，但也说明了幕府依然具有强大的军事指挥权。不仅如此，面对12代将军家庆此时不幸死去（六月二十二日）的困境，仍然能够成功动员各大名应对紧急事态，老中阿部正弘的领导作用更进一步得到了巩固。

《日美和亲条约》的缔结

由于佩里此次只准备了一个月的粮食，便接受了日方的要求（提出次年答复），率领舰队开往澳门进行舰队的修理维护，同时也在等待赠予日本的礼物的到来。但他担心此时滞留在上海的俄国的普提雅廷抵达江户将致美日交涉失败，因此于次年嘉永七年一月十六日便早早地率领包括3艘蒸汽舰在内的总计7艘军舰（后又加入两艘）再次抵达浦贺。佩里以浦贺港不适于大型船停泊为由，要求改为二月一日在横滨接待。二月十日，佩里一行首次登上横滨港，提出了美方的缔结条约草案，与林（复斋）大学头以下的对美交涉官员进行了谈判。日美双方于二月末进行了最终交涉，三月三日（1854年3月31日）在横滨的接待所进行正式签署。签约后，双方进行了礼物互赠。美方将1/4实物大小的火车模型和电报机等机械设备赠送幕府。行驶的火车模型，敷设大约1英里的电报线发送信号，这些都引起了日本人强烈的好奇。幕府的回赠则是让大力士扛大米袋，以及现场相扑表演。

《日美和亲条约》的要点为：（1）开放下田、箱根两处港口，向美方提供燃料、淡水以及必需品；（2）漂流民的救助及保护；（3）给予美国单方面的最惠国待遇；（4）允许美方派驻领事；等等。条约的第1条"永世不朽的和亲"，根据与美方交涉的官员所说应为日美两国无争吵纠纷，但据与俄国交涉的官员勘定奉行①川路圣谟对前水户藩主德川齐昭的说明，这里的"和亲"是"驯化"对方的意思。这个"驯化"也就是中国传统对外政策的怀柔、羁縻之意。羁縻是指一方面接受、听取蛮夷的部分要求，另一方面使之服从进而加以控制。这一点足可以说明，当时的日本还处于以西方国家为蛮夷的华夷思想当中。因此，最惠国待遇不过是将军单方给予美国的恩惠抚慰。并且当时并无国际条约的标准文本规范，条约有汉文和以汉文为基础翻译的日文、英文、荷兰文，以及以荷兰文为基础翻译的日文等版本。至于派驻领事这一条约，汉文中写为根据两国政府的合意18个月后进行条约的签署。荷兰文的日文翻译本则为日美两国若有一方认为有必要则立即派驻领事。日方认为实质上拒绝了与通讯同义的派驻领事这一条约。因此，此条约的成功签订对于美国来说，是领先于欧洲列强首先撞开日本国门，是值得纪念的大事。但日本却认为此条约不过是怀柔、羁縻美方的一环而已，实质上不过是同天保年间条文规范了薪水给予令一回事而已。

佩里利用蒸汽军舰的巨大威力，要求对等的权利以及作为一国的威信，企图彻底瓦解日本以华夷思想为根底的

---

① 勘定奉行，财政大臣。

对外政策。另一方面，阿部正弘很早地就看清了佩里不过是利用炮舰进行武力胁迫进而达到外交目的，并无开战之意。他沉着冷静采取对策，动员诸大名共同渡过难关。虽说日方只把《日美和亲条约》当作是与条文规范了薪水给予令一般轻重，但随后，对西洋国家的称呼从原本的"异国"开始改为"外国""和亲诸国"，日本急速接受了西洋国际社会。因此不得不说，黑船来航导致了日本传统以华夷思想为根底的对外政策，即锁国政策的土崩瓦解。

（上村榎弘）

参考文献

土屋喬雄・玉城肇訳『ペルリ提督日本遠征記』、岩波文庫、1990。

石井孝『日本開国史』、吉川弘文館、1972。

加藤祐三『黒船異変』、岩波新書、1988。

三谷博『ペルリ来航』、吉川弘文館、2003。

I

封建体制的解体与文明化

1. 被排除的"最后的将军"

小御所会议——京都——庆应三年（1868）十二月九日

王政复古

京都御所内中心部有一个被称为小御所的殿舍。平常，此殿舍是举行各种仪式以及天皇召见公卿和幕府使者的地方。

庆应三年十二月九日（1868年1月3日），决定这个国家此后命运的会议即将在此拉开序幕。即历史上有名的"小御所会议"。

是日清晨，王政复古武装政变发生。文久二年（1862）辞官蛰居后获赦的武力倒幕派——岩仓具视突然进宫晋谒，与此同时萨摩藩兵控制了各处宫门。岩仓等随即于御所内的御学问所发布了"王政复古"大号令。此次王政复古废止了朝廷的旧职，并取消幕府，新设立了总裁、议定、参与等三职。

当夜，在新政权召开的小御所会议上，年轻的天皇出现在帘子后面。右手边是前尾张藩主德川庆胜、前越前藩主松平春岳（庆永）、前土佐藩主山内容堂等诸大名，左手边是以有栖川宫炽仁亲王为首的中山忠能、正亲町三条实爱、岩仓具视等。里间则由大久保一藏（利通）、后藤象二郎等诸藩士控制着。他们是此次新政权设立的三职①人事，受命齐集于此。但在这些面孔里，却没有朝廷的主宰者摄家和最后的将军德川庆喜。

摄家是公家社会的最高官职。古代藤原氏嫡派的名门，即使在江户时期仍然具有强大的影响力。对于他们来说，十二月九日发生的政变犹如晴天霹雳。头天（八日）傍晚开始的朝议直到九日清晨才结束。摄政二条齐敬等摄家众位面带倦容纷纷离开御所时，同席的中山忠能、正亲町三条实爱、松平春岳等却没有离开。只有他们知道这里将要发生什么，因此留了下来。并不知晓"王政复古"计划的众公卿离开后，政变就要开始了。摄政、关白等朝廷官职的废除，门第、流派等公家社会秩序的颠覆，一时间将摄家的存在彻底改变。

"最后的将军"德川庆喜是否也同摄家的人一样听到政变后如同晴天霹雳呢？事实并非如此。他早就获悉政变消息，只是毫无举动，默默接受而已。

知道一切的"最后的将军"

就在召开小御所会议发动王政复古三天前的十二月六日，庆喜在他的行辕二条城会见了越前藩士中根雪江。中

---

① 三职，指"总裁""议定""参与"。

根乃松平春岳的亲信，为了传达春岳的意向前来拜访二条城之主。

中根前来拜访的目的究竟为何？此事须从再四日前的十二月二日说起。那天，土佐藩后藤象二郎会见了萨摩藩士西乡吉之助（隆盛）、大久保一藏二人。席间，西乡、大久保二人说出决定进行王政复古政变的计划。听此，后藤要求在山内容堂入京后，也就是延期到八日再发动政变。同时，后藤深知事关重大，便向松平春岳密告了此事。春岳大为震惊，于是派心腹中根前来告知庆喜此番政变。此时，王政复古的计划仍在紧锣密鼓地进行着。

庆喜日后回忆说，当时中根瞪圆了眼睛向他报告了王政复古诸计划。但庆喜丝毫未感到震惊，并说："王政复古乃当然"，只对老中板仓胜静说了此事。板仓对庆喜的主张表示极为认同。庆喜又说："会、桑两藩必不顺从政变，若二人得知此事定会惹出不必要的麻烦"，嘱咐此事断不可泄露给会津、桑名两藩。会津藩主松平容保为京都守护职[①]，桑名藩主松平定敬为京都所司代[②]，二人为兄弟。庆喜忧虑素日就对萨摩藩的行径有所不满的此二人，若得知此政变必会引起事端（渋沢栄一编、大久保利通校订『昔夢会筆記』、平凡社、1967）。

另一方面，倒幕派岩仓、大久保等担心王政复古的计

[①] 江户幕府的官职，驻守京都、保护朝廷、维持京都近畿治安之职。
[②] 京都所司代，江户幕府的官职，负责朝廷与幕府的交涉，监督京都、奈良、伏见等地的町奉行，掌管近畿地区的诉讼，管辖社寺等。

划因泄露而遭到阻止，决定于实施前夕再告知离庆喜较近的尾张、越前两藩主。但其实在政变发生的前3日，庆喜已得知此策谋。岩仓、大久保的担忧无疑是多余的，那庆喜为何默许了此次政变呢？近年，以研究庆喜问题著称的家近良树，是这么认为的：庆喜对旧体制复活无望一事已然看透，而对德川势力产生的绝望应该到了无以复加的地步吧（『幕末維新の個性— 徳川慶喜』、吉川弘文館、2004）。所以政变当日，早知一切的庆喜也并未离开二条城半步。

不在场的主角——小御所会议·第一幕

十二月九日夜，小御所会议开始。齐集于此的有天皇、众亲王、众公卿，以及御三家①、家门②、外样③等诸大名、诸藩士，共28人。如此阵容的会议，在江户时期的政治体制下是无法想象的。

会议由议定中山忠能主持开始。最先发言的是议定山内容堂。容堂主张让庆喜也参加此会议，老练的公卿参与大原重德却认为庆喜内心难以揣摩，不可召之。接着容堂赞许了庆喜大政奉还的功绩，并说："企图发动政变的三四

---

① 御三家，江户时期尾张德川家、纪伊德川家、常陆德川家的总称。位于大名之上。
② 家门，江户时代德川将军家直系家族，御三家、三卿以外的大名。越前松平氏、会津松平氏的称号。
③ 外样，江户幕府非德川将军同族出身的家臣，主要为关原大战后臣服于德川的诸大名。

位公卿怀揣何等居心，岂非挟幼帝以行私"，谴责了岩仓等人的策动。岩仓立即反击，强调此会议为御前会议，对容堂所言进行了反驳。对此，容堂不得不对自己的失礼进行道歉。此前一直沉默的议定松平春岳这时说道：德川家治世数百年的功绩，庆喜即便有过，也并非罪不可赦。还说王政复古之初，先议惩罚而不顾道义，实非上策。对此，岩仓称德川家康虽有平定天下之功劳，但其子孙后代欺瞒朝廷，并指出庆喜在佩里来航后视敕命不顾，专擅朝政，此乃幕府、庆喜之大不敬之罪。并论述若庆喜反省此举，应立即主动辞官、纳地，并协助实行王政复古，但至今未做任何举动，只是名义上将大政奉还天皇朝廷，说明"其心术不正"。大久保也表示支持岩仓的意见。后藤象二郎听后对此进行了反驳，表示赞同容堂、春岳的主张。围绕着一个并不在场的主角，公武合体派与武力倒幕派各执己见，讨论无法再继续进行。

见如此情况，主持会议的中山提议短暂休息。而正是这次休息，拉开了决定此后全部历史之舞台的帷幕。[以上参照：『再夢紀事・丁卯日記』（覆刻版、東京大学出版会）；『岩倉公実記』下（皇后宮職蔵版）]

舞台内的攻防——小御所会议

休息期间，后藤立即游说大久保，希望大久保能够赞同容堂的主张。大久保丝毫不理会后藤的说辞，相反广岛藩士辻将曹前来说服后藤。在此之前，广岛藩主浅野茂勋与岩仓举行了会谈。岩仓担心策谋已久的王政复古计划遭到破坏，便托付茂勋说服土佐藩，于是茂勋遣辻将曹对后藤进行劝导。经过一番游说，后藤深思熟虑后，改为劝容堂与春岳重新考虑。大势所趋，容堂、春岳二人也只好同意。正因如此，休息结束后的会议才得以顺利进行。在处理庆喜问题上双方做出决定，要求庆喜辞官、纳地。岩仓、大久保本打算以天皇敕令的形式命令庆喜辞官纳地，但最终决定命尾张、越前两藩从中斡旋解决。到小御所会议散会时，已经是半夜三更了（凌晨0~2时）。

"最后的将军"之末路

翌日即十二月十日，德川庆胜与松平春岳同赴二条城，传达昨夜会议上确定的要求庆喜辞官纳地的决议。他们到达二条城时，守城的官兵身披盔甲，手握兵器，其样子"气势汹汹"，"对尾越二侯（庆胜、春岳）同仇敌忾"（『再夢紀事・丁卯日記』）。庆胜、春岳同是德川家一门，但时代的变革改变了每个人的立场，有时会把人推到未曾经历的境地。

两日后的十二月十二日。庆喜离开二条城前往大阪城。他担心会津、桑名两藩及旗本等暴动，也便听从庆胜、春岳的劝告离开了京都。对庆喜的突然离京，岩仓指责说"德川庆喜没有告假，悄然离去，有亡命之嫌"（『岩倉公実記』下）。另一方面，大久保在提交给藩厅的京都情势报告书上写道："（德川）庆喜前往大阪大有谋略，欲以华城

（大阪城）为根据地，游说亲藩和谱代，藉慎重之策离间五藩①，使诸藩成孤立之势。关于此暗中密谋欲拯救朝廷之事，一时众说纷纭。"［日本史籍協会編『大久保利通文書二』（覆刻版）、東京大学出版会。标点符号等为引者加注)］王政复古政变虽取得成功，但对于倒幕派岩仓、大久保来说，庆喜的存在让他们深感不安。

庆喜前往大阪后，二条城由在京的水户藩接替守护。进驻二条城的水户藩士在日记中这样记载："现在深知公（庆喜）的深意，无一人辅佐在旁。"不管庆喜本人是否如此认为，至少在水户藩士的眼里如此。此时距鸟羽、伏见的开战还有一个月，孤傲的"最后的将军"德川庆喜的苦恼将持续下去。

（清水善仁）

参考文献

家近良樹『幕末維新の個性一 徳川慶喜』、吉川弘文館、2004。

井上勳編『日本の時代史二〇 開国と幕末の動乱』、吉川弘文館、2004。

松尾正人編『日本の時代史二一 明治維新と文明開化』、吉川弘文館、2004。

---

① 五藩指萨摩、土佐、尾张、越前和广岛。

2. 五棱郭陷落

戊辰战争的终结——箱馆——明治二年（1869）五月十八日

五棱郭的投降开城

在明治新政府军进攻箱馆五棱郭的明治二年五月十四日（1869年6月23日），新政府军参谋黑田清隆收到困守五棱郭的榎本武扬送来的两本书。此前，黑田清隆曾派出使者劝榎本投降，但得到的是拒绝的答复，以及这两本榎本送来的书。

书名《海律全书》。此书是榎本武扬作为德川幕府留学生在荷兰学习时收集到的，由法国的法学家根据国际法所著，后被译为荷兰语。榎本认为此书为"岛国无二"的贵重书籍，如因战火毁损将是整个日本的重大损失，所以决定送与敌军。新政府军方面作为回礼，回赠给榎本等清酒五樽，并声称日后会将此书译为日语并布告天下。四日后的五月十八日，榎本军开城投降。

榎本武扬与虾夷地

众所周知，一直都有观点认为榎本武扬擅自率约3000

入旧幕府军抢滩虾夷地，是为了建立"虾夷地共和国"。这确实是一个颇具浪漫色彩的想法，然而，根据榎本当时的主张来看，不得不说认为榎本欲在日本以外成立独立王国的观点存有偏颇。榎本之所以进入虾夷地，是为了带领生活困窘的旧幕府部下开拓虾夷地，担负起日本北方的警备工作。

对此再稍加说明。榎本在前往虾夷地之前，朝廷已经决定了对当时被视为"朝敌"的德川家的处罚内容。具体是江户城归朝廷所有，德川家封于骏府（静冈），俸禄为70万石。德川家作为静冈藩虽得以保存，但统治日本长达260多年的幕府直辖领、旗本领俸禄由600万石（也有400万石一说）一下降到70万石。仅靠静冈德川藩俸禄无法供养全部旧幕府官吏。而之前曾涉足虾夷地、对防卫及开拓虾夷地的重要性深深了解的榎本，为了解决财政匮乏，开始将目光投向那里。

因此，榎本屡次要求朝廷将虾夷地封为德川家领土，并由其等担任开拓、防卫职责。还声称由德川家嫡系的"主长"（当主）带领幕府藩士共同开拓虾夷地。

由此可以看出，榎本所构想的应该是建立本家静冈德川藩的支藩——虾夷德川藩。其著名的通过选举进行行政重组的设想，也始终是在迎接新当主的前提下，在"虾夷德川藩"这样一个框架中的考量，而不是为了成立"独立国家"。

榎本军与法国军人

试图在虾夷地寻找安身立命之处兼保卫日本的榎本武扬率领的旧幕府官吏等人中,有几位陪同榎本共同行动的法国军人。陆军布鲁奈上尉、卡泽纳天伍长、马林伍长、福天伍长、布非耶伍长等,以及榎本控制虾夷地后加入的海军见习士官5人,共计10人(一说9人)。

这些法国军人在榎本投降前,乘法国军舰从日本返回法国本国。其中布鲁奈上尉等5人,早在庆应三年(1867)就受德川幕府邀请,作为军事顾问团到访过日本。

幕府末期,德川幕府在军事、财政等方面进行西洋近代化改革。法国驻日公使罗修积极推动法国政府支持德川幕府,帮助幕府实行军事和经济改革。

当时的法国处于拿破仑三世治下的法兰西第二帝国时期。法国在30多年后成为继英国后的殖民帝国,第二帝国时期正是为此奠定了基础。其间,在与英国竞相进行海外殖民侵略中,法国企图在东南亚地区扩张势力,清政府衰落时趁机入侵印度支那半岛,扩大殖民势力。

此时,养蚕业兴旺发达的法国本土正在流行蚕病(微粒子病),生丝产量骤然减少,养蚕业陷入濒于灭亡的境地。由日本出口到法国的生丝及蚕卵纸品质优良,在欧洲获得好评。然而,在当时,包括生丝在内的日本国际贸易主要由英国商人控制着。罗修看到了这一点,提出作为向德川幕府提供近代化政策援助的交换,由法国垄断对日贸易特权的计划（由于别国的抗议，计划最终搁浅）。布鲁奈等人所在的军事顾问团的派遣，也是罗修力主支持德川幕府的政策之一。

布鲁奈来日不到一年，大政奉还、王政复古政变后，幕府制被废除了，法国军事顾问团的雇佣者德川幕府不再是日本国的中央政府。接手法国军事顾问团的"新政府"在庆应四年（1868）七月二十五日，对英法公使提出了将旧幕府雇佣的军事顾问团解雇，并将其遣返回本国的要求。然而，始终希望留在日本的布鲁奈对新政府的做法表示强烈不满，最终加入榎本军与其并肩作战。

戊辰战争和局外中立

王政复古政变后，以朝廷为中心的新政府诞生，戊辰战争爆发标志着日本进入内战时期。各国驻日外交使节针对此情况，于庆应四年一月二十五日发表声明宣布"局外中立"。

这样一来，朝廷、旧幕府（奥羽越列藩同盟）双方都被视为交战团体，各国必须在两者势力范围内遵守国际法。德川幕府从美国订购的甲铁舰"石墙"号到达日本港口时，正值戊辰战争进行得如火如荼时期，美国驻日公使瓦肯柏格根据中立原则，将其扣留在港口，并没有交付朝廷和旧幕府任何一方。不仅如此，布鲁奈等人也是在向法国陆军大臣提出辞呈以后，加入到榎本军队中。因此，表面上可以说布鲁奈只是作为一个拥有法国国籍的法国人而不是法国军人参加箱馆之战。

榎本军所处国际环境

在此之后，由于法国武装干涉墨西哥等一系列政策失误，要求布鲁奈等人来日的罗修引咎辞去外务大臣一职。新外相穆斯特就任前后，法国对东亚采取不断扩张在印度支那半岛势力的政策，通过入侵越南建立据点以便开展对清政府贸易，并控制泰国。1867年法国将柬埔寨降为保护国。然而，在重要的欧洲大陆地区，却无法阻止俾斯麦率领下的普鲁士势力不断扩张，导致在欧陆失利。也许是由于上述原因，外相更迭后，法国政府对日态度比罗修的要求消极，尽管罗修对此提出抗议，但上述情况正是原因所在吧。

在此情况下，罗修于次年（1868）四月接到法国政府要求其归国的命令，由全权公使马克西姆·乌托雷取而代之。

包括新赴日的法国公使在内的各国驻日外交官是如何看待榎本军以及布鲁奈等人呢？首先，在"新政府军"击溃列藩同盟军后的庆应四年十月二十九日（1868年12月2日），针对岩仓具视等提出撤除"局外中立"、要求承认新政府的要求，宣布实行"局外中立"的各国外交官召开了会议。是否把在奥羽诸藩投降后逃亡箱馆的榎本军与列藩同盟军一同看作是交战团体一事，成为关于撤除"局外中立"意见的分歧点。

首先,英国、荷兰、法国公使认为榎本军不过是脱离德川藩的暴徒而已,应承认新政府以武力平定内乱的正当性,主张撤除"局外中立"。说来,与数次同驻日英国公使帕库斯发生对立的罗修不同,法国公使乌托雷坚决反对布鲁奈等人加入榎本军,倒与帕库斯步调一致。相反,普鲁士、意大利、美国的公使(俄国由于在箱馆以外未派遣外交官,故不参加会议)认为榎本军也许没有交战团体权,但日本若不能处于和平稳定状态,就应继续保持"局外中立"。

这样的对立持续了一段时间。在此期间,通过为保护居留民安全派遣到箱馆的英法军舰,榎本军请求各国承认其具有交战团体权,并要求各国继续保持局外中立。然而,帕库斯、乌托雷断然拒绝。最终,经岩仓具视等多次交涉以及决定处分战败诸藩后,到十一月下旬,上述的6国公使共同晋谒天皇,递交了国书(美国、普鲁士国书还未到)。由此,明治政府不再作为交战团体,而是作为日本国新政府得到国际社会承认。新政府成立后,公使间形成统一意见也经过了一段时间。最终在十二月二十八日,6国公使宣布废除"局外中立"。直到最后也没有同意废除"局外中立"的美国公使,此时也不得不将军舰"石墙"号移交给明治新政府。至此,日本本国内国际法上的内战终于结束。

对于日本史的讲解,认为箱馆五棱郭的献城投降,标志着日本内战(戊辰战争)结束的说法居多。确实如此，但如果根据上述内容转变视角看这个问题的话，得到国际社会承认的内战是止于奥羽越列藩同盟军投降后，撤除"局外中立"的庆应四年（明治元年）。之后的箱馆五棱郭战役不过是叛乱军遭到镇压的暴动事件而已。不过，即便这样看待问题，败势已明的榎本武扬将国际法的书籍留给将来的日本的行为，以及之后榎本军与明治政府的关系，都是日本史上还有待深入考察的问题。

（白石烈）

参考文献

石井孝『増訂明治維新の国際的環境』、吉川弘文館、1966。

岡田新一『函館の幕末・維新 フランス士官ブリュネのスケッチ一〇〇枚』、中央公論社、1988。

鳴岩宗三『幕末日本とフランス外交』、創元社、1997。

佐々木克「榎本武揚」『それぞれの明治維新』、吉川弘文館、2000。

臼井隆一郎『榎本武揚から世界史が見える』、PHP新書、2005。

3. 废藩置县的号令
当日的东京·福井——明治四年（1871）七月十四日

木户孝允的眼泪

明治四年七月十四日（1871年8月29日）下午2时。面对受命集合于皇宫大厅的56名在京藩知事，太政大臣三条实美宣读了废藩置县的诏书。站在三条实美身旁的木户孝允此时泪流满面。木户与三条在幕末——文久三年（1863）八月十八日宫廷政变时一起从京都逃离至山口，有着饱尝心酸的共同经历。此时，跪在面前接受敕命的藩知事中，有曾有恩于他的旧主山口藩知事毛利元德。回想起幕末以来到今日断然实行废藩置县其间发生的种种，木户不禁泪如泉涌。在那天的日记中他如实记下"感情塞胸，不知下涕泪"的感受［日本史籍協会編『木戸孝允日記二』（覆刻版）、東京大学出版会。标点符号为引者加注。以下同］。对实施废藩置县这一改革，木户可谓是呕心沥血，那么以下以其观点为中心，就幕末至推行废藩置县制度这一过程进行浅析。

废藩置县的过程

戊辰战争后,政府全力推行全国政治的中央集权化。将诸藩掌握的地方权力收归中央,实行中央集权的政治统一。《五条誓文》中强调"公议舆论",同时发布的"宸翰"主张以天皇为中心的"一君万民"体制。为了实现"公议舆论""一君万民",实施内政建设,藩体制的废除势在必行。版籍奉还、废藩置县的实施,有其历史的必然性。

怀揣此想法的正是木户孝允。木户早在明治元年(1868)二月时就提出版籍奉还的建议,其中秉着"无偏无私"的原则提议"300名诸侯均奉还其土地和人民的封建领有权"。这一主张的背景,是"东北的战争结束,诸藩各自回到封地,互相主张自我各自屯兵,长与萨比肩,土与肥争,各藩割据,只关注各自的利益,全然不顾国家的安危",此乃"国家的大不幸,亿兆不幸,可以说未曾有"[日本史籍協会編『木戸孝允文書 八』(覆刻版)、東京大学出版会]。此时的木户放眼世界,日本如欲跻身于西洋国家行列建设国家,必须进行版籍奉还,废藩置县改革。

关于版籍奉还,木户以伊藤博文的"兵库论"版籍奉还推进意见书为主在朝廷进行了讨论。明治二年(1869)一月,萨长土肥四藩主联名向朝廷递交了"版籍奉还"的奏文。为巩固中央集权,明治政府推行了一系列新政措施,其间各雄藩中也渐渐出现了废藩的呼声。此动向为断然推行废藩置县实施做了铺垫。随着废藩论的日趋高涨，朝廷内部也出现废藩的制度改革的动向，在木户、大久保利通、西乡隆盛等人的策划下决心废藩置县。大久保在日记里就废藩改革写道："与其因维持今日之状而土崩瓦解，莫如因做出英明决断而消亡。"［日本史籍協会編『大久保利通文書 二』（覆刻版）、東京大学出版会］。这句话体现了废藩置县的重大意义，同时也表明了他的决心。之后，以木户、大久保、西乡三人为主，进行着废藩置县的准备。

实行的准备

废藩置县的准备仓促地进行着。明治四年七月八日至十一日，木户、大久保、西乡以及井上馨、山县有朋、大山岩等人就废藩次序进行秘密商议。木户在日记中写道："相互虽持不同意见，如此重要决策顺利进行实属不易，所以先决定大的策略方针，具体事项日后再议。"虽然很难让所有人都赞成实施废藩置县，但废藩置县这一改革具有重大意义（『木戸孝允日記 二』）。

十二日，木户与西乡、大久保向三条实美、岩仓具视两大臣提出准备实施废藩置县这一政治举措。三条、岩仓二人均表示赞成。与岩仓会面的木户与大久保"欲以决意于丁卯冬谋大事之心，对之进行斡旋"［『岩倉公実記』下（皇后宮職蔵版）］。"丁卯冬"，也就是庆应三年（1867）冬天，"大举"即王政复古政变发生。而对于他们来说，废藩置县是继推翻德川幕府、实现王政复古之后，为实现瓦解藩体制的又一次政变。

明治四年七月十四日

废藩置县号令颁布前阴雨连绵。明治天皇上午 10 时于皇居小御所，向山口藩知事毛利元德、鹿儿岛藩知事岛津忠义、佐贺藩知事锅岛直大、高知藩知事山内丰范代理板垣退助大参事等四藩宣告了废藩置县的敕令。同时还嘉奖了四藩曾主动向朝廷"版籍奉还"的功绩。接着，召见名古屋藩知事德川庆胜、熊本藩知事细川护久、鸟取藩知事池田庆德、德岛藩知事蜂须贺茂韶等人，颁布了诏敕。这些藩都是极力拥护郡县制度的藩主，天皇对此进行了表彰。与山口藩等四藩不同的是，对后四藩颁布的敕命中没有明确涉及废藩置县昭告，对其关于郡县制度的提议进行褒奖，但只是说"望汝等更能体察朕意，竭尽所能，各抒己见"。（石井良助编『太政官日誌 五』、東京堂出版）前后者的区别由此可见。

下午 2 时，在京的 56 个藩知事领到废藩置县的诏书，同时被罢免藩知事职务。废藩置县的诏书如下。

朕唯此更新之际，欲内以保安亿兆，外以与各国对峙，宜使名实相副，政令归一。朕前听纳诸藩奉还版籍之议，新命各知藩事，使之各奉其职。然数百年因袭之久，或有其名而不举其实，将何以得保安亿兆而与各国对峙哉？朕深为之慨叹！故今废藩为县，是务必除冗就简，去有名无实之弊，无政令多歧之忧。

汝等群臣须体察朕意！（『太政官日誌 五』。标点符号为引者加注）

此时距明治元年二月木户提交版籍奉还奏文已过了3年5个月。诏书里"将何以得保安亿兆而与各国对峙哉？朕深为之慨叹！故今废藩为县"的诏文，与木户奏文里提到的"内广登贤才，安抚亿兆，外与世界各国并立"（『木戸孝允文書 八』）相对照，可以说木户的想法终于得到实现。

紧接着十五日，对于大名在藩中的诸藩，藩知事把其代理人即在京大参事召集在御所，颁布了废藩置县的旨令。十六日，岩仓具视外务卿、寺岛宗则外务大辅联名向各国公使传达了废藩置县的御旨。

福井藩与格里菲斯

推行废藩置县改革的消息很快就传遍全国，引起一片哗然。有赞成的也有持否定态度的。现以北陆城市之一的福井为例，来看看当时世人震惊的景象。在这里不得不提到一个外国人，他就是威廉姆·埃利奥特·格里菲斯。

格里菲斯1843年出生于美国费城，明治三年（1870）末来日。在给福井藩介绍理化学教师的东京开城学校的凡贝克的邀请下来到日本。作为被雇佣外国人，他来日之后很快就前赴福井，在福井藩校明新馆给年轻的学子教授化学、物理等自然科学。明治五年（1872）——离开福井前往东京前的一年间，格里菲斯一直生活在福井这片土地上，与当地人交谈，热爱着这里的大自然。

格里菲斯于两年后的明治七年（1874）离开日本，归国后发表了诸多关于日本的著作。代表作是《皇国》(*The Mikado's Empire*)，其中第二部"Personal Experiences, Observations, and Studies in Japan 1870－1874"由山下英一氏全译为《明治日本体验记》，其中详细地描写了废藩置县前后福井藩的情况。通过外国人格里菲斯对当时福井藩的描述，我们可以看到废藩置县给地方所带来的冲击（以下未特别注明的部分根据《明治日本体验记》记述）。

格里菲斯所见的福井——废藩置县的急报与松平昭的上京

废藩置县的消息到达东京300公里以外的福井时已是昭告后的第四天七月十八日。得知此消息的格里菲斯记载了当天的情况："晴天霹雳！政治的大变动就像地震一样从中心波动着日本。"废藩置县的消息刚传来时发生了些暴动，但随即福井藩的人民认识到"国家所需要"，便接受了这一事实。也有人向格里菲斯说："从现在开始，日本将和你的国家、和英国一样，跻身世界民族之林。"福井这片土地充满着建设新政权国家的热情。

新政府决定召集旧藩知事回东京，旧福井藩知事松平茂昭也前往东京。出发前日，茂昭在福井城大厅集合了众家臣，举行辞别仪式。格里菲斯也被邀请在列。茂昭向众位家臣道临别赠言的同时，也要求家臣拥戴天皇尊奉朝旨。

见到这些，格里菲斯写道："这种感动的场面一生都不会忘记"，"每个人好像都在望着很远的地方，眼里追溯着过去，也在努力地望着那不确定的未来"。格里菲斯描述了面对藩体制解体时人们对过去的感慨和对未来的不安。茂昭和家臣的辞别仪式，作为"晴天霹雳"般的大变革的一个场景映在格里菲斯的眼里。茂昭出发当日，约数千人聚集福井城，前来给茂昭送行。当然格里菲斯也在其中，他将此情景描述为"告别的聚集"。

"新生日本的诞生"

格里菲斯在废藩置县之际，写道："如同辛巴达甩掉海老人一样，新生的日本万岁。"同时在《皇国》一书的结尾写道："日本将要成为与欧美列强并驾齐驱的强国，作为与太阳同时升起的文明国家，日本将登上世界历史舞台领导亚洲诸国。对此我抱有很大的希望。"最后一章的标题即为"新生日本"。

在七月十四日废藩置县的诏令颁布结束后，木户孝允在当日的日记里写下了"于此一变七百年来之积弊，得以与万国对峙之基础"（『木户孝允日记 二』），对即将可以与世界强国相对抗的新日本的诞生感慨万分。

明治四年七月十四日废藩置县的昭告，正如格里菲斯所希望的、木户所感慨的那样，预示着"新生日本"的到来。

（清水善仁）

参考文献

山下英一『明治日本体験記』、平凡社東洋文庫、1948。

勝田政治『廃藩置県』、講談社、2000。

松尾正人『廃藩置県の研究』、吉川弘文館、2001。

4. 断发和洋装

从"因循姑息"到"文明开化"——明治四年（1871）十一月十二日

岩仓使节团与大礼服

明治四年十一月十二日（1871年12月23日），大使岩仓具视，副使大久保利通、木户孝允、伊藤博文、山口尚方等率领的大型使团自横滨起航。出发当日清晨天气晴朗，前来送行的人挤满了横滨港。其装扮有短发、着洋装的，也有结髻、着和服并佩刀的。乘坐"亚美利加"号汽船的团员皆为短发洋装，只有岩仓具视留着公家特有的结发、身穿羽织袴。驶向美国的船上，在团员们议论着购买燕尾服参加宴会时，岩仓却持保守姿态，反对临时改变方针。

当大使身着狩衣①、副使身着直垂②谒见美国总统格兰特时，出现美国人观者如堵的现象，甚至美国国内的报纸上还刊登了嘲笑日本使团成员的穿着的新闻。在美国留学

---

① 狩衣，平安时代公家常用便服。
② 直垂，武家社会男性衣着。

的岩仓具定、具经两兄弟，要求父亲具视剪发。在儿子的劝说下，岩仓具视不得不剪掉头发。此时，也有人提议将传统礼服改为洋式服饰。为了拿取条约修正交涉所必需的批准书而暂时回国的大久保利通与伊藤博文将此建议上陈给明治政府。明治政府与使团间调查继续进行，明治五年（1872）十一月制定了洋式文官大礼服和无官职有位阶者大礼服。使团访问英国时正式启用此礼服。服饰改革是日本向世界各国展现自身近代化的划时代事件。在这里，就明治政府积极实施剪发易服的契机进行论述。首先，让我们先回到明治新政府刚成立的时候吧。

王政复古的服制

在"王政复古大号令"旗号下，以神武天皇的立国精神为准，明治新政府制定了新的政治方针。庆应四年八月二七日（1868年10月12日）的即位典礼上，天皇的服饰废唐制礼服而采用黄栌染束带。此前二月设立了服饰制度调查行政部门，行政官员于六月征询了在京的公卿、诸侯、藩士等的意见。意见主要集中为：礼服为衣冠，常服为狩衣或直衣，洋装、短发为军事操练时所用，禁止晋谒时穿着军服以及羽织袴。

既然天皇以宫中为主体进行亲政，那么公家服饰衣冠制则成为服制的基准。但对于藩士来说，衣冠的穿戴极为不便，而且没有位阶是不允许登殿的。参与大久保利通和辅相岩仓具视商定，以庆应四年闰四月大阪亲征行幸为契机将太政官代①移至宫中，授予藩士位阶，并允许紧急事态时藩士可穿着羽织袴觐见。

对此，天皇的外祖父中山忠能则提出批判："完全改变官职等级且将装束简便挂于口中，毕竟混淆贵贱上下的身份。甚至有人说得更难听，说现在掌握朝廷礼仪者仅7人。"（『中山忠能履歴資料 九』）对于中山忠能坚持严守衣冠、狩衣制度的服制构想，围绕着天皇的东幸供奉者的服饰，公家以及诸侯也表示不满。衣冠对于诸侯来讲穿着并不舒适，他们与平日里就穿着衣冠的公家在服装观上有着很大的差异。与之相比，许多人开始谋求动作性能优良的服装。

服制论议

明治二年十一月二日（1869年12月4日）就"冠服制度"在集议院垂问。此制度为刑部卿嵯峨实爱与制度局蜷川式胤共同商议制定，分为礼服、朝服、常服，髷、冠、袍、袴、带、剑、靴、伞等，按照位阶，利用颜色、图案的有无进行区别。十一月八日举行奉答，大久保利通以旁听的形式参加了此次讨论。最终，反对高额调制费用、应顺应潮流改良为便装的意见占大多数，服制制定就此搁置。

翌年（1870），制度局修改"冠服制度"，与此同时兵部省也设计出新的军服方案。两局就军服制定问题展开激烈争论。制度局长江藤新平反对制定西式洋装，认为西式

---

① 太政官代，庆应四年一月设置的官职，四月设太政官取而代之。

洋装代表基督教；兵部大辅山田显义却说考虑到行动方便采用西式洋装必不可免，制度局蜷川式胤以古式服制为参考设计制定出的军服缺乏耐久性不适于军事操练。闰十月二十六日，江藤新平和大久保利通向右大臣三条实美提出服制意见，即衣冠只作为祭礼礼服使用，制服将采用其他样式。

据此，十一月五日制定出"非常并旅行服"，此制服参考古代服饰，为罗沙面料加上纽扣的"和洋结合"式服装。"非常"是指宫中火灾等紧急事态，"旅行"则是指出国。西式洋装及短发，只限于军事目的以及海外出访的场合，当时的日本国内并没有穿洋装与短发的要求。我们所看到的近代以来人们外出时穿戴洋装、回到家以后换为和服的习俗，可以说是随着"旅行服"的流行而逐渐被广为接受。接着12月22日，制定了陆军为法式、海军为英式的军服制度。

断发脱刀自由令

明治四年七月十四日（1871年8月29日）推行废藩置县制，接着八月四日发布"断发、制服、略服、脱刀均可自由，但礼服时须佩刀"的条令，并于九日起允许官吏在执行政务时穿着洋服。大久保利通"十年后华族士族之差别将消失"（『大久保利通文书 三』）的构想，首先通过外表的变化而得以实现。

打破公家为狩衣结发、诸侯为直垂半发、藩士为羽织袴总发的传统观念，改为新式的洋装短发，明治政府试图采取改弦更张的措施摆脱封建制。理发还有望与穿戴困难之衣冠的"冠"做诀别，大久保利通、木户孝允、渡边升等率先断发。

九月四日发布了"服制变革内敕"。此公告以"王政复古"为根据，论述中古以来的衣冠制度无力，与万国对峙须仿照"神武创业""神功征韩"时期的服饰。整个公告里并未明确提及采用西式洋装，这是因为新政府预见到人们会拒绝穿着。洋式服制并不是洋服，而是仿照古代服制里的"筒袖""细袴"的设计——新政府利用这一幌子使易洋服的新风气逐渐渗透到民众之中。同样巧妙利用复古理论，府县也开始发布断发的通告。

断发、脱刀政策

大多数普通民众认为散发、脱刀只是政府官员必须履行，因此断发并没有完全普及。另外士族也认为带刀是高于平民的标志而拒绝脱刀。明治五年（1872）九月大阪府权参事渡边升发布"关于头发的命令"全力推行散发，并成为他县楷模，全国其他地方也出现类似布告。告谕中称主要理由为：古代人有留全发为"总发"的，有剃在外国人看来十分怪异的半月额即"半发"的；留全发，洗发及剃发都需花费时间与精力；留半月额，剃掉保护头部的头发经日光照射会损害健康等。理解此意的为"文明开化"，坚持"陋习"则为"因循姑息"。

比起断发，关于脱刀的告谕少了很多。告谕声明为保护民众新设置了军队与巡查，带刀的意义也因此失去。新政府颁布的"断发脱刀自由令"，在县令的告谕下颇有些强制性。各町、村里，户长把抗拒断发的人记录下来交给县令，巡查也强迫结发者及带刀者听从告谕。结果引起了纷争，福井县出现了抵抗断发的农民暴动。

由于担心抵抗断发的平民与拒绝脱刀的士族联合起来举行大规模的暴动，多数府县不敢贸然实施脱刀令。福岛县改为允许"断发""总发""半发"三种类型，避免急进强制措施，改用循序渐进的方针。

在明治9年（1876）3月发布的带刀禁止令之下，脱刀被强制执行。此禁止令在大村益次郎、森有礼的构思基础上，在前一年末由陆军卿山县有朋提议实施。脱刀令能够强制执行，是因为就像面对士族的叛乱，新政府已经能够采取强硬的措施进行镇压一样，陆海军的装备实力已足够强大，新政府已经具备与反对新政策的"守旧派"抗衡的实力。

"文明开化"与"因循姑息"

幕末掌握萨摩藩政权的岛津久光，因反对废藩置县而退居在鹿儿岛。明治6年（1873）年5月，久光应政府的邀请上京。他认为自由实行洋服、断发以及脱刀会造成秩序、礼节混乱，提议制定尊卑有别的日本特有服式。在久光看来，洋服无法区别君民并让人联想到"共和政治"风习。但由于岩仓大使已对外表明改变礼服制度，久光的服制复旧提议就此搁置。

中山忠能与嵯峨实爱等同样拒绝西式洋装，建议以直垂代替。二人虽为"国事咨询"，但在并没有与他们商量的情况下大力推行的欧化政策让二人感到危机，因此支持久光的意见，希望得到采纳。但同时，伊达宗城与松平春岳（庆永）也认为西式洋装顺应时代潮流而愿意接受。可以说，在这点上，公家与诸侯不同，前者将宫中礼仪与国家政治视为一体，后者则将二者区分考虑。

最后，岛津久光以采用西式洋装会给国家经济带来负担为由，强烈要求采用服饰复旧意见。但是，欲通过"殖产兴业"解决此问题的大久保利通称不应因岩仓具视而动摇，致使建议被驳回。时势已由封建制度下的身份社会转变为"四民平等"的社会，不可逆转。确如久光所言，巨额的洋服改造费用让政府头疼。这被认为是与鼓励断发不同、县府难以下决心通过告示来推广洋装的主要原因之一。

在废藩置县后的服制改革——"自由断发、制服、略服、脱刀"之下，为政者的服饰观大为改变。以往的攘夷对象——穿着洋服、实行断发，以及武士的特权象征——佩刀的禁止等为"文明开化"，逆时势、反潮流，继续坚持旧服饰观的则为"因循姑息"。或许，我们也能看到，二者分别代表明治维新势力之争的胜方和败方。

（刑部芳则）

参考文献

刑部芳則「岩倉遣欧使節と文官大礼服について」『風俗史学』19、2002。

――「明治初年の散髪・脱刀政策」『中央史学』29、2006。

――「明治太政官制形成期の服制論議」『日本歴史』698、2006。

5. 陆蒸汽带来的文明

铁路的开通——东京·新桥——明治五年（1872）九月十日

铁路开幕式上的兴奋

明治五年九月十二日，即公历1872年10月14日，新桥、横滨两地间的铁路建成仪式在明治天皇的亲临之下隆重举行。这意味着日本铁路史正式拉开序幕。

明治二年十一月决定在东京、横滨两地间修建铁路，明治三年三月正式动工。工程从横滨向新桥方面展开，明治五年五月十七日，横滨、品川间的线路开通，进入试运营阶段，而九月修至新桥，全线贯通了。

这天，前一日的狂风骤雨已然停歇，是个难得的好日子。明治天皇乘坐四头马车，在日比谷操练场近卫炮队的礼炮声和停靠在品川冲的军舰的礼炮声中，来到了装饰着绿色拱门的新桥铁路馆（新桥站）。天皇率领着以有栖川宫织仁亲王和太政大臣三条实美为首的众参议，以及各国公使，于上午10时登上列车，经过一小时的列车之旅于11时到达横滨铁路馆（横滨站）。之后在便殿举行的开幕仪式，除了各国领事外，居住在横滨的国内外商人也有出席。

天皇赐予了如下诏敕："朕期待国之富强，为百官万民庆祝，朕祝愿此等业绩能够更加辉煌，遍布全国。"横滨举行的建成仪式结束后，列车又于12时从横滨发车，于午后1时到达新桥。天皇又一次光临新桥举行的建成仪式之后，召集各国公使和各省敕任官到延辽馆，赏赐美酒与佳肴。

在横滨和新桥举行的这两次铁路建成仪式，由于是强调铁路自此开通的历史意义，所以各国公使和领事都悉数出席，但除此之外，仪式也对普通国民都能够参与这一点做了考虑和安排。除了横滨和东京当地的商人代表参加并上台致辞之外，仪式现场的铁路馆也准许一般人进入，对公众基本开放。在浜离宫，就有各类艺人表演了各种节目，而且发放给入场者的红豆盒饭也在两万份以上。

这种欢庆究竟是为何？这里有做进一步说明的必要。

铁路是肩负着交通革命的先进技术，日本国内开通铁路，意味着日本由此迈上了文明国家的重要台阶。横滨、东京的铁路开通仪式作为文明开化的象征，向国民、向世界展示明治新政府的威信，是再好不过的了。这就是对这件事情的说明，但是还略微抽象。

再加以具体说明的话，文明的象征其实是这么一回事。

这个时期国内铺设的铁路有大阪—神户（明治7年开通）、大阪—京都（明治10年开通）等，都是连接开港地和主要城市的"开港地路线"。修建铁路的建筑材料因为多数都是从海外进口，所以铁路建设的方向注定是由开港地向大都市发展。并且铁路开通后，海外的文明会跟随铁路，从作为连接海外的窗口——开港场传入东京或者大阪。

新桥站（铁路馆）位于银座大道的入口。银座砖瓦街从翌年（明治6年）开始建设，在7年1月基本完成。从新桥笔直到京桥，作为日本桥和东京的心脏部的银座大道，成为通过铁路使东京连接横滨乃至世界的"开化之通道"。这之后，银座成为以东京日日新闻为首的报社的集中地，也正是这条通道给日本带来了世界的信息。

所以铁路开通仪式，就是为日本文明开化庆祝的一场隆重的仪式。

海上火轮船、陆地汽车

其实这样的说明仍不充分。作为连接开港地和文明世界的"世界交通通道"，这一年是划时代的一年——这一点还有必要说明。

当时铁路是和汽船、电信并列的世界最新技术。这些交通以及信息方面的技术革新日新月异，层出不穷，在这样的时代背景下，地球规模的交通、信息网络急速形成，世界迎来交通革命的时代正是19世纪60年代末的事情。

由于汽船的技术革新，欧洲列强竞相开设通往亚洲的定期航路，1859年，向东一直延伸的触手已经到达了远东的日本。随后在1867年，连接美国西海岸和日本的太平洋横断航路由美国汽船公司开设。

从欧美西行（经由太平洋）到达亚洲的交通线路的开

设，使原本的东行（经由印度洋）远洋定期航路与西行线路在日本交会，世界第一回有了可以环绕地球的交通线路。随后1869年，东行线路上苏伊士运河开通，西行线路随着美国的横跨大陆铁路开通，世界的交通网不断发生变化，环球线路更加充实，世界急速缩小。

随着新的交通网的形成，1869年在伦敦和横滨间移动所需时间，经由苏伊士运河的东行线路是54天，经由太平洋的西行线路是33天。"80天环游地球"真正可以实现了。凡尔纳写这本小说的时候是1871年，那时环球旅行已经成为现实。英国旅行公司的托马斯·库克在1872年通过西行线路环球一周，而1871年日本的岩仓使节团则是通过东行线路巡游欧美。

岩仓使节团出发之时，三条太政大臣在壮行致辞中说道："走吧，在海中转起火轮，在陆地跑起汽车，万里驰骋，英名远播四方，祝福你们安全归来。"这里不是单纯的修辞手法，而是祝贺欧美巡游之旅划时代地使用了因火轮（汽船）和汽车的出现而刚刚诞生的交通线路。

也就是说，在日本，铁路的开通——这次交通革命，是在全球规模的交通网络的一大革新的潮流当中实现的。日本铁路的开设，在交通革命的潮流当中微乎其微，但是通过自己建设铁路加入到革命当中，则具有纪念性的历史价值。

日本交通的近代化，是和世界的交通革命并行的。

从汽船到铁路

可是,日本的交通近代化,不是以铁路而是以汽船海运为支柱进行的。

有着明确的建设计划而着手于交通的近代化政策的,是大久保利通。

大久保从岩仓使节团的欧美之旅中觉察到,在政治上,日本比起西欧相差了200年,但是经济上只有数十年的差距。和西方的时间差,政治上大而经济上小。归国后,趁着"征韩论"政变之势,手握明治政府实权的大久保,推进殖产兴业,最为重视的就是近代化的速度。

铁路,一方面需要高昂的建设投资,另一方面到完工需要相当长的建设周期。而海运虽然购买汽船需要费用,但购买后立马可以用于航运,与投资同时的时间损失很小。用一个比喻来说,大久保期待蒸汽船对日本的贡献相当于当年的蒸汽机车对英国所起的作用。

于是,铁路补足了由海运而形成的全国运输网,同汽船一同扮演了支撑全国近代交通网的角色。

在大久保的构想之下,明治政府成立当初计划的连接东京和京都的所谓东西两京联络线构想被中断,取而代之的是起到补足沿岸航路网作用的敦贺—长浜—大垣线(明治17年开通)和上野—高崎线(明治17年开通)这两条本州横断线的动工。本州横断线路不仅补足了沿岸海运的交通网,也形成了辐射全国的新的交通网。这个新交通网的图示见图1，从图中可以很清楚地看到，两条铁路线分别在日本东、西部，使包围本州的沿岸海运网、太平洋沿岸和日本海岸以最短的线路连接到一起。

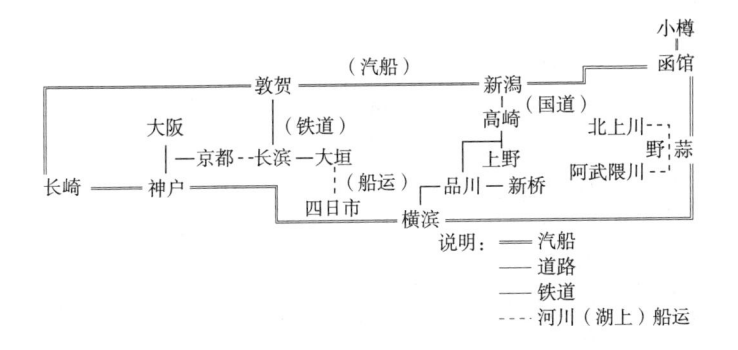

```
                                              小樽
                          （汽船）              函馆
         敦贺─────────新潟
              大阪       （铁道）  高崎 ┊（国道）
                                      ┊    北上川---
              ─京都--长滨─大垣        上野      野蒜
长崎──神户                 （船运）  品川─新桥   阿武隈川---
         横滨      四日市──横滨
                             说明：──汽船
                                   ──道路
                                   ──铁道
                                   ----河川（湖上）船运
```

图 1　明治前十年中期日本全国交通网构想

近代的新交通网，就是以汽船为主体首先形成的。

铁路取代海运成为国内运输网的支柱，是在东海道线开通的明治22年。由于铁路网的扩大，国内的交通情况发生急剧的变化。日本的交通网，由明治初年以来汽船带来沿岸航路的开设，向近代化迈出了第一步，而因为铁路网的发展，又迎来了第二阶段的发展。

和海运比较的话，铁路的特征有"准确安全"、运行次数多、停车场多等。铁路运输很难被天气左右，而列车行车的准确性和钟表的普及一起，加强了国民的时间观念。

列车运行次数多也是特征之一。如果比较东京、神户间的话，铁路是一日一往返（明治24年1月开始改为两往返）。而海运是一周四趟，频繁性上也丝毫没有竞争力。

而且，铁路的车站比起海运的港湾多了很多，于是在对沿岸的经济、社会所起的作用上，占压倒性的优势。在文明开化的传播上，铁路所起的作用是无法计量的。服装发型，流行娱乐，向内陆都市流通鲜鱼、肉食普及等食生活的变化，还有东京语的渗透等各个方面，铁路在运输着数不胜数的东西。

中日甲午战争结束后，铁路的总长从1400里（明治23年末）到超过3000里（明治31年），三年后达4000里（明治34年）。旅客总数也激增，从明治28年的5000万人到明治32年突破一亿人。

于是铁路从最开始作为海运网的配角，到开始可以和海运竞争、成为国内交通网的主角，经历了一个角色改变的过程。

在日俄战争后，随着山阴本线、北陆本线、奥羽本线的开通，从海运到铁路的转换告一段落。此时，铁路成为交通网的主角的时代已然到来。在全国的各个角落，由于铁路的出现，人、物、信息都在不停地运输当中。

（小风秀雅）

参考文献

小風秀雅『帝国主義下の日本海運』、山川出版社、1995。

高村直助編『道と川の近代』、山川出版社、1996。

中村尚史『日本鉄道の形成』、日本経済評論社、1998。

野田正穂・老川慶喜編『日本鉄道史の研究』、八朔社、2003。

6. 萨军败退的转折点·熊本城的攻防
西南战争——熊本——明治10年（1877）2月15日

不满的士族

秩禄处分、废刀令等一系列政策，激起士族对政府的强烈不满。明治9年（1876）10月爆发了神风连之乱（熊本）、秋月之乱（福冈）、萩之乱等士族武装叛乱。政府迅速平定了这些叛乱，但不满士族居多的鹿儿岛依旧局势不稳。

鹿儿岛建有由西乡隆盛等创办的教育士族青年的私学校，县内各地也都建立了分校，并得到县令大山纲良的庇护。私学校一党将学员安排到县内各组织部门，掌控着整个县的行政组织及警察权，成为反政府武装势力的据点。

明治9年12月，大警视川路利良以调查鹿儿岛情况为由，遣鹿儿岛出身的警官回乡进行侦查。政府派遣的警察一行在鹿儿岛境内被捕，鹿儿岛方面对其进行审问后得知其此行回乡的目的为暗杀西乡及瓦解私学校。暗杀西乡计划的真伪尚不能确定，但此事一出，鹿儿岛各地充满了不稳的气氛。

明治10年（1877）1月，新政府为防不测，将鹿儿岛境内的弹药库运出该地。私学校党闻讯后袭击弹药库并抢夺弹药，西南战争由此爆发。萨军借口要就西乡暗杀一事进京责问政府，2月15日从鹿儿岛挥军北上。

西乡军北上与政府军围困

萨军北上途中，熊本城设有巨大关口熊本镇台。2月15日，萨军向镇台递交书信，声称为了向政府质问率兵北上途经镇台，望镇台官兵列队听从西乡军的指挥。坚守在镇台者官兵有多数曾为西乡部下，西乡认为他们定会加入到自己的队伍。然而镇台并没有听从，而是发出告谕称：携带兵器违反国法强行通过镇台者一律斩杀。

熊本镇台司令长官谷干城为了迎击西乡军制定了固守城池的作战计划。其原因，第一，镇台官兵士气低落。神风连之乱后，夜里巡逻的哨兵误将狗叫声当作敌人来袭而开炮，致使士气低落。第二，萨军骁勇善战，且士气尤盛。第三，熊本县下的士族与萨军有来往的不在少数。据此，对与萨军在平原作战毫无胜算的镇台选择固守城池。镇台将周围的桥梁撤去，设置了防御栅栏，堵住通道，在要地埋设地雷。为了拓宽视野，还将屋舍拆去（四月十五日「熊本守城概略」『鹿児島県史料 西南戦争・第一巻』；『西南記伝 中2』）。

谷干城在西乡军北上前的2月23日，令小仓第14联队长少佐乃木希典率兵前来熊本。来援的部分将士于19日进入镇台，未入城的乃木及其他士兵在植木与萨军遭遇，展开激战。就这样，南下九州解救围困的熊本城的政府军与萨军拉开了激战。

得知萨军北上后政府于2月19日发布征讨令，任命有栖川宫炽仁为征讨总督，陆军中将山县有朋、海军中将川村纯义为参军，陆军少将野津镇雄为第一旅团司令长官，陆军将三好重臣为第二旅团司令长官。旅团于22日进入博多，挥师南下。

三等巡查喜多平四郎

除了被萨军包围在城内的将士以外巡查也在守候着。1月得知私学校党叛乱消息的川路，遣警部600名巡查至九州，其中一部分进入熊本城（『西南记伝 中2』）。喜多平四郎（旧川越藩士）为其中一员。通过他的日记我们可以了解到困守在镇台的将士的生活（喜多平四郎著、佐々木克监修『征西従軍日誌』）。2月11日，包括喜多在内的600名巡查从横滨乘汽船出发，其中喜多等200人被预定派往长崎。18日接到来自大久保的"肥后国熊本告急"电报后，改变原计划前往熊本，并于20日进入熊本城。

2月22日早，喜多为了煮汤去城内田地采摘蔬菜，归途遭遇炮火。喜多在日记中写道："贼军包围了城周围并布防数门大炮，猛烈攻击城内。枪弹如雨。"萨军全力发动进攻。翌日萨军继续强攻熊本城，由于守军的殊死防战，以至战况进展无望，随后率主力军北上，其余将士继续围困熊本城。萨军长期包围镇台困守政府军弹尽粮绝的同时，镇台也在等候政府军南下解围，官萨两军拉开了持久战。

2月24日，镇台方面，为向政府军通报城内情况并侦察敌军战况，陆军监狱伍长宍户政辉等溜出城去（「熊本鎮台戦闘日記」『鹿児島県史料 西南戦争・第一巻』）。喜多写道："宍户易装为当地人瞒过敌军严密视线悄悄与来援的政府军接触。"3月3日宍户回到城内汇报了援军的情况后，"城兵士气振作……宍户此举可谓是智勇双全"。此前因城内无法得知外围情况，士兵的情绪也受到影响。宍户的归来可以说使士气一振。

熊本城外西部的花岗山和段山两个山丘是作战地形上的不利点。3月12日，喜多在段山战斗中胸部中弹负伤，性命虽无大碍，但因此入院。

田原坂战役与围城生活

2月26日，萨军占领熊本城北部田原坂，并在此要冲之地铺设严防阵线。3月4日，为夺回田原坂，南进的政府军与萨军再次发生殊死争战。西南战争最大的战役"田原坂战役"打响了。20日，历时长达17日的作战，政府军终于攻破田原坂，打击了南下的萨军。翌日官萨两军在田原坂和熊本城之间的向坂再次展开激战。喜多写道："听到北边山后传来的炮声，城兵大为振奋喜形于色"（3月22日），"北方山后的炮声，昼夜不断，震天动地……城兵盼望我后援官军击溃贼军消磨时间。"（3月25日）镇台从激烈的枪炮声中猜测着援军的情况，盼望着早日解围。然而两军恶战苦斗，政府军不断抢攻，萨军也誓死防战，双方一时之间呈胶着状态。

3月26日，死死苦战的萨军为了削减熊本城周边的兵力调往他处，把城附近的河川截流，导致城南、城西部遭到水淹，以此来抵御政府军的攻击。29日喜多写道："贼军堵住河川向城内引水。西北方位城际到花岗山下、牧崎间田地均被水淹，形成了一片大湖。远远眺望甚是绝景"，字里行间透露着从容不迫。这是因为喜多已识破萨军战术，认为："贼兵目的不在于用水攻城，而在于防备位于主干道植木口的官兵预备队。因急于围城的官兵兵力不足而被迫出此讨伐城兵之策，这是贼兵深思熟虑之结果。"

3月28日，植木的政府军里传来"福田丈平突破贼军防线"进入熊本城，三五日内政府军将有联络的消息，喜多记载道："城兵大喜，遂振作精神，翘首以待。"然而直至联络日的4月2日仍没有政府军任何消息。"城兵日夜忧患，粮食也将尽。如今已过联络日，如水泡般消失"，城兵都已失望。加上长期围困下城内粮食日渐减少，4月6日起伙食由粟米改为粥汤。粮食与战士的情绪都已达到极限。就连谷干城也开始焦急起来，决定粮食未尽之前组织突击队突破萨军与援军会合。

另一方面，政府军不断强力进攻萨军但缺乏战术，久久不能进入熊本城。因此，政府军组成一支由黑田清隆为首的从南面进攻的"背后攻击军"。背后攻击军于3月19日在八代、日奈久登陆，突击萨军并于4月8日北上直逼熊本南部宇土。同日凌晨4时，镇台也派出了突围队出城。以少佐奥保巩为指挥官组成的一大队强力突破萨军，下午4时成功与宇土的政府军会合。黑田得知城内粮草已剩不多时，便立即再次发动进攻为保早日解围（「熊本鎮台戦闘日記」；『西南記伝 中2』）。

4月14日，熊本城自拂晓起轰鸣的炮声截然而止。喜多这样写道：午后2时左右，城外长六桥上站有兵四五人。

背后攻击军的选拔队冲破包围进入熊本城。翌日，萨军开始全面撤退。之后，西南战争虽然持续到9月24日城山包围战，但当政府军成功解围熊本城时，也基本上决定了萨军的败局。

西南战争的影响

西乡隆盛举兵对抗朝廷最终还是以失败告终。从此，士族不再以武力反抗政府，而是通过言论批评政府。

西南战争中政府方面战费总额高达4150万日元（当时国家年度支出为6900万日元左右）。不发行大额不兑换纸币，仅利用政府财政剩余资金也足以支付西南战争的费用。大藏卿大隈重信为了发展战后产业，将财政剩余金充为储备金，发行大额不兑换纸币。增发的不兑换纸币在市场上泛滥成灾，终于在明治12年（1879）发生严重通货膨胀（室山義正『松方財政研究』），政府不得不重新调整政策。

（国雄行）

参考文献

黒龍会編『西南記伝 中2』、1909。

喜多平四郎著・佐々木克監修『征西従軍日誌』、講談社学術文庫、2001。

圭室諦成『西南戦争』、至文堂、1966。

鹿児島県維新史料編さん所編『鹿児島県史料 西南戦争・第一巻』、鹿児島県、1988。

室山義正『松芳財政研究』、シミルブァ書房、2004。

7. 内国劝业博览会与万国劝业博览会

殖产兴业——东京·上野——明治 10 年（1877）8 月 21 日

内国劝业博览会开幕式

明治 10 年（1877）8 月 21 日，前来目睹莅临第一次内国劝业博览会（以下简称为内国博）的天皇的民众把东京上野附近围得水泄不通。明治天皇在军队奏乐声中到达会场，发出开幕仪式的召敕。接着内务卿大久保利通朗读了奉状，并向天皇呈上会场展区分布图及展品目录。大久保的奉状上如是写道："博览会之功绩在于，大力奖励农工技艺，助开启知识，藉贸易宏图，致国家殷富。"表达了内国博的目的在于奖励农工业，开放知识并且促进贸易实现国家繁荣（『大久保利通文書 八』）。举办内国博还意在遏制进口，促进出口，调整贸易不均衡（贸易逆差）的现状。

日本最初的博览会，有明治四年（1871）在西本愿寺举行的以京都商人为中心的博览会，还有次年明治五年文部省在东京汤岛举办的博览会。但是两者都规模不大，很难称为真正的博览会。这之后，政府于明治 6 年（1873）

和明治9年分别参观调查了维也纳和费城的万国博览会,作为出访的结果,于明治10年举办了内国博。而且,政府为了明确博览会的召开目的,特意将其名称前加上"劝业"两字。

栗本锄云和博览会

最初使用"博览会"这一说法的,应该是身为旧幕臣的栗本锄云。在元治元年(1864),栗本在受法国公使罗修邀请去巴黎万国博览会展出作品时,提出将"exposition"译为"博览会"(吉田光邦『万国博览会』)。几年后,在谈到"博览会"已成为一般人日常使用的词语时,栗本说道:"我只不过是匆忙填字而已,现在能成为天底下公共的用语实在无限喜悦。"(栗本锄云『匏庵遗稿』)

为了参加巴黎的万国博览会赶赴法国的栗本在庆应四年(1868)得知幕府瓦解的消息后回国,隐居在小石川。之后,明治五年(1872)进入横滨每日新闻社,翌年任《邮便报知新闻》的主笔,明治10年召开内博会的时候仍在那里就职。对创造了"博览会"这个词颇为自负的栗本,当然不会错过内国博。他在《邮便报知新闻》的版面上,以《博览会私评》为题连载了关于内博会的特辑,目的是想通过连载而进一步关注有关内博会的消息吧。

博览会会场和展品区划

如果为了参观内国博来到上野公园,抬头就会看到那里摆放了一个巨大的风车。根据栗本的记载，西方的公园里已经摆放着大理石的雕塑和狮子的铜像，可是日本那时还没法建造那些东西，所以就用风车来取代了。这风车是内务省劝农局根据美国的风车仿造的，虽然原来是用于抽取家畜的饮用水，但是建造的目的就是为了摆在公园的门口当作内博会的附加节目。由于风车的旋转翼和方向舵的形状很像箭中靶心的样子，所以也有人说这个设计是为了预祝内国博能大获成功（《博览会私评》9月4日）。当时博览会还相当稀罕，所以从刚开展时起参观者就一直络绎不绝，拥挤不堪。整个会展期的入场参观者总数高达450168人，可以说是大获成功。

过了那个风车之后沿着不忍池一直往北走，就可以边逛着左右两边的店铺边走向博览会会场的正门。会场内的布局模仿了费城的万国博览会的布局，建造了（东、西）本馆、机械馆、园艺馆、农业馆、美术馆等。这些展馆如图2所示包围着中央的喷泉而建立，如果除去动物园的话，环绕一周就正好参观结束。出于让府县之间产生竞争意识的目的，展会的展品要求以府县为单位展出。在万博会上的各个国家间的竞争，到了内国博就变成了各个府县之间的竞争了。

东本馆陈列着政府各县的展品，西本馆陈列着以东京府为首的各府县的展品。东西本馆的屋顶都铺的是白铁皮，柱子和梁都涂着漆。建筑物的侧面也都设计有玻璃窗户。会场中央的美术馆是砖瓦搭建的，而动物馆里展示着牛、

7. 内国劝业博览会与万国劝业博览会 | 059

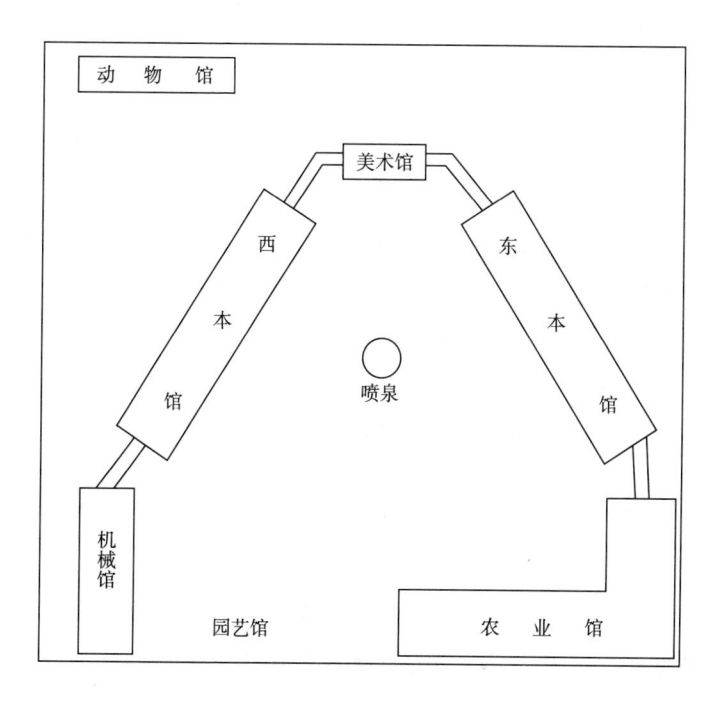

图2　内国劝业博览会场略图

马、羊及家禽类等。园艺馆考虑到馆内陈列的植物,在展馆两侧设计了棉布的帷幔,根据天气变化可以放下或者拉起(《内国劝业博览会场案内》)。

西本馆据说是举办地的旧址,多数展品来自东京府。展品被挤在狭小的陈列间内展出,栗本对此评价道,展品"大部分系瓦砾,摆放杂乱无章,儿戏,与废弃物无异"(《博览会私评》8月25日)。以此来判断展品的优劣可能有失偏颇,但可推测参展者之间并无太多竞争意识。而且展会进行当中,展品还陆续搬进会场,为此政府又数次增建了展台。

展品共84352件，从国内各地收集而来。原本政府是禁止展出珍宝古物的，但很多人没有理解博览会的目的，仍有不少人想展出这些东西。据栗本记载，其友人如是评价该全国博览会，"展品千千万，一言以蔽之，曰：两间展辣椒，半间展包子"。虽是难得冠有"劝业"二字之名的全国博览会，但很多人似乎还是将其理解为"一种演出和凑热闹的去处"（《博览会私评》8月25日）。

会场内的戊辰战争和西南战争

博览会会场的北部，开拓使负责建造了一个五角堂的小建筑物。看到此的栗本写道："这个建筑师模仿函馆的五棱郭，只是缩小至百分之一……德川的顽民一段时间坚守此处抵抗王师。"（《博览会私评》10月9日）身为旧幕臣的栗本，在写下这段话时的心情究竟是怎样的呢？内国博的会场上野，正是戊辰战争的时候以幕臣为核心组成的彰义队与新政府军激战的地方。所以，开拓使在上野展示戊辰战争最后的场所——五棱郭的模型建筑，就是意在宣传开拓使的同时彰显政府的威严。

会场展示了各府县的展品，呈一片欣欣向荣之势。但有一个县，没有任何展品的展出，那就是鹿儿岛县。内国博举办的8月份，西南战争仍在酣战，无法收集当地的展品。不过，与鹿儿岛有关的展品还是有的。在东本馆的海军省的展台，就展示着一幅鹿儿岛的地图，见此栗本写道："这是仿照近日来官军守卫的地方和贼兵逃窜的地方所画。"

(《博览会私评》8月30日）其实这个地图与西南战争压根无关，只是明治五年（1872）的时候海军水路局实地勘测过的海图，明治10年进行了印刷而已。但是，看到这幅图的大多数人肯定会想到西南战争吧。内国博举办时期的《邮便报知新闻》、栗本的《博览会私评》和记者犬养毅（后来的首相）的《战地直报》就曾数次如此报道。而别的报纸也有好些日子刊登西南战争的新闻报道。

万国博和内国博

栗本评价内国博是"规模大概按照奥地利维也纳，美国费城万国博的十分之一所建立"（《博览会私评》10月4日），可以看出内国博是以维也纳和费城的两个万国博为范本进行筹划的。如前所述，内国博的展品区分是模仿费城的万国博，而奖赏系统参考了两个万国博，设置了"名誉""龙纹""凤纹""花纹""褒奖"这五种奖项。

政府在维也纳万国博的时候向欧洲派遣过技术见习生。这次学习的成果，在这第一次内国博上就早早得到展示。使用在欧洲习得的技术制作的测量器和陶瓷器、眼镜等物在会场得到展览。费城万国博时虽然没有派出技术见习生，但政府在参观那次万国博的时候在美国购得的机械类产品也在内国博上得到展示。内国博虽然如其名所示，是收集展示国内物产的地方，但政府也展览了在国外购买的东西。而且内国博的展品目录也制作了英文版，并为了会场上招待的外国公使和雇佣的外国人的方便，也准备了英文版的展品介绍牌。政府在向国外宣传这次博览会上面下了大功夫。

所以即使称为内国博,也绝不是闭关锁国的,而是充分考虑到外国参观者,为了振兴出口所举办的一次博览会。而且在这次内国博上的展品当中,被认为有出口潜力的优等品之后被拿到明治11年举办的巴黎万博会上展出。在海外举办的万国博和内国博之间已经形成了紧密的联系。

内国博的效果

抽象地来讲,内国博的效果有以下几点。

在内国博上,由于收集了全国的产品,所以政府可从中掌握国内的产业情况,据此设立产业的奖励政策。再者,在从展出的展品中发现优良资源的同时,还可以从参展人当中挖掘出能干的人才。

而参展人,可以亲眼见到别的展品,由此学习到新的技术和知识,从而在今后的生产中可以发挥作用。另外,见到优秀的展品,还可以刺激产生竞争心理,从而促进技术革新。还有通过奖赏优秀的展品,实行等级化、差别化,也有助于竞争意识的产生。这种奖赏,之后还会被当作"政府的评价",成为一种信用的标志而促进产品的销售。再者说,能参加内国博本身就是一种极大的宣传,仅此就已经可以促进产品的销售了。

明治10年8月21日,在近代日本历史上,第一次真正的博览会诞生了。从此以后,各个城市都模仿内国博陆续召开博览会，而内国博在明治时期总共举办了五回，一直奖励、促进着日本国内的产业。

（国雄行）

参考文献

山本光雄『日本博覧会史』、理想社、1973。

吉田光邦『万国博覧会改訂版』、NHKブックス、1985。

吉見俊哉『博覧会の政治学』、中公新書、1992。

國雄行『博覧会の時代』、岩田書院、2005。

8. 大久保利通被刺

明治创业期的完结——东京·纪尾井坂——明治11年（1878）5月14日

噩　梦

明治11年（1878），有"日本邮政之父"之称的前岛密这样回想大久保遇害数日前的情况。

> 纪尾井町之变的前三四日夜里，不知为何，当时有些事情要商议便前往大久保公的宅邸。共进晚餐时，大久保说起："昨晚做了个很奇怪的梦。我和西乡不断争吵，最后开始动手。我被西乡追赶从悬崖上坠落。脑袋砸在石头上摔得粉碎，我还看到摔碎的脑袋在不断动着，实在是太不可思议了。"平时这些话大久保根本不会说，所以我也觉得很奇怪。不知是否偶然，二三日后纪尾井町之变就发生了。（佐々木克監修『大久保利通』）

明治10年（1877）至明治11年，"维新三杰"木户孝允、西乡隆盛、大久保利通相继离世。明治10年5月，木户于西南战争时在行宫京都病逝,同年9月西乡也化作鹿儿岛城山的露珠而去。创业10年的明治政府即将迎接新时代的到来。翌年明治11年5月14日,时代以西乡作为信使,带着它的希冀来到了大久保的跟前。

暗杀者——岛田一良

明治维新后的日本,通过国民征兵来建立中央武力,武士(士族)失去了作为特殊身份存在的意义。政府推广士族授产事业,鼓励士族归商农,但迟迟不见进展。失去职业无法维持生活的士族对政府的这些做法强烈不满,爆发了反政府的武装起义。

暗杀大久保的主谋者之一岛田一良(石川县士族),出身于金泽,曾作为官军参加戊辰战争,在北越战争中负伤,之后进入陆军晋升为大尉。明治6年(1873),支持征韩论的岛田闻知西乡隆盛等在征韩论争中失利下野的消息后,辞去大尉,开始为国事奔走。

回到石川县的岛田聚集同乡武士,批判政府处斩明治7年(1874)佐贺之乱一党。岛田等声称,心怀不满的武士所倡导的征韩论乃"天下的公论"。同年岛田请愿参加台湾出兵一事也未果。明治9年(1876),神风连(熊本)、秋月(福冈)、萩(山口)之乱等士族武装起义陆续爆发,岛田与之呼应计划在金泽起事,但由于招募不到兵力只好放弃。翌年2月,西南战争爆发。岛田再次奔走计划举兵起义,不得进展,4月得知政府成功解围熊本城后,不得不终止计划（遠矢浩規『利通暗殺』）。

始终无法举兵起义的岛田，遂改而刺杀政府要人。这次他将矛头锁定在明治政府最高领导者大久保利通身上。

明治 11 年 5 月 14 日

西南战争结束后，政府为了巩固中央集权体制开始加快地方体制改革的步伐。明治 11 年 4 月，政府在东京召开全国地方长官会议。5 月 14 日早，来京出席会议的福岛县权令山吉盛典访问了大久保的私邸。会谈间，大久保对山吉说道："维新以来十年间，兵马战乱频发政局不稳。担任内务卿以来未见政绩，实在惭愧。如今渐渐安定下来，此时正欲努力贯彻维新的盛意，要达到此目的，需要花三十年时间。最初的十年为第一期也是创业期，第二个十年为第二期也就是最重要时期，整顿内治，繁殖民产，我将恪尽内务卿的职守。第三个十年为第三期，这个时期的守成就有赖于后进的贤德之人。"（『大久保利通文書 九』）

此时召开的地方官会议，正是大久保所描述的明治国家构想中最重要时期——第二时期的出发点。

会面结束后，大久保乘马车前往赤坂临时御所，马车正要通过纪尾井町时，遭到埋伏在此的岛田一良、长连豪等 6 人袭击。大久保毫无反抗当场死亡。事发后，岛田等当天即带着列举大久保罪状的"斩奸状"前往赤坂临时御所自首。

工部少书记官听闻暗杀消息后，急忙赶往大久保宅。

遗体被安放在起居室，一等侍医伊藤方成等正"缝合刀剑所伤之处"，用白纱布进行包扎。随后，西乡从道等政府工作人员也都赶到。其中伊藤博文"格外伤心，失声痛惜公的不幸"（『大久保利通文書 九』）。据侍医伊藤等所说，大久保头部伤8处，其余处伤8处，头右侧面与后头部伤口极深，头盖骨几乎被切断（『赠右大臣大久保利通葬送略记』）。前岛所回忆的大久保的噩梦，此时已成为事实。

事件发生后，接受调查的岛田、长等6人的供述书记载刺杀大久保的理由是明治10年大久保曾派警部人员潜往鹿儿岛暗杀西乡一事。在得知西乡暗杀计划子虚乌有不过是诈术时，长回答道："西乡暗杀计划果真是子虚乌有的话，那么对此暗杀行动实在抱歉。"（「石川县士族岛田一郎等犯罪处断」『太政類典 第三編』）像这样将大久保暗杀事件与西乡结合起来的猜测为数不少，例如多年后伊藤博文这样回忆："大久保公于纪尾井坂遇刺蒙难即是西乡之复仇。这源自西乡的党徒执迷地认为十年战争时期大久保公杀害了他的忠臣。大久保公也未曾想到会有此等事吧。"（『大久保利通文書 九』）

政府的大意与追赠

大久保遇害后第三日5月16日，五代友厚寄给松方正义一封信。此时松方正在巴黎参加万国博览会。信中写道："我想，内务卿噩耗一定令您极度沮丧与失望……不仅西南领地，而且'土州云云'也已处理完毕。就其调查结果，警视厅恐难逃玩忽职守之责。不过,事已至此,喋喋不休已于事无补。""土州云云"是指西南战争时高知的立志社曾策划颠覆政府事件,此时跟事件有关的人员大量被捕,接受调查。如五代所记,西南战争及有关事件已停息,包括大警视川路利良在内的政府内部疏忽大意了。

大久保逝世的第二天5月15日,政府决议追加大久保爵位一事。按照木户孝允去世时的做法,决定追赠大久保为右大臣,正二位。5月17日,葬礼在大久保宅举行,1094人前来吊唁。之后,大久保被埋葬于青山墓地(『赠右大臣大久保利通葬送略記』)。次18日,因伤风未能上朝的太政大臣三条实美,寄给右大臣岩仓具视一封信。信中写道:大久保与木户不同,有众多子孙,为保证其子孙们将来的生活,提议破格授予恩典,将其子孙列为华族(『大久保利通文書 九』)。哀悼大久保的政府官员,按照木户死时的待遇商议了大久保的待遇。最终,于5月23日将大久保长子利和与木户的嗣子正二郎同列为华族。大久保之死被描述为因西乡而起,死后的追赠则参考木户逝世时的待遇制定。

另一方面,岛田等6人7月27日被司法省临时裁判所处以斩首刑,当日执行。

大久保后体制的成立

大久保于明治创业期完成、进入整顿内政准备阶段时离世。大久保未完成的事业,由伊藤博文、大隈重信等继承。大久保遇害的次日，伊藤博文担任起内务卿。伊藤与大久保风格迥异，内务省的气氛也随之一变。内务省劝商局长河濑秀治这样说道：

> 大久保公内务卿时期，内务卿办公室向来都被视为神圣之地。无论任何时间去，总是很安静，即使有想要跟大久保理论的，一旦跨入内务卿办公室后，别说理论马上退缩回去的大有人在……秉着大久保公在世时养成的习惯归朝后胆胆战战急忙赶往内务卿办公室时，伊藤内务卿室里西乡（从道）与中井（弘·樱洲）正谈论着昨晚发生的事情。无所事事的女招待员进进出出，满口酒气谈论着艺妓的闲话。眼前的情景令心态尚未走出大久保时代的我深感震惊。（『大久保利通文書 九』）

在大久保领导的内务省下积极推进劝业政策的河濑，对于伊藤内务省的气氛有些不适应。

明治11年7月，井上馨就任工部卿，于此确立了大久保殁后以大隈大藏卿、伊藤内务卿、井上工部卿为首的第二代领导人体制。在此体制下，大久保的遗志——劝业政策得到大力推行。西南战争后日趋严重的通货膨胀致使政府不得不在政策上进行大调整。新成立的大久保殁后体制根基尚未扎实，围绕着财政论、国会论等问题政府内部纠纷不断，明治14年政变时，大久保殁后体制告终。大久保之死是明治国家的一个转折点，也意味着明治创业期的终结。

大久保被暗杀10年后的明治21年（1888）5月14日，遇刺地点附近的纪尾井町清水谷（现清水谷公园）内建立了纪念碑。当日早8时，皇族、三条实美、黑田清隆总理大臣及其他各大臣等出席了祭礼。纪念碑现在还在原址。

（国雄行）

参考文献

御厨 貴『大久保没後体制』、近代日本研究会編『幕末・維新の日本』、山川出版社、1981。

遠矢浩規『利通暗殺』、行人社、1986。

勝田政治『〈政事家〉大久保利通－近代日本の設計者－』、講談社選書メチエ、2003。

佐々木克監修『大久保利通』、講談社学術文庫、2004。

笠原英彦『大久保利通』、吉川弘文館、2005。

II

立宪政治的实现

9. 府县会的开设
<small>地方自治的整顿——明治 11 年（1878）7 月 22 日</small>

"地方三新法"的公布

明治 11 年（1878）7 月 22 日，政府颁布了郡区町村编制法、府县会规则、地方税规则，即"地方三新法"。由此废除了以往的大区小区制，翌年 3 月 20 日东京府会首次召开后，全国各府县也陆续召开了地方大会，如同月 25 日神奈川县地方大会、30 日京都府地方大会，以及 4 月 28 日大阪府地方大会、5 月 13 日兵库县地方大会等。当时多数府县并未开设议事堂而借用寺院举行议事。兵库县当时则使用本愿寺的说教所，后于明治 15 年 4 月建成议事堂。但是，从一开始，府县议会就成了全国各种话题热议的场所。

由于各地方官对地方政事自行裁量，导致地方制度形态千差万别，三新法树立了全国统一的地方自治体制，同时在全国范围内召开府县会，取代了地方官自主召开的地方民会，为立宪制度的导入做了准备。

大久保利通

三新法的基本构想正是来自于此法公布前两个月被暗杀的大久保利通。三新法的形成基础主要是大久保利通内务卿给太政大臣三条实美的"关于地方之体制等改正之事的上书"。

自明治6年11月10日内务省设立至11年5月遇害前，大久保一直担任内务省最高领导人内务卿一职。其间，大久保在大力鼓励劝业及整顿警察制度的同时，也着重整顿地方行政。

大久保早在明治8年开始着手整顿府县地方行政机构。并于同年制定地方职制，使形态千差万别的府县行政机构全国统一化。次年实施大规模府县合并，原来的3府59县并为3府35县，对知事、县令等地方长官进行人事安排，并进行延长任期等一系列改革。设立统一的地方体制，成为大久保的目标。

西南战争刚刚结束时，反对地租改正[①]等政府政策的农民暴乱不断发生，自由民权运动也在不断扩大。特别是明治9年茨城、三重发生大规模反对地租改正暴动，受到农民暴动的影响，政府不得不在明治10年早早减轻地租（由地价的3%下降到地价的2.5%）以稳定民心。自由民权运

[①] 地租改正，有关土地制度，税制的大改革。废除封建领域的土地所有制，承认农民对于中的土地具有私人土地所有权，并规定有钱缴纳定额土地税。

动的成员也从以士族为中心渐渐扩大到豪农,并向全国展开。

西南战争后士族叛乱虽得到平息,摆在政府面前的又有农民暴动及自由民权运动等一系列问题。特别是农民暴动问题,使政府痛感危机,不得不放弃改革。在此情况下,朝廷内外要求地方制度改革的呼声也日趋高涨,在政府相关者看来,尤其是与地方实情不符的大区小区制成为民众批判的对象。

为了稳定局势,大久保提出了改革地方制度的建议。

"地方之体制等改正之事上书"

大久保所提出的建议内容是什么呢?

首先,大久保提出稳定国内政局的首要关键是确保地方制度的安定。他指出大区小区制不符合各地方惯有的习俗,是导致农民骚乱频发的重要原因。大区小区制无视近代以来的町村单位,而是采用○○大区○○小区等以数字表示行政区域的方式。对这样的因急于开展近代化而导致无视旧习、背离各地实际的情况及其带来的矛盾,明治政府内部开始了反思。大久保主张应制定新的地方自治制度。为此,他向三条提出了地方之体制、地方会议法、地方公债赋课法、地方官职制等交予地方官会议审议的建议。

大久保的目的是创立与居民旧习相符合的行政区划,居民在各地方议会(大久保的构想为不仅在府县,在郡市町村也同时设置)中担当"公权"。虽然规定担当"公权",却补充说明其权限仅适用于地方税议题。

大久保的提案得到了采纳。三新法草案由松田道之内务大书记官起草,并由井上毅法制官进行修订。草案在4月的第二次地方官会议(议长伊藤博文)上进行审议,接着5月移交元老院审议。起初并无审议计划,有栖川宫元老院议长上奏请求发放议案,使得议案在元老院内进行了审议。

经过以上过程制定出的三新法究竟有什么样的内容呢?下面我们将进行详细剖析。

郡区町村编制法

首先是郡区町村编制法,对于以往大区小区制下与地方实情不符的行政单位进行重新划分,以郡町村(人口集中地区可设为区)为行政单位是此法的第一大特点。郡、区各设郡长、区长,町村设户长。郡长、区长由政府选任,户长民选后由府县知事任命就任。中央与地方的关系,是以中央之下依序设立府县知事—郡长—户长这样的行政管理为构造。

此制度的理由主要为:(1)避免大区小区制产生的重复,节约开支; (2)恢复传统的郡长村制度便于国民; (3)增加新设置的郡长的责任,便于施政。这些都是设立三新法的目的。

也就是说,一方面承认町村级别实行户长民选等一系列地方自治,一方面加强上级部门郡长的权限以制约町村级别地方自治。

制度上谋求方便,又重新改回国民一贯熟悉的郡町村制。同时,尽管容许自治,但通过加重府县知事和郡长等的行政职责以达到治理上的平衡。随着明治21年(1888)市制町村制及明治23年(1890)府县制郡制的出台,郡区町村编制法废止。

府县会规则

府县会规则的制定,使原有的各府县知事自主召开的地方议会(民会)具有法律效力。由此规定的地方议会=府县会权限,是议定以地方税支付的经费预算及征收方法。除此之外,府县会还具有前年度出纳决算报告知情权、议案发案权、咨问答申权以及议事细则制定权等。

府县会的选举权,凡本府县籍贯且缴纳国税地租5日元以上的满20岁男子享有选举资格。被选举权,本籍居住满3年以上,且缴纳国税地租10日元以上并满25岁男子均可参加竞选。选举方式为记名投票,当选议员为名誉职,无薪酬,任期4年。议长及副议长由议员互选,且须得到府知事的认可。

这样,以府县及町村为单位的议会体制得到认可的同时,与府县会及町村会有可能对立的各自治体首长也享有一定的专决处分权力。地方税经府县审议后,必须得到知事许可,府县知事具有议会终止权及解散权等。府县知事与府县会意见对立时,可经府县知事上级内务卿的调停,府县知事可以行使执行权等。

这样看来府县会某种程度上较知事处于低位。居民拥有并行使选举权，直接参与一定的地方政治，朝着以后帝国会议的开设迈出了一大步。

地方税规则

地方税规则方面，明确了被视为当务之急的国税与地方税的区分，确定了地方财政的框架。

明治初期地方财政被称之为"民费"，所谓民费，不过是相对于官费而言。"民费"不仅包括府县财政，还包括町村费以及大区小区费，且以按照旧习为名，全国并无统一标准，极为混乱。为了收拾混乱局面，地方税规则明确规定了地方财政的框架。

地方税规则中规定地方税（府县税）包括营业税、杂种税及地租的五分之一，按户征收。由地方税支付的费目为：警察税，河港、道路、堤防、桥梁、建筑修缮费，府县会诸开支，流行病预防费等12项。

此法律只适用于地方税中的府县税，地方税的赋课方式以及地方财政预算须得到各府县会的许可。此为地方税规则的一大特点。会计年度为7月至次年6月，府知事每年2月前需做出经费预算、地方税征收预算，交由府县会审议。加上府县会规则，府县会在地方财政上具有一定的主导权。

迈入立宪制导入进程

对于三新法创立的评价，多集中在作为抑遏农民暴动对策的地方体制改革上。但地方会议的成立更值得关注。

明治 6 年（1873）大久保向伊藤博文递交的关于立宪政体意见书上，分析日本的现状为"君主擅制"，主张"君民共治"，即最终达到采用立宪君主制政体。大久保把"君民共治"作为最终目标，国内条件成熟前有必要继续实施"君主擅制"。虽说大久保仅将其限定在地方，但是引入选举制度对立宪制的确立是有意义的。

大久保认为制定立宪制前需先确立地方自治体制。三新法或许还有必要按此思路去把握。不仅是大久保，木户孝允内阁顾问也于明治 9 年（1876）提出整顿地方自治体制的必要性。两人的共同想法是，鉴于未来将引入立宪制，有必要对地方和人民灌输国家责任之意识。关于要确立立宪制首先要整顿地方自治体制这一点上，政府内部早已达成共识。

如果说地方自治确立是立宪制导入的前提，三新法的制定则是立宪制导入的第一步。明治 18 年（1885）5 月 14 日改进党系论客小野梓在追悼大久保的《读卖新闻》的报道中，从地方自治、选举制度等方面对府县会规则制定给予高度评价。从这点上说，它是以有别于高涨的自由民权运动的途径着手引进立宪制度的。

三新法的意义

主要分为两大观点，一是将出现否定大区小区制的结果，二是将出现集大成者。不管怎样，此三新法说得上是明治政府最早制定出的、具有统一性的地方自治制度。自上而下急行军式的地方体制政策再度修正，根据财产、性别限制选举权与被选举权，全国统一选举制度及地方议会得到合理整顿，以及租税协议权这一概念具体化在日本史上具有重大意义。

从立宪制的导入方面来看，府县会权限范围虽被严格限制，但具有议事机关的特征，向以后帝国议会的开设迈出了第一步。制定三新法对于引进立宪制具划时代意义。

（今村千文）

参考文献

大島美津子『明治国家と地域社会』、岩波書店、1994。
勝田政治『内務省と明治国家形成』、吉川弘文館、2002。
『〈政事家〉大久保利通』、講談社選書メチエ、2003。
奥田晴樹『立憲政体成立史の研究』、岩田書院、2004。
佐々木克『大久保利通と明治維新』、吉川弘文館、2004。

10. 政党的结成

自由党诞生——东京浅草井生村楼——明治 14 年（1881）10 月 29 日

自由党的结成

明治 14 年 10 月 12 日，成立国会的告谕颁布，宣布将以 10 年后的明治 23 年为期成立国会。与此同时，自由党的成立会议在东京府召开。同月 17 日，为成立自由党在嬉之森八百松楼举行了联谊会。次日于浅草井生村楼召开会议，在后藤象二郎（高知）议长的组织下，着手盟约三章及其他规则的议定，10 月 26 日盟约及组织案的审议告一段落。后来，板垣退助编撰的《自由党史》中，当年议事的情形被形容为"会员意气如虹，以一泻千里之势议定盟约规则"。

由三章构成的自由党规约内容如下。

第 1 章　扩充自由，保全权利，增进幸福，图谋改良社会。

第 2 章　尽力于确立善美之立宪政体。

第 3 章　与吾党共主义、同目的者一致合作，以达吾党之目的。

之后陆续对有关组织案和政党财政等提案进行审议，29日确定了领导层人选。板垣退助被选为总理，中岛信行被选为副总理，并确定了其他议员。其中常议员为马场辰猪（交询社①，寄居东京）、末广重恭（即末广铁肠，东京）、后藤象二郎（高知）、竹内纲（高知），干事为林包明（高知）、大石正巳（高知）、三际七司（新潟）、内藤鲁一（爱知）、林正明（寄居东京）。另外，同时还审议确定了募款10万元及发行自由党机关报等。完成以上决议后，自由党结成大会于11月4日闭会。次年，改进党成立。

于此，日本首个具有一定纲领及全国性组织的政党组织诞生了。

国会期成同盟

政党成立的动向可追溯到明治13年（1880）。3月，大阪召开国会期成同盟大会。一般认为此大会是由爱国社发展而成，但实际上爱国社与此同盟完全是两个不同组织。爱国社是以立志社为中心，主要由西日本的民权社团组成；由此一直扩展至东日本的社团，并以推动开设国会运动为目的而结成的，就是国会期成同盟。

大会最后商定，4月17日将两府22县9.5万人签名的

---

① 交询社，1880年由福泽谕吉倡议成立的实业家社交俱乐部。

"开设国会允可上愿书"（代表为高知的片冈健吉和福岛的河野广中）递交到元老院及太政官。但元老院、太政官均不予受理。在此之前，政府于4月5日颁布集会条例，强行规定所有政治性集会、结社必须经警察批准，授权警察解散或阻止集会，禁止军人、教师、学生参加政治结社和集会。

国会期成同盟已事先决定，请愿书如被拒受理将于同年11月召开第二次大会，所以同盟暂时解散。其间，长野县松泽求策等地方社团代表继续提交请愿书。

自由党结成的摸索

第二次国会期成同盟大会，于11月10日在议长河野广中、副议长郡利（山口）的主持下于东京府京桥区西绀屋町元爱社召开了。当时，决定称大会为大日本国会期成有志公会，本部设在东京，常务委员负责联络各地通信。同时还更改了国会期成同盟合议书部分条例，改为来年即明治14年10月1日在东京召开会议，届时社团将各持宪法草案进行讨论。此后，全国各地民权社团开始研究宪法草案（私拟草案）。

在这次大会中，结成政党的动向已经浮出水面，由此形成了某些对立。主张继续提交开设国会的请愿书的意见出现的时候，高知立志社的植木枝盛等却提出了政党团结论。前者是以豪农为主的全国民权结社组织，后者是以高知立志社为主的爱国社组织。

10. 政党的结成

主张政党结成派在第二回国会期成同盟大会期间，召开了由大会出席者与在京有志人士等组成的自由党联谊会。其中，爱国社民权团体的植木枝盛、河野广中、山际七司等提出了建议。主张政党团结论者的理由为，政府否认请愿权，今后更应向人民呼吁国民一体化运动的重要性，因此应改变国会期成同盟而建立政党。他们对5月以后部分社团继续提交请愿书持否定态度。

另一方面，全国结社代表团体在集会条例发布后，担心全国范围建立政党可能会涉及非法活动。在爱国社民权团体的批判声中，他们仍然继续递交请愿书。其中有人建议不以建白而是以向天皇请愿的形式递交请愿书，作为义务执政者应受理并实行。说起来，这也是一种思路转换。具体而言，受理请愿还应该视作执政者品德的一种体现，如果不受理，请愿者就不承认他们为执政者。

形式如何暂且不论，此次第二回国会期成同盟大会后，多数地方民权团体仍然继续递交请愿书。

话还是回到期成同盟。借着植木等主张建立政党为契机，议定新政党纲领、规则等草案并命名"自由党"的会议召开了。国会期成同盟中主张请愿书再次递交的势力仍强大，政党结成论最终搁置。双方商议达成的最终协议是，不再以同盟联合方式递交请愿书，允许地方或数县联合提交请愿书。之前的国会期成同盟合议书正是双方妥协的结果。

自由党结成的盟约

在国会期成同盟中后退一步的政党结成派，11月20日在江东中村楼、同月27日嬉之森八百松楼等处举办自由党联谊会，开始着手准备成立政党。虽然这与国会期成同盟走向不同，但30日举行的集会，期成同盟成员也参加了。经过这些摸索，12月15日在筑地寿美屋楼召开的聚会上，举行了组织政党的商谈。最后议定了《自由党结成盟约》。

《自由党结成盟约》如下。

第1条　我党以主张扩充我日本人民之自由，伸张及保全其权利者相结合组织。

第2条　我党务图增加国家之进步，人民之幸福。

第3条　我党相信我日本国民应当同权。

第4条　我党相信我日本国之立宪政治为适当。

共四条。

同时，还议定了在东京设置中央集会所，每年召开大会，东京横滨每日新闻社里设立自由党通信所，任命沼间守一（东京）为主任委员，等等。这一年的自由党结成动向，不止爱国社团体，全国结社代表团体及沼间等都市民权派团体都参与其中。集会条例出台后，各地社团为了继续生存，只有组织全国政党。

这样一来，为成立政党奠定了基础，期成同盟团、自由党共同达成来年10月再次召开大会的约定后解散。此后，全国各地以自由党为名的团体陆续出现，宪法草案的研究也在如火如荼地进行着。建立政党的热潮向全国范围传播开来。

明治14年政变

为顺应这一时代的潮流，明治14年（1881）大会决定对各代表提交的宪法草案以及围绕成立自由党的问题进行审议。因有地方代表尚未抵达，原定10月1日召开的第三次国会期成同盟大会改为协商会。会上，鉴于自由党派与期成同盟派的主张大同小异，林包明提议，不如一起成立涵盖此主张的统一政党。自由党结成派与国会期成同盟派均赞同结成全国政党，于是启动结成自由党。

然而，由于其间沼间等团体和九州部分代表脱离大会，自由党的结成很难说是政见大同小异者的政党结成。

不过，这时却发生了意想不到的事态。在所谓的明治14年政变中，天皇颁布了设立国会的诏书。

此政变有两股暗流。一股暗流是政府内部围绕宪法构想出现不和谐音，另一股是北海道开拓使把官有物品出售给民间。

宪法构想拟由各参议提出宪法议案予以解决。但是，对大隈重信提交的议案，伊藤博文和岩仓具视等深感困惑。其内容令伊藤博文痛恨自己没能赶在其前提出议案，而二院制和军民共治的提案则让岩仓无论如何都难以接受。

就在政府内部出现明显裂痕时，日本发生了把官有物品出售给民间的事件,民众义愤填膺,爆发了大规模的反政府活动。政府罢免大隈重信参议,对大隈派系官员予以革职,意欲通过颁布诏书并约定10年后开设国会的做法来化解社会对政府的批评。

因民权派正为开设国会开展请愿活动,见到此约定开设国会的诏书自然欢天喜地,实际上《自由党史》也有记载称"其心潮澎湃,兴奋不已"。而山际七司却用"意外的侮辱"来叙述自己的内心感受,而且其他人也没有掩饰自己错愕的神情。因推动开设国会、官有物品出售给民间等问题,国民对政府掀起声势浩大的攻击浪潮。然而,就在此当口,政府却突然约定期限开设国会。对此,山际他们觉得被政府占去了先机。因为各政治社团代表已从全国各地带来他们的宪法草案,并计划在此基础上制定统一的宪法草案呈交天皇,没想到却因为此诏书的颁布而计划受挫。不管怎样,对于这一约定开设国会的诏书,民权派内部的看法是喜忧参半。下面,让时间再回到初始。

自由党的解散

不过,话又说回来,经历以上种种波折而成立的自由党于明治17年(1884)10月29日被迫解散,以短命而告终。作为其原因,可列举的有:党内外批评板垣明治15年出国旅游,部分党员脱党,还有因接二连三事件的激化而造成的党内管制不完善等。在尚未召开议会的当时,自由党与现在的政党性质不同。因集会条例的修改,自由党不能再自报家门。但是，它在各地有24个支部，通过举办演讲和发行报纸等开展着各种启蒙活动。在这里，有两点值得大书特书，一是出现了有共同目标的全国性党派，并对全国开展启蒙运动；二是自由党虽已解散，但他们却在议会开设后以立宪自由党的身份重新集结。

（今村千文）

参考文献

堀江英一・遠山茂樹編『自由民権期の研究 一』、有斐閣、1959。

色川大吉『自由民権』、岩波新書、1981。

森山誠一「国会期成同盟の研究 一」『金沢経済大学経済研究所年報』、1986。

寺崎 修『明治自由党の研究 上』、慶応通信、1987。

江村宋一編『近代日本の軌跡二 自由民権と明治憲法』、吉川弘文館、1995。

11. 伊藤博文的欧洲观察与立宪政治调查
激进的日本改革——波茨坦——明治15年（1882）8月28日

来自西洋的"保守"忠告

1882年（明治15年）8月28日，明治政府参议（相当于今阁僚）伊藤博文在驻德日本公使青木周藏的陪同下，拜访了柏林波茨坦的离宫。受德国皇帝、普鲁士国王威廉一世与皇后的款待共进午餐。波茨坦离宫是18世纪普鲁士弗雷德里希国王营造，是以无忧宫著称的著名宫殿。

席间，威廉一世对伊藤表示，明治维新以来日本政府的改革过于激进，尤其是废除诸侯、剥夺士族特权等改革措施太过急剧，令人担忧。改革应以本国历史和社会状况为基础，须循序渐进。急于制定立宪政体、开设国会，对于日本天皇来说并非可喜之事，整顿宪法及行政法则是当务之急。并提及军事及地方自治方面贵族的作用不可小觑。即使不得已开设国会，也不能采取征集国税须经国会允许之"下策"等等——威廉一世发出谆谆告诫，伊藤略显畏缩，擅长德语的青木公使一一做了应对。

实际上就当时日本政府准备实施的立宪政体政策，伊藤一行到达欧洲后，德国公法学者格奈施德及其他学者、政治家皆抱有疑问且提出了忠告。

1883年3月，前往伦敦的伊藤与英国著名社会学者斯宾塞面谈时，也得到同样忠告。斯宾塞的著作被译成日文，在自由民权运动家间获得广泛阅读。对伊藤及随行驻英公使森有礼，斯宾塞以开着鲜艳花朵的植物如果移植到风土不同的国家就会枯萎来比喻，告诫日本切勿急进制定立宪政体，阐述"保守改革"的必要性。数年后，日本政府召开国会，斯宾塞得知众议院上预算审议案遭到否决，在给深交的金子坚太郎的信中感叹道："其原因是，日本政府无视自己的忠告，用宪法'飨国民以自由'。"（山下重一『スペンサーと日本近代』）

19世纪国际社会历史现实

明治宪法承认民众有更多自由这样的看法，今天的日本人或许感到有些奇怪。这也许是生活在20~21世纪的我们，失去准确判断19世纪国际社会现状及常识的历史感觉的表现吧。

18世纪至19世纪末，欧洲诸国大半实现立宪政体，其制定与运作的过程往往伴随着暴乱与流血事件。这个时期，除英国平稳实施立宪政体外，其他国家尤其是法国、西班牙、意大利等拉丁系诸国，1870年代末为止暴乱有增无减，立宪政体基本上无法正常运作。这即是历史现实。伊藤等从欧洲各国不断听到盲目立宪会招来混乱等劝告。对于欧洲政治家及学者来说，这些劝告都是自己实际体验见闻的总结。

封建制度解体不到 10 年的日本政府，着手制定宪法等改革措施，难免不让他们抱疑。19 世纪末欧洲社会，只有基督教国民才能成为文明人的认识泛滥。实际上，1876 年奥斯曼帝国（土耳其）在实行立宪制后不到一年便停止宪法。伊藤等人进行调查的当时，除基督教国家以外没有一个国家实施立宪制，这样的偏见也可以说反映了 19 世纪末国际社会的现实。

以实现立宪政体为目标

欧洲政治家及学者的告诫，无疑使立志实现立宪政治而进行调查活动的伊藤一行颇感困惑。但伊藤并没有全盘接受忠告。建设在国际社会上与欧美先进国家并肩齐驱的强国，是日本政府明治维新以来最高的目标。为此实行立宪政体势在必行。早在明治五年、明治六年（1872、1873）时，明治政府内部就制宪问题就已开始了具体的构思讨论。

实际上不止政府，政界大腕大久保利通执笔的"关于立宪政体意见书"（明治 6 年 11 月），表明了君主立宪制（"君民共治"）实现的方向。两个月后即明治 7 年（1874）1 月，前一年因征韩论政变下野的板垣退助，向政府提交设立民选议院的建议书并在报纸上登载。此事在有识之士之间引起很大的反响，并成为自由民权运动的导火索。之后，明治政府两次通过天皇诏书向国民发出实施立宪政体的约定（明治8年、14年）。另一方面，民权派展开全国性国会开设运动。另外，民间如"共存同众"、嘤鸣社、交询社等，政府开明派官僚与民权派活动家共同协力，形成了起草私拟宪法的热潮。

对于明治政府来说，实现立宪政体的时机已成熟。握有主导权的政府为实施具体运作，令伊藤一行前往欧洲考察。

柏林、维也纳

1882年5月，抵达柏林的伊藤等在凯瑟霍夫酒店脱下行装。酒店现已不存在，当时位于勃兰登堡门东南不到1公里处，是柏林五大酒店之一，距离皇宫、德国帝国议会、柏林大学、波茨坦车站（西来的远程火车的终点站）很近，交通方便，受到日本政府工作人员的青睐。

伊藤抵达后，马上拜访了著名公法学者、柏林大学教授格奈斯特，表明来德的目的并请求给予帮助。对日本制定立宪制构想持否定怀疑态度的格奈斯特认为"以日本之现状论，亦颇大之专制论"。面对德国对日本的轻侮与偏见，伊藤更加积极地投入到立宪政体调查中。

1882年5月下旬至7月下旬，毛斯（日本公使馆法律顾问，格奈斯特的学生）每周三次给伊藤一行讲解宪法。8月出访奥地利维也纳，和维也纳大学斯坦因教授举行了面谈。接着又返回德国，如开篇所述8月下旬在波茨坦离宫谒见威廉一世和皇后，随即夜里兼程赶火车至巴黎，迎接为出席俄国皇帝即位仪式而访欧的有栖川宫炽仁亲王一行。

接着9月中旬，再次赶赴维也纳，至11月初共17次听取了斯坦因教授的讲解。据龙井一博的研究（『ドイツ国家学と明治国制』），斯坦因在讲授过程中谈道，不论是君主还是议会，应力主确立拥有自主权的行政组织。伊藤擅长英语且在英美两国都停留过，除曾作为岩仓使节团副使短期逗留德国以外，在德的经验缺乏，加上言语不通，通过翻译学习到的格奈斯特、毛斯的讲解，不免有些生僻。而经验丰富、记者出身的斯坦因教授的英语讲授明白易懂，加上他直爽的性格，伊藤对斯坦因表现出极大兴趣。聘请斯坦因到日本的计划因遭年老的斯坦因本人拒绝未能实现，不过此后，在伊藤的介绍下，访欧的日本政治家及学者也纷纷拜访了斯坦因。

多彩的随行人员

伊藤等于11月上旬回到柏林，至翌年2月一直在听取毛斯的授课。接着3月上旬至5月下旬则在英国听取斯宾塞及格雷斯比讲课，"每日从事调研活动，彻头彻尾掌握立宪政体调查的要领"，可以说，立宪政治调查彻底完成了。

其间，伊藤的随员西园寺公望考察法国行政法，前往普鲁士的山崎直胤则考察普鲁士宪法。他们均进行了深入的调研，但因缺乏资料，具体不详。9名随行大多是20~30岁的年轻人，其中有执笔建议书弹劾政府的吉田正春，与中江兆民联手在《东洋自由报》上进行自由民权辩论的西园寺公望，以及共存同众与民权派开展启蒙运动的三好退藏等等。民权运动家及其拥护者也包括在内，可谓多姿多彩。

虽没有参加调查团，但加入到伊藤归国后起草宪法的队伍的金子坚太郎，是共存同众及嘤鸣社中与民权派共同起草私拟宪法的开明派官僚之一。政府与民权主义者拥有实现立宪政体这一共同国家目标，在调查立宪政治活动中，伊藤起用这些民权派有志之士也在情理之中。

对俾斯麦的严厉批判

伊藤等人的欧洲考察顺利进行着。这里有必要强调的是，对于伊藤来说，调查活动的对象不仅局限于狭义上的宪法典章及附属法令等。如果只是这些的话，只需收集参考书、资料，聘请外国专家顾问在日本国内研究就足够了，专门赶赴欧洲考察学习的意义就不大了。实际上，根据这一观点批判伊藤欧洲之行的后世历史学家也有。但是，伊藤在出发前就深刻认识到，调查研究宪法，不应只停留在纸本上的法律条文，应更重视欧洲立宪政治先进诸国的宪法实际运作方式，以及支撑其宪法背后的社会、风土的实际情况。伊藤多次强调说，无论制定出怎样完美的宪法或制度，如果不能适用都将无济于事。

勤于书信的伊藤在欧洲逗留期间，写了大概60封书信（仅目前已确认的数目）寄予国内外的相关人等（包括信件草稿、片断，未公开出版的东西很多）。通过对这些信件系统整理，我们可以了解到伊藤是如何观察欧洲社会及政治意识形态的实际情况。在寄给亲友井上馨参议兼外务卿的信中，严厉批判了俾斯麦的立宪政治体系。

当时，德帝国宰相俾斯麦，包括担任普鲁士宰相时期，20年间一直身居权力的巅峰。在伊藤抵达柏林时，俾斯麦正为实现烟草专卖制度而绞尽脑汁。德意志帝国是由25个邦组成的联邦制国家，帝国财政的大部分开支由各邦分摊。为了确保帝国财政有直接的财源，俾斯麦政府的重要政策之一就是推行烟草专卖制度。然而，该法案当年还依旧如前一年，继续在下院遭受进步党的强烈反对，被压倒性票数否决。

关于此事，伊藤说到俾斯麦政策是如何不受欢迎。俾斯麦身体欠佳，时常躲在自己的封地内，深居简出，偶尔莅临议会发表演讲也声如蚊蝇，几乎听不到，诸事不如意，心中郁闷甚多。而且，其幕僚下属也常常看俾斯麦的脸色行事，伊藤因此对其领导方法提出严厉批评。伊藤用"俾斯"称呼俾斯麦，笔触所致甚至有些揶揄之意（明治15年7月5日致井上馨信函。该信函直到最近才出版，连作为研究之用也几乎没有过）。

在伊藤的传记和相关研究书籍中有记载称，伊藤甫一抵达柏林便拜访俾斯麦，就立宪政治的建设问题接受其耐心指导。但这种说法纯属谬误。伊藤根据当时的情况判断，自己就是会晤俾斯麦也毫无意义，因此，虽然有日本驻德国公使青木力劝，但伊藤还是不愿与其会晤。伊藤在此次访德中与俾斯麦实现首次会晤是在立宪政治调研接近尾声的1883年1月30日。

伊藤回国后，日本国内流传着他是俾斯麦仰慕者的风言风语，但实际上人们并没有从伊藤口中听到诸如称颂俾斯麦政治运作的发言。埃尔温·冯·贝尔兹的评述认为，伊藤的政治领导风格与俾斯麦的专制统治截然不同。英国记者布林克利的评述则认为，伊藤配称日本的格莱斯顿，而不是日本的俾斯麦。从这些评论也可看出，人们对伊藤是俾斯麦仰慕者的印象大概是一种假象吧。

立宪政治调研的成果

伊藤他们进行立宪政治调研活动的足迹遍及普鲁士等德意志诸邦、奥地利、英国、比利时和法国等多国。对他们的具体活动内容，我们尽管掌握得不一定很充分，但有一点可以明确，即他们通过对欧洲社会和政治各个方面的考察，收获了许多真知灼见，并在回国后将其应用到日本立宪政治建设的各个方面。

譬如，伊藤把英国18、19世纪立宪政治取得稳步发展的原因归结为君主、贵族和庶民三者的和谐与合作。在日本，通过明治维新的一系列变革，旧有的公家和大名已经失去了原来的政治势力，仅存贵族之名。很显然，这些人已经不具备担负近代国家建设和立宪政治运作所需的见识和力量。伊藤回国后做的第一件事就是确定立宪政治实现的前提，不仅保留公家和大名出身的旧贵族，还把爵位授予政府的强权人物、旧幕府臣子和民权派领导人等，以构建新贵族。致力于建立新贵族制度就是其考察成果的具体体现之一。

众所周知，伊藤深感西方国家通过宗教实现国民精神统一之作用，在佛教和神道教均已失去精神统一力的日本，推动了以天皇为核心来谋求国民精神统一的构想。在日本国内，保守势力对伊藤怀有戒心，担心他是想让天皇改信基督教。当然，他们对伊藤是误解了。

或许可以说，对伊藤他们而言，立宪政治调研的最大成果是，他们实地考察了立宪政治如何在19世纪末的欧洲历史现实中得到实际运作。回国后，伊藤他们就把普鲁士、拜仁慕尼黑等德意志诸邦、奥地利、英国和比利时等主要欧洲国家的立宪制度与日本的历史传统进行融合，起草了"折中主义的宪法"（详见英国《泰晤士报》对明治宪法的评论）。最近对日本立宪政治开展的实证性研究成果表明，从19世纪末到20世纪初，日本政治在现实中的运用与其说是倾向于德国式的君权主义议会政治，倒不如说是倾向于英国式的立宪主义议会政治。

（鸟海靖）

参考文献

清水伸『明治憲法制度史 上』、原書房、1971。

島海靖『日本近代史講義－明治立憲制の形成とその理念－』、東京大学出版会、1988。

坂本一登『伊藤博文と明治国家形成』、吉川弘文館、1991。

瀧井一博『ドイツ国家学と明治国制』、ミネルヴァ書房、1999。

鳥海靖「伊藤博文の立憲政治調査」鳥海靖・三谷博ほか編『日本立憲政治の形成とその変質』、吉川弘文館、2005。

12. 立宪政治的实现

《大日本帝国宪法》的颁布——东京·高知——明治22年（1889）2月11日

是日的东京、高知

明治22年（1889）2月11日，东京府内一片沸腾。众所期盼的明治宪法终于公布于世。数日前就开始制作奉祝门，各地均张灯结彩，街头游行、祝贺会也在计划之中。国旗、酒水大卖，售罄、售缺导致价格上涨的现象也发生了。昨夜以来的雨变成雪，当日早晨，东京银装素裹，纷纷扬扬的大雪中，驶向刚刚竣工的宫城（皇居）的马车、人力车络绎不绝。

是日，宫中举行纪元节天皇亲祭式，早上9时，皇族、华族代表、府县知事、诸官员等人列席，率领内大臣、侍从长、总理大臣、枢密院议长、各大臣等出席的天皇向贤所奉呈玉串（献神用的杨桐树小枝，带叶，缠以白纸。——译者注），拜谒后宣读皇室典范和宪法颁布的告文，之后全体仿效进行拜谒。接着，在皇灵殿、神殿举行了同样仪式。

宪法公布仪式改在正殿（谒见所）举行。除上述人员外，各国的外交官以及被雇佣的外国人、地方官代表、府议会议长、新闻记者等也出席了仪式。大家身着洋装，唯独萨摩藩主岛津忠义公爵的发髻装扮大放异彩。早上10时40分，天皇带领手持装有宪法原本的漆盒的三条实美内大臣等，携皇后共同出席仪式，就坐在正面的御座上。身着洋装的皇后与宫女们就坐在正面左侧的座位上。起立宣读宪法颁布敕语后，天皇从三条手中接过宪法，下赐给出列的总理大臣黑田清隆。

仪式不到10分钟就全部结束了。此间，皇宫外礼炮轰鸣，所有的钟声响起。仪式始终在庄严、恢宏的氛围中进行。然而，在豪华气派的御座的映衬下，地面呈现出的深红色过于黯淡。（トク・ベルツ編、菅沼竜太郎訳『ベルツの日記』、1889年2月11日、岩波文庫）

午后雪停，天空放晴，天皇与皇后同乘6马马车前往青山练兵场，莅临阅兵式。沿途，为了目睹天皇、皇后风采的群众不断拥挤，还有甚者登上堤坝观看。在冰雪融化后的泥泞中举行的阅兵式结束，天皇回宫时已是下午5时左右。7时宫中的丰明殿举行庆祝宴，内外的贵官达人偕同夫人出席宴会。宴会结束后，再次移入正殿观看舞乐。紧接着11时过后，邀请皇族、大臣、外国公使等约40人举行小规模的自助餐晚宴。在这些活动的间歇，举行了授予制定明治宪法的功臣伊藤博文枢密院议长旭日桐花奖章的天皇亲授式。活动全部结束时已是深夜。天皇和皇后精力充沛，出席了所有的活动（『明治天皇纪』明治22年2月11日）。

这一天，民间也举行了各种庆祝活动。东京出动花车，举行街头游行，艺妓们盛装游行更是吸引了众多群众。"在东京没有像今天这样见到这么多美丽的姑娘，多么的娇艳和俊美。多么华丽的和服，多么温文尔雅的举止。"（『ベルツの日记』、1889年2月11日）

当然，不仅东京举行了庆祝仪式，全国各地也展开庆贺活动。在开设国会运动中心——自由民权的故乡高知，民权派有志之士约400人聚集在一起，召开庆祝宴会。民权家植木枝盛在日记中写道："2月11日，纪元节。今天颁布了宪法以及其他附属各法令。同时公布大赦令，将国家政治犯一并赦免。下午，新生楼举行了庆祝宴会。"2月22日，为了迎接出狱的民权派政治犯，在同一地点——土佐堀新生楼举行了"大赦出狱志士大祝杯会"。大日本帝国宪法的颁布得到民权派活动家的欢迎，举行盛大的庆贺仪式。

枢密院的宪法草案审议

受命调查欧洲各国立宪政体归国的伊藤博文与井上毅、伊东巳代治、金子坚太郎等人，就宫中改革、华族制度以及制定近代化内阁制度等一系列行政改革，在德国法律顾问罗埃斯特尔和毛斯的协助下，开始着手草拟宪法。此时为明治19年（1886）11月。明治21年（1888）4月，宪法草案完成，递交于天皇。明治21年6月18日起，明治天皇亲临枢密院进行草案审议。辞去内阁总理大臣、出任枢密院议长的伊藤负责会议召开。审议以三审会、三读会的方式进行，明治22年（1889）1月，对宪法、皇室典范、议院法、众议院议院选举法、贵族院令等的审议方告终结。2月5日，经过在枢密院的校对后，正式制成宪法文本三份。其中一份保存在枢密院，另外两份于当日由伊藤博文上呈天皇。这两份文本，一份收于宫中的宝库，另一份如前所述，在宪法颁布仪式上赐给了黑田首相（『枢密院会议筆記』、『明治天皇紀』明治22年2月5日）。

枢密院宪法草案审议中，主要修正点如下。

（1）将草案中的"日本帝国"改为"大日本帝国"，宪法的正式名称为"大日本帝国宪法"。但是由于井上馨认为对外不够体现国家威严，故英文直接翻译成 The Constitution of The Empire of Japan。

（2）第5条等多处出现的"帝国议会之承认"改为"帝国议会之协赞"下的天皇行使统治权。顾问官们认为"承认"一词中包含上级向下级征求意见的意思，强烈要求进行修改。然而，英语中"协赞"也为consent（同意），意思不变。

（3）草案中第12条统帅权和编制权分为独立条例。编制权一条中删除了"依据敕令"的条文，特别明确了天皇对常备兵额的决定权。

(4) 承认议会具有法案提出权（起案权）。

(5) 承认贵族院预算逐条审议，预算审议中众议院的优先权只保留先议权。

明治宪法中的天皇

以天皇为中心的明治政府组建日本国的进程中，从保守派到民权急进派形成了大致上的意见统一。同利用宪法限制强大的王权而成立的欧洲立宪君主制相比较，依据宪法将数百年来处于政治之外的天皇置于日本政治核心的工作，不可能一蹴而就。

宪法中，第1条"大日本帝国由万世一系的天皇统治"，凸显了天皇为国家中心这一原则。第3条为"天皇神圣不可侵犯"，皇帝、国王不可侵条例为当时欧洲立宪君主制的基本理念，明治宪法原封不动将此引用。此条文与君主无答责即天皇无需对政治、法律负责，由辅弼的国务大臣承担其后果和责任（第55条）的原则相呼应。第4条"天皇为国家元首，总揽统治权，依本宪法规定实行之"，是起草宪法时伊藤博文最重视的一条。也就是说，天皇虽总揽统治权，但其统治权被加上了"依本宪法规定实行之"的限制，不得凌驾于宪法之上，这是伊藤对于立宪主义的理解和其基本思想。枢密院审议中，根据不得束缚天皇大权的立场，出现了删除"依本宪法定实规行使之"的修正意见，伊藤则力主立宪政治的本质为限制君主权和保护民权，极力排斥修正案。宪法颁布的上谕则体现了天皇向国民（臣民）承诺遵守宪法的意义。宪法颁布后的明治22年3月25日，伊藤在针对京都府会议员的公开演说中声明，若天皇违背宪法，在无议会的协赞下制定法律，"臣民"则无义务遵守其规定。

第5条以下规定了天皇在帝国议会的协赞下的立法权（第5条）；法律批准权、执行权、公布权（第6条）；召集帝国议会时，其开会、闭会、停会的发布权以及解散众议院权（第7条）；紧急敕令、政令的发布权（第8、9条）；官吏薪俸的决定权和官吏的任免权（第10条）；对陆海军的统帅权、编制权、常备兵额的决定权（第11、12条）；宣战及媾和条约缔约权（第13条）；戒严的宣布权（第14条）；封爵授勋权（第15条）；实行大赦、特赦、减刑、复权的命令权（第16条）；等等。规定了天皇自身拥有的众多权力。但同时，天皇之大权也与这样的想法联系在一起，即仅对此有效，而绝非毫无限制。

宪法中的议会

帝国议会由拥有对等权限的众议院和贵族院两院组成。其权限与现在的国会相比较相对限制，天皇的军事大权、外交大权以及首相的任免权都不受议会的限制。即使这样，自明治23年（1890）11月开设以来不到10年，特别是众议院第一大党执政后，议会的势力已不可小觑。这是在被称为明治宪法制度范本的普鲁士、德意志帝国不可能发生的事情。

宪法规定的议会权限主要为立法权、预算议定权、上奏权和请愿受理权等。例如，第37条规定"凡法律须经帝国议会之协赞"，第38条中规定两议院可议政府提出之法律案并可各自提出法律案。至于预算，第64条"国家之岁出岁入须经帝国议会之协赞，每年列入预算"，规定了议会的预算审议权和议定权。第62条规定"新税赋课租税及变更税率及'发行国债'等须经帝国议会之协赞"。

宪法制定过程中关于议会的预算议定权出现了问题。德国法律顾问建议将对议会预算权进行事实上否定的条文加入宪法中，但明治政府声称其"违背立宪主义精神，属专制的旧形式"不予采纳，而在宪法中规定了议会预算议定权，预算不成立时则政府可实施上年度之预算。至于基于天皇大权的"既定的岁出"，虽然增设了不经政府同意议会不得对之削减或废除的屏障，但结果是，政府在没有得到众议院多数党的同意下，无法开展增税等一切新事业。预算议定权在很大程度上成为议会势力对抗政府的武器。事实上，初期议会时，众议院民党通过利用预算问题与政府对抗进行参政，正是体现了这一点。接到日本初期议会上关于预算问题纷争消息的英国社会学者斯宾塞，对日本政府首脑无视自己的忠告，做出用宪法"飨国民以自由"的批判，在本书的"11 伊藤博文的欧洲观察和立宪政治调查"中也有所提及。在今天看来，也许有人会认为奇怪，但在19世纪末的国际社会中不如说是普遍见解吧。

与宪法同时公布的《众议院议员选举法》中，规定只有缴纳国税 15 日元以上、年满 25 周岁（被选举资格为 30 岁）的男子才有选举权，总数约 45 万人，约占日本内地人口的 1.14%。这可以说是具有严格限制的选举制度。但在立宪政治初期阶段，即使是在欧洲先进国家这种情况也普遍存在。以法国为例，直到 1848 年二月革命后实现男子普选权时，有资格者也仅占人口的 0.6%。大革命后实现君主立宪制的法国在 50 多年后，即使经历了七月革命，拥有选举权者的比例也不过如此。日本第一届总选举时，有选举资格人口比例大约是二月革命前法国的两倍。之后，明治 33 年（1900）选举法修正后，撤除了被选举者的纳税资格限制，选举资格扩大至缴纳国税 10 日元以上，拥有选举资格的人增加了一倍。

立宪政治的落实以及特点

宪法颁布时，民权主义者给予了"远远高于期望的宪法"的高度评价，并热烈庆贺。帝国议会召开后，围绕预算问题政府与民党相互掣肘，逐渐相互妥协。政府、议会、宫内大臣根据齐心合力的诏书精神三方各自退让一步，使第二次伊藤内阁成功解决了明治 26 年（1893）第四届议会上出现的军舰建造费用纷争。第二次伊藤内阁与众议院第一大党自由党于三年后，就日清甲午战后经营事宜建立联合政府。接着，明治 33 年（1900），纠合旧自由党派势力的立宪政友会成立，伊藤博文出任总裁，形成了日本政党政治的基础。就这样，在 19 世纪末，日本成为亚洲第一个近代君主立宪制国家。在政府与民权主义者的合作和共同努力下，日本在实现君主立宪制的过程中，并没有发生类似于外国的革命暴动以及流血事件。从立宪政治形成的比较史的研究观点出发，这一点值得我们注意。

（鸟海靖）

参考文献

稻田正次『明治憲法成立史 上・下』、有斐阁、1960、1962。

島海靖『日本近代史講義—明治立憲制の形成とその理念—』、東京大学出版会、1988。

佐々木隆『藩閥政治と立憲政治』、吉川弘文館、1992。

瀧井一博『文明史のなかの明治憲法』、講談社選書メチエ、2003。

13. 日本最初的政党内阁

隈板内阁的明暗——东京·皇宫——明治31年（1898）6月30日

隈板内阁的诞生

明治31年（1898）6月30日，皇宫内举行了天皇亲授仪式。接受敕令组织宪政党内阁的大隈重信和板垣退助两人中，大隈任总理大臣（兼外务大臣），板垣任内务大臣。所谓的隈板内阁正式启动。此隈板内阁（大隈内阁）成立不久，除陆海军两大臣外，其他阁员均由宪政党党人担任。因此，政界普遍认为大隈内阁的诞生标志着日本有史以来的第一次政党内阁的成立。

占据明治政府核心的伊藤等萨长藩阀官僚实力派，自明治22年（1889）年帝国宪法公布后，以10年为期限，逐渐把政权交给政党阵营。在对政党内阁深恶痛绝的山县有朋等看来，这无疑是"明治政府被说服了"。

另一方面，对于自由民权运动派系的民党势力（自由党系、改进党系）来讲，政党内阁的成立使其夙愿得偿。立宪政治开始后，由于宪法中并没有否定政党内阁（议院内阁制）——关于内阁组织形态没有明确规定，所以民党势力以打倒藩阀、建立政党内阁为目标，并为之奋斗。而政权的突至就像天上掉馅饼一样，一直认为无法实现的政党内阁提前实现。

转换一下话题。平成5年（1993）年8月，以日本新党党首细川护熙为党魁的非自民党联立政权诞生，致使自民党自昭和30年（1955）11月建党以来握持了近40年的政权交到非自民势力（野党）手中。1993年时，多数民众做梦都不会想到会发生执政党与野党政权更迭。与此相似的历史事件，即是早在100年前的限板内阁的诞生。细川内阁的成立离不开一位重要人物，他就是脱离自民党、与羽田孜等组成新生党的小泽一郎。限板内阁的成立同样离不开一位重要人物，即明治宪法之父、明治天皇最为信任的元勋（元老）伊藤博文。伊藤内阁总辞职后，推戴大隈和板垣为领袖。

宪政党的结成与大隈、板垣的敕令

伊藤为何推戴野党党首大隈和板垣为继任总理大臣呢？提出增征地租议案的伊藤，与改进党派系的进步党和自由党合作的计划（大联立）受到重挫，明治31年（1898）1月12日组成第三次伊藤内阁"超然内阁"。接着，第12次特别议会间的6月10日，地租增征议案遭到多票否决，伊藤不得不解散议会，联合拥护地租增征案的势力计划再次组成新党。然而遭到山县等人的强烈反对，同时无法集合支持势力，伊藤的新党构想无疾而终。最终伊藤提出辞呈。

此外，众议院解散后，反对增征案的自由、进步两党出现了大联合的动向，6月22日成立宪政党。民党联合集大成的宪政党的出现，导致明治政府陷入困境。

担忧事态发展的明治天皇于24日召开御前会议，命伊藤等元勋商议善后对策。当日，伊藤强调若无有意愿担负起政权的元老，那么只有向宪政党交出政权。休息时，受天皇单独召见的伊藤，再次表达了此意思。为此天皇与伊藤之间产生了分歧。伊藤认为天皇勉强接受了自己的意见，天皇则误以为伊藤让大隈、板垣入阁，并重新组阁。翌日，当天皇了解到伊藤的本意时已然晚了。由于御前会议的消息已传到大隈、板垣那里，天皇不得不命令大隈、板垣二人组织宪政党内阁。6月27日，在皇宫内召见了二人。

就这样，日本最初的政党内阁诞生了。记录了以上经过的平田东助（山县系官僚的实力派人物），谴责伊藤的"举动实在令人惊讶，非常可疑"（国立国会图书馆宪政资料室所藏「憲政史編纂会収集文書」712－1。另外，平田在日记中凡大隈均写为"大猥"，对政党势力充满憎恶）。

这里，就伊藤推荐大隈、板垣为继任总理大臣时的国际形势，进行几点补充说明。前一年（1897）11月以来，西欧列强竞相瓜分中国，东亚形势日趋紧张。而到了此时，日本面临的危机已解除，暂时处于平稳状态（伊藤之雄『立憲国家の確立と伊藤博文』第四章三节1）。敏于时势变动、擅长内政外交的伊藤不可能在东亚形势紧张时将政权拱手让给政党。在对外形势相对平稳时委以二人全权，伊藤考验二人的政党统治能力（政权担当）的初衷体现在此吧。

内阁暗影绰绰

新内阁启动数日后，英国驻日公使埃内斯特·萨道义在访问大隈宅后如下写道："大隈的身边围绕着其他阁员等人。他兴致很高，对宪政党内阁充满了希望。"（長岡祥三、福永郁夫訳『アーネスト・サトウ公使日記Ⅱ』新人物往来社、1991，7月3日条）

看似充满希望的大隈内阁的实际情况却并不乐观。大隈向共进晚餐的贵族院实力派近卫笃麿等人说道："为了次官以下席位，阁僚猎官丑态百出，没了'精神'的板垣内相对旧自由党系徇私，政权内两党出现分歧。幸好这些都没有登载出来。"（近衛篤麿日記刊行会編『近衛篤麿日記第二卷』、鹿島研究所出版会、1968、7月14日条）

就这样，大隈内阁从成立当初，就隐藏着重重危机。8月10举行的第6届总选举中，围绕候选人选拔问题，旧自由党派与旧进步党派发生对立，最终瓦解分裂。

就在大隈内阁陷入混乱时，大隈内阁的组织者伊藤于8月16日离开日本前往韩国和中国。伊藤要亲自看看光绪帝等人所进行的近代化政治改革（戊戌变法）是否成功，以正确把握东亚形势。

就在出发前一日，驻美公使星亨无政府许可擅自归国。

星亨罕见的政治才能让大隈很不安，于是既不批准他的辞呈（正式辞职为9月13日），也不安排星亨入阁。大隈担心星亨入阁后会在内阁开展倒阁运动。此时，星亨也在静待着时机到来。

8月21日，帝国教育会夏期讲习会闭幕式上，尾崎行雄文部大臣发表演说，称"若日本为共和政治，三井、三菱就能成为大统领的候选人吧"。这番所谓"共和演说"，顿时引起很大争议。之后，星亨和板垣等旧自由党派，对这番言论大加利用开展倒阁风潮。

内阁瓦解

星亨等旧自由党派为何要亲手结束日本有史以来第一个政党内阁呢？星亨他们所试图实现的政党政治是，自由党在众议院中占大多数席位，以此为起点向国政各个方面渗透其影响力。第二次世界大战后，日本议院内阁制下，自民党作为优势政党长期一党执政，构筑了"自民党一党独大体制"。星亨等所努力想实现的政党政治正是"自由党一党独大制"。换句话说，不是自由党派、改进党派两大政党，而是自由党单独执政的政治体系。

因此，大隈领导的改进党派必须铲除。星亨等自由党派真正想要"提携"的是官僚势力。其原因是制度上的障碍（议院内阁制没有宪法保障）使自由党派的影响无法渗透到官僚势力当中。尽管成立了联立政权，旧自由党派仍进行倒阁活动，试图与官僚势力联手建立新的内阁。

10月以后，旧自由党派的倒阁活动全面展开。在星亨的授意下，板垣内相在内阁会议上抨击尾崎演说时使用"共和政治"一词，挑动倒阁风潮。接着，向天皇上奏折弹劾尾崎，逼迫尾崎辞职（正式辞职为24日）。势头正盛的旧自由党趁势追击。29日自由党另组宪政党，板垣等旧自由党派阁僚联袂辞职。加上天皇也不希望再将政党内阁继续下去，在此情况下，大隈首相最终不得不在31日提出辞呈。就这样，日本首届政党内阁由于阁内对立，成立后仅4个月就土崩瓦解。

成功倒阁的星亨等的宪政党（旧自由党）与大隈内阁后的山县内阁合作，死守着政权。两人同床异梦的合作到明治33年（1900）5月为止。星亨等转而向伊藤靠拢，投入到将宪政党合并到伊藤组织的新党结成运动中去。就这样，同年成立的立宪政友会从创建起至大正13年（1924）6月护宪三派内阁成立，其间除了两年时间，一直在众议院中拥有绝对多数席位，作为执政党或准执政党把持国政（坂野潤治「天皇制と共産主義に抗して」『吉野作造選集三』、岩波書店、1995、363頁）。对于在政友会成立后第二年死于非命的星亨来说，也许这才是他理想中的政党政治吧。

隈板内阁的遗产

细川非自民党联立内阁也是个不到一年的短命内阁。但是，执政期间进行了众议院选举制度改革（引进小选举区比例代表并立制)、修正《政治资金规正法》(企业或劳动组合的政治献金限于政党及政党支部)、制定《政党助成法》等一系列政治改革。

而隈板内阁虽着手改革文官任用令及整顿行政等，触及当时的政治问题，但因政治生命只维持了短短4个月，所以并没有取得成果。隈板内阁留给后人的印象只是"短命的日本首届政党内阁"。这是知其最终结局的历史学家的苛评与浅薄所造成的吗？

（小宮一夫）

参考文献

佐々木隆「明治天皇と立憲政治」福地惇・佐々木隆編『明治日本政治家群像』、吉川弘文館、1993。

伊藤之雄『立憲国家の確立と伊藤博文——内政と外交 一八八九-一八九八』、吉川弘文館、1999。

御厨 貴『日本の近代三 明治国家の完成』、中央公論新社、2001。

佐々木隆『日本の歴史二 明治人の力量』、講談社、2002。

五白旗頭薫『大隈重信と政党政治 複数政党制の起源 明治十四年-大正三年』、東京大学出版会、2003。

14. 新媒体的形成

《万朝报》的创刊——东京·银座——明治25年（1892）11月1日

《万朝报》的创刊

明治25年（1892）11月1日，在首都东京《万朝报》诞生了。社长黑岩周六（号泪香）曾任《都新闻》主笔，因编辑方针问题与报社发生对立，8月初退出该报社。黑岩从明教社（活版印刷所）处借到报纸发行所需的保证金1000日元（纳税单位为管辖官厅的内务省），从町田宗七（书店扶桑堂的经营者）处借到周转资金500日元后，开始经营《万朝报》（土方正寺『都新聞史』日本図書センター、1991、67頁）。

黑岩在创办《万朝报》前，首先在东京府下以及近郊的主要报纸上刊登该报发行的广告（例如《时事新闻》10月19日第7版，《每日新闻》同月20日第5版等）。将《万朝报》办刊宗旨描述为"辅以插图假名注音的小报纸"，只登载有价值的新闻，使读者一目了然了解到社会动向以及变化。从《万朝报》版面辅以插图及汉字假名注音，加上版型小的办报风格可知，黑岩将读者定位为读写能力即识字能力低下的下层民众为主。因此，报纸定价为1份1钱，月费为20钱，但必须先付款。黑岩打算以薄利多销打开市场。

接着，让我们来看看《万朝报》创刊号上刊载的黑岩的"发刊词"吧。黑岩首先再次声明发刊的目的是为广大的普通民众提供了解时事的平台。接着，解释将该报定价为1钱的理由。当时的报纸普遍定价为1钱5厘，这比日常生活中必需的入浴费和明信片还要贵。接着，他又主张该报面向中层社会，文章风格"简单""通俗"，男主人以外的家庭成员、佣人也可读懂，是最为经济实惠的大众报纸。黑岩作为商人的精明足以可见。

就这样，《万朝报》作为不依附特定政党、不攀附实业家的"独立报纸"正式发刊。创刊号3.5万份，第二号（11月5日发行）获得7000份的固定订阅，取得意外的好成绩（泪香会编『黑岩泪香』、扶桑社、大正11年、791页）。从此以后，每份4页的《万朝报》发行量不断增高，在历史上留下名字。

报纸的创办与黑岩的前半生

黑岩周六文久二年（1862）九月出生于土佐国。巧的是同年正月，日本报业嚆矢《官板巴达维亚新闻》由蕃书调所（幕府时期设立的洋学研究、教育机构）创办发行。明治维新后，黑岩先后进入大阪英语学校、福泽谕吉创办的庆应义塾学习，都以中途退学告终。

黑岩放弃学业，投身于新闻界。从幕末到明治维新这一动荡时期，报纸作为刊载新闻和时事评论向大众传播的载体登上社会舞台。尤其是明治维新后，大量的报纸、杂志以东京为中心创刊、发行，热血青年将自己的见解投寄给报社、杂志社以期发表。黑岩就是其中一人。明治14年（1881）11月，《东京舆论新志》发表其投稿，黑岩开始了写作生活。

明治15年11月，黑岩与人合伙创办《同盟改进新闻》，该报发行3个月后陷入经营困境（翌年1月休刊）。接着，明治19年（1886）任《绘入自由新闻》主笔，明治22年11月退出该社后，进入《都新闻》担任主笔。改编外国侦探小说（《活地狱》《玉手箱》等）博得名声。

相马事件和《万朝报》的发展

《万朝报》在创刊的第二年，即明治26年（1893），创下年发行量9077294份的成绩，一跃成为东京府下第三大报纸（佐々木隆『日本の近代14 メディアと権力』、143页）。《万朝报》发行量的突飞猛进，正是该报对相马事件的连续报道的结果。

7月发生了曾是华族的相马家（旧中村藩主）前户主被锦织刚清（旧家臣）从精神病院擅自带出的事件，引起一片骚动。锦织刚清又以前户主同父异母之弟、现户主伙同家仆毒害了前户主为由，将相关人告上东京地方法庭。

14. 新媒体的形成 | *117*

《万朝报》大篇幅报道此事,将旧大名家的家族丑闻大肆渲染。《万朝报》将锦织描写成为救主人挺身而出的"忠臣",而将现户主及家仆描写成企图夺取家产的"逆贼",进行一系列报道。

然而,审判结果却使《万朝报》的期待落空了。法庭以证据不足为由,判决现户主免于被诉,锦织则于明治27年5月因诬告罪判监禁4年。(以上参考:『日本の近代14 メディアと権力』137-144頁;有山輝雄「虚報としての相馬事件」『日本歷史』600号、1998年)

结果,相马事件不过是虚假报道。黑岩曾将正确引导、教化读者的报纸评价为"世人内心的监护者,更是师父"(《报纸发行者的德操》,明治25年12月3日)。然而,当相马事件判明为严重失实报道时,《万朝报》并没有对它耸人听闻的小报报道进行反省,没有为错误引导读者担起责任。相反,仍继续使用相马事件报道时哗众取宠的手法进行新闻炮制,以提高发行量。

在中日甲午战争后,《万朝报》位居东京府下报纸发行量首位,明治31年(1898),突破年发行量总数3000万份,一跃成为仅次于《大阪朝日新闻》的全国第二大报纸(山本武利『新聞記者の誕生 日本のメディアをつくった人々』、199頁)。

作为经营者的黑岩周六

明治时期,像黑岩一样从新闻工作者转为创办报纸的自主经营者的人并不少见。例如，陆羯南（本名"实"）于明治22年（1889）2月创办《日本》报，翌年3月德富苏峰（本名猪一郎）创办《国民新闻》报。他们作为执笔社论的社长，即经营者兼主笔发行刊物，成为报业巨头。明治15年（1882）3月创办《时事新报》的福泽谕吉也是其中一员。

黑岩创办《万朝报》时，正是报纸媒体进入日本社会即将第30个年头。用现在的话说，当时的报纸业界具有商业投资的特点，这一特点一直延续至今。

同样作为新闻工作者，黑岩的素质远远不及德富、陆二人。但是，作为成功的经营者，黑岩在三人中却是最优秀的。《万朝报》在其领导下，东京府下发行量取得首位的傲人成绩即是证明。根据明治36年（1903）报纸发行量第一的《二六新报》的报道，《万朝报》日平均发行量为8.7万份，《国民新闻》为1.8万份，《日本》为1万份（《二六新报的大告白》11月25日。顺便提一句，《二六新报》的日平均发行量为142340份）。

日俄战争后，桂内阁御用的《国民新闻》，因公开支持日本民众不满的《朴茨茅斯条约》而导致发行量锐减。另一方面，因经营不善，陆羯南于明治39年（1906）辞去日本社社长一职。

同时代的人也认为黑岩是位作为经营者而成功的新闻人。例如，揭露当时报界内情的正冈芸阳就曾断言，创办报纸成功的人士，只有村山龙平（《大阪朝日新闻》）和黑岩泪香二人而已（『新聞者の裏面』、新声社、1901、44頁；有山輝雄、山本武利監修『新聞史資料集成 第一巻』、ゆまに書房、1995所收）。

《万朝报》的功过

接着，正冈对《万朝报》加以苛评。他指出，"无所顾忌地揭露社会黑暗""恶毒的笔锋"正是《万朝报》成功的重要因素，除此之外没有其他特点。《万朝报》文章稚拙，讨论内容层次低，报道中错误不断。但即使是这样，"巧妙抓住读者的诉求点，用各种耸人的新闻"吸引大批读者，迎合受众的需要，在事实的基础上加以想象，以使其兴奋、激动为重点（『新聞社の裏面』、49~50頁）。

遭到业界同仁众多批判的《万朝报》并没有畏缩，反而在激烈的明治报业竞争中存活下来。然而，以薄利多销为经营宗旨的《万朝报》的基础却很薄弱。《万朝报》由于利润总额低下，资金储备量不足，最终难免落后于报纸业界"企业化"的时代潮流。因此，该报的经营在日俄战争后开始出现滑坡，大正9年（1920）10月伴随着黑岩的逝世，《万朝报》也走向衰退（山本武利『新聞記者の誕生 日本のメディアをつくった人々』、225~226頁）。

黑岩为了扩大《万朝报》，利用揭露上层人物的丑闻，掀起民众谴责的手法，即使在现在的媒体中也常看到。《万朝报》的手法是，将政治、社会等各式各样的问题所具有的复杂性有目的地进行抽象化、简单化，煽动性地对读者进行诉说,在事实的基础上添加丰富的想象,且把论调聚焦在读者所期望的方向上。

《万朝报》运用的这种手法,使读者感到政治、社会问题离自己很近。但是,过度的简单化,使读者认识不到问题的复杂性。而且,其手法更多的是煽动读者的情绪而不是诉诸理性,致使读者无法对问题的本质和如何解决做出冷静和逻辑性的思考。

现在,批判被称为第四权力的媒体煽动大众迎合主义的声浪不断。从考虑大众社会中媒体和社会应有的姿态出发,对《万朝报》所开展的报道重新审视,一定会给我们总结出"历史的教训"。

(小宫一夫)

参考文献

伊藤秀雄『黒岩涙香伝』、国文社、1975。

有山輝雄「黒岩涙香」、田中浩編『近代日本のジャーナリスト』、御茶の水書房、1978。

山本武利『新聞記者の誕生 日本のメディアをつくった人々』、新曜社、1990。

奥武則『スキャンダルの明治―国民を創るためのレッスン―』、ちくま新書、1998。

佐々木隆『日本の近代一四 メディアと権力』、中央公論新社、1999。

III

帝国日本的扩张

15. 三国干涉与黄祸论
东京·柏林·圣彼得堡——1895年4月23日

三国干涉事件以及经过

明治28年（1895）4月23日，俄、法、德三国驻日公使联袂前往东京外务省，向林董外务次官致送备忘录，对日中甲午战争后签订的《马关条约》提出异议。当时的外务大臣陆奥宗光因宿疾肺结核恶化，正在兵库的舞子静养。备忘录中三国对日本割占辽东半岛提出批判，德国则进一步提出日本割占辽东半岛会妨碍欧洲各国在远东的利益，对通商条约也表示不满。劝告日本放弃占领辽东半岛，并以武力相威胁。

接到备忘录后，日本政府在广岛举行御前会议探讨对策。如前述，会议中没有陆奥的身影。然而，陆奥仔细分析了三国的情况以及没有参与干涉的欧美诸国的动向后，主张召开会议。会议提出三条解决方案："（1）拒绝三国劝告；（2）召开国家会议，协议辽东半岛问题；（3）接受三国的劝告，放弃对辽东半岛的永久占领。""（1）因海陆军无力再战和无法对抗三国军备实力而遭到否决,(3)则将引起日本国民公愤而遭否决",商议的结果,决定采取第二条解决方案。

会议后,首相伊藤博文与大藏大臣松方正义、内务大臣野村靖前往舞子征询陆奥意见。陆奥反对御前会议决定的方案。陆奥根据以往欧洲的例子,认为召开国际会议会招来在华获得利权的列强的新干涉,会瓦解日本的既得利益。伊藤、松方、野村同意陆奥的意见,制定了如下方针:在5月8日批准交换期限之前,利用欧美的国际形势,通过交涉以求三国缓和、撤回劝告,但对中国则一步不让。

接着,陆奥特命驻俄公使西德二郎向俄国外务部再行交涉,命驻英公使加藤高明、驻美公使栗野慎一郎、驻意大使高平小五郎分别对没有参与干涉的英、美、意三国进行游说,希望三国进行反干涉。命在东京的林董调查干涉事由,与三国公使进行谈判。

陆奥煞费苦心利用欧洲国际形势进行交涉未能取得明显成果。被请求出面对三国施加压力的英国却对加藤提出的调停要求,以不介入干涉问题为由加以拒绝。交涉中,意大利积极试图进行外交调解,但看到英国不愿与三国交恶而采取中立的姿态时,决定不支持日本的主张。日本进行的交涉最终失败,日本政府不得不于4月30日向三国提出通告。内称只保留对包含旅顺口在内的金州厅(辽东半岛最前端)的永久占领权,归还辽东半岛。在中国政府全面履行媾和条约的义务之前,以辽东半岛做担保。法国甚至同意出面做调停俄国的工作，但俄国、德国因日本占领旅顺口而提出异议，要求重新制定方案。5月5日，日本政府同意接受三国劝告，正式照会俄、德、法三国，声明放弃对辽东半岛的永久占领，中国赔偿日本之前以辽东半岛做担保。5月9日，三国同意日本声明，就归还辽东半岛、中国赔偿日本款项留下议题。同时，日中交换条约批准，日中媾和条约成立。

5月10日下达归还辽东的诏敕后，7月19日，就归还辽东半岛问题，中、俄、德、法四国政府进行交涉。10月7日达成协议：作为辽东半岛的赎金中国赔偿日本白银3000万两，并自中国将上述赔款全部交付完毕之日起，三个月以内日本实行撤兵。

干涉国的动向——德国、法国

参与干涉的三国中，德国的态度出乎意料。就在甲午战争爆发不久，英国政府担心清王朝的领土四分五裂，妨碍英国的在华贸易，曾要求各国共同干涉但遭到德国的拒绝。德国对日本表示友好。然而，就在日中媾和条约签署3日后的4月20日，日本政府接到驻柏林的公使青木周藏关于德国之意见的报告。报告中称：德国不会再像以往那样对日本表示友好，将连同欧洲各国对日本采取反对行动。声称并非是对领土上的问题不满，而是由于日本与中国相邻，通商利益中日本占有绝大优势。日本早已预料到企图在满洲占有一个不冻港，并且以此为战略基地向南方扩张的俄国会与其同盟国法国出面干涉，然而德国出乎意料的批判，让陆奥与伊藤觉得是因为对于在甲午战争期间德国向日本表示的厚意，日本政府未给报酬的缘故。而且，德国劝告时的态度与其他两国也不同，颇为积极和强硬。

德国之意见的转变是受到柏林方面动向的影响。当时的德国皇帝威廉二世身边有一位主张遏制日本在东亚扩大势力的人物。他就是在日本、中国度过15年外交生涯的亲中派外交官巴兰德。他说服德皇以及德国权威人士与俄国合作以遏制日本扩张势力。德皇威廉二世根据他的建议，开始策划使欧洲国际形势对本国有利的对策。

当时的欧洲，形成了由坚持"光荣孤立"的老牌帝国主义国家的英国，被德国抛弃的俄法同盟，以德国为中心的意大利、奥地利三国同盟三足对峙的局面。尤其德国惧怕法国势力的抬头，必须削弱法俄同盟在欧洲的效力。在这样的时代背景下，为了将俄国的注意力从欧洲转移开，威廉二世4月写给俄沙皇尼古拉二世的两封信中，表示愿意协助俄国在东亚的政策。

另一方面，俄国的圣彼得堡有一位对《马关条约》表示不满的人物。他就是后来日俄战争后作为俄国全权代表签署《朴茨茅斯和约》的维特。日中甲午战争中俄国国内形势变化多端。明治27年（1894）亚历山大三世去世，长年执掌俄国外交的外相吉尔斯也接着去世。《马关条约》缔结时，尼古拉二世刚刚即位，新上任的外相罗拔诺夫对东亚形势也并不十分了解。俄国国内通晓东亚形势的只有负责修筑西伯利亚铁路的维特。

4月11日,维特向沙皇陈述日本占领中国部分领土的危险性,尼古拉二世也赞同他的观点。尼古拉二世命令罗拔诺夫对日本进行干涉,但因无力单独干涉,于是邀请同盟国法国共同参与。法国政府为了以防万一,邀请德国一道干涉。处于上述情况下的德国,立即积极响应邀请,最终三国对日干涉成功完成。

日本政府被三国联手的外交对策,特别是德国的态度愚弄了。三国干涉结束后,陆奥外相命令驻欧洲主要国的公使搜集情报。搜集上来的情报内容大部分为:法国最为消极,而德国最为积极,如果没有德国的怂恿,俄国不会下决心进行干涉。而且,作为"德国通"的青木看到德国态度的骤变,对当时的威廉二世做出"德政府出于什么目的参与这次干涉不得而知。恺撒变成了疯子,外面也不知所措"的评价。因此,日本政府和外交官都认为德国才是此次三国干涉的幕后主谋。

德国皇帝威廉二世的"黄祸论"

对日干涉成功后的明治28年(1895)6月26日,威廉二世寄信给尼古拉二世。信中写道:干涉成功以后,为了今后进一步推进在东亚的势力扩张,维持欧洲的和平,俄国的任务是保护欧洲,防止亚洲大陆的文明化和黄色人种大入侵,并表示自己愿辅佐俄国。

7月10日的信中则称俄国的行动"对于蒙古人及佛教

的入侵下，守护古老基督教欧洲文化和十字架的事业，俄国的使命是极其伟大的"，并再次强调从背后辅佐俄国。

接着9月25日，在重复了以上的话后，德皇说道："自己亲自构思了一幅图，让德国画家画成画再制成版画后，送给周围的人。"并将版画送给尼古拉二世。威廉二世称此画为"欧洲各国人在天使圣米迦勒的召唤下化身成基督教圣徒，保护十字架以阻止佛教和野蛮人的入侵"。

这幅画于明治29年（1896）3月14日，由陆奥上达明治天皇。《明治天皇纪》认为这幅画的意义为"帝国主义德国在日中战争后担心日本势力的崛起，讽刺将来会造成威胁，团结基督教国家来与之相抗衡"。

"黄祸论"以及三国干涉时德国的态度，使日本政府首脑感到很不满。伊藤博文对德国医生贝尔斯说到维新后日本对德国的态度，对德意外参与对日干涉表示愤怒，还对威廉的思想表示不满。

三国干涉后的影响

三国干涉后，得到德国支持的俄国积极开展一系列远东政策。明治28年（1895）10月以驻韩公使三浦梧楼为中心的暗杀韩国王妃闵妃事件中，俄对韩采取积极态度。明治31年（1898）割占中国辽东半岛；明治33年（1900）义和团事件后占领满洲地区。其结果，明治37年（1904）爆发日俄战争，最终俄帝国走向毁灭。

针对这些，相较于在背后操纵干涉的德国来说，日本更愿意把俄国看作敌人。日本全国上下"卧薪尝胆",全面调整日中甲午战争后的国策。然而,对德国的不信任还在持续。明治34年(1901),德国提议建立日英德在东亚的同盟关系。但是,正如诸位所知,翌年明治35年(1902)1月30日,日英同盟在伦敦缔结,其中却没有德国。直到临近缔盟时,德国突然退出同盟交涉。德国的此举,更刺激了三国干涉时日本对德国的不满,直接导致了第一次世界大战时日本从山东半岛的青岛登陆。三国干涉是日中战争后发生的事件,其背后有着错综复杂的欧洲国际关系。基于这些复杂的国际形势,有必要将三国干涉事件放在世界的潮流中来看其发生经过。

(服部先浩)

参考文献

藤村道生『日清戦争 東アジア近代史の転換点』、岩波書店、1975。

高橋秀直『日清戦争への道』、東京創元社、1995。

東アジア近代史学会編『日清戦争と東アジア世界の変容 上・下』、ゆまに書房、1997。

ハインツ・ゴルブィツァー著、瀬野文教訳『黄禍論とは何か』、草思社、1999。

16. "百日维新"与日本
清末中国知识分子变法强国的夙愿——北京——1898年6月11日

"百日维新"

"百日维新"是指从1898年6月11日光绪帝（1875~1908在位）颁布的《明定国是诏》（新政施行）开始，到同年9月21日慈禧太后发动政变导致失败的中国清末的改革、改良运动。维新从开始到失败，仅103天，史称"百日维新"。改革运动发生在农历戊戌年，因此中国也称为"戊戌变法"（法制度的改革）。

中国近代史上发生的此次政治改革运动，加上1890年代开始的准备期，历时近10年。毋宁说百日维新期间的新政施行正是此改革运动结束时的高潮部分。维新（变法）运动从开始到结束，都与日本有着密切的关系。

维新变法的时机

维新变法发生的直接原因是日中甲午战争中清政府失败所引发的危机。1894年6月爆发的甲午战争以1895年4

月双方签订《马关条约》告终。清政府与日本讲和条件为"赔偿"日本军费白银两亿两；将辽东半岛、台湾、澎湖诸岛割让给日本；开放沙市、重庆、苏州、杭州四地为通商口岸等。鸦片战争中战败的清政府进行洋务运动，希望能够"师夷长技以制夷"，投入巨资引入西方坚船利炮等。甲午战争中清政府再次失败，给中国的知识分子带来很大的冲击。他们看到日本政府引进西方的军事和科学技术以及政治制度后所取得的成果，而当今洋务派所主张的维持既有政治制度的同时只学习西方的先进军事技术的"中体西用"的不彻底性让他们深刻反省。甲午战争清政府的失败，让知识分子深刻认识到不改革既有政治体制，中国将被瓜分侵略，民族将走向灭亡。

维新运动的指导者——康有为

维新改革运动的领导者、在思想上指导了此次运动的人物是康有为（1858~1927）和其弟子梁启超（1873~1929）。

康有为自1890年代初期改革思想形成以来，积极参加著书、宣传、上书、组织学会等活动，多次提出引进西方及日本的法律、政治、经济、军事、制度文化教育等建议和设想。

康有为的弟子梁启超是与康有为同时期的思想家、宣传家。他通过媒体、演讲、教育、著述活动等，向广大民众宣传康有为的变法思想。

康有为前后共计上书七次。《马关条约》签订后的5月2日，康有为"公车上书"，联合在京的1300余名举人送交都察院。上书中，他主张拒和、迁都、练兵、变法，批判清政府对日本的妥协，同时历陈变法刻不容缓。这次上书，终因条约已批准而未呈至御前，却轰动了全国。上书中康有为虽坚决主张与日抗战到底，但这并不妨碍他以明治维新为榜样，在中国开展变法维新运动。

康有为对于明治维新的认识早在创办万木草堂（1891年开设）时期就已形成。万木草堂讲学期间，康曾向弟子传授吉田松阴《幽室文稿》，认为幕末志士才是明治维新的原动力，并给予其作用高度评价。其长女康同薇编著的《日本变法由游侠义愤考》（1898年春大同印书局刊行）中包含着康有为的明治维新观。康有为编著的《日本书目志》（1897年刊）、《日本变政考》（1898年完成，当时未刊行）中，希望效法日本，以明治维新为榜样，实行变法改革。《日本书目志》中，列有日本书籍7000多种，并分为15个类别，书中多用按语做阐发，主张引入西方宪法、政治、经济、军事、教育文化等。《日本变政考》中则记述了日本明治维新改革的诸措施，他倡导效法日本，并以按语形式提出具体改革措施。他说道："我朝变法，但采鉴日本一切已足。""若以中国之广土众民，近采日本，三年而宏规成，五年而条理备，八年而成效章，十年而霸图定矣。"他认为不管是地理位置还是文化政俗上，中国与日本相近，明治维新成功的经验也适用于中国，强调学习明治维新的必要性和速效性。此书1898年4月13日进呈光绪帝御览。康有为提供变法维新的诸方案得到光绪帝的重视,光绪帝更加坚定了改革的决心。

与守旧派的对立

1898年(戊戌)的春天对于清政府来说是多事之春。前一年11月,德国强占山东半岛胶州湾,12月俄国军舰强行进入旅顺、大连湾。接着1898年1月4日新年伊始,德国驻中国公使海靖向清政府提出租借胶州湾99年。西洋列强瓜分中国、民族危亡的严峻形势,使士大夫、高级官员等深感忧虑。

目睹西方列强瓜分中国的狂潮,光绪皇帝受到很大的刺激。救亡图存的年轻的光绪皇帝(当时23岁)看到康有为上书的具体的改革措施后,1月16日召集军机大臣时,极言时局艰难,并决议变法图强。

接着,光绪皇帝准备就变法事宜召见康有为,但保守派以"非四品以上官不见"为由而加以阻挠。改由总理衙门大臣、光绪皇帝的亲信翁同龢及反对改革的保守派大臣荣禄(1836~1903)等大臣代为问询。荣禄首先以"祖宗之法不能变"诘问康有为。康有为反驳道:"且法者,所以守地者也。今祖宗之地既不守,何有于祖宗之法乎?"会见中,康有为历陈变法的必要性和迫切性,详细陈述具体改革措施,并且呈上自己的著作《日本变政考》。知道会见情况后,光绪皇帝打算直接召见康有为咨询变法方法。保守派的阻挠，使得光绪皇帝在维新变法开始后的6月16日才召见了康有为。光绪皇帝赋予康有为专折上书的权利。1月29日的上书中，他就提出"宣告国是；开制度局而定宪法；设立法律局、度制局、学校局、农局、商局、工局、矿务、铁道、邮政、公年、海军、陆军等十二局；地方自治；准许人民上书"等具体的改革方案，其中许多意见成为改革的重要内容。

光绪皇帝《明定国是诏》的颁布

1898年6月11日，是中国近代史上值得纪念的日子。光绪皇帝根据康有为的建议，颁布定国诏书，宣布维新变法。新政进入实施阶段，维新运动迎来高潮。在这之后，光绪皇帝终于得以召见康有为。康有为趁机向光绪帝陈述自己所酝酿的变法构想、具体方案及实施步骤。康有为的建议，大都在光绪皇帝颁布的上谕中得以采用。

光绪皇帝颁布的新政涉及面广，内容涵盖政治、文化教育、经济、军事等多方面的政策和体制。主要内容为：(1) 政治方面，改正法令，裁减冗员，撤除重叠闲散机构；广开言路，准许各级官员和民众上书言事；(2) 文化教育方面，改革科举制度，废除八股；开办京师大学堂，设立兼习西学学校；开设译书局、编译局，鼓励著书活动；准许开设报馆学会；派人出国留学等；(3) 经济方面，提倡兴办事业，设立农工商总局、矿务铁道总局、农业局和商会；铺设铁道，采掘矿产；设立全国邮政局，裁撤驿站；

开办国家银行，制定国家预算案；取消旗人特权等；④军事方面，精练陆海军；开设兵器制造所；培养海军人才等。

光绪皇帝改革的目标是：（1）政治方面，由专制政治向君主立宪制转变；（2）文化方面，废除八股文，改革科举制度；（3）经济方面，振兴中国民族工业；（4）军事方面，试图实现军队近代化。

慈禧太后的政变

决意"不做亡国之君"、坚决实行变法的光绪皇帝毅然推进改革进程。当时的朝廷中，实权仍然掌握在慈禧太后手中。光绪皇帝所有的活动都需要慈禧太后的许可。光绪皇帝主持的戊戌维新也是在慈禧太后授权下才得以进行。但随着改革的深入，光绪皇帝引进的改革派帝党新人与保守派之间的矛盾越来越深。9月13日，光绪皇帝设置懋勤殿、准备采用改革派为顾问的想法遭到慈禧太后的反对。

维新派遣谭嗣同（1865～1898）前去说服拥有兵权的袁世凯。维新派所策划的是借袁世凯之手，先诛杀慈禧太后的亲信、直隶总督兼北洋大臣荣禄，接着率兵前往颐和园围捕慈禧太后，拥立光绪皇帝，强行执行新政。

表面上答应了改革派请求的袁世凯马上（9月20日）将改革派的计划向荣禄密告。闻此，荣禄迅速从天津回到北京，向慈禧太后报告此事。同时，戒严北京城。回到紫禁城的西太后闻讯后，立即幽禁光绪皇帝于中南海瀛台内，再次临朝训政。历时103天的维新终因宫廷政变（9月21

日）而结束。

政变后，维新派领导人康有为、梁启超在英国和日本的帮助下逃亡日本。谭嗣同及协助光绪皇帝新政的维新志士康广仁、杨深秀、刘光第、杨锐、林旭（史称"戊戌六君子"）6人惨遭慈禧太后杀害。

6月11日维新变法开始到9月21日变法失败，短短103天的时间内，颁布了180道以上的上谕及改革措施。但在保守派的反对和阻挠下，真正付诸实施的只有少许。维新变法失败后，除开办的京师大学堂外，所有新政措施都被废止。

甲午战败后，效法日本明治维新、通过改革旧法变更体制以救亡图存的维新变法运动，最终只能在保持封建政权的基础上进行新政改革来实现。维新派所主张的变法强国的梦想被慈禧太后发动的宫廷政变摧毁了。但是，维新变法最终以悲剧结局绝不是偶然。由于保守派的阻挠，改革领导人康有为并没有被委以要职，改革道路上也常被保守派牵制着。支持变法的光绪皇帝手中并无实权，只是代表皇权的形式。效法日本明治维新所制定的新政政策也仅止于表面上、形式上，废藩置县、地租改正等推翻幕府封建政权所实施的诸政策并没有受到重视。

但是，百日维新时期传播的改革、救国的精神，以及建立近代国家的目标，被后来的孙中山和毛泽东等改革者所吸收、继承。他们或改变方式，继续摸索着中国革命的道路。

（郭连友）

参考文献

山根幸夫「戊戌変法と日本―康有為の「明治維新」把握を中心に―」岩間徹編『変革期の社会』御茶の水書房、1962。

郭連友「近代中国における吉田松陰認識―清末改良派を中心に―」玉懸博之編『日本思想史―その普通と特殊―』ペリカン社、1997年。

沈渭滨编《中国历史大事年表》,上海辞书出版社,1999。

蔡乐苏等:《戊戌变法史 论述稿》,清华大学出版社,2001。

郭連友「梁啓超と吉田松陰」『季刊日本思想史』六〇、ペリカン社、2002。

郑毅:《百日强国梦—戊戌变法与日本》,关捷主编《日本与中国近代历史事件》,社会科学文献出版社,2006。

17. 八幡制铁所的创业

近代产业的发展与国际竞争力——福冈——明治 34 年 11 月 18 日

制铁所开炉庆典

明治 34 年（1901）11 月 18 日，伏见宫、农商务大臣平田东助，贵族院、众议院议员、外国商人、新闻记者等约 600 多人参加了福冈县远贺郡八幡村农商务省制铁所的开业仪式。制铁所虽然建立了，八幡还没有建设成可提供给来宾住宿的规模。伏见宫前日下榻在下关，早上乘汽船至门司，换乘九州铁路 10 时 10 分到达距离当时制铁所最近的车站大藏站。其他客人也都乘坐这辆列车。前来迎接的制铁所所长和田维四郎和地方町村长，将客人用人力车载至作为会场的制铁所第一仓库，在海军军队乐的演奏中入场。沿途八幡小学的学生们列队欢迎，路边挤满了看热闹的民众。完成由知事将职工名簿及商品目录向伏见宫呈上的仪式后，发配了日式料理和西餐搭配的肉菜便当、红酒和碳酸汽水。下午，举行游园会，下关到博多的艺妓全体出动进行招待。周边搭起了路摊和杂耍，还进行了东京相扑比赛活动。到了夜晚，还放了烟火。此后的每一年，制铁所的工人们都在这一天举行开炉纪念仪式。1985年以后，作为"开炉祭八幡节日"，北九州市八幡东区的居民在这一天举行狂欢。

当然，日本在此之前并不是没有生产过铁。铁大致分为生铁和钢两种。将铁矿石或砂铁熔解，含碳量5%的为生铁，去掉碳和杂质为钢。生铁主要用于制造各种铸件，钢除了铸件，经过热轧后加工成钢板、钢条等，用途非常广泛。19世纪末转炉法发明后，生铁冶炼成钢的技术普遍使用，将铁矿石溶解后直接炼铁、炼钢的"钢铁一贯"的大规模制铁所建成。八幡是装备有转炉，年计划原钢生产总量为9万吨的日本首个"钢铁一贯"的制铁所，成为后来的大规模制铁所的模型。72年后的1973年，日本原钢生产总量超过1亿吨，世界市场占有率为17.1%，成为与人口是日本两倍的苏联、美国并列前茅的钢铁生产大国。日本钢铁业的发展，须追溯到作为起点的八幡制铁所。

然而，在当时的有关人员看来，八幡制铁所的开炉庆典并不是个让人愉快的话题。当时的制铁所所长和田维四郎翌年受到惩戒免职处分，技监大岛道太郎以及多名重要技师也离开制铁所而去。其原因正是由于开炉失败而引起的轰动。

帝国议会和制铁所

开炉庆典仪式上状况百出。30多名外国出席者正准备品尝精心准备的肉菜料理时,却发现没有刀叉。计划在伏见宫等来宾面前展示的高炉炼铁,结果让来宾等待了一个多小时。主要产品——钢条的热轧以失败告终。高炉炼铁是融化一部分熔铁炉,将融化掉的生铁导出,是最能够展示出高炉性能的生产工序。然而,即使在今天也无法完全实现机械化的高炉作业,面对基于操作而瞬息万变的高炉,是最令操作人员紧张的时刻。事实上高炉本身运转不正常,次年7月完全停止生产了。我们可以想到,此时让客人等待一个小时就制造出生铁已经是很不错的成就了。然而参观者却并不买账。同样,钢条的压延方面,由于准备工作耽误了热轧程序导致材料冷却,钢条无法竖直成型,甚至发生了弯曲的钢条将并不低的工厂顶棚戳破的事故。一些事故确实无法避免吧。但这些失败最终成为问题,主要是在对参观者特别是贵族、众议两院议员的接待上出现了不满。当天主宾为伏见宫,其他来客依次排序。为了全面展示工作流程,同时要保证不发生人身安全事故,议员的接待上难免会比较疏忽,这些都很容易想象到。

炼炉作业开始仪式的次月,和田提交了约400万日元追加预算申请的同时递交了辞呈。最终受到停职处分。尽管处于停职处分当中,但次年2月召开的议会预算委员会的审议中和田仍被请出追究责任,之后遭受惩戒免职处分。对于追加预算,也只通过了签约合同定下的进口物品的货款部分。和田在大正期最终恢复名誉,制铁所高层的命运紧握在议会手中这一事实，同样也给相关人员留下很深的印象。

制铁所建设这一需要庞大预算的新事业，必须得到议会的大力协助。公办制铁所方案首先在明治24年（1891）第二议会上作为海军省所管制钢所案发起，第三议会上，在贵族院的决议下设置的制钢事业调查委员会将其作为农商务省所管进行表决。之后，一段时期内出现了后藤象二郎农商务大臣提出的民营论，大清国建设汉阳制铁所的情报也流入政府。明治27年（1896）第六议会上的贵族院、第八议会的众议院分别通过了建设公办制铁所的议案。明治29年（1896）第九议会上提出的制铁所建设预算案通过。明治29年度至明治32年度的为期4年的预算额为409万日元，原钢产量相当于国内消费的一半即年产6万吨，"钢铁一贯"的生铁一部分从民间购买。

制铁所并不是只靠这些预算成立的。明治31年（1898）第十二议会上647万日元的追加预算议案通过。接着第十三议会上，甚至连之前议会上放弃提案的原料矿山采购以及筑港辅助费和作为运转资金的863万日元预算案也通过了。比当初预算远远高出了将近4倍，总计达到1920万日元。这样的经过足足可以招致议会相关人员的不信任。炼炉作业无法顺利进行的情况下还在追加预算，议会实在是无法容忍下去。

制铁所的技术

炼炉操作启动式定在11月18日，为什么挑选这样一个日子呢？高炉点火是在明治 34 年（1901）的 2 月 5 日。此后关联设备等调修工作一直进行，决定操作在达到相对平稳状态时进行启动。其实这一天具有特别的意义。

农商务省制铁所的构想，是由制铁事业调查会帝国大学工科大学的野吕景义教授任主要调查人而进行起草，经过全体讨论修正表决的。明治 29 年（1896）10 月，大岛道太郎技监随同 2 名技师远渡西洋，对各国的实情进行视察后决定购买机械。第四议会上，政府提出为制铁所调研而实施的海外调查的预算案，但遭到众议院的否决，在此背景下，由于没有充分掌握海外最新动向下就贸然制定计划，明治 30 年（1897）出差中的大岛呈报要求更改计划，和田在大岛回国后的 11 月 18 日向大臣提交了计划变更意见书。内容主要为，至明治 33 年度止建造第一期制铁产量为 12 万吨、钢产量为 9 万吨的制铁所，第二期在此基础上增长一倍，同时生产制造无法在第一期实现的坩埚钢制品、大炮、装甲板等军用钢材制品。第十二议会提出的追加预算草案也是为了实现第一期计划而制定的。操作启动日正是当初提交追加预算草案的日期。其中包含了想要展示计划书提交后的 4 年间所取得的成果的意义。

此前，制铁所建设计划一直以比和田年长两岁的野吕景义为主进行着。野吕东京大学毕业后留学英、德，有在当地制铁所实习的经验。在担任帝国大学工科大学教授外，明治 23 年（1890）兼任农商务省技师并起草制铁所方案。另外，还作为顾问参与当时民营的釜石制铁所高炉的再建工程，并取得成功。积极参与培养民营制铁业的工作却给他惹上了官司。在明治26年（1893）围绕东京市自来水管道发生的贪污事件中被追究责任，最终被迫引咎辞职。任职技监的大岛道太郎在明治3年（1870）进入大学南校，东京大学毕业后留学德国的弗莱堡矿山学校，回国后致力于金属矿山改良工作，担任御料局的大阪精炼所（之后转让给三菱公司，旧址因土地污染一时成为话题）所长一职。然而就是这样一个人却毫无制铁业的经验。大岛依靠德国留学时期的恩师认识了制铁所有关人员，进行制铁业的设计、机械、技术者的筹备。和田与大岛同一年进入大学南校，东京大学刚成立时担任助教一职，在帝国大学作为理科大学矿物学教授培养储备人才的同时，明治15年（1882）成为地质调查所第一任所长，明治22年（1889）起至明治26年在农商务委员会担任常务委员，就任此前为宫内省御料局所管辖的生野矿山的负责人，同样也没有制铁业的经验。

获得取任官待遇的顾问技师托佩在明治30年到任，包括他在内技师共3名，以职工长为首16人组成初期技术指导中心。但是，他们虽掌握在德国的环境下建造制铁所并且运营的技术，包括利用德国的铁矿石、焦炭进行冶炼，却没有准备根据日本的环境、资源进行技术移植。托佩与制品部主任技师在明治34年4月、制铁部主任技师在明治35年（1902）4月任期未满就被解雇，职工长及其下的技术人员在明治37年（1904）3月末时也只剩一人。

高炉也由于直接进口的关系出现种种问题。初期，因从民间购买的冶炼焦炭的高炉品质不佳，以及压延的前一道工序分块设备不足的缘故，相对制约了高炉的操作。制铁所内空地上堆放着大量缺少组装预算的机械设备。由于物价的上涨，以及购买了超出预算的机械设备导致预算不足。购买炭坑和铁山及进行设备上的投资遭到质疑和批判。大家都是初次经历，不管谁做同样都会出现问题。然而，之前与制铁所有关的人，炭坑主和其他有利害关系的人也表示出极大的反感。

制铁所和军队

回程中议员们在海军吴造兵场中得到招待一事也成为帝国议会的议员们谴责制铁所的一大要因。海军将招待对象压缩为两院议员，以山本权兵卫海军大臣、斋藤实总务长官为首出面招待。镇守府人手齐全，议员们乘坐"岩手""常磐"两舰从门司驶向风平浪静的濑户内海。议员们获得的印象不同也是理所当然。

海军为什么偏偏要做这样的事情呢？这是海军为了获得海军制钢所预算而设计安排的。海军在明治10～20年开始试行制钢，包括生产以大炮为首的兵器以及制造防御军舰的装甲板等。明治22年（1889）以后以吴为中心渐渐扩大规模。此时已经拥有能够制造大炮的设备，否决和田追加预算案的第十六议会通过了拥有装甲板制造设备的吴造兵场的扩张、设立吴制钢所的预算案。如前所述，制铁所的第二期计划包括制造装甲板,与此相对抗而获得通过的吴造兵场的预算案,正是抓住制铁所的不当,以此用来宣传多年的经验是最具效果的。

和田停职后,制铁所长官暂由农商务省总务局局长安宏伴一郎兼任,4月17日由中村雄次郎陆军中将接任。中村较和田年长4岁,明治31年(1898)任职陆军次官,由于官制变更这个时期改称为总务局局长。中村留学于法国炮兵将校,因陆军中由炮兵管理工厂,所以年轻时具有在大阪炮兵工厂工作的经验,同时是技术审查方面的炮兵会议议长。明治35年(1902)6月以古市公威为委员长的制铁事业调查会由对现状持批评态度的技术人员组成,进行调查。中村聘任野吕景义作为技师参加,对明治35年7月被迫停止运转的高炉进行改造和改善操作。明治37年(1904)高炉终于再次运转。明治36年(1903)第十八议会上根据制铁事业调查会的报告,同时为了应对当时日俄战争的需求,至明治40年度为止支出了创立补足费470万日元。为了树立军队的威信和达到军事目的,制铁所终于得到议会的支持,高炉作业终于上了轨道。

日本的原钢生产值在1973年以后达到1亿吨左右,之后就再也没有突破。苏联解体后,日本成为钢生产第一大国。1996年一举超越日本成为钢生产世界第一位的中国,目前生产量约是日本的2.5倍。

(铃木淳)

参考文献

長野涅編「八幡製鐵所史の研究」、日本経済評論社、2003。

長島修「外国人のみた創立期官営八幡製鐵所史」『立命館国際研究』八一一、2005。

18. 新闻主战论和倒阁运动

"主张对俄作战，打倒懦弱内阁"——明治36年（1903）10月12日

《万朝报》路线的转换

明治36年（1903）10月12日，《万朝报》发表了倡导非战论的该社记者内村鉴三、堺利彦、幸德传次郎（秋水）三人退社的消息。无协会派的基督教徒（内村）、社会主义者（堺、幸德）——这被大家所熟知的三人，因"就俄问题的国策论，与报社发生分歧"而退出报社（黑岩周六《关于内村、幸德、堺、三君的退社》）。虽然思想信念不同，但同样自称是"志士"的三人也发表了退社声明。称退社理由为《万朝报》转为主张日俄开战立场，反对于此的三人如果不发表自己的信念，而继续保持缄默，有悖于"志士"的精神，无法完成责任（内村《退社之际赠泪香兄之笔记》，堺、幸德《退社辞》）。

内村等人退社的原因之一是8日发表的社论（《战争必须避免吗？》，随后13日《朝报是好战吗？》）。社论中称，如果战争势在必发，那就不应该逃避。在此情况下，"全国

上下应一致做好战争准备"。文中用非常委婉的措辞，称日俄开战不可避免。《万朝报》转变为主战论立场，与内村等人主张的非战论发生对立，三人决定退出万朝报社。

对局势有着自己的看法并善于经营的黑岩认为，主张全面对俄开战有利于扩大《万朝报》的销量，因此有必要在社内形成统一意见。因此，在当时东京府下发行量第二的《万朝报》，同第一位的《二六新报》、第三位的《报知新闻》在对俄强硬论上保持一致。当时的东京煽动对俄作战的舆论甚嚣尘上，大阪地区发行量首位的《大阪朝日新闻》在对俄强硬论上也气焰高涨。

另一方面，受桂内阁青睐的德富苏峰创办的《国民新闻》、伊东巳代治创办的《东京日日新闻》就对俄开战问题主张慎重论。实际上这些报纸并不是反对战争，他们不过是主张首先应进行外交交涉，认为战争是最后的选择。当时的媒体主张避免日俄开战的几乎为零。因此，《万朝报》上登载的内村等人的非战论很快引起围观。

搁浅的日俄交涉

媒体主张对俄强硬论，是因为日俄在"满韩问题"上无法取得共识，战争就成为解决问题的唯一选择。事情还得从义和团运动的事后处理来说。明治34年（1901）9月，根据签署的《辛丑条约》，以清政府履行协议规定为条件，镇压义和团的列强（英国、日本等8国）同意从中国撤兵。

俄国虽然撤出了北京和天津，但仍赖在中国东北不走。以保护中东铁路为名，派兵继续驻留中国东北三省。明治35年（1902）4月，俄国与中国清政府签订《交收东三省条约》。同意在10月分期从中国东北撤兵。但直至明治36年4月撤兵期限已过，俄国仍没有履行条约规定，反而谋图进一步扩大在东北权益。接着，同年5月，俄国以开发中国与大韩帝国国境相接的鸭绿江龙岩浦为名派兵进驻，觊觎日本控制下的朝鲜半岛。

日本国内对俄国南下势力的扩张强烈不安，媒体主张对俄宣战的论调也愈演愈烈。对俄强硬派认为，日俄两国就"满韩问题"无法达成妥协，如果军事冲突无法避免，于俄国在中国东北方面军备扩张尚未完成之前尽快发动战争，对日本最为有利。

围绕"满韩问题"日俄双方关系日趋紧张，日本曾试图通过外交交涉打开局面。8月起展开的日俄交涉中，日本不仅要求俄国承认朝鲜半岛属于日本势力范围，还提出在俄国独占的"南满洲"获取通商利益。首相桂太郎、外相小村寿太郎主导下的强硬交涉态度，致使俄国方面态度硬化，日俄交涉触礁。进入10月后，如前所述，日本媒体声称若俄国拒不履行第三期撤兵，将不惜诉诸武力。

"秘密外交"的时代制约

当时是由政府全权委任的双方外交官，进行非公开的"秘密外交"交涉的时代。因此，政府极力防止日俄交涉的具体情报泄露给媒体，加以严格防范。比如接近政府要人秘密获取情报的方法，但在"秘密外交"时代，政府不可能轻易泄露任何军事核心机密情报。即使和桂内阁走得很近的德富苏峰，也只能在与桂首相等政府高官会面时，套取到有关情报的只言片语。更何况和政府没有关系的普通报纸，只能翻译欧美报刊上报道的日俄交涉片面资料进行剪辑、整理，来推测交涉的始末。

就这样，由于情报不足和民族主义引起的偏见，导致媒体的论调产生过高估计自身（日本）的实力或过低轻视对手（俄国）的实力的倾向。即使现在，这种倾向仍然存在于各国新闻媒体中，这种弊端仍无法根除。由于外交情报的非公开性产生的受挫，随着时局的演变，致使媒体逐渐失去冷静、客观分析的态度，最终媒体的论调朝着更加激化的方向发展。这时候，不仅针对俄国，被激化的媒体对日本政府也开始态度强硬。

以树立主战内阁为目标

明治政府条约改正交涉以及三国干涉还辽事件后，日本国内舆论哗然。历史悠久的明治时期的大多数报纸，将对欧美列强实行卑躬屈膝外交的明治政府封为"对外软弱"政府。

明治36年（1903）10月以来，对政府追究最为猛烈的是以城市社会下层为受众群的《二六新报》和《万朝报》。两报的矛头直指曾接受三国干涉劝告、主张日俄协商论的首席元勋（元老）枢密院议长伊藤博文，在报纸上发表逼迫伊藤博文辞职的文章（《二六新报》11月17日《伊藤侯退隐之时机》，《万朝报》11月21、23日《敬告伊藤博文》）。站在主战论前沿的两报，认为"对外软弱"的伊藤幕后操纵桂内阁，是日俄开战最大的障碍，开始对伊藤本人进行人身攻击。

深受社会下层读者追捧的以攻击政府为卖点的两报的笔锋，同时也针对起桂内阁，开展打倒内阁论。《树立主战内阁》（《二六新报》11月12日）呼吁："如我国民意在战，就未必会说不惜一战，而是认为理应去战。若果真如此，目下之要务就是推翻现内阁，建立主战内阁。"《万朝报》认为桂阁一日存在，"祸患"则一日加深，"如果不想打倒桂内阁，就绝对不可能赢得充满荣光而有利的时局"。

与此同时，桂首相、小村外相已经清楚看到日俄交涉最终无法达成协议，战争已经不可避免。但是，根据当时的规定，他们没有公开日俄交涉的具体过程。因此，"对外硬"的当时的媒体是无论如何也无法得知政府的本意，不仅如此，他们还认为政府会以不利的条件对俄妥协。

于是，12月10日，对桂内阁外交态度表示不满的"对外强硬"派众议院议长河野广中，为了追究政府责任，将弹劾政府的文章夹杂在第十九议会开院式奉答天皇敕语的奉答文中，趁着大部分议员不注意时，提到决议上。以国家命运为赌注的日俄交涉迎来最终结局时，却由于这个偶发事件，桂首相面临被迫解散众议院的局面。出此孤注一掷主意的正是《二六新报》社长、众议院议员秋山定辅（村松梢風『秋山定輔は語る』、大日本雄弁会講談社、1938、210 頁）。

日俄开战与媒体

日俄之间虽然都有让步，但谈判最终破裂，明治 37 年（1904）2 月 8 日日俄战争正式爆发（宣战通告发表于 10 日）。战争一旦展开，各报速报竞争相当激烈，发行量大幅增长。大部分参与论战的人并不好战，但他们每天都如同临战一般。翌年 9 月签订的《朴茨茅斯条约》中，媒体反对日本放弃赔款要求并以领土割让不足为问题，抨击政府外交无能，要求继续对俄开战。反对媾和条约的国民暴动日比谷烧打事件，也是由报纸报道和评论煽动引起的。对桂内阁来说，媒体实在是个非常棘手难以控制的问题。

媒体力主日俄开战乃是事实。然而，桂首相和伊藤、山县有朋等元勋，以及明治天皇等政府最高决策者，决定日俄开战时，并没有将媒体所引导的社会舆论等因素考虑进去。当时的日本还不是"民主主义国家"，政府在决定国策时并不会考虑社会舆论等问题。日俄开战，始终是以政府最高决策者为主体决断的。

在媒体起到很大政治作用的今天，如果不曾看到桂等当事人的原始史料，很有可能会造成"媒体煽动日俄开战论，日俄战争最终爆发"的误解。但是，这只不过是以现代的观点出发所看到的貌似具有合理性的历史的"虚像"，也就是我们所说的"历史的错用"。

近代日本杰出政党政治家原敬在日记中谈道："关于时局的发展，政府过度的保密政治策略，国民往往不明真相……大部分媒体主张的媾和论与其说是政府设想的媾和论，倒不如说是他们自己夸大和臆想出来的媾和论，以此挑动国民对战争的狂热"，指责桂内阁的"秘密主义"（原奎一郎编『原敬日記 第二巻』、福村書店、1965、明治37年2月4日条）。从这里也可以看出，探讨政府的"秘密主义"给媒体开战论带来什么样的影响，正是我们应该学习的"历史的教训"。伊拉克战争的开战过程中，美国政府与媒体的关系，也正说明了这个问题。

（小宫一夫）

参考文献

鳥海靖「対外危機における日本の新聞論調—日露戦争と満州事変—」『中央公論 歴史と人物』1972年五月号。

千葉功『日露交渉—日露開戦原因の再検討—』近代日本研究会編『年報・近代日本研究一八 比較の中の近代日本思想』、山川出版社、1996。

伊藤之雄『立憲国家と日露戦争—外交と内政 一八九八－一九〇五—』、木X社、2000。

佐々木隆『日本の歴史二 明治人の力量』、講談社、2002。

小宮一夫「明治中期、政界内の情報流通と議会政治」有山輝雄・竹山昭子編『メディア史学を学ぶ人のために』、世界思想社、2004。

19. 外债发行现场

伦敦的高桥是清——1904年5月3日

那天的伦敦

时间是1904年5月3日星期二，地点是当时的国际政治与金融中心——大英帝国的首都伦敦。当日的《泰晤士报》登载着刚刚在远东打响的日俄战争的最新战况——黑木为桢大将的第一军在鸭绿江会战中击溃俄军，缴获28门大炮。报纸大篇幅地报道了日军在陆战中取得的胜利。日本陆军首战告捷，无疑给愁于筹集军费的日本银行副总裁高桥是清正在进行的外债发行谈判带来了转机。旗开得胜给外国投资家带来正面的影响，在伦敦证券交易所上市的日本政府的外债价格一下高飞猛涨，相反俄国政府的外债价格大幅下滑。

在此情况下，日本终于与国际银行团（由帕斯银行、汇丰银行、横滨正金银行三家银行组成）签订了发行500万英镑外债的暂定合同。500万是日本政府战时外债发行预定额1000万英镑的半数。这一天，与高桥历来要好的

A·希尔（纽约的投资银行西班牙人商会的伦敦店斯派尔兄弟公司的合伙人）在自家举办庆祝晚宴，招待此次外债发行的相关人士。高桥常住的凯塞斯皇家酒店（现为联合利华伦敦总部的一部分，酒店名的发音来自《高桥是清自传》）就位于离黑衣修士桥不远泰晤士河畔的维多利亚堤岸，他从那里出发前往希尔的府邸。

晚会上，坐在高桥旁边的一位留着络腮胡年过半百的美国绅士，不断就日俄战争环境下的日本经济的动向询问高桥。高桥一一做了回答。这位绅士正是和 J. P. 摩根公司齐名、在纽约极有势力的投资银行库恩洛布公司的高级合伙人 J·H·希夫。《高桥是清自传》中对此事描述如下："当时在希尔的府邸，通过介绍结识了美国人希夫。希夫是纽约库恩雷波商会首席代表，每年都有到欧洲旅游的习惯，这次回程中路过伦敦时，由于与希尔的交情，也同时受到了邀请。"（中公文库版下卷、203 页）如果读《高桥是清英文日记》，我们会发现高桥将希夫先误写为"Shipley of New York"，之后在下面画了横线，改为"Schiff of New York"（国立国会図書館憲政資料室、高橋是清文書、135、Diary、3rd Tuesday、May 1904）。这应该是同 19 世纪在英美贸易中鼎鼎有名的布朗希普利公司（Brown Shipley & Co.）混淆了吧。另外，再看第二年 5 月 4 日的记述，高桥又将库恩洛布公司的名字"Kuhn Loeb & Co."写为"Kwun - Rose & Co."。或许要正确听清、记住外国人名、公司名等固有名词很难，但这些细微之处也印证了高桥此前对希夫的确一无所知。

这段经历在《自传》当中，出现在《顺利的节拍——美国银行家参与其中》一节。提到次日即5月4日时任帕斯银行的经理，老朋友A.尚德来拜访高桥，告之希夫有意接受日方外债发行余额所剩的500万英镑并打算在美国发行时，高桥的反应是"事情太过突然以至于惊呆""仿佛犹如天助，不禁大喜"，书中再三强调事情的突然性。其实，这一切都是早有安排的。只要对国际金融史稍有了解的人，就会知道这是"商人银行"所特有的一种被称为"俱乐部形式"——在事后会装作偶然事件的面对面交易的商业形式。事实上，从《英文日记》中，我们可以得知，在3日希尔的府邸中，日本政府的战时外债将在美国发行就已成为话题，而且高桥为了取得日本政府对"陆战首胜可以带来在美国发行外债的新设想"一案的认可，曾经向政府发去电报。于是第二天，汇丰银行伦敦支行的经理E.卡梅伦拜访高桥，告之库恩洛布公司将作为日本政府战时外债发行的接受方，同时告之如果美国可以加入这次外债发行，英国外相兰斯道恩也会相当满意。在高桥毫不知晓的角落，商人银行介入了能够将世界翻天覆地的国际商业圈子，暗地里进行着秘密交涉。在商业领域，"名声和关系"才是商人银行的拿手好戏。他们直到交易的最终阶段，才介绍当事者高桥与希夫认识。而高桥，只不过是被商业银行利用的一个棋子。

商人银行的商业圈子

围绕所剩的 500 万英镑债券的发行事项，在与负责伦敦发行事务的国际银行团的交涉中遇到困阻，伦敦金融街的金融业者中，又有了新的动作。为了使日本政府外债能够在美国市场发行，商人银行的 E. 卡斯尔逐渐发挥了其影响力。但利用美国、在英美市场同时发行公债的想法，早在布尔战争时英国的财政大臣 M. H. 比奇就曾设想过。卡斯尔是英国国王爱德华七世的挚友，被认为是伦敦金融街的大规模金融运作的幕后操作者。他的名字虽然从未出现在台面，但在 1904～1905 年之间日本政府的一系列战时外债的发行活动中起了重要作用。在这次外债交涉中，时任高桥秘书的深井英五在回忆录中写道："有理由相信这是卡斯尔家族在背后指挥美国一方的首脑希夫的结果。"（『回顾七十年』、70 页）希夫在 5 月份去埃及旅行的归途中，确实曾与卡斯尔约在法兰克福碰面。在这次碰面中，两人很可能就在美国发行日本政府外债一事进行了商谈。希夫和卡斯尔，都是在德国出生的犹太人移民。对于希夫来说，与日本政府的外债发行扯上关系已经是第二次了。上一次虽然没有成果，但当时刚到美国不久的二十来岁的希夫，就和负责交涉的日本大藏少辅吉田清成一起，在 1872 年为了日本政府的外债发行奔波在纽约和法兰克福之间。卡斯尔和希夫的关系无比紧密，卡斯尔在美国的铁路公司投资账户就常年设在库恩洛布公司。因为犹太人之间的纽带而产生的金融业者之间的商业圈子，使得日本政府外债在美国的发行得以推进——这一点有必要加以注意。不过遗憾的是，有关日俄战争时的战时外债发行，没有任何证据能够证实卡斯尔和希夫之间存在过交涉。可是，卡斯尔应该劝说过希夫接受日本所剩的一半外债在美国发行。卡斯尔是雷弗尔斯托克勋爵（巴林公司的掌门人）和希夫之间的中间人。原本，希夫自己早在4月初，就将有意在美国接受发行500万英镑一事告诉过巴林公司。4月末雷弗尔斯托克与希夫会面一事，从两人间的书信中可以确认。雷弗尔斯托克与希夫之间的交涉进展顺利，在高桥与希夫在希尔家中会面的5月3日那天，雷弗尔斯托克说道："我见到了希夫，他对接受在英国和美国发行的1000万英镑外债的500万余额一事相当热心，而且他很有信心。"

在英国的发行谈判

当初在伦敦主导日本政府战时外债发行谈判的是金融街历史最为悠久的名门商人银行——巴林公司，以及与日本关系密切的英系海外银行汇丰银行。由于日英同盟的规定，英国政府在日俄战争中采取了中立的态度，所以巴林公司害怕日本政府的外债发行与英国政府的外交政策相左。雷弗尔斯托克与英国外相兰斯道恩之前会面，曾经询问过如果接受日本政府的外债，是否会给英国政府带来麻烦。当时兰斯道恩的回答是："虽然我认为英国政府没有反对进行的商业交易，但是在这个问题上官方不能给予承认，所以我们只能说与这件事没有任何关系。"这可以说明在第一次世界大战前,英国外交部对私人的商业交易采取了不干涉的传统做法。而且关于这件事,公司与俄国驻英大使贝肯多夫伯爵也进行了会谈。

除去外交上的担忧外,巴林公司还针对日本政府的外债进行了一番市场调查。商会最为关心的是欧洲大陆尤其是巴黎市场。可是当时巴黎的情况是"完全与俄国一伙"。然后又调查了美国市场,询问了美国的子公司 Bearing Maon 是否可能接受在美国市场发行 500 万左右英镑的日本政府的外债。可在当时的美国社会中,对日俄战争采取中立的呼声很高,日本政府的外债发行根本无人关注。考虑到种种不利因素,3 月 4 日,巴林公司决定搁置接受日本政府的战时外债一事。雷弗尔斯托克会长在给 H. 巴林公司（Bearing Maon 的伙伴）的书信中,曾经讲述了这段经过。他说:"在充分的考虑之后,巴林公司决定不当面参与日本政府外债的公开发行……尽管日本人是我们的盟友,但是据我们了解,各地最高层的人们都普遍认为如今保持中立的态度是最为明智的。很显然日本人渴望发行外债,但是如果战争的进展对他们不利的话,他们就会为了发行更多的外债而返回伦敦。要避免以后可能带来风险的外债,而且在结束敌对关系之前,都将没有欧洲大陆的支持,而不得不承担独自承担发行的巨大责任,这些都希望贵社能够了解。我们已将这样的方针向汇丰银行进行了充分说明。他们是我们最好的伙伴,理解了我们看法中的智慧和慎重。

汇丰银行，无疑是和 Bearing 商社处在不同的立场。他们与东洋交易众多，并且绝不容许竞争对手从其手里夺走可以谋利的商业机会。我们，并不认为这个生意有那么重要。我们告诉他们应当与新的伙伴就日本政府外债发行一事进行交涉。"数日后高桥知道了"巴林公司与俄国有着太深的利害关系，所以现在不想出头露面"。另一方面，帕斯银行虽然是在外债发行方面毫无经验的储蓄银行，却是和日本商业关系紧密的伦敦票据交换所加盟银行。作为发行交涉的责任人，高桥没有去说服巴林公司，而是通过尚德劝说帕斯银行接受日本外债，以成为战时外债发行的中心银行。然后又在帕斯银行与汇丰银行中间斡旋，最终成功组织起在伦敦发行债券的辛迪加国际银行团。

希夫的本意

希夫为何接受了日本政府的战时外债呢？他作为投资银行家，应该认真而谨慎地考虑过这笔生意是否合算。金融业者都在不断寻找着能够带来丰厚投资回报的"新开拓地"，即那些"充满年轻活力、在持续成长"的发展中国家。所以，希夫对日本的经济发展肯定有着非同一般的兴趣。再者，作为美国犹太人协会会长的希夫，对日俄战争的走势也极其关心。高桥在关于希夫传记的投稿文章中，对于这段时期希夫的心理写道："如果俄国战争败北，无论是革命还是改革，无疑都会向好的方向进行转向。希夫为了令美国的资产可以支持日本一方，决定施展他能够施展的所有影响力。"（Cyrus Alder ed., *Jacob H. Schiff: His Life and Letters*, vol. 1, pp. 217 - 218）可以看出，在俄国发生的一系列（包括为日俄战争的征兵）犹太人迫害事件，对于希夫最终决定在美国接受并发行日本外债一事有着重大的影响。

希夫本人对俄国强烈地厌恶，在第一次世界大战时期也有过体现。1915 年 10 月，在接受 J. P. 摩根商会主导的英法两国政府战时公债的发行时，库恩洛布公司的商业伙伴都异口同声地主张作为发行银行加入，但是老希夫要求到手后的资金一分钱都不能流入俄国政府的腰包。其实，就像 N. M. 罗斯柴尔德公司的商业伙伴对其的揶揄，希夫对这个世界上正在发生的事情有太过无知的一面。他的"爱德反俄"情绪，使得作为投资银行的库恩洛布银行的前途笼罩上一层迷雾，并最终导致随后华尔街容许了 J. P. 摩根商会的霸权。

参考文献

Toshino Suzuki, *Japanese Government Loan Issues on the London Capital Market 1870 - 1913* (London: The Athlone Press, 1984).

鈴木俊夫「第一世大戦前イギリスの海外投資とシティ金融機関」『社会経済史学』65 - 4、1999。

20. 日本人移民问题的尖锐化

学童隔离的冲击——洛杉矶——1906年10月11日

被排斥的日本人学童

1906年10月11日，居住在旧金山的日本人受到很大的冲击。旧金山教育局突然禁止东方儿童进入公立小学学习，命令"恶习以及传染病者，印第安人、中国人、蒙古人"进入专为其设立的"远东学校"。同月15日开始执行，被迫退学的日本人学童93人来不及跟同学告别，就被驱逐出学校。

然而，新指定的"远东学校"位于旧金山东北部。这里在4月刚刚遭受过大地震后引起的火灾，几乎变成一片废墟。周边的治安环境非常恶劣，加上交通事故的危险性，绝对不是可以提供儿童安全上学的地方。为此，有的儿童不得不放弃上学。

驻旧金山领事上野认识到事态的严重性，向旧金山市当局提出抗议要求将此条例撤销，同时，向日本政府（外务省）报告。实施隔离措施的法理依据是加利福尼亚州的小学法规，虽然双方也有可能因该法规的有效性及解释问题而发生争执，但日本方面首先视之为问题的是，隔离措施在事实上已使得日本移民儿童不能上学就读。日本政府通过正式的外交渠道向美利坚合众国（联邦政府）提出强烈抗议。

然而，事情并没有很容易得到解决。即使在今天的日本，例如冲绳基地问题，发生政府与地方自治体意见的对立导致日美关系受影响的事件，学童隔离问题也是如此。亲日派美国总统罗斯福为避免日美关系恶化，委派商务劳动部部长梅特尔卡夫前往旧金山进行调查，并与旧金山市当局协商解决。年末的联邦议会国情咨文中，总统指出 19 世纪以来，日本实现立宪政治，步入近代化，作为文明国取得飞速发展；并谴责了旧金山当局的行为，认为将学童隔离开来是损害日美友好关系的愚蠢行为。

然而，总统对日表示友好的态度反而引起旧金山方面态度的强硬化，加州掀起更为猛烈的排日运动。美国作为联邦国家，地方自治权具有很强的独立性，教育属于一州内部事务范围之内。因此，旧金山市当局对于联邦政府的干涉并没有承认。

经过长期谈判，罗斯福总统签署了禁止经由夏威夷、加拿大、墨西哥的日本人移民入境的行政命令，最终与旧金山市当局达成协议。旧金山市当局于 1907 年 3 月撤回学童隔离条例。

排斥日本人移民的历史

让我们先回顾40年前的历史吧。1869年（明治二年），在德国人施奈尔的带领下，数十名旧会津藩士前往加州定居。戊辰战争的战败者会津藩被转封到下北半岛斗南地区。这些藩士并非每一个人都可以得到足以糊口的俸禄额。大部分生活窘迫的旧藩士为了寻求新的生活住所，移住北海道进行开荒。也有一部分人前往美国寻求生路。这是保存在记录里有关日本人最早移民的史料。他们建设"若松、茶、蚕丝"基地，开始茶叶栽培以及通过养蚕生产生丝等事业，但由于资金不足事业受挫，最终四处离散。

加利福尼亚在美墨战争后成为美国的新领土。正值加利福尼亚发现金矿引发淘金热，需要大量的劳动力。从亚洲涌入大量移民，特别是华人移民，进行矿山、道路、铁道工事等工作。1870年代初，华人达到人口的约10%。即使在全球化的今天，在日永住外国人的比例也不过是日本人口的1%。人口的10%的概念可以想象得到吧。

然而，随着外国人口的不断膨胀，排外运动也不断升级。这是世上常有的事。此时的加利福尼亚排华运动非常激烈，最终于1882年颁布了禁止华人入境的条例（排华法案）。

排华之后，大量的日本移民涌入美国。工价低廉、坚韧隐忍的日本人移民，很快成为经营者以及农园主青睐的劳动力。但是，正是因为如此，白人劳工认为日本移民夺走了他们的饭碗,导致白人的劳动条件降低,因此受到白人的歧视和迫害。

作为文化摩擦的移民问题

然而,这不仅仅是劳动的问题。日美移民问题的复杂性同时反映了日美文化摩擦问题。和拥有共同文化传统的欧美人的历史背景截然不同,拥有独自文化、生活的亚裔移民,并没有积极主动融入美国社会中去。第一代日本人移民由于语言上的障碍加上集团意识强烈,很难融入欧美社会中去,做到入乡随俗。

产生摩擦的很大原因是因为源于宗教的生活习惯不同。周日时,基督教徒一家前往教会祈祷,听牧师讲道,作为安息日停止工作,一家人团聚一起度过。然而,基督教没有得到普及的日本庶民的生活并没有这样的习惯。多数的日本人移民周日时不会去教会祈祷,而是全家下地进行农耕工作。对于虔诚的基督教徒来说,他们的行为是对神的亵渎,是未开化的异教徒的野蛮行为。

而且,在当时,只有基督教徒才是文明人的偏见成为欧美国际社会的常识。19世纪末20世纪初,随着国力上升,日本急剧拓展在东亚的势力范围,引发了美国人对国家利益和安全的担忧,提高对日警戒心。欧美各国"黄祸论"甚嚣尘上。他们担心这样下去,日本将成为亚洲有色人种的盟主,将白人从亚洲驱逐出境。

1898年,,美国正式将独立的夏威夷王国合并。早在向美国本土移民前的1868年（明治元年），百十来人日本移民以夏威夷甘蔗种植园劳工的身份前往夏威夷。之后又有大量的日本移民涌入夏威夷。合并之后，为了追求更好的劳动环境，很多日本移民从夏威夷搬至美国本土。进入20世纪时，美国的日本人人口以每年近1万的速度增长。虽然这和每年数十万的欧洲移民相比，实在不是大数目。但是，综合上面所说的几点原因，美国认为日本移民带来很大的威胁。

移民问题新阶段

日俄战争时期，美国日本移民问题进入新阶段。第一阶段，加利福尼亚等美国西部州发生的排日运动经全美劳动工会联合组织介入，逐渐升级为全国性问题。第二阶段，民间发起的排日运动，最终导致加利福尼亚地方政府通过了限制日本移民的决议案。

日俄战争开战后不久，使赴美的高桥是清和金子坚太郎感到意外的是，美国社会舆论普遍偏袒日本。然而，归根结底，这只不过是他们认定日本注定会战败，出于对失败者的同情而已。当日本接连击败俄国，这种同情心也瞬间消失，加上俄国媒体结合"黄祸论"大肆渲染，将战争描述为异教徒和基督教徒的战争。战争末期，全美对日情绪开始恶化（『高橋是清自伝』；松村正义『日露戦争と金子堅太郎』）。

日俄战争后，劳动工会联合组织派遣调查团前往日本。

调查的结果，联合组织向联邦议会提出将日本移民和韩国移民也纳入排华法案的排斥范围之内。1906年4月旧金山大地震、大火灾后，白人排日情绪日趋高涨，打砸日本人商店的事件时有发生。10月，如前所述，发生了旧金山当局隔离日本学童事件。

在罗斯福大总统的斡旋下，学童隔离事件暂时得以解决。但之后，1907年5月旧金山数十名暴徒袭击了日本人经营的餐馆和浴场。9月加拿大温哥华举行的排斥亚裔联盟集会上，一部分群众变成暴徒，大举袭击日本人街，出现负伤者。

与此同时，赫斯特系大众报（黄色报刊）声称，日本将会与美国开战，进攻太平洋沿岸各州。

美国的西部各州歧视和攻击中国人、日本人移民的主要是爱尔兰裔美国人。17世纪中叶克伦威尔率兵进攻以来，英国（英格兰）开始了对爱尔兰长期的殖民统治。残酷的殖民统治下的天主教国家爱尔兰，在19世纪时遭受严重饥馑，大量爱尔兰人离开家乡，前往美国寻求新生活。他们处于以信奉新教的欧裔（WASP, White Anglo - Saxon Protestant）为上流的美国社会最底层，忍受艰苦的生活和歧视，直到19世纪末，爱尔兰人的社会地位才得到确立。随后，美国西部涌入大量来自亚洲的有色人种移民。爱尔兰裔移民担心新移民的到来会给他们带来威胁，因此极力排斥亚洲裔移民。何况，日本又和与爱尔兰有着历史情仇的英国结盟。

加利福尼亚排日土地法

为了缓解美国排日情绪，1907～1908年（明治40～41年），通过外务大臣和驻日美国大使交换公文的形式，达成《日美绅士协定》，问题以日本政府主动限制对美移民暂时得以缓解。事件前后，与美国媒体极端激烈的反应相比，日本方面则表现出冷静。1908年1月，16艘美国大西洋舰队在环球航行时，中途在横滨停泊。黑船来航以后半个多世纪，日本再次被"大白舰队"（因舰身漆成白色而得名）震撼了。日本朝野认为这是改善日美关系的绝好机会，夹道欢迎表示友好。

然而，美国的反日情绪并没有得以平静。加州当局提出限制"没有权利成为美国公民的外国人"购置土地的外国人土地法等一系列排日法案。外国人土地法几次都没有被通过，但在1913年，加州议会不顾威尔逊总统的反对，强行通过法案，禁止外国人购买土地。与此同时，美国政府的干涉遭到共和党实力派政治家、加州州长约翰逊与州议会的强烈反对。

1920年，加州又通过了第二次《外国人土地法》，禁止"没有权利成为美国公民的外国人"以借地名义以及美国出生拥有公民权的儿童名义获得土地，彻底堵死了日本人在加州获得土地的可能性。第二次土地法完全是美国式做法，直接依据民主主义，作为州民立法通过。州民投票决定法案时，工会组合、在乡军人会、赫斯特系新闻界等积极鼓动支持法案通过，虽然一部分经营者和知识分子反对，但寡不敌众，最终投票结果为赞成票67万票、反对票22万票，排日派大胜。可是说是民主主义的典型迎合主义吧。

排日移民法通过

《日美绅士协定》签约后，美国的日本人移民数量大幅度减少。然而从男女比例来看的话，女性比例急剧增长。这是因为这些女性通过交换照片与男性日本移民结婚，以男方合法妻子的身份移民美国。旧金山和西雅图的码头出现了一批手持照片、不安地在人群中寻找未曾谋面的丈夫的年轻新娘。美国排外主义者认为照片新娘触犯人道主义，以此为理由掀起排日运动。在美日本人中也出现要求禁止照片新娘的呼声。日本政府在1920年（大正9年）3月以后，采取停止给照片新娘发放赴美签证的措施。接着，1923年新移民法案提上联邦议会。其中包括全面禁止"没有权利成为美国公民的外国人"移民美国条例。华人移民以及其他亚洲各国移民之前已经被禁止进入美国，而且，1922年时联邦最高法院判决否定日本人的归化权。很显然，新移民法完全针对日本人。日本国内将新移民法称为排日移民法。

遭到日本政府强烈反对和被美国政府要求修改条例的新移民法案最终于1924年4月在众议院表决，以压倒性多数被通过。柯立芝总统也不得不承认新移民法，该法案于

20. 日本人移民问题的尖锐化

同年7月正式生效。日本移民一律被禁止入境。日本政府表示对"违反正义和公平的原则……种族差别待遇"不满,以违反《日美通商航海条约》为由向美国政府提出抗议。

学童隔离问题时相对克制的日本国内群情激愤。舆论猛烈抨击排日移民法的非法性,要求日本政府对美采取强硬措施。例如,《大阪朝日新闻》指责"美国是个群愚国家",义正词严地称"吾国民的血在沸腾……(日本政府)对于此等事情,决不能坐视不管"(大正13年6月22日社论)。

在两国国技馆召开的反美国民大会聚集了上万名民众,"对美开战!"的呐喊声剧烈激昂。民众闯入美国驻日大使馆,强行将星条旗降下。日本国内各种预测、描述太平洋未来战争的刊物纷纷问世也是从这个时候开始。

民众激昂情绪的相互刺激、放大作用有时也会招致不测事件。然而,当时的日美两国政府的处理则是比较理智冷静的。日本政府虽然也提出强烈抗议,但对美协调的外交路线并没有改变。美国政府为了缓解日本的抗议,提出修改新移民法案的要求。然而,九一八事变爆发后,一切都成为泡影……

即使现在的国际社会,人种、宗教偏见、移民等问题仍会引起媒体和国民情绪的过度反应,成为各种各样的纷争和对立的原因。通过对战前日美移民问题的考察,也许会启发我们对于此类问题的解决方法吧。

(鸟海靖)

参考文献

外務省編『日本外交文書・対米移民問題経過概要』、外務省、1972。

若槻泰雄『排日の歴史 - アメリカにおける日本人移民 - 』、中公新書、1972。

フランク＝チューマン著、小川洋訳『バンブー＝ピープル - 日系アメリカ人試練の一〇〇年 - 』、サイマル出版、1978。

ユージ＝イチオカ『一世―黎明期アメリカ移民物語―』、刀水書房、1992。

賀川真理「サンフランシスコにおける日本人学童隔離問題」、『法学政治学論究』五・九、1990、1991。

21. 韩国合并

汉城（京城）——1910年8月22日

签订合并条约

1910年8月22日，汉城（京城，现在的首尔），日本合并朝鲜条约缔结。京城内安静如昨，韩国政府与统监官邸却一片慌乱。

上午10时，统监寺内正义在官邸召见韩国宫内府大臣闵丙奭和侍从院卿尹德荣，就当日下午预定举行的御前会议进行最后的碰头会。寺内向二人递交了韩国皇帝纯宗全权委任李完用签署条约的敕书。

上午11时，闵、尹上奏皇帝纯宗后，纯宗下令于下午召开御前会议商定缔结条约一事。

下午2时过后，御前会议于昌德宫召开。除纯宗外，内阁总理大臣李完用、内部大臣朴齐纯、度支部大臣高永喜、农商工部大臣赵重应、兴王李熹（李载冕）、中枢院议长金允植、宫内府大臣闵丙奭、侍从院卿尹德荣、侍从武官长李秉武共9名出席，学部大臣李容植以身体不适为由缺席。兴王李熹代表皇族，金允植代表元老。

会议中，首先纯宗宣布将韩国全部统治权让与日本，并在条约缔结的全权委任状上署名后命人加盖国玺，交由李完用（此事发生在签署合并条约之前，意味着纯宗批准韩国并入日本一事）。李完用出示条约规则，并逐条进行说明。由于出席者没有提出异议，纯宗一一做了批准。

下午4时，李完用和赵重应前往统监官邸，寺内统监及山县伊三郎副统监进行接待。李向寺内介绍了御前会议的情形后，出示了全权委任状。寺内和李分别在合并条约（日文、韩文各一式）上签字盖章。结束后，李向寺内要求确保国民生活、皇室待遇及国民教育问题。之后，李和赵前往德寿宫向太上皇（高宗）报告签署条约之事。

李完用等离开统监官邸后，下午5时，宫内府大臣闵丙奭与侍从院卿尹德来到统监官邸，传达了皇帝的旨意。旨意要求日本不要大幅度改编宫内府以及保证充足的岁费，却没有一句照顾国民的要求。

京城的夜晚也格外安静。没有了来访者统监官邸也恢复了平静。据说寺内统监意气风发。

合并条约的内容

合并条约由前言、正文（八条）、签署年月及两国全权委员寺内正毅和李完用的签名盖章构成。

前言中记载："为确保东洋永久和平，两国必须实行合并。"

正文的条款为以下。

第1条　韩国皇帝陛下将关于韩国全部一切统治权,完全且永久让于日本国皇帝(天皇——引者注,下同)陛下。

第2条　日本国皇帝陛下受诺其前条揭载之让与,且承诺并合全然韩国于日本帝国。

第3条　日本国皇帝陛下对韩国皇帝(纯宗)陛下、太皇帝(高宗,纯宗之父)陛下、皇太子殿下并其后妃及后裔,各应其地位,使享有相当之尊称、威严及名誉,且约供给十分之岁费以保持之。

第4条　日本国皇帝陛下对前条以外之韩国皇族及后裔,各使享有相当之名誉及待遇,且约供与必要之资金以维持之。

第5条　日本国皇帝陛下认以有勋功之韩人而应特为表彰者,授以荣爵,且与恩金。

第6条　日本国政府以前记并合之结果,担任全然韩国之施政,对遵守该地施行法规之韩人之身体及财产予以十分之保护,且图增进其福利。

第7条　日本国政府对诚意忠实尊重新制度之韩人且有相当资格者,其于事情所许之范围,登用为在韩国之帝国官吏。

第8条　本条约经韩国皇帝陛下及日本国皇帝陛下之裁可,自公布日施行之。

(『日本外交文書』第四三卷第一册)

关于缔结条约的交涉

寺内统监是根据合并准备委员会起草的"合并施行方法细目"推进合并的。8月16日至18日进行了合并条约缔结的交涉。8月16日8点半起大约三个多小时，寺内统监与李完用首相在统监官邸进行了预备交涉。寺内向李完用述说了此前日韩间的交涉过程、合并意图、合并后对韩方针、合并形式根据合意条约等事项。之后向李完用递交了有关这些事项的备忘录。

李完用看过备忘录后，提出合并后不改变韩国国号和封韩国皇帝为贵族两项要求。备忘录中，记录了合并后的韩国国号改为朝鲜，皇帝的尊称改为太公殿下、皇太子为公殿下、太皇帝（高宗）为太公殿下。李之所以要求继续沿袭韩国国号，是因为日本报纸主张合并后废除韩国国号，给予其新国号。李完用主张太公在王之下。此后的交涉交由寺内统监与农商工部大臣赵重应进行。

16日晚上9时，赵重应前往统监官邸。赵重应也向寺内请求保存国号和王称。寺内声称韩国国号原本也是日本推荐使用，以"保存国号则合并后日本帝国内出现另外一个国家即韩国，此为不可"为由，建议将国号恢复为旧称"朝鲜"。赵重应表示赞成。

同意改国号的赵重应坚持要求保存韩国皇帝的王称。寺内称需书面请示日本政府，随即写下了以下两点：一、将韩国国号改为"朝鲜"；二、皇帝改称为李王殿下，太皇帝为李太王殿下，皇太子为王世子殿下。第二点为寺内个人建议。赵重应称需与李完用商议而离开统监官邸。

18日，寺内统监邀请李完用首相前往统监官邸。这天可以说是真正交涉的日子。寺内向李完用传达了日本政府同意保存韩国皇帝王称的要求，并首次摆出合并条约方案。这个条约方案是寺内就任后修改过的日方准备的文件，还未得到日本政府的批准。条约在正式签署日22日之前通过电报得到批准。

接着，寺内声称合并条约作为合意条约须有韩国方面的全权委任书，提出由皇帝纯宗下敕令任命内阁总理李完用为全权委员。李完用对条约方案并无异议。

当日下午，韩国政府召开定例内阁会议，讨论合并事宜。出席议会的内阁总理大臣李完用、内部大臣朴齐纯、度支部大臣高永喜、学部大臣李容植、农商工部大臣赵重应中，只有李容植一人反对。议会结束后，李完用又去疏通中枢远议长金允植、宫内府大臣闵丙奭、侍从院卿尹德荣和侍从武官长李秉武等人，迫使他们赞成这个条约。

此后正如前述，8月22日，御前会议结束后合并条约正式缔结。1周后的8月29日，日韩两国官报公布，条约即日生效。《皇城新闻》号外刊登的韩国被并的消息迅速传遍京城。该条约因事前两周获元首（天皇、皇帝）的裁可所以没有进行批准手续。当日的京城城内仍是一片寂静。其背后有正严厉监视的军警，通过限制韩国新闻报道、控制日本报纸进入韩国等封锁消息。除保存韩国皇帝称号之外，合并条约中还记载了皇族的待遇、两班元老的授爵、采用普通群众作为官吏等条款。相较于主要以韩国皇室为对象的第二次日韩保护协约，此次合并条约将对象扩大为韩国全阶层。这一点上两者具有明显的区别。当日又发布了《朝鲜贵族令》，封李载完及其他76人为侯、伯、子、男爵，其中9人拒绝接受赐封。

根据朝鲜总督令第六号（1910年10月1日），首都名由"汉城府"改为"京城府"。这是因为在1870年代以后开港期的朝鲜，较之制度上的正式名称"汉城"，原本单纯意指"首都"的称呼"京城"被使用在对外条约中，于是在国际上"京城"（seoul）作为朝鲜首都之名称就这么固定下来。"京城"早在15世纪申叔舟奉国王成宗之命编辑的《海东诸国纪》中就曾被使用，李氏朝鲜时普遍使用。至于"京城"是日本政府创造的歧视语一说则为谬论。

战后，京城府改为首尔（首尔是京城的训读）特别市。这是基于日本战败后三年间、于北纬38度线以南的朝鲜半岛施行军政的美军朝鲜军政长官阿诺德1946年9月18日发布的第106号军政法令。

合并之后的1910～1945年的35年间，日本对朝鲜采取同化主义进行殖民统治。土地调查事业（1910～1918年）等整顿经济方面取得一定成果，但同样也遗留下不少问题。日本统治朝鲜历史性评价，有必要同英美法德及其他例子相比较，根据历史事实进行实证性推进。

关于条约的讨论

战前起，朝鲜就有韩国合并条约无效的主张。最近，韩国国内提出合并条约不成立论。主张"无效"的根据是，将韩国的外交权委任于日本的第二次日韩协约（1905年，韩国称为《乙巳条约》）是在日本胁迫下签署的，为无效。利用无效的条约侵夺外交权的状况下缔结的合并条约也随之无效。韩国政府从这一立场出发来理解《日韩基本条约》（1965年）中第2条（旧条约的无效）中的"业已失效"一句。

"不成立"论，是认为关于韩国国权的议定书（1904年）、第二次日韩协约、第三次日韩协约（1907年）、《韩国合并条约》（1910年）在形式和手续上存在很多瑕疵与问题，因而《韩国合并条约》并不成立。第二次日韩协约，①无全权委任状，②无皇帝的批准，③条约无名称；《韩国合并条约》，①无皇帝批准，②寺内统监不具备签署资格，③伪造皇帝"敕谕"。

对于这些主张，日本研究者进行了反驳。首先关于第二次日韩协约，对于"无效论"，日本研究者主张：①胁迫的史料根据仅为传言，无史料依据；②皇帝高宗主导修改日本条约案并接受，对反对条约的上疏者进行抑压。对于"不成立论主张"，日本研究者主张：①首相与外相在无全权委任状下可在条约签署书上签名盖章；②条约原本无批准条款，一般来说，关于国权的条约并没有规定为批准条约，条约经公报后意味着皇帝已经批准，缔结后，撤销驻韩外国公使馆正表示条约的有效性；③无名称的条约并非例外。

关于《韩国合并条约》，日方研究者主张：①因为合并条约是事先承认的文件，所以没有批准的必要，第三国也承认日韩合并；②寺内统监具有代表日本政府签署条约的资格。③为事实误认。

2001年11月16、17日，在位于美国马萨诸塞州坎布里奇市哈佛大学韩国研究所的主持下召开的第三回韩国合并再商榷国家会议中，英国剑桥大学国际法教授同样也对韩国提出的条约无效性及不成立论进行了反驳。

（原田环）

参考文献

森山茂德『日韓併合』、吉川弘文館、1992。

海野福寿『韓国併合史の研究』、岩波書店、2000。

李泰鎮（ほか）『韓国併合の不法性研究』、ソウル大学出版部、2003年、韓国語。

原田環「第二次日韓協約調印と大韓帝国皇帝高宗」『青丘学術論集』22、韓国文化研究振興財団、2004。

坂元茂樹「日韓間の諸条約の問題－国際法学の観点から－」『日韓歴史共同研究報告書第三分科篇 一』、日韓歴史共同研究委員会、2005。

IV

民众的时代

22.《青鞜》创刊

"女性原本是太阳"的宣言——东京本乡——明治44年（1911）9月1日

与"大逆事件"同年

明治44年（1911）8月下旬闷热的夏夜里，东京本乡驹达曙町25岁的平塚明打开窗户，稍许静下心来坐在桌前。没有任何资料地以个人的想法写出了一篇文章。写完时天已经亮了。此篇文章就是9月1日创刊的《青鞜》发刊前言《女性原本是太阳》。是年6月起计划准备发刊，但直到日子临近时还没有写好"创刊词"。平塚明匆忙答应执笔。如果她没有写这个前言，就不会有如此的强烈反响，不会作为"女性解放宣言"永留史册吧。这正是发给朝着新时代出发的女性的信号。"雷鸟"这一笔名，也伴随着《青鞜》创刊词的写作诞生了。

《青鞜》是以平塚雷鸟为骨干力量的女性领导下"女性创办、服务女性"的杂志。发起人是雷鸟、中野初子、木内锭子、物集和子、保持研子五人，除物集外其他人都是日本女子大学的新毕业生，创刊号的封面画由校友长沼智惠子担当，与谢野晶子的首句为"山动之日来临"的《漫言碎语》为卷首诗，另外森志下女（森欧外夫人）、国木田治子（独步夫人）也寄来稿件。《青鞜》正式发行。

明治44年（1911）的前一年，发生了因幸德秋水等无政府主义者被冠上"大逆不道图谋暗杀天皇"罪名而多人被捕的"大逆事件"。最终明治44年1月初，12人被处以死刑，其中包括女性政治犯管野须贺。经过"大逆事件"的严重打击，进入限制言论的"严冬时代"，知识分子都不得不保持沉默。但是，《青鞜》于同年6月召开发起人会议，从准备发刊阶段开始，就被认为是与政治无缘的文学少女集团。

确实，结成伊始的青鞜社的"概则"第一条中就明确提出"本社图谋女性文学的发展"。但是，雷鸟最初建议的章程原稿却为"促进女性之觉醒"。生田长江在鼓励雷鸟创办《青鞜》杂志发行时，主张将"促进女性之觉醒"改为"图谋女性文学的发展"（平塚らいてう自传『元始、女性は太陽であった 一巻』、大月書店）。这是为什么呢？生田长江虽然关心"大逆事件"但不直接表示意见，而是采取"不正直的沉默"方式（《反响》1914年4月号）。他所主张的"女性文学"，与他成立"闺秀文学会"培养女性文学家的目的是相互贯通的。他极力在"严冬时代"避免"女性之觉醒"这一充满社会性的表现方式（米田佐代子『平塚らいてう』、吉川弘文館、2002）。如果是这样，仅将《青鞜》作为女子大学毕业"姑娘"们所创办的文学同人杂志进行定位是不够的，或许《青鞜》还称得上是面向时代骇浪的一次出航。

"潜在的天才发挥吧"

《青鞜》成员大多数都并不了解"严冬时代"的政治状况。雷鸟本人也写到当时自己并没有社会觉悟（前揭自传）。吸引她的是"女性所有的力量都被束缚着。我们必须搬开压在女性身上的重石，露出本真。作为女性个体发挥潜在的能力，尊重自我内面的真实，寻求真正的自我觉醒"这样的思想（前揭自传）。

雷鸟在御茶水师范附属女校时代对"贤妻良母主义的女子教育"就抱有强烈不满，与同班同学探讨过"不结婚，保持女性独立"。雷鸟的母校日本女子大学（1901年创立）也聚集了来自各地立志独立的女性同胞。但是，当时的日本社会舆论对于女性高等教育持批判态度，"男人婆""只身上京的女子乱性"等指责不绝于耳。留学德国的父亲平塚定二郎是明治政府会计检查院高级官员。与孩子们一起散步、给孩子们编织手套等，具有慈父的一面，但却反对雷鸟学习英语。在母亲的调解下，父亲只同意让她进入女子大学学习家政科。与父亲的冲突让雷鸟第一次苦恼"何为自我"，决定通过坐禅修炼以求内心解放。毕业后的明治41年（1908）与在闺秀文学会相识的森田草平在那须盐原的尾头峰殉情，结果未遂。事件后，森田在老师夏目漱石的建议下以此事件为模型创作小说《煤烟》，成为作家。雷鸟却因丑闻被世人攻击。

"女性原本是太阳"这句话蕴含着对落在女性这一性别之上的不合理现象的反抗，蕴含着女性自身对自我力量迷失的内省。"本来，女性实际是太阳。是真正的人。如今，女性是月亮，是依靠他人而生，依靠他人的光芒而发光，一副病人苍白容颜的月亮。"——前言中也体现了她当时的心情。对于雷鸟来说，真正的自由解放是在获得女性高等教育、参政权等权利之前，女性应获得发挥本身具有的潜在之天才的能力。这是此前的自由民权运动以及明治社会主义运动潮流中不曾看到的寻求女性个体解放之内容。

"新女性"的诉求

《青鞜》创刊号发行后反响巨大。媒体的态度却不怀好意。青鞜社的成员被称为"新女性"，其中的尾竹一枝（红吉）在酒吧喝五色酒引起的"五色酒事件"被报纸大肆渲染，雷鸟等人为了社会学习去了吉原的青楼会见"花魁"被攻击为"新女性买春"。青鞜社员被诋毁为"色欲恶鬼"。媒体的攻击使杂志社内部也产生分裂，出现了社员退出的现象。《青鞜》就这样在非议中出发。

即使这样，支撑她们前进的动力是什么呢？首先应该注意的是，《青鞜》第2卷第1号（1912年1月）刊登的《玩偶之家》特集。《青鞜》发刊当年的9月，文艺协会上演由松井须磨子主演的易卜生的戏剧《玩偶之家》，娜拉反叛把她当作玩具的丈夫引起话题。100多页的特集中，上野叶子、上田君子、保持研子、加藤绿、平塚雷鸟发表各自的批评和感想。其中上野在大约50多页的评论《从玩偶之家到女性问题》中，从"静静的思考，娜拉的将来即是我们女性的将来"的立场出发，对"男权主义"当道的现实社会展开批评。上野还强调"女性长期以来被灌输传统封建主义思想、习惯、教育等。其结果是女性的良心、自我、思想、技能全被束缚、阻碍，成为男人的附属品"；"男人是人，女人同样是人。男人有法则，那么女人同样也拥有法则"；"现如今的女性问题是女性对于男性的革命"。义正词严的上野与海军士官结婚后，登上讲台，继续执笔进行评论。

从这些评论活动看，《青鞜》的小说、短歌、诗的作者多数都是没有名气的，除与谢野晶子、田村俊子等人外，其他人并没有得到很高的评价。例如描写商人主妇置无能的丈夫不顾与男人偷情的木内锭子的《夕化妆》（第1卷第3号），以同性恋为题材的菅原初的《旬日之友》（第5卷第3号）等，作为向既有的性道德提出挑战的作品来说具有相当的意义。这正是长期以来被明治国家封建家长制所束缚，无参政权、无财产权的女性发出自我解放的觉醒的呐喊，是对将女性禁锢在"男尊女卑""贤妻良母"的国家秩序的反抗。《青鞜》正是因为作为女性解放思想的杂志，其道路充满荆棘。

与"国家"对峙的《青鞜》

就在抨击"新女性"的声浪愈来愈高时，雷鸟宣言

"我们是新女性","新女性不仅要摧毁构筑在男人利己主义之上的旧道德、旧法律,还要以日日更新的太阳之明德,在心灵上建立我们的新宗教、新道德、新法律,去创造新国家"(《新女性》,《中央公论》1913年1月号)。这种反体制的发言,当然不会被当权者所容。

《青鞜》最初遭受禁售处分是1912年4月号。因描写妻子瞒着丈夫给情人寄信的荒木郁的小说《书信》而遭禁。明治民法中,妻子通奸直接构成离婚的理由,但是,丈夫一方与有夫之妇通奸,如果不是因对方丈夫以通奸罪起诉,则不构成离婚的理由。《书信》作为女性书写的妻子"通奸"作品,被认为是扰乱社会秩序"败坏风俗"。

接着,雷鸟又批判"家制度",因写到"我们即使不反对结婚,但我们不会服从现行的结婚观念、结婚制度"(《世间的妇人们》《青鞜》第3卷第4号,1913年4月)而遭受"注意处分",收载这篇文章的单行本《圆窗边》(1913年5月)也遭到禁售。由自由民权运动投身到社会主义的福田英子执笔的《妇女问题之解决》刊发在《青鞜》(第3卷第2号,1913年2月),而导致遭禁。接着,1915年6月号的《青鞜》第5卷第2号发表了原田皋月创作的内容为因"堕胎罪"而入狱的女性肯定堕胎的小说《狱中女写给爱人的信》,也遭到禁售处分。

《青鞜》的新女性们,坚持自己的思想主张和作为女性个体的生存方式,自然和国家主义、家长制下要求的妻子、母亲、女儿的女性形象发生正面冲突。被认为是具有"比虚无党更危险的思想"（原田皋月《狱中女写给爱人的信》），遭到国家权力机关的压制也是必然的结果。没有"大逆事件"中无政府主义者的明确的反体制思想、意识的新女性们，正视自我，对理想生存权利的追求使她们不得不与"国家"对峙起来。

《青鞜》的休刊与再生

《青鞜》后期围绕着"贞操""堕胎""废娼"展开了论争。这些论争都是立足于女性切身的问题意识展开，对近代日本社会对女性的歧视与支配提出抗议。"性暴力""堕胎自我决定权""性商品化"等，关于女性的性意识、性观念进行了严肃的论争。

但是，把这些问题意识与包括男性社会改革构想联系起来的条件，在超越"严冬时代"，进入开展劳动运动、农民运动的大正民主主义时代还未成熟。《青鞜》不得不孤立无援地进行斗争，经营陷入困境。伊藤野枝从踟蹰不前的雷鸟手中接过《青鞜》的经营权和发行权一年多后，《青鞜》发行了大正5年（1916）2月号最后一期，便无限期休刊了。野枝在思想上受无政府主义的影响而放弃编辑，投奔大杉荣。呼吁女性觉醒自我，追求自我权利，成为社会变革主体的雷鸟在《青鞜》休刊后的1920年，与市川房枝等成立新妇女协会，要求妇女参政权。当时运动的主流是要求男性普选权利，1925年创立的普选法中女性被排除在外。

就这样《青鞜》最终走到了尽头。《青鞜》所提出的课题直至今日，在《消除对妇女一切形式歧视公约》等国际上废除女性歧视的动向中，呈现出新的意义。

（米田佐代子）

参考文献

平塚らいてう自伝『元始、女性は太陽であった 全四巻』、大月書店、1971-1973。

小林登美枝・米田佐代子編『平塚らいてう評論集』、岩波書店、1987。

米田佐代子・池田惠美子編『『青鞜』を学ぶ人のために』、世界思想社、1999。

らいてう研究会編『『青鞜』人物事典』、大修館書店、2001。

米田佐代子『平塚らいてう－近代日本のデモクラシーとジェンダー－』、吉川弘文館、2002。

23. 拥护宪政、打破阀族

第一次护宪运动——东京·国会议事堂前——大正2年（1913）2月10日

总辞职、解散，抑或休会

大正2年（1913）1月21日，新年假期结束后，帝国议会准备再次召开。但由于第三次桂太郎内阁预算案还没有印刷，不得不决定休会15天。桂内阁想利用休会期间静待护宪运动平静下来，与立宪政友会妥协。1月24日，在新富座召开的第二次宪政拥护大会上集合了大约3000多人，此后政友会、国民党在全国范围召开的集会阵容极其盛大，护宪运动的规模和影响明显扩大。2月5日，尾崎行雄在复会的议会上发表"以天皇为挡箭牌，以圣旨为子弹打击政敌"的著名演讲，使得处于劣势的桂内阁不得不再次休会5日，最终结论也推迟做答复。期间，桂内阁于2月9日谋划由大正天皇向政友会总裁西园寺公望下达敕令，以求妥协。就这样，2月10日再开的国会将决定总辞职、解散抑或继续休会。

要求西园寺撤回内阁不信任案的敕令，给以原敬为首的政友会干部带来很大的打击。(『原敬日记 第二卷』、福村書店、1981年復刻版)记载，10日早上，众干部商量究竟是服从敕令还是继续休会，但党人一早就集合起来与内阁对抗，要求干部"今日按照预定召开国会，并要求通过内阁不信任案"。结果，政友会议员会决议"全会一致要求按预定举行国会"，与国民党议员同样在胸前佩戴白玫瑰进入国会议事堂。2月5日发生群众误殴护宪派议员事件后，护宪派议员商议在胸前佩戴白玫瑰花表示白票（即赞成票，这里是指赞成内阁不信任案）。

第一次护宪运动的发生

第一次护宪运动源于陆军要求增设两个师团的问题。1911年辛亥革命爆发后，陆军以趁局势不稳定应扩大日本在中国东北的影响力为由，向第二届西园寺公望内阁提出要求。大正元年（1912），遭到内阁拒绝的陆相上原勇作"帷幄上奏"① 提出辞呈。12月3日，山县有朋拒绝推举后任陆相，15日西园寺内阁总辞职，19日第一次宪政拥护大会召开，21日第三次桂内阁成立，24日召开国会（接着新年休假），大正2年1月20日桂太郎发布组建新党构想，事态有了急速发展。曾为陆军军阀的桂太郎，内阁成立后放弃增设两个师团。因此，就像第一次宪政大会所申明

---

① 帷幄上奏，根据明治宪法中天皇统率海陆军的规定，有关军机和军令事项，陆军参谋总长和海军军令部总长等军事统军机关的首脑可不经内阁会议直接上奏天皇。

的——"阀族的横暴跋扈已登峰造极,宪政的危机千钧一发。吾人断然拒绝妥协,以杜绝阀族政治,以期拥护宪政"(第一次宪政大会决议),明治维新以来山县、桂等萨摩、长州出身的官僚身居政府、军部要职,形成"阀族"。

胸前白玫瑰

话题暂回到1912年12月10日。报纸上如是记载着:

> "白蔷薇军来了""民党来了"的呼声一浪高过一浪,涌向国会的群众越来越多,警察的制止也无济于事。中午12时20分,正门前相马邸附近瞬时间集合了数千民众,挥动帽子齐声高喊"民党万岁"。进入议院内的国民党议员约50名齐齐出现在议院的阳台上,挥舞白蔷薇随门外的民众齐喊万岁。最后犬养木堂(毅)出现在阳台随之附和。数千民众忘我狂热,骑马队兵分两路,阻断议院前的道路禁止通行。骚乱仍然不可收拾。(《东京朝日新闻》大正2年2月11日)

与此同时,众议院议长大冈育造面会桂首相,提出"现在议院外骑兵与民众发生流血冲突,彼等应负起暴乱的责任",劝其辞职。就这样,桂内阁被迫总辞职,同时国会休会3日。

持续了2个多月的斗争,护宪派最终取得胜利。很明显,民众是支持护宪运动的。不仅仅是支持,若无民众的示威,原本政友会打算与桂内阁妥协,此次胜利是民众带动议员倒阁的结果，民众才是主角。明治维新以来，民众的力量直接左右政权的事件前所未有，从这个意义来说，第一次护宪运动正宣告了新时代的到来。但是另一方面，这股不容忽视的力量并不简单。还是让我们拭目以待吧。

袭击报社的群众

休会后，还不知道桂内阁总辞职这一消息的民众聚集在日比谷附近，继续与警察僵持着。"下午3时后聚集的群众越来越多，内幸町道路水泄不通。骑马队并马试图穿过人群……狂热的民众抢夺马嚼子，拼命勒马，石头、木屐等四处乱飞，十分危险"（《东京朝日新闻》大正2年11日）。部分群众还打砸了附近的麹町区内幸町内的都报社（下午3时左右）。此后，支持桂内阁的"御用报社"悉数遭到捣毁打砸。京桥区日吉町的国民报社在下午3时40分左右也遭到袭击，还有些青年将报社的牌子摘下，闯入报社内与持刀枪的报社工作人员发生冲突，死伤数人。遭此抵抗后，他们将矛头对准了京桥区三十间堀一丁目的大和报社。与此同时，其他群众下午3时半左右从日比谷簇拥到位于麹町区有乐町一丁目的报知报社，接着于下午5时左右涌入银座一丁目的读卖报社进行打砸。7时左右群众又涌入位于神田的二六报社。相反，站在内阁对立面的报社，比如东京朝日报社，则"群众聚集在吾社面前，高喊朝日报社万岁，数千的群众重重围住，抬出本社发送报纸的运送车"。

民众趁着警察出动保护报社的时候,又袭击了警察局。包围国民报社的一部分群众,将出云町、尾张町、日本桥到数寄屋桥、日比谷的派出所打砸、烧毁。袭击二六报社的群众又砸毁了神田警察局,接着放火烧毁了上野警察局。这些行动并不是事先计划好的,事情的始末大概是这样:激昂的群众听到有人喊"××,下面袭击哪里哪里",此人一走到那个方向,大家就跟随前往。也就是说,群众的袭击并不是受到煽动,而是临时决定的行动。警视总监川上亲晴和东京府知事宗像政于下午 4 时请求东京卫戍总督出兵,7 时出动第一师团步兵第一、第三连队兵士,近卫师团也出动兵士。但军方尽量采取怀柔策略,所以没有与群众发生冲突。

关于"舆论"

当时的进步知识分子今井嘉幸指出日本的民众运动"已超过祭典喧闹,如庆祝大捷一般",是"破坏"性的(《民众运动的批判及对其的指导》,《太阳》大正 9 年 4 月)。"祭典""喧闹(=破坏)"是江户时代以来民众的娱乐活动,第一次护宪运动多少也包含些"祭典""喧闹"的因素,所以管制部门的态度也有些暧昧。护宪运动所带来的直接影响是,漠视群众的呼声政权将无法进行。日中甲午战争到日俄战争期间,国民所关心的都是战争,对于国内政治鲜有人提出异议。日俄战争后,以日比谷烧打事情为开端,民众开始对国内政治表示强烈不满。自由民权运动初始仅限于地主、地方名士参加，到这个时候参与的阶层急剧扩大。因此，对此次运动中民众所表现的不满，给予"实为宪政的一大进步，不值得忧虑"（高橋義雄『万象録 高橋箒庵日記 卷一』、思文閣出版、1986）如此高的评价也不为过。但与此同时，还是带有封建时代暴乱的一面。作为立宪国家的国民来说，并无太多值得称颂之处。于是，如何让国民以一种健全的方式表达意见成为此后的重要课题。

最为根本的解决方法，就是树立政党内阁制和实施普选。说起来，国民的意向如果能够通过政党内阁制、普选直接反映出来的话，此次的暴乱完全可以避免。《大日本帝国宪法》中既无规定也无否定政党内阁制的条例。吉野作造、美浓部达吉主张以宪法理论解释来确认政党内阁制。他们的出现，得到了广泛的支持与欢迎。再者，选举是民众向国政反映舆论的装置，这个时期的选举仍然是根据财产来限制选举资格。民众真实的声音无法传达到国会，实施普选的建议逐渐形成。

保证治安管理比较有效的方法则为管制报社。如前所述，群众愤怒的矛头从国会转移到报社，正说明了舆论的形成与媒体有着密不可分的联系。当时的新闻报道有较强的政治自律性，强调见解批判对方；而其另一面，就有"煽风点火"的效果。如前所述，当时的民众对于"煽动"非常敏感，报纸也是煽动民众的媒介之一。认识到这一点的官僚逐渐加强了对报社的管制。这样，第一次护宪运动带来的正面与负面内容,成为大正时期的重要课题,无疑也堪称新时代之先声。

(季武嘉也)

参考文献

山本四郎『大正政変の基礎的研究』、御茶の水書房、1970。
宮地正人『日露戦後政治史の研究』、東京大学出版会、1973。
桜井良樹『大正政治史の出発』、山川出版社、1997。

24. 越中妇女起义
米骚动的开端——富山县——大正7年（1918）7月23日

在鱼津町

鱼津町的新下渔师町（现诹访町）正如名字所示那样，是渔民家密集的区域（立花雄一「横山源之助と米騒動」『大原社会問題研究所雑誌』487、1999）。大正7年（1918）7月22日傍晚，三四个渔妇与往常一样为了准备晚饭，在公共井边淘米，话题慢慢转移到米价问题。

最近，米价天天暴涨，涨到何时算到头尚不可知。像今年过了春天就闹鱼荒。如果到夏天更难从大海捕到鱼时，像我等靠当天所挣买当天大米的人是很难熬过去的。想到将来的种种变化，心中委实惴惴不安。整体米价高涨是因为出口大米。今天就有这样的轮船在海湾装了许多的大米。听说明天轮船还会再来装大米。而我只希望明天不要有大米被运走。（『魚津市史資料編』、魚津市役所、1982）

富山县自古以来运输方便，大量的大米被运送到产量较少的北海道。这一年的大米并没有歉收，由于数年来习惯以低价买进的地主、米商将大米运销外地，导致大米生产地富山县的米价比北海道、东京、大阪还要高，米价暴涨并不是由于地主、米商囤积居奇，这种逆转现象是由于不稳定的经济状况造成的（《富山日报》大正7年5月3日，『富山县史史料编Ⅶ』、富山县、1982）。另一方面，正如以上史料所示，春天以来持续鱼荒，历年8月份是捕不到鱼的时期，收入大幅减少，"出海的渔民无法寄钱回家"（《北陆时代》7月24日，同前）。就这样，出海打鱼的渔民迟迟未归，陷入停炊窘境的渔家主妇决定进行集体交涉。

7月23日早上8点半，相隔大约500米的大町海岸上，装卸工人正在用舢板给停泊在海面上的"伊吹"号货轮装载储存在海岸仓库的大米。"伊吹"为汽船，打算将装载的大米运往北海道，这时46名渔妇闯了过来。关于这件事情，警察当局表示他们"早在前夜就察觉到会有事情发生，不敢放松警惕。妇女们没有骚扰性暴动的行为，只是陈情诉苦，要求降低米价。最终在警察的劝说下，迅速离去"。然而报纸报道却截然不同，声称"妇女们阻止装载大米，酿起骚动，装卸工人被妇女们的气势震慑住，停止了装载。'伊吹'号船员担心其他贫民涌入带来危险，只好放弃继续装载匆忙拔锚开船驶向北海道"。体格健壮的装卸工人也许是被震慑住了，但对忍受饥馑的妇女们抱有同情也是不争的事实。接着，报纸又写道：妇女们"在喧闹中凯旋，是夜，逐户前往该町米店，诉说其困苦，要求商人停止大米出口"（《富山日报》7月25日）。

大战经济繁荣与物价上涨

1993年和2003年日本大米市场由于供给不足导致米价飙升，也让我们经历了轻微的"米骚动"。这与大正7年（1918）由于大米歉收、米价飞涨导致米骚动的原因表面上相同，但从历史重要性来讲有着质的区别。

大正3年（1914）爆发的第一次世界大战带来日本资本主义产业的迅猛发展。纺织品输出大幅增加，由于禁止欧美进口而导致庞大市场份额出现空白，日本的重化学工业也随之勃兴。海运业发展特别显著，"暴发户"一词就是描写这些海运业者。在战争景气的刺激下，日本经济迅速发展。然而，实质上，这同样是我们在不久前就经历过的"泡沫经济"。伴随着经济高速增长，国内出现物价上涨、投机性垄断、股票价格上升等现象。"米骚动"时期也不例外。

其中，铁的价格上涨最为厉害。作为造船、机械工业等重工业基础的铁，由于英美进口的份额急遽减少，价格比战前上涨了5~7倍。其他商品也因同样的理由价格暴涨。由于获得巨大利益的暴发户们对股票、商品进行投机性购买，物价暴涨，生活必需品的价格也飞速上涨。寺内正义内阁于大正6年（1917）9月1日发布"暴利取缔令"以控制局面。对投机购买、囤积居奇者进行警告、罚金、刑事等处罚。对象商品为米谷类、铁、煤、棉织布、纸类、染料、药品等。

实际上,大正3年前后的米价并没有大幅上涨。农业技术的发达加上连年丰收,大米存储量居高,米价甚至还有些下跌的趋势。但是,大正6年粮食严重减产,与其他商品相比相对便宜的大米,也成为投机买卖对象,米价也随之高涨。特别是日本政府准备出兵西伯利亚的消息传开后,米价更是一路攀升。另一方面,普通民众的收入又是多少呢?表1是以大战行将开战前的大正3年(1914)6月为基准,对比米价百姓实际工资的变化表。如表所示,到大正6年(1917)初为止,实际工资的增长还高于米价的上涨,但到了大正7年后半期米价急遽飙高,直接威胁到普通百姓的生活。"米骚动"导致少数暴发户获利,同时生活必需品的腾贵使得多数百姓生活日益困苦。

表1　基于米价的实际工资指数

年月	金属	土建	日佣(男)	总平均
大正3(1914)3月	91	90	86	91
6月	100	100	100	100
9月	108	106	100	107
12月	134	133	128	134
4(1915)3月	106	114	107	116
6月	115	125	117	129
9月	132	141	132	144
12月	115	121	111	125
5(1916)3月	124	128	125	136
6月	122	127	123	135
9月	120	127	117	132

续表

年月	金属	土建	日佣（男）	总平均
12月	101	110	99	110
6（1917）3月	109	110	108	117
6月	95	91	94	98
9月	101	93	99	98
12月	96	88	90	92
7（1918）3月	94	88	86	91
6月	92	89	86	89
9月	77	73	77	74
8（1919）3月	81	83	87	81
6月	83	78	82	78
9月	78	77	83	76
12月	76	73	75	73
9（1920）3月	91	91	96	89
6月	113	113	119	108
9月	133	130	129	125
12月	188	190	189	185

说明："金属"指代金属、机械器具行业，"土建"指代土木建筑行业，"日佣（男）"指日雇佣男劳动者。本表数据基于明治33年至昭和4年"工资统计表"（商工大臣官方统计课）中的深川正米价行情表算出。

资料来源：中村隆英「米騒動と農業構造の変化」『日本歴史大系5 近代』、山川出版社、1989。

"请愿"还是"革命"

接下来，我们简单的看看鱼津"米骚动"后的情况。鱼津的骚动马上得以平息，接连爆发的近邻区域的骚动，同样也是以请愿方式开展的分散型小规模运动。然而，8月3日爆发的中新川郡西水桥町的渔妇骚动，是有组织的大规模抗议运动,男人们也参加到她们中间。抗争波及全县,场面十分混乱。《大阪朝日新闻》(8月5日)将这一天的骚动以《妻子们的起义》为题,报道了"渔夫的妻子们300余人同时集合在海边,高呼物价腾贵米价暴涨,大声疾呼'绝不能饿死'等口号。她们分成三队,一队向有资产者请愿,另一队包围了米店,要求停止向外装运大米,否则烧毁米店等进行威胁",全国报纸都进行了报道。在此刺激下,10日米骚动的浪潮席卷列岛,全国各地开始了行动。新闻媒体的连续报道,使感到危机的内阁14日发出禁止报道有关"米骚动"一切消息的命令。然而暴动并没有平息,到9月17日为止持续了两个多月,除东北一部分地区和冲绳外,骚动波及311处,参加人数超过70万人。

将"米骚动"的特点与第一次护宪运动等城市骚动相比较,其最终发展成暴动和以普通无产民众为中心、无组织无计划这两点上,两者又有相似性。但是,两者又有明显的区别。第一,护宪运动是属于政治、社会思潮问题,同时具有"祭典"性质的行动。"米骚动"则是与现实生活息息相关、迫切需要解决的粮食问题。第二,参加者不仅是大城市里喜欢进行"破坏"的男性,地方以及女性也卷入其中。

由两起骚动事件的共通点和区别点,根据侧重不同,对"米骚动"的评价也会大相径庭。注重于共通点的警察方面如前所述,认为"米骚动"并不是对权力和资本家的反抗和暴动,是通过"和平请愿"方式,小规模、无持续性的。然而，为什么会发展成为反抗政治当局的全国性运动呢？就是因为新闻媒体将妇女们的"请愿"渲染成反抗、暴动之类的"妇女起义"，煽动挑起民众情绪。

着重于区别点的新闻媒体认为"不能以惯例的骚动定性此次事件，更不能当其过眼云烟。米骚动呈现出社会经济组织的缺陷，实属重大事件"。接着写道："俄国革命就是从灶边发起的……东西水桥和滑川町的穷人们的起义，点燃了令人恐怖的社会狼烟。"（《高冈新报》8月7日，『米騒動の研究 第一巻』）。新闻媒体认为"米骚动"是根深蒂固的阶级矛盾的产物，预示将发展成革命斗争。如前所述，"米骚动"朝着新闻媒体预示的方向发展，对此，政府当局以煽动民众闹事之名，予以报纸禁止发行的处分。

白虹笔祸事件

然而，新闻界并没有因此屈服。8月26日的《大阪朝日新闻》引发了著名的白虹笔祸事件。在此之前，关西的报社、通讯社共88家、166名记者出席的关西记者大会抗议寺内正毅内阁的言论限制，报道大会午饭休息情形的新闻中，有一处是这样的："以金瓯无缺而自豪的我大日本帝国，岂不面临最后受审判的日子了吗？古人常说的'白虹贯日'的不祥之兆，正雷电般闪过默默地使用刀叉吃饭之人的头顶。"出自《史记》的这句"白虹贯日"，"白虹"代表兵，"日"代表天子，表示国家将发生兵祸。此说法在报社内也引起问题，等到要去删除的时候为时已晚。果然，政府当局以变革体制、教唆革命为名，对《大阪朝日新闻》进行指控，要求其停止发行。《大阪朝日新闻》最终逃过被禁刊的处分，这次事件之后，日本新闻媒体煽动性的报道从此销声匿迹。

官僚的冲击

不仅报社受到"米骚动"带来的打击，实际上，将报纸报道定性为"煽动"性质的官僚当局，同样也受到沉重的打击。主张禁止报纸刊登"米骚动"消息的邮电局长田健治郎，8月29日和外相后藤新平畅谈时，表示为了救济贫民，自己多年来考虑实行备荒储蓄等"社会政策"；然而，社会上的那些庸人根本不懂得什么是社会政策，却加以反对，这次的事件，足以让他们的"迷梦"破灭，应断然实行社会政策。后藤对此表示极大的赞同（国立国会图书馆宪政资料室所藏「田健治郎日记」）。当然，不仅局限于这两位。以"米骚动"为契机，之后的一两年劳资纠纷、减租保耕斗争频发，国内形势发生巨大的变化已是不争的事实。

从这个观点出发，"米骚动"可看作是近代日本史上最大的转折点。迄今为止把努力成为世界级大国当作最大目标的日本，自此以后增加"国民生活"在政治上的比重，国家结构也发生大的变化。

（季武嘉也）

参考文献

井上清・渡部徹編『米騒動の研究 第一‐五巻』、有斐閣、1956‐1962。

中村隆英「米騒動と農業構造の変化」『日本歴史大系五 近代Ⅱ』、山川出版社、1989。

佐々木隆『日本の近代一四 メディアと権力』、中央公論社、1999。

紙谷信雄『米騒動の理論的研究』、柿丸舎、2004。

25."平民宰相"的登场

原敬内阁的诞生——东京芝公园——大正7年（1918）9月29日

领受敕命

大正7年（1918）9月26日，位于东京芝公园的原敬私邸被焦急等待原敬晋谒的各报社摄影组弄得拥挤不堪。他们等待拍摄从明治初期就期待的政党内阁成立的瞬间。相比之下，府内却毫无动静。原敬与往常一样（看完报纸后会客）没有任何改变。下午4时45分，侍从长的使者前来传达了明日早上10时半进宫的消息。原敬本人自始至终都保持着冷静。

27日早上就开始下起小雨。7时起床的原敬与政友会干部商量之后入浴，穿戴好礼服出现在玄关时已过了10时。原敬对堵在玄关的摄影组申斥道："没时间了，快一点。"说到最后却笑了。10时半准时到达皇宫晋谒天皇，大正天皇下达了"命卿组织内阁"的敕命，原敬"以不肖之身领受组织内阁的敕命，堪受惶恐之至，恭敬领命"谨表谢忱。之后原敬拜会了松方正义大臣和寺内正毅首相，回到家已经12时10分。下午又连续与西园寺公望、山县有朋、松方正毅、平沼骐一郎、牧野伸显等就选拔阁员进行了会谈，结束时已经深夜。28日接着前一天的公务忙碌一天，29日就只剩下亲任式了。

喧闹的政友会

就在原敬忙得不可开交时，27日早上，聚集在政友会本部的政友会党员中却一片喧闹。

> 议员、党派成员、铁心会的诸位成员等，多达百余人聚集在二楼和三楼。大家自晨早开始，就毫无拘束地纵谈国事。原敬以无官无爵一介布衣的身份接受敕令掌管国政，这意味着日本将会有怎样一番政治局面？我们要为原敬内阁的成立而暗中努力，等等，大家都滔滔不绝口若悬河……当总裁进宫晋谒了天皇这一所谓的捷报传来时，就差没说"走，都跟我喝酒去！"。事先准备好的啤酒、日本酒、三明治和腌菜等都被搬到食堂。当啤酒瓶被一个个打开时，男人们又带头再次狂欢（《东京朝日新闻》）。

亲任式举行的29日，计划10时晋谒的原敬提前30分到达宫内，上奏了阁僚名单，得到天皇的认可后回家。换上礼服后再次于下午1时5分进宫，各阁僚聚齐后前往表御座所。2时在宫内大臣的列席下亲任式正式开始。结束之后，宫内省二楼的内阁房间里内阁同僚们首次碰头，首相向阁僚们传达了"一致协同尽瘁国务"的精神后,原敬内阁正式启动。

另一方面,政友会本部也"宛然欢喜几乎成了混乱状态"般热闹。200多名党员蜂拥而来,原敬夫人将送给原敬府邸的酒菜送到党本部,党员全体言"果然是夫人会体谅人,高喊三遍夫人万岁"(《东京朝日新闻》),接着又在饭馆订了一些酒菜,继续庆祝宴会。

决心做到无怨无悔

明治33年(1900)伊藤博文创建立宪政友会时,应伊藤相邀,原敬入党。原敬在官界摸爬滚打多年后只身投入政党。18年来,他全力以赴对抗以山县有朋为首的官僚、军阀势力,致力于树立国民支持的政党内阁。原敬所构想的政党内阁,不似豪言壮语派煽动民众而发起暴动趁机夺取政权(在这点上,原敬对类似于第一次护宪运动的方式持否定态度),而是建立具有能力及责任来实现政党政治、获得民众信任的内阁。从这个观点出发,拥有首相推荐权的元老山县也对政治家原敬给予很高评价。不过,坚持政党内阁的原敬与排斥政党的山县之间存在的隔阂也是不可否认的。

为此,就在"米骚动"之后,抱恙的寺内正毅首相面临内阁总辞职时,在将政权委托给原敬的问题上,山县表现出踌躇,最终推举政友会前总裁西园寺公望为首相候补。实际上9月22日已降旨任命西园寺为首相。支持西园寺内阁的呼声不断出现，局面对于原敬来说不可大意。原敬如是说服西园寺辞去敕命："政宪会的举国一致说原本有考虑往西园寺内阁加塞的图谋，而且山县的劝说或许还有再度推举官僚入阁的企图，因为吸纳政友会和宪政会两党党员建立举国一致内阁必失败无疑。"这时，与政友会对立的宪政会总裁加藤高明，通过后来就任原敬内阁外相的内田康哉向原抛出橄榄枝："政友、宪政两党提携，至少在战时中采取此态度，即使日后恢复和平后两党相争，也不会被官僚操控"，主张两党提携。对此，原敬说道："两党最值得注意的是，在他们倒台并建立新内阁之际，两党公开合作防止官僚再次出山至关重要。"

山县最终决定于9月25日推荐原敬为首相。是夜，与西园寺会谈时得知这一消息的原敬，在成立内阁时便预料到会遭到山县等人的反对和阻挠，他向西园寺表明了自己的决心，"自己决心做到无怨无悔……要以大决心毅然决然实行政党政策"（以上参考『原敬日记 第五卷』、福村书店、1981）。毋庸置疑，日本政党政治的形成，离不开原敬个人的努力和他卓越的领导力。就连对政友会冷淡的吉野作造，对于原敬在内阁人事上与官僚军阀有关的一律不加采用，创建"纯粹政友会内阁"的做法也予以高度评价，并且提出"不应过多顾虑仍然在政界上保持影响力的官僚军阀"（《对原内阁的切望》，《中央公论》1918年10月），调转枪口直指官僚军阀，支持想放手一搏去做"无怨无悔"之事的原敬。从这一观点来说，国民、舆论对原敬内阁的诞生表示欢欣鼓舞。

拉开政党政治大幕，坚决要与官僚阀族对抗到底的原敬，是如何实施他的政策构想呢？

一块招牌——"积极主义"

内阁成立一周后的10月5日，召开了政友会协议员会议，接着又举行了祝贺会。席上，新首相发表施政演时说道："无须再向世人说明抽象的政纲"，"吾党多年来主张的改善教育、整备交通机关、充实国防等诸问题，都需要财政预算"，重复了明治20年代自由党提倡的传统主张——"积极主义"（积极扩充教育、交通、军备、商业诸设施）。接着论说道："欧洲的战乱已长达5年之久，直接或间接造成的影响使得我国面临着前所未有的严峻挑战，无论实施怎样的政策，均希望通过了解民意之所在，实现宪政善始善终之美。"（《政友》1918年10月）提出参照"民意"的同时实施具体的政策。

实际上，第一次世界大战后世界格局发生急剧变化，日本在思想、社会、外交、法制、经济、交通、教育以及皇室等方面存在诸多问题。原敬上台后，为了应对日本面临的国内外问题，准备进行一系列政治改革。这些情况都详细记录在《原敬日记》中。同时，内阁成立初的施政演说缺乏具体性、新鲜感也是事实。

"无主义、无理想"

与此关联的是《原敬日记》9月29日的记事中记述了

原敬对国民党犬养毅在报纸上的谈话所产生的不快。犬养首先称赞道："不管怎样，成功组阁是我等政党友人的胜利，为了我等宪政进步不胜喜庆。"接着又说道："是要组成纯粹的政友会内阁吧，那就单独组织看看吧。只是，这样一来各个方面都要兼顾上，内阁最终无法正常运转。从工作上来看，同寺内内阁没有区别，缺乏气魄。原敬本身就是个没有理想和信念的人……糊里糊涂地度过他的政治生涯。"(《时事新报》1918年9月26日晚报)也就是说，犬养毅认为纯粹的政党内阁形式同时也反映了政策的"无力化"，原敬在政策上体现了"无主义、无理想"一面。听到这样的指责原敬很是气恼。

根据当时报刊上登载的关于对原敬内阁的希望的调查(300人)结果，"彻底实行立宪主义、政党主义"50人，"实行社会政策、承认劳动组合的自由"35人，"扩大选举权"34人，"调整物价"33人，"尊重民意"24人，"自由任用官吏"23人，"后继内阁为政党内阁"9人，"保障言论、思想的自由"15人"去除党弊"15人，(松尾尊兊『普通選挙制度成立史の研究』、岩波書店、1989)。很明显，针对原敬几乎作为唯一政策提倡的所谓"积极主义"，舆论界都期待着更加开放的政治民主和有关社会问题的新政策，政策上的鸿沟使原敬被认为是"无主义、无理想"的人物。

民众的反应也很平淡。以往的话，大量的民众齐聚在日比谷公园，提灯举行游行。这一次在报纸上却看不到这样的报道。引人注意的只有前面提到原敬内阁成立时政友会的祝贺仪式。不可否认的事实是，政友会的背后是一个全国范围的人脉网，而为首的正是在选举中贡献极大力量的地方名士。日本国内社会矛盾的尖锐化也正是这个时期。

实际上原敬内阁期间开展的政策如何呢？外交上经巴黎和会、华盛顿会议，华盛顿体系成立，原敬内阁为之也做出了贡献。完善全国铁路网、扩充高等教育机关等交通、教育方面政策等引人注目。另外，社会政策方面，原内阁期间民主化也初现端倪。但是，正如下一章"宪法纪念日的大示威游行"所述，原敬并没有消除国内社会矛盾，而是采用对决的态度镇压国内和平进步势力，与山县联手维护资产阶级利益。如此，好不容易得到祝福后起航的原政党内阁，之后的旅程却未必一帆风顺。

（季武嘉也）

参考文献

三谷太一郎『日本政党政治の形成』、東京大学出版会、1967。

成沢 光「原内閣と第一次世界大戦後の状況 一・二」、『法学志林』66.2.3、1968・69。

金原左門『大正期の政党と国民』、塙書房、1973。

玉井清『原敬と立憲政友会』、慶応義塾大学出版会、1999。

26. 宪法纪念日的示威大游行

争取实现普通选举制度——东京日比谷公园——大正9年（1920）2月11日

席位不足，解散不可

对于普通选举（普选）赞成派来说，情况非常复杂。当时众议院席位中，反对派——执政党政友会为162席，赞成派——宪政会、国民党合计149席，也就是说其他议员的意向很大程度上将左右议案的结果。但在当时，大多数人都认为议案会遭到否决。因此不能仅任由其发展。那么，解散议会等待总选举结果也不是那么简单。政友会于前一年更改选举法，将纳税资格由10日元降至3日元，仍然限制选举权，并将大选举区制改为小选举区制等，做好万全的准备。解散议会不如说正中执政党下怀。因此，为了能够实现普选，必须在解散前的议会上，制造一些改变事情发展方向的突发事件。

那么，普选赞成派自身的情况又是如何呢？其内部也并不是坚如磐石。宪政会议案中将选举权限于25岁以上并独立营生的男子，而国民党议案则规定年满20岁的男子即可。两者之间差距难以弥合。看上去似乎无甚干系，实际上在其中存在很大的差异。宪政会提案中强烈体现了加藤高明等干部的想法。至于加藤为什么会赞成普选——"看来，思想善导的第一个步骤是刺激倦怠人心，使之紧张振作。人心紧张即思变并乐于打破现状，以至觉得并无偏离常规去选择直接行动之必要。"（伊藤正德『加藤高明 下』、加藤伯伝記編纂委員会、1929）。即普选是为了避免"打破现状"的缓冲装置。而犬养毅等国民党正是将普选看成是新生势力打破包括宪政会等既成政党之"现状"的道具。内部对立这一点上，议院外也是同样。主张实现劳动战线的普选是所有改革之第一步的团体，和关东友爱会等倡导最优先实现工会主义、主张参加普选运动等政治活动只会导致工会被政党利用的团体间，形成严重对立。的确，不论哪个党派、团体都没有否决普选自身的意义，而且参加到争取实现普选的运动中去，但其中的对立依然存在。也就是说，赞成派的各党派间虽存在种种分歧，但在议院内必须一致扭转席位不利的局面。因此，需要一次像第一次护宪运动时发生的议院外大规模群众运动。

在上野公园

《大日本帝国宪法》颁布31周年纪念日，即大正9年（1920）2月11日，理应"成就宪政有终之美"的普选议案可否通过成为悬案，东京顿时一片哗然。上一年年末起，各地要求实现普选权的集会声势浩大。普选派政党提出的普选案近日即将提上议会议程，特别是今天，弥漫着决战就要开始的气氛。

（1）中午，上野公园竹台（大喷泉旁边）逐渐聚集了出席普选期成同盟会主办的集会的群众。该会在普选运动中历史最久，是由普选运动家、评论家、政治家、劳动工会、知识分子、学生等结成的坚强有力的团体。"小石川劳动会的芳川哲率领 7000 多名会员鱼贯而入。其他团体入场人数也渐次达到 2 万多人，这时虽已在展览会场准备的乐队打起节奏将人们召集过来。"（『普選運動血淚史』。以下同）接着，今井嘉幸、黑须龙太郎等政治家，青年改造联盟、劳动团体的讲演者开始了离题的演讲。

（2）早在清晨 6 时，上野公园两大师前（国立博物馆和 JR 线中间的从前的宽永寺），劳动立宪会就开始着手准备集会。被视为"右翼""政治骗子"的该党总裁山口正宪的口碑恶劣，该会是一试图将政治意识觉醒、活跃的工会运动拉拢到右翼、国家主义思潮中去的团体。争取劳动阶级的不仅是左翼无产阶级政党。其集会所采取的方法也是他们惯用的手法，举"筵旗"① 煽动群众举行暴动。然而，由于形势不稳警察并没有批准。几近中午，群众逐渐聚集起来。聚集了上千名群众的集会，"身着半缠"② 的工人约占 70%。据闻，让深川附近木场的老板手持钞票，召集群众"。

---

① 筵旗，草席旗，举此旗始于日本的农民起义等。
② 半缠，和服的一种，江户时代特别是 18 世纪时庶民穿着的防寒服。

两大集会距离相对较近，游行开始之前双方拉开抢夺群众大战。下午1时，集会（1）"乐队置于队伍最前方，5名劳工高举写着'普选大示威游行'的四面大旗"，一边高呼"万岁"一边朝着日比谷公园行进，举行示威游行（前一年3月1日普选同盟会首次得到批准举行示威游行）。集会（2）与警察达成协议，以降下"筵旗"为交换条件允许（2）与（1）一起进行游行。但是，（1）队伍最前列的大旗突然被夺走，一时激起了乱斗。结果，在警察的斡旋下，下午2时，以（2）在前、（1）在后的形式共约3万人的队伍驶向上野。（2）为了表现出率领（1）前进的样子，有意将步伐放慢。而（1）为了与（2）的队伍保持距离，将行进速度放得更慢。不管怎样，在群众的"万岁"声中，他们边歌唱边斗志昂扬地前进。

（3）在与上野公园隔着日比谷、在其南面的芝公园，关东劳动联盟主办的集会在早上10时开始了。该团体以铃木文治率领的友爱会为中心，为了严防工人被政治利用，将集会场所定为该公园。会场上各工会旗下聚集的工人大约2万人，下午2时以铃木为首的队伍在乐队的伴奏下高唱普选歌，向日比谷公园行进。队伍到达日比谷公园后占据了音乐堂的长椅，接着又要闯入堂上进行演讲。然而警察不允许这么做，最终遭到事先藏在音乐堂后面的警察制止。

日比谷、皇宫、芝公园

就这样，在人群的互相推挤中，上野公园组的（2）首

26. 宪法纪念日的示威大游行 | 215

先到达会场,不顾警察的制止强行登上音乐堂,接着(3)也登到堂上。紧接着,以青年改造联盟的西冈竹次郎为首的(1)也来到音乐堂,同样登上堂上。三股力量混杂在一起,争先恐后地开始进行演讲,台下被约5万人围得水泄不通。于是,警察决意下午4时解散集会,70名警察涌入台上,将演讲的示威者赶下台去。然而,演讲的团体不肯轻易罢休。"堂上劳动党的山口正宪与本多葵堂等警员发生激烈冲突。西冈竹次郎等人开始争吵起来。私服巡查员试图将负隅顽抗的示威者逮捕起来。其他示威者欲将被捕的人拉扯回来。殴打、踢蹬、谩骂、愤怒、惨叫声弥漫,犹如血肉横飞的战场",如此持续了15分钟,最终警察不得不放弃,允许他们进行演讲,暂且告一段落。接着,(1)和(3)将游行队伍开到皇宫前,高唱三声"万岁"后解散。而(2)突然提出要访问普选反对派政友会并进行谈判,直奔位于芝公园的政友会本部。警察也随即慌忙赶往芝公园。政友会只允许山口等4人作为代表进入本部楼内。之后,为救援警察出动的宪兵队一小队也到达现场。同时,加上在皇宫前解散的(1)和(3)闻讯后赶到的部分示威者,芝公园的人数不断膨胀。大约1小时以后,山口满身是血从楼里冲出来,听到政友会的院外团大打出手的消息后,群众顿时怒不可遏,见势不妙的警察随即发出解散令进行驱散。群众不顾解散令试图涌入本部旁的原敬私邸,被警察制止。最后,这里也发生了激烈的打斗,多数示威者被逮捕。直到夜里7时才恢复平静。

"示威"游行

现代日语中用外来语"demo"（即英文 demonstration 的简写，日文为"デモ"。）表示示威游行，而在当时则是以汉字"示威游行"来表示。正如汉字所示，"示威"一词意思为"展示威力"，当日举行的游行也确实体现出群众的力量。与第一次护宪运动以及米骚动时的群众运动相比较，此次的示威游行具有不一样的性质。例如护宪运动时，通过新闻报道得知运动的市民是自发进行集会，而普选运动则是由工会、团体组织的游行运动。岂止这样，"数不尽数的各种团体一时间涌上街头，其中不乏总理、理事长、会长、理事、干事等。既有拥有成千上百会员的团体，甚至由二三人自行组成并分别担任理事长和会长、无一名会员的团体也混迹其中。"如此，团体数量的增加是普选运动的一大特征。

这其中说明的意思很简单。这意味着，面对日俄战争以来发挥巨大力量的群众，而且是无组织无领导的群众暴动，认为自己才是真正领导者的人或层出不穷。正因为如此，政治家、评论家、劳动运动家、学生、右翼一起加入到普选运动中。换言之，这个时期示威游行展示着群众力量的同时，也掺杂了有野心之团体的干部为压制别的团体来展示自己的实力而采取的过激行为。这也是引起打斗的一大因素。

逞强的原敬

事发当日，因为首相原敬利用节假日前往位于镰仓的别墅，并没有见到游行运动的实况。也许因为如此，在原敬看来，"报纸上称游行示威者达5万甚至10万，实际上不过5000人左右。4日和8日多人前来鄙宅，予与其总代表进行面谈，然而此次并没有到访者。此次游行运动仍然不成气候，只是报纸上进行夸大报道而已"（『原敬日记 第五卷』、福村書店、1981）。原敬仍然道认为此次运动是由于媒体的煽动而引起的群众暴动，不予以足够重视。

自1900年政友会成立20年以来，原敬倾力于建立以地方名士为中心的党组织。原内阁的成立正是此党组织的产物。因此，原敬认为类似于此次的偶然性的突发事件，在自己一手建成的坚如磐石般的政党政治面前，不具备任何意义。的确，从此次事件后的发展来看，总选举中政友会以绝大优势胜出，普选运动等半胡闹半偏执性的群众示威运动销声匿迹。如果真是这样，他这么说或许是因为内心的从容。但并非如此吧。实际上，表面上的示威运动的销声匿迹，不过是向团体（官僚组织、军人也加入其中）与群众不断结合的有组织性的形式过渡，也就是说，更广、更大范围的传播。视1920年为过渡期的原敬，其实已经充分认识到这个问题，只是嘴上逞强而已。

(季武嘉也)

表2 关于促进普选运动的情况资料
(1919年11月中旬~1920年2月下旬)

都府县名称	演讲集会 次数	演讲集会 听众	示威活动 次数	示威活动 参加人员	其他活动	主要运动的促进团体、组织
北海道					给各政党本部拍电报	在函馆新闻记者，小樽普通选举期成同盟会
青森	1					普通选举期成同盟会（青森市）
岩手	2					
宫城	3	2800+a				宪政会宫城支部
秋田	2	60+a				青年廊清会（能代）
山形	2					
福岛	1					
栃木						下野青年革进会（宇都宫），天民党（栃木町）
茨城	2					
埼玉	4	1410				中正俱乐部，埼玉普通选举同志会（大宫町）
东京	36	25807+a	11	9400+a	拜访议员和参众两院议长	青年改造联盟，普通选举期成同盟会，关东劳动联盟，普选促进记者联合会，学生联盟，全国劳动团体联盟
静冈	1	4000				普通选举期成同盟会（静冈市）
爱知	4	10100				立宪青年自由党（名古屋市），名古屋新闻社
山梨	5	1570				山梨民友新闻社，山梨同志社，普通选举促进社

26. 宪法纪念日的示威大游行 | 219

续表

都府县名称	演讲集会 次数	演讲集会 听众	示威活动 次数	示威活动 参加人员	其他活动	主要运动的促进团体、组织
长野	1	700				普通选举信浓同盟会（长野市），取访普通选举期成同盟会（取访町），佐久记者团，普通选举期成同盟会（松本市）
新潟	2					
富山	3	890				滑川普通选举期成同盟会（滑川町），西冈派
石川	3	100＋a				立宪青年党（金泽市）
滋贺	7	1170				
京都	4	2700＋a	1	70＋a		友爱会京都联合会，大阪朝日新闻通信部，晓明会支部
奈良						奈良县普通选举期成同盟会
和歌山	2					和歌山劳动共益会
大阪	9	7400＋a	1	700＋a		大阪朝日新闻社，关西劳动联盟，普通选举期成同盟会
兵库	8	4503＋a	3	650＋a		在路边劝说群众参加普选请愿运动，给众议院议员拍电报
冈山	6	3320＋a				大阪朝日新闻冈山通信部，冈山公论社（冈山市）
广岛	6	2200＋a				大阪朝日新闻广岛支部，吴劳动组合（吴市）
山口	4	517＋a				新闻记者（德山町），劳动时报社
香川	2	350＋a				大阪朝日新闻高松通信部

续表

都府县名称	演讲集会 次数	演讲集会 听众	示威活动 次数	示威活动 参加人员	其他活动	主要运动的促进团体、组织
爱媛	2	1000+a				爱媛县普通选举促进同盟会（松山市），大阪朝日新闻松山通信部
高知	2	420+a				普选促进联盟会（高知市），立宪忧国青年党
福冈	5	3325+a	2	325+a		大阪朝日新闻社，劳友会（八幡市）
大分	3	900				
熊本	3	4000				大阪朝日新闻社，普选期成会（熊本市）
鹿儿岛	1					
合计	146	79242+a	18	11145+a		

说明：(1) 根据内务省警保局资料「大正九年二月十六日调普遍选举促进运动梗概」和「大正三月普遍选举促进运动概况」（日本近代史料研究会『大正後期警保局刊行社会運動史料』1968 年收录）制作。只是因都府县不同，其准确度有差异。

(2) 表中"a"是制表人根据自己判断添加，数字不详，而且空白并不一定就意味着没有运动。

(3) 青年改造联盟的运动均在东京处表示。

资料来源：金原左門『大正期の政党と国民』、塙書房、1973。

（季武嘉也）

参考文献

水野石溪『普選運動血涙史』、文王社、1925。

宮地正人『日露戦後政治史の研究』、東京大学出版会、1973。

坂野潤治「原敬一九二〇年の誤算」『中央公論』、1985 年 7 月号。

松尾尊兊『普通選挙制度成立史の研究』、岩波書店、1989。

季武嘉也『大正期の政治構造』、吉川弘文館、1998。

V

国际协调与亚洲的民族主义

27. 废除人种歧视
巴黎和会和日本——东京·巴黎——1919年4月11日

1919年2月　东京·巴黎

　　1919年（大正8年）2月5日夜，位于东京筑地的西洋餐馆精养轩二层的大厅里一片沸腾。这天夜里，第一届人种歧视废除期成同盟会在这里召开。有众议院、贵族院两院议员、陆海军军人、新闻记者、国家主义团体的成员等大约300余人，本着"吴越同舟"之意参加了此次超党派集会。随着讨论的进行，出席者纷纷站在台上，指责欧美各国人种歧视现状，进行应立即废除人种歧视等问题的演讲。集会进行了大约3个半小时，通过了以下宣言书、决议书，并寄给巴黎和会议长法国总理克里蒙梭和日本全权团。

　　直到现在，国际社会中因人种不同进行差别对待，不仅有悖于自由平等之精神，将来会成为各国国民间纠纷及战争的原因。此现状若一日存在，即使缔结上千盟约，也不过是海市蜃楼而已……无法实现全世界永久和平。因此吾人等……诉诸世界公议,以期达成目的……日本国民期待巴黎和会废除人种不平等待遇。

此时,巴黎对德媾和会议的日本全权代表,为了征得对日本提出的人种歧视废除案的同意,访问各国代表,探询意见。日本提出要求将种族平等、废除人种歧视等条文列入预定建立的国际联盟之盟约中的"宗旨",认为联盟作为国际和平、协调机构若希望最大限度地发挥其作用,首先有必要确立人种平等原则,有色人种的联盟构成国由于人种偏见而遭受歧视,联盟的国际和平、协调活动就很难取得成功。这一今天看来再正常不过的提案,在当时却并不如此。

日本在第一次世界大战中加入协约国对德宣战,参加了东亚、大洋洲、地中海等区域的军事作战。作为战胜国的日本在战后的巴黎和会上,与美、英、法、意五大国构成最高委员会。日本加入五大国委员会,实现了明治初期以来"与万国对峙"的最高目标。然而,事实到底如何呢?日本作为危险的竞争对手,急速的武力崛起以及在东亚地区的势力扩张,令欧美各国疑惧。另一方面,又作为欧美派新帝国主义国家受到亚洲近邻各国、各民族的排斥。19世纪末以后,以日本为矛头的"黄祸论"的叫嚣,日俄战争时发生在美国西部各州以及加拿大的日本人移民排斥运动的高涨,正说明了欧美各国对日本的警戒。事实上,巴黎和会上,日本也并没有被看作是对等的、可以信赖的合作者。而且在利害关系颇为复杂的欧洲问题上,日本不具有发言权也是事实。与接管德国在山东的权益及取得德国领有岛屿（赤道以北）并列为日本三大要求之一的人种歧视废除案的目的，不仅是为了与美国交涉，解决排斥日本移民问题，更是国家体面的问题，标志着日本成为与欧美白人大国平起平坐的世界级大国。

日本的人种歧视废除提案

1919年2月13日，巴黎和会国际联盟委员会上，日本代表牧野伸显建议在国际联盟盟约第21条，即宗教自由项内列入"禁止人种歧视"的条文。

各国国民均等主义是国际联盟的基本纲领，为此，缔约国尽速给予联盟会员国的一切外国人均等公正的待遇，不因人种或国籍的不同而在法律上或事实上进行差别对待（外务省编『日本外交文書・巴里講和会議経過概要』）。

然而，日本的提案仅获得巴西、罗马尼亚等4国的支持，遭到英国、法国（美国缺席）等大国的反对。最终，关于宗教自由的规定和人种平等的盟约即第21条被删除。日本对条约用语、内容进行大幅度改动，说服列国代表建议将人种平等的原则写入盟约的前言中。

参加巴黎和会的威尔逊（美总统）、劳合·乔治（英首相）、克里孟梭（法总理）、奥兰多（意首相），均为列国最高首脑。日本全权代表则由西园寺公望（原首相、元老）、牧野伸显（原外相）、珍田舍巳（驻英大使）、松井庆四郎（驻法大使）、伊集院彦吉（驻意大使）5人组成。

西园寺为首席代表，因身体状况不佳推迟启程，直到巴黎和会开始一个半月后的3月2日才抵达巴黎。之前由牧野率领代表团在巴黎进行活动。牧野是明治维新元勋大久保利通的次子，少年时期曾留学美国，作为外交官长期驻在欧洲，拥有担任外相的经历，是日本屈指可数国际派人才。然而，牧野通过巴黎和会上关于人种歧视废除问题的交涉深刻体会到白人大国设置的种族屏障是多么巨大。

美国、澳大利亚的强烈反对

威尔逊总统和其亲信豪斯上校当初对日本修改后的提案表示原则上同意，然而，和会期间一度回国的威尔逊总统目睹了国内舆论对日本提案的强烈反对后，态度发生变化。当时，美国国内舆论普遍反对日本，认为人种问题属于内政问题，而日本的提案是干涉别国内政，并指责国内歧视中国人、朝鲜人的日本政府没有资格提出人种歧视废除案。的确，日本国内确实给予中国人、朝鲜人不平等待遇，这样的批判无疑是刺耳的。

日本的提案遭到英国以及其自治领特别是澳大利亚代表休斯首相尤为强烈的反对。澳大利亚加入协约国，约33万多名战士被送往欧洲战场上作战，其中近6万人阵亡。战亡者的比例超过18%，而战败国德国为16%。第一次世界大战的硝烟中，浴血奋战的澳军做出了巨大的国际贡献，休斯首相借此要求作为独立国家参加巴黎和会，最终得到协约国的认可。

1915年战争正进行得如火如荼时，休斯率领澳大利亚工党组成内阁，因提出实行海外征兵制而遭到工党内部反对，休斯和其少数支持者退出工党，另组国民工党。接着与自由党合并创立国民党，继续执政。巴黎和会上，不拘泥于外交礼节、稍显桀骜不驯的休斯具有个性的行动引起话题。当时以白澳政策为基本国策的澳大利亚正面临1919年年末总统选举，如果休斯支持日本提案的话，无疑会在选举中失利而结束政治生涯。因此，休斯当然不会支持日本的提案。

尽管如此，牧野与珍田还是通过加拿大总理鲍登的善意调停，两度面见休斯并进行当面游说。牧野他们寻求休斯对日本提案的支持是基于这一观点，即日本提案仅体现国际合作的理念与精神，不会即刻牵涉移民问题和修改国内法的问题。然而，休斯并非不同情日本的立场，只是作为澳大利亚舆论的代言人，他不得不始终反对日本的主张。总之，这不是文字上说长道短的问题，而是100个澳大利亚人中有95个反对日本提案背后的思想问题。据说，休斯就是这样断然拒绝牧野等的要求并在会谈中拂袖而去的（外務省編『人種差別撤廃交渉経過概要』）。

休斯在巴黎和会结束后回国，因严词拒绝日本提案而受到了澳大利亚民众狂热的欢迎。他在下议院的演说中提及白澳政策时称，"这是我们取得的最大成就"，并在讴歌其成果时指出："澳大利亚是安全的。"对日本而言，休斯在巴黎和会上扮演着恶人的角色，然而，就当时的澳大利亚立场而言，他是坚持澳大利亚国策并保护国家利益不受日本威胁的人民英雄。

二次提案再度被否决

1919年4月11日是国际联盟委员会会议的最后一天，日本的提案是把"承认各国人民平等，同意采取公正原则对待其所属的每一个人"的话语加到国际联盟章程的前言之中。二次提案获得很多国家的支持，在出席的16名委员中，有包括法国委员和意大利委员等11人投了赞成票，票数达到了三分之二以上。但是，美国和英国依然投了反对票，委员会主席威尔逊根据重要事项决定需获得全员赞同至少没有人反对的原则，宣布不采纳日本的二次提案。

就这样，废除种族歧视提案被否决了。1919年4月18日，在全体大会确定国际联盟章程之际，牧野对日本提案没被采纳深表遗憾，表示今后将继续努力，同时要求大会把日本提案和所陈述的内容写入会议记录，然后就此打住不提。

日本国内对废除种族歧视方案没被采纳产生极度不满与失望。日本废除种族歧视期成同盟第二次大会通过决议，反对拿掉该方案的国际联盟。但是，第二次大会不像第一次大会具有超党派的性质，倒是民族主义者和大陆浪人①派系的团体在其中的主导地位开始增强。而且，以权威报纸

---

① 大陆浪人是指自明治初期至二战结束期间在中国大陆、欧亚大陆、西伯利亚和东南亚等地区居住、漂泊并开展政治活动的一群日本人。

为代表的许多媒体强烈谴责英美等白人大国排斥有色人种，批评日本全权代表团没有采取断然行动。

譬如，在日本全权代表团回国时，《东京朝日新闻》如是评说："倘若日本始终坚持自己的主张（废除种族歧视方案），任何国家都不可能有公然反对的理由。高喊正义人道的大国如果借权势反对此等体现世界公道之根本大义的提案，和平就并非世界的和平，而只是两三个大国的和平。联盟就并非国际联盟而是各大国的联盟。我国全权代表须顺应国内民意拂袖而去。"批评之犀利就差没说日本全权代表应该退出大会，与国际联盟一刀两断。

但是，如在过去的日俄战争及后来的九一八事变前夕所见，媒体开始发表不负责任的观点。《朝日新闻》的言论也一样，一是没有就日本政府所采取的实际政策讨论如何有效应对，二是没有从多角度考察，日本全权代表团一旦采取了诸如媒体所主张的强硬行为日本的国际立场会怎样。

保持冷静的日本政府

与此等感情用事和不负责任的言论相比，日本政府（原敬内阁）反应冷静。尽管日本国内将日本全权代表对欧美的行为批评为懦弱，但是面对高涨的批评声浪，原敬首相始终支持着牧野。他在参加1919年3月30日外交调查委员会讨论废除种族歧视方案被否决一事的善后问题的会议时指出，"此提案虽无望如我所愿获得通过，但亦不至于因此而退出（不加盟）联盟。其结果虽不圆满，但也没有比现在的状况不好，能保全颜面足矣"。这一说法获得与会委员的认同（『原敬日記』、大正8年3月30日条）。另外，对于要求日本采取强硬姿态而造访首相官邸的民间有志人士，他则巧言敷衍，说："（他们）想法单纯，想当然地认为，如果日本提出退出国际联盟，各国就会感到困惑，因此一味主张强硬。余告之大意是，绝无此等单纯之事。"（『原敬日記』、大正8年5月1日条）

如果日本采取退出巴黎和会、不参加国际联盟的强硬行为，势必会给予英美合作这一明治初期以来日本基本外交路线带来全面的转向，甚至一战后原敬内阁对美的合作外交也会因此而被迫做大幅度改动，并进一步加剧日本在国际社会中被孤立的危险。如果从日本的国力、国际历史地位以及美国是日本最大贸易国等现实做出冷静的判断，日本与英美进行亚洲门罗主义式的对决，就维护日本的国家利益来说显然是不现实的。

虽然日本提出的废除种族歧视议案没被采纳，但是日本却成了最早的提议国，这一历史事实超越了当初的动机，给后来的国际社会和日本外交留下了一定的印记。从20世纪30年代后半期到40年代，日本强化与纳粹德国的合作，由传统的与英美合作路线开始大幅转向，但是日本却不赞同纳粹排斥犹太人。有一则广为流传的逸事说，日本政府曾邀请被驱逐出境的优秀犹太人音乐家到日本，并断然拒绝德国政府就此提出的抗议。

在第二次世界大战中，虽然大东亚会议关于废除种族歧视的宣言缺乏实效性，但是当战败国日本在二战后加入联合国并首次当选安理会非常任理事国时，据说从新独立国家获得众多支持的原因之一就是因为日本是最早提议废除种族歧视的国家，并且这一历史功绩发挥了作用（日本外交官对笔者亲口所说）。如果是这样，那些早已被日本民众忘却的历史事实，倒是在国际社会中留下了更加持久而难以磨灭的记忆。

（鸟海靖）

参考文献

外務省編「人種差別撤廃交渉経過概要」『日本外交文書・巴里議和会議経過概要』外務省、1971。

池井 優「バリ平和会議と人種差別撤廃問題」日本国際政治学会編『日本外交史研究—第一次世界大戦-』、有斐閣、1963。

海野芳郎『国際連盟と日本』、原書房、1972。

NHK"ドキュメント昭和取材班編『ドキュメント昭和 1—ベルサイユの日章旗—』、角川書店、1986。

島海 靖「バリ議和会議における日本の立場—人種差別撤廃問題を中心—」、『法政史学』46、1994 年 3 月。

28. 三一运动

日本的朝鲜"武断统治"的失败——首尔塔洞公园——1919年3月1日

当天的首尔

1919年（大正8年）3月1日星期六的首尔（当时为"京城府"），数万名民众为了参加1月22日逝世的前朝鲜国王高宗3月3日的葬礼，纷纷赶来。这是1910年日本强行吞并朝鲜以来首次大规模的集会游行。其中，作为"民族代表"的33名独立运动领袖联名起草《独立宣言书》，准备3月3日为高宗举行葬礼之际，发动示威游行，要求独立。33名民族代表谁也没有透露给素日交好的外国传教士。但是，多位外国传教士似乎都感到3月3日高宗的葬礼上会发生些什么。其中，加拿大籍美国长老教系的西富兰斯医院医生斯科菲尔德认识的一个学生让他看了宣言书，并请求他寄往美国。斯科菲尔德虽答应了请求，但他认为独立运动没有成功的可能，反而会致使朝鲜人遭殃，于是劝其放弃计划。接着，斯科菲尔德3月1日早上接受33人中的李甲成的拜访，李声称他们没有照相机，请求斯科菲尔德将即将在塔洞公园发生的示威游行拍摄下来。

3月1日下午2时,33名民族代表中29名在首尔的主干道——钟路上的仁寺洞泰和馆(中华餐馆明月馆的分店)集合(剩下的4人中,3人稍晚从地方赶来,另一人逃亡上海)。而仁寺洞附近的塔洞公园这时已经聚集了大量的学生和民众。聚集在公园的学生代表数人前往泰和馆,要求民族代表在公园宣读《独立宣言书》。民族代表向学生代表解释了宣读独立宣言书的地点从公园改为泰和馆的理由,并让学生回去。下午3时,民族代表高呼"朝鲜独立万岁"后,为了避免牵连到泰和馆,让泰和馆的老板向警察局通报。警察随即逮捕了29人。同时,公园里聚集了5000多名学生及数万名群众,其中徽新学校毕业生郑在镕站在台上宣读《独立宣言书》后,连声高呼"万岁"。顿时,数万群众情绪激昂,公园内外高呼"独立万岁"口号。爱国群众的抗议声由钟路传到周围的东大门、南大门、西大门。在群众的抗议声中民族代表要被带走的时候,群众中的第一队拥入停放高宗灵柩的德寿宫,第二队涌向美国总领事馆,第三队涌向朝鲜总督府,三一运动爆发。

日韩合并、朝鲜"武断统治"及朝鲜走向独立运动

1863年就任朝鲜王朝国王的高宗在明治维新后经历了一系列事件:1876年日朝缔结《日朝修好条规》,1894年至1895年的日中甲午战争中朝鲜半岛沦为战场,1895年10月闵妃(明成皇后)遭驻朝日本公使馆员等人弑害,

1904年日俄战争中日本击败俄国后将朝鲜降为其保护国，为光复国运的1907年"海牙密使事件"最终失败而导致被逼退位等。这一系列事件，都与日本密切相关。日韩合并后，韩国皇室被编入日本皇室中，高宗成为"李太王"。日本当局为了"日韩融和"，商议将皇太子（后来的昭和天皇）妃人选梨本宫方子嫁给高宗的子嗣"朝鲜末代太子"英亲王李垠，计划于1919年1月25日举行婚礼。但是，就在举行婚礼前3天的1月21日，高宗突然倒下，22日死去。就这样，婚礼被迫延期至次年4月举行。关于高宗的死因众说纷纭。有人说，企图挽回国家主权的高宗成为日本当局的心腹之患，命人毒杀了高宗。也有人说高宗为了制止英亲王与梨本宫方子的婚事而自杀。不管真相如何，高宗之死引发朝鲜国内反日气氛骤然高涨。

1917年俄国爆发十月革命，布尔什维克政权成立，翌年美国总统威尔逊发表"十四条"演说，其第5项"公正处理殖民地问题"，提倡"民族自决"原则。同年第一次世界大战结束，1918年1月巴黎和会召开，国际形势发生极大变化。日本合并朝鲜后，采取宪兵警察制度进行"武断统治"，[①] 引起朝鲜人极大愤怒。美、中、俄、日的朝鲜人反对日本殖民统治、要求独立的呼声高涨。2月8日朝鲜留日学生在东京神田YMCA会馆发表《独立宣言及决议》一事迅速传遍朝鲜国内。

随着流亡海外的民族主义者不断宣传民族自主思想，

---

① 武断统治，指以武力为后盾推行强权政治。

高宗暴卒后朝鲜国内群众也纷纷响应，举行要求独立的集会和示威。最早开展抗日运动的是天道教。天道教前身为日中甲午战争期间发起起义的朝鲜民众宗教东学党，东学党在日本吞并朝鲜后进行反日运动并改名为天道教。天道教教主孙秉熙及干部崔麟、权东镇等试图利用民族自决主义浪潮开展独立运动，提出独立运动大众化、一元化、非暴力化三原则，接着为了让天道教以外的各宗教、知名人士、旧韩国政府高官参加，制定了游说方案。但首先接触到的旧韩国政府高官4人均拒绝。

此时，朝鲜基督教也同样关注着朝鲜内外形势。首尔的朴熙道、平壤的李升薰等人也在策划这场运动的方针。得知基督教的活动后，天道教首先联合基督教举行独立运动协商。针对基督教制定的单独举行独立运动的方针，天道教主张独立运动是超越宗教、党派的举国举族的大事业，提出运动的分散化会带来民族不统一的负面作用，说服基督教联合开展运动。基督教人士最终同意，并答应解决经费问题。2月23日两方商议的结果是采用当初天道教提出的《独立宣言书》，而不是基督教提出的《独立请愿书》。接着翌日，双方就以下问题达成协议：决定于国葬3月3日前两天即3月1日下午2时在塔洞公园，以宣读的形式发表独立宣言（由于3月2日是星期日，基督教以星期日是安息日为由反对在当日举行独立运动）；秘密印刷大量《独立宣言书》，并向聚集在首尔的群众散发，激发广大群众反日独立精神，同时向各地方进行散发；选定天道教、基督教各10人左右作为"民族代表"在《独立宣言书》上署名。接着,双方又决议联络佛教人士。佛教僧侣韩龙云积极响应号召,僧侣白龙城也加入进来。各宗教团体实现抗日联合的同时,学生团体也积极开展活动。学生团体在2月24日决定联合各界开展独立运动,并谋划3月1日中午在塔洞公园集会。

独立运动准备阶段存在着如何起草《独立宣言书》以及宣言书上署名的民族代表的选定,《独立宣言书》的印刷、散发等问题。首先关于起草,崔南善与崔麟商议后,由崔南善负责起草宣言书,2月15日将草本交予崔麟。"民族代表"则由天道教15人、基督教16人、佛教2人共33人组成,署名第一位为孙秉熙,第二位为代表基督教长老教的吉善宙,第三位为代表基督教监理教的李弼柱,第四位为白龙城,之下则以姓名的大写顺序为序。《独立宣言书》的印刷由天道教负责承担,2月27日共完成印刷2.1万份,由天道教、基督教、佛教人士与学生共同向朝鲜全国散发。

独立运动准备工作完成后,署名者于2月28日在孙秉熙私宅会合。33位署名者中有23人出席。如果次日有大批的学生和群众聚集到塔洞公园,因人们的从众心理,或许会有意想不到的大事发生,也或许日本当局会采取穷凶极恶的镇压手段——考虑到此,他们决定自己在泰和馆集合。独立宣言通过书面形式明天拂晓就要被散发到整个首尔地区,如果将之视为宣布独立,宣读宣言的形式还是否有必要——关于这一点,他们的意见是统一的。翌日,三一运动爆发。

镇压三一运动与朝鲜统治的"改革"

三一运动的爆发、不断扩大与激化(特别是在基督教盛行的北朝鲜地区)是日本当局始料未及的。得到三一运动爆发消息的首相原敬3月11日训令朝鲜总督长谷川好道进行严厉处置,以防再次发生。长谷川以驻朝鲜日军部队不足以镇压独立运动为由,请求日本国内派军增援,日本当局同意增派步兵6个大队以及宪兵400人至朝鲜进行镇压。参加三一运动的朝鲜民族主义者,最初商议采取非暴力和平请愿方式开展独立运动,但在日本当局采取的武力镇压下,开始进行武力反抗。日本当局展开残酷的大规模镇压,宪兵队于4月15日进入首尔南方的提岩里,将约30名男性囚禁在教会,并纵火将这些人活活烧死(事件的详细经过,通过进行了实地调查的美国总领事馆使全世界得知)。在日军残酷的镇压下,死亡者高达7500余人。日本声称此次运动有受威尔逊主张的民族自决主义潮流的影响及在朝美国传教士的煽动两个"美国因素",美国方面对此进行反驳,但并没有否定日本当局的朝鲜统治,只是要求改善"武断统治"。对此,重视美日关系的原敬接受美国的建议,着手"改革"朝鲜统治。陆军大臣田中义一是山县有朋麾下"长州陆军"的一员,为了实现当首相的政治野心,他需要获得立宪政友会——这一在已显稳固的政党政治中的最大政党及其最高强权人物原敬的支持。也因田中从中斡旋，原敬与对朝鲜统治也有巨大影响力的山县有朋经过来回角力，形成一致意见，决心在朝鲜引进包括总督文武官制、宪兵警察变身普通警察等内容的"文化政治"，从此"专制政治"宣告结束。在此背景下，作为新朝鲜总督于9月抵达朝鲜履职的原海军大臣斋藤实，本着"一视同仁"的原则，把物理性力量相对后撤，为更有效、无摩擦地阻止朝鲜独立殚精竭虑。

（长田彰文）

参考文献

森川哲郎『朝鮮独立運動暗殺史』、三一書房、1976。

朴慶植『朝鮮三・一独立運動』、平凡社、1976。

姜徳相『朝鮮独立運動の群像』、青木書店、1984。

長田彰文『日本朝鮮統治と国際関係－朝鮮独立運動とアメリカ 一九一〇－一九二三』、平凡社、2005。

29. 五四运动

现代中国的胎动——北京·上海

1919 年 5 月 4 日的北京

1919 年 5 月 4 日一早，北京大学的游行队伍就在北大红楼前集合。3 日晚，北京 13 所院校的代表彻夜召开紧急会议，商议次日在天安门广场进行游行示威。正当游行队伍即将出发时，教育部代表和大批军警突然出现在校门前，试图阻挠游行队伍。愤怒的学生勇敢地冲破军警的警戒线后出发，手举旗帜向天安门广场急速行进。进入广场时，在天安门城楼前已经聚集了大批的学生，金水桥的石栏和石柱上竖起的密密麻麻的旗帜迎风招展，上面写着"废除二十一条""拒绝合约签字""外争国权，内惩国贼""收回青岛主权"等大字。集合的学生约有 3000 人规模，他们在天安门城楼前高呼着口号进行抗议，持续了很久。

1919 年 1 月 18 日巴黎和会上关于山东主权问题的决议，是引发学生示威游行的直接原因。中国代表在巴黎和会召开前，设定了两大目标：一是政府收回战前德国在山东的全部权益,而不落于日本人手中;二是废除1915年日本逼迫袁世凯政府签订的"二十一条"。1919年1月,美国大总统威尔逊提出作为巴黎和会会议基调的"十四点原则",其中特别强调了在处理殖民地问题时,要确保殖民地人民的利益,且无论国家大小,都要保证其政治独立和领土完整。这样的发言,使中国的知识界更加相信"公理战胜强权",对巴黎和会抱有极大的期望。可结果是,巴黎和会上"二十一条"问题被法国代表认为不在讨论范围之内,于是被排除在议题之外。而山东问题作为处理德国殖民地的议题虽被提上议程,进行了讨论,但最终中国的要求没有被通过。遭到否决的理由是,1917年9月北京政府在和日本政府就山东问题换文时,曾表示过"欣然接受"日方要求。中国全权代表在巴黎和会失败的消息于5月1日传到北京,5月3日登报。得知消息后,民众无不震惊,首先站出来的是青年学生,他们迸发出强烈的失望和愤怒的情绪。

在天安门游行后,学生们喊着"抵制日货""严惩卖国贼曹汝霖、章宗祥、陆宗舆"等口号,本打算进入大使馆区的东交民巷进行示威抗议,但被守卫大使馆区的卫队、巡捕所阻拦,未能通过。学生代表(罗家伦等)走到美国使馆处,将请愿书递交给大使馆的官员之后,队伍又向日本大使馆行进。但当到日本大使馆时,大使馆早已被军警层层围住,戒备森严,在其中还混有日本人军警。学生的游行队伍停留片刻,为了避免与日本人发生冲突,只是在门口高呼抗议口号。尔后又有学生提议"严惩卖国贼去",于是游行队伍出了东交民巷,通过御河桥、东单牌楼,向曹汝霖的私邸赵家楼直奔而去。

烧毁曹汝霖私邸

后来曾任交通总长的曹汝霖于1915年任袁世凯时期的外交次长,和章宗祥(驻日公使,山东问题与日方换文时写下"欣然同意"之人)、陆宗舆(币制局总裁,原驻日公使)一起负责与日本签订"二十一条"。曹汝霖正是签字代表中的一人,尔后在段祺瑞当政时又负责日本借款和《中日共同防敌军事协定》(1918年5月签字)。

学生们包围了曹汝霖的私邸赵家楼。会见的要求被军警拒绝之后,部分学生破窗而入强行进入私邸,打开正门,大批学生随之从正门涌入曹宅。那时,曹汝霖正在府中和正在国内的驻日公使章宗祥、陆宗舆以及日本记者中江丑吉开会,看到学生闯入,曹汝霖和陆宗舆从后门仓皇逃跑,而章宗祥被学生团团围住、误认作曹汝霖惨遭痛打。看到他满脸是血躺在地上一动不动,学生们才罢手。

进入曹汝霖的卧室后,满屋极尽奢华的装饰更加令学生们气愤。一位吸烟的学生拿出打火机,点着了绿色的窗帘。顿时火起,赵家楼终被烧毁。

吴姓总监和李姓步兵统领带领众多军警随后赶到,以杀人纵火的罪名,逮捕了32名学生。

政府的应对和学生罢课

当时的北京政府有两大派系,一方为以段祺瑞为首的安福系(安徽、福建派,亲日派),另一方为以冯国璋为首的直系(亲美派)。两大派系对待学生游行的态度也迥然不同,安福系主张镇压学生,解散北京大学,解任校长蔡元培;而直系的冯国璋等主张以温和的方式处理学生游行,比如主张释放被逮捕的学生,加强对学生的管理等。

4日夜晚,北京学生通电全国各大学,告之被逮捕的学生有受到不公正处罚的可能,请求声援。5日起,北京的各大学均对4日逮捕学生表示抗议,以罢课的形式要求放人。

在这样的压力之下,政府如严厉镇压势必招致事态的扩大,所以7日临时释放了被捕的学生。

可是,9日后,政府对各大学的学生严加监视,禁止一切政治干涉活动。而且,不仅没有对曹、陆、章三人进行任何处罚,反而称颂其功绩,驳回他们的辞呈。学生们对政府如此庇护曹、陆、章三人,对巴黎和会采取充耳不闻的态度感到无比愤怒,于是从19日开始高校一齐罢课,要求政府拒绝在巴黎和会上签字,解职曹、章、陆三人并加以处罚。

5月19日全体罢课之后,学生的一切活动都遭到军警的阻挠。于是他们改变战术,以促销国货为由,三三五五走上街头进行演讲、集会,呼吁民众抵制日货。

五四运动和上海

5月4日北京学生游行以及学生被捕的消息，5日便传到了上海。

5月5日夜里12时，上海复旦大学突然响起钟声，惊醒了熟睡中的学生。第一时间得知消息的中文系教员、《民国日报》的总编兼经理邵力子召集学生到食堂，情绪激昂地讲述了中国代表在巴黎和会的失败以及因此在北京引发五四运动等经过。闻讯后，学生们愤怒万分，当即开始联系各大学，然后于5月7日（"二十一条"的最后通牒日，即"国耻纪念日"）召开了国民大会（大部分与会者为学生），之后举行了游行示威。

7日早8时，大约7000名学生和市民齐聚上海的西门外公共体育场。集会由复旦大学的学生代表何葆仁主持，全场一致表示支持北京学生的反帝国主义运动，要求严惩卖国贼，拒绝在和平条约上签字，归还青岛，废除"二十一条"。集会结束后，展开了有史以来最大规模的游行活动，到了下午5时左右，在租界等地方继续开展抗议活动。

5月中旬，北京学生为了反对政府的镇压，中学以上的在校学生相继开始集体罢课。这一消息传到上海后，上海的学生也积极响应，以复旦大学为首的两万名上海学生也于26日开始了集体罢课。

6月1日以后的北京和上海

6月1日，政府发布了两通告示。一通是表示继续袒护曹、章、陆三人，另一通是谴责学生，要求取缔学生的一切抗议活动，同时发布了戒严令。6月3日，约有400名参与街头宣传和抗议的学生被捕，4日又有约1150名学生被捕。可是，参与街头宣传的学生非但没有减少，反而越来越多，到5日参与人数已升至5000人。北京大学法学院被当作临时拘留所，之后北京大学理学院也成为收容所，改为收容学生之用。学生们在北京的街头巷尾，踩在木箱上，抨击政府的不作为。而政府在大学附近迅速修建了兵营，派出了700人的部队，用于警戒学生的一切活动。

女学生的游行从6月4日开始。北京的15所高校约600人聚集天安门广场，要求释放被逮捕的学生。

而自从大批学生遭逮捕的消息4日传到上海后，上海学生也纷纷上街散发传单进行宣传抗议。在此影响下，商界宣布罢市，5日下午，商店一齐关店停业。

罢工也配合罢课和罢市一起展开。5日，上海的工人在全国最先举行罢工。继日商的内外棉第三、第四、第五纱厂的工人总计五六千人带头罢工后，日华纱厂、上海纱厂、中华书局、商务印书馆，还有机械、造船、纺织、交通、铁路、海事、电话企业众多工人随后也加入了罢工。6月5～11日，"三罢"运动（罢课、罢市、罢工）以上海为中心展开。其中上海的罢工运动在9日、10日达到最高潮。

这样的局势迫使政府于8日释放了关押的学生。10日政府又以许可曹汝霖、陆宗舆、章宗祥三人之"辞呈"的形式，罢免了三人的职务。

免职曹汝霖等三人，一定程度上缓解了北京、上海等地的紧张气氛，但如此一来，事件的焦点又集中到巴黎和会条约的签订问题上。

在举国上下的巨大压力下，政府不得不放弃在巴黎和约上签字。北京政府 6 月 27 日电报通知在巴黎的全权代表，拒绝签字。巴黎和会的中国全权代表于 28 日正式表示拒绝在和平条约上签字。①

日本的民主主义思想家吉野作造曾在此次事件发生后这样评价："多年以来，吾人为此而致力于从官僚军阀手中解放我所爱之日本，北京学生团体之运动于此点岂非与吾等同一志向目标乎？愿我等速使这一解放运动成功，并真切祈愿邻邦民众之同一运动也有所成功。从官僚手中解放，始可建筑两国间固牢之国民亲善，而以往之所谓亲善，其实乃妨碍真正亲善之大障碍。所以尽管形式上为暴行，但我等不应予以责难。"（编集・解说松尾尊允『吉野造作集』、筑摩書房、1976，317、318 頁。）在日本的报刊充斥着对五四运动污蔑的声音的时候，吉野作造的见解格外与众不同，但可以说是真知灼见。

北京大学教授陈独秀在 1938 年所写的回顾五四运动的文章《五四运动时代过去了吗》一文中评价说，五四运动

---

① 巴黎和会中国代表拒绝签字，并非政府指令之故，作者叙述不完全准确，具体请参见邓野著《民国政府的逻辑》（社会科学文献出版社，2010）、唐启华著《被废除不平等条约遮蔽的北洋修史》（社会科学文献出版社，2010）。——中文版编者注

时期民众的要求是民主主义的,是民族独立主义的。

五四运动过去两年后,以建立独立的民主主义国家为使命的政党——中国共产党诞生了。

(郭连友)

参考文献

臼井勝美『日本と中国―大正時代―』、原書房、1972。

胡绳:《从鸦片战争到五四运动》,人民出版社,1982。

〔美〕周策纵:《五四运动史》,岳麓书院,2001。

30. 华盛顿会议
《限制海军军备条约》《九国公约》的签署——华盛顿——1922年2月6日

会议的邀请

1921年11月的华盛顿挤满了来自日、英、法、中的各国代表团。在这里,即将举行最高级别的国际会议。会议开幕的同时,阿灵顿国家公墓在进行战后追悼仪式准备。

以美、日为首,英、法、意、中、比、荷、葡等共9国参加了会议。此次会议持续到次年的2月,主要议题包括海军军缩与远东和太平洋问题。会议还宣告废止日英同盟。

召开华盛顿会议的历程曲折而又艰难。1921年3月美国哈定政权成立。8年后再次执政的共和党哈定政权7月初就提倡召开大规模的国际会议。但是,对于美国的建议,日本政府表示十分困惑。毕竟会议的议题不光是限制海军军备,还有远东问题及太平洋安全问题。

当时的日本首相是原敬。原敬对涩泽荣一与金子坚太郎谈道:"目前舆论纷纷议论这次会议会给日本带来灾难,实属危急存亡之秋,事固重大,尚不至闹出大的乱子。"原内阁制定的基本方针是坚持日美协调外交路线的同时,要求从议题中除去山东悬案问题,以保护在山东问题上的既得权利。

外务省欧美局第二课课长堀内谦介这样回想当时的情况:"日本向中国提出了诸如'二十一条要求'似的强硬要求。其时正值美国国内谴责日本有何居心之声不断高涨,外界担心从此会因此捆住日本手脚,或把日本拉上被告席。"

《五国条约》

原敬首相将代表团的首席全权授予了海军大臣加藤友三郎、驻美大使币原喜重郎、贵族院议长德川家达、外务次官埴原正直。原敬本人却在11月4日遭到暗杀。原敬遇刺事件还没有完全了结,华盛顿会议拉开了序幕。议题包括海军军缩、太平洋问题、远东问题等。围绕着这些议题,会议最终签订了《五国条约》《四国条约》《九国公约》。

美国国务卿休斯主持了此次会议。休斯在会议的开始就大胆地提出了限制海军军备的方案。作为具体方案,休斯主张10年之内禁止造舰,美、英、日三国的主力舰保有量比例为5∶5∶3。这个提案对于日本来说简直就是晴天霹雳。这意味着美日两国拥有军舰吨位的比例为10∶6。海军首席随员加藤宽治竭力反对,要求增加到10∶7。

但是,首席全权代表加藤友三郎从大局出发接受了美国的建议。"日本组建88艘舰队财政上困难",至于造军舰的竞争,"美国想如何扩张,我们也奈何不了它"。因此,翌年1922年2月,限制海军军备的《五国条约》正式签订。由于加藤友三郎的要求,美、英、日在太平洋所属岛屿及属地上的防御工事和海军基地保持现状,不得采取任何加强措施或建立新的海军基地和要塞。

《四国条约》

同时,币原全权在促进《四国条约》的缔结和废除日英同盟方面起了重要作用。币原的提案是用日、美、英的新约代替《日英同盟合约》。针对币原的草案,休斯进一步希望将美、英、日三国条约扩大为美、英、日、法四国条约。1921年12月,《四国条约》正式签订。其第4条规定了废止日英同盟,还规定了缔约国相互尊重彼此在太平洋岛屿的权利,通过国际会议解决纠纷等。

推动《四国条约》缔结的币原认识到如果继续保存日英同盟美国会加以反对。美、日矛盾一旦激化,英国会选择对美协调政策。鉴于这一形势,币原所主张的外交原则是确定相互信赖关系,遵守外交信用,即所谓的"正直外交"。驻美大使馆三等书记官石射猪太郎说道:"外交上最重要的是诚意,这也是币原的信念。"

关于此另有后话。美国方面与会期间监听了日本的外交电报。币原日后回想说:"要不是美国监听了电报,他们还不了解币原是个非常正直的人吧。"说罢,在不经意间露出会心的微笑。此番言论不免让人有嘴上不服输之感，但是币原信奉的外交原则是"正直"这一点也是事实。而外相内田康哉看到被看作日本外交之精髓的日英同盟被废止时，沉浸在"对日英同盟的深深惋惜与无限追忆"之中。

币原还争取使日本本土不在《四国条约》的适用范围之内。原因是，日本国内有把日本本土纳入条约适用范围视为国耻的谴责之声音。《四国条约》签订后，币原接到日本政府要求将日本本土从《四国条约》的适用范围中除去的命令。于是，币原起草了关于适用范围的四国条约附属协定草案，并得到承认。

日本的新闻报道让币原感到棘手。同英美媒体相比，日本媒体显得很稚嫩而且不诚实。特别是《四国条约》的草案泄露到《时事新报》以后，币原变得十分谨慎。根据币原的回忆，消息是该报特派员伊藤正德搞到的。德川全权代表有泄露的嫌疑。

《九国公约》

针对远东问题，首先以"鲁特四原则"为中心内容。"鲁特四原则"是美国全权代表鲁特提出的主张。四原则为主权的独立与领土及行政的完整、树立安定的政权、机会均等、不得损害友邦国的权利。这四项原则实际上就是维持远东地区现状的规定。另一方面，休斯提出决议案以重新定义"门户开放"原则。休斯的修正案中，要求针对门户开放原则而设立调查机关。此建议遭到币原的反对，该决议案删除一部分条款后最终被采用,但缺乏实际内容。

《九国公约》在 1922 年 2 月正式签署。其中,第 1 条采用了"鲁特四原则"。从这一点来说,《九国公约》不是要求改变各国的既得权益的条约。因此,美国并不是要求日本改变外交方针。而且,第 3 条中规定在中国的门户开放及机会均等原则适用于一切的国民的商业及工业。

币原显然更重视第 3 条规定。

也就是说,币原主张将美国外交理念应用到日本对华经济权益中去。币原对休斯说道:"我国没有必要主张在中国独占权……日本在中国的经济发展如果是由于优先权或者是独占权的话,那么与温室培育的植物一样没用。我坚信日本的商业不是那么脆弱的,因此,我们不需要外部的拥护,仅基于光明正大的立场,堂堂正正地做足矣。"

山东问题

山东问题也引起争执。日本在第一次世界大战后继承了德国在山东的殖民权。1919 年的巴黎和会上,山东问题的最终处理是有利于日本的。因此,中国代表团拒绝在《凡尔赛和约》上签字。此后,中国拒绝同日本进行直接交涉。山东问题也因此在华盛顿会议上再次被提上议程。

华盛顿会议上,关于山东问题,中日两国之间举行双边谈判,美、英派观察员列席。在美国国务院远东司司长马慕瑞的斡旋下,中日双方通过交涉,1922 年 2 月签订《解决山东悬案条约》。条约规定,中国政府 15 年内以中国国库券偿还日本铁路财产，在偿还期间应使用日本人车务长和会计师各一人，矿山由中日合资公司承办等。

在此期间，就中国关税问题也签订了条约。条约还规定，条约实施后三个月以内召开特别会议。会议内容则为立即提高关税到实际的5％，征收附加税的前提条件是废除地方政府赋课的通行税厘金。但是，关于恢复中国关税自主权的问题上，并没有达成协议。中国还要求废除"二十一条"。对于中国的主张日本政府表示异议，只是做出了形式上的让步。

美国方面试图强化中国东北的中东铁路的国际管理。休斯国务卿设置了针对中东铁路问题的委员会。但日本和中国都试图阻止中东铁路的国际共管。日本想避免美国介入满洲问题。中东铁路最终由中苏共同管理。日本虽然阻击了美国的意图，但作为代价，使苏维埃政权顺利在东亚政策上建立了据点。

华盛顿会议精神

华盛顿会议最终签署了若干条约。会议后构成资本主义国际新秩序，即通常所说的华盛顿体系。华盛顿体系是由美、英、日建立的协调外交体系，中国属于从属地位，苏维埃政权被排除在外。直至九一八事变，华盛顿体系一直是东亚的国际关系体系。

加藤友三郎与币原喜重郎在日本国内充分体现华盛顿体系精神。特别是币原，通过华盛顿会议在日本国内掌握了一些重视对美关系的人脉，其中有出渊胜次、佐分利贞男、木村锐市等。币原成为首相后，出渊等人作为局长、次官辅佐币原内阁。币原外交的理念，是坚持对华不干涉原则，在机会均等的原则下谋求国家间经济关系的发展，试图根据华盛顿会议精神形成新的国际秩序。出渊和木村在华盛顿会议结束后出访北京，出面交涉山东条约细目。

（服部隆二）

参考文献

入江 昭『極東新秩序の模索』、原書房、1968。

細谷千博『両大戦間の日本外交——一九一四－一九四五—』、岩波書店、1988。

麻田貞雄『両大戦間の日米関係—海軍と政策決定過程—』、東京大学出版会、1993。

服部龍二『東アジア国際環境の変動と日本外交 一九一八－一九三一』、有斐閣、2001。

『幣原喜重郎と二十世紀の日本—外交と民主主義—』、有斐閣、2006。

31. 币原喜重郎外相与南京事件
围绕对中政策的争论——南京——昭和 2 年（1927）3 月 24 日

北伐与南京事件

币原喜重郎是代表近代日本的外交官之一。如"华盛顿会议"一节中所叙述那样，任驻美大使期间币原作为全权代表参加了华盛顿会议。币原在大正 13 年（1924）至昭和 2 年（1927）、昭和 4 年至昭和 6 年两度出任外相。他任职期间推行的外交政策通常称为币原外交。美国占领日本初期的昭和 20 年（1945）10 月至翌年币原曾任半年多的首相。币原的政治生涯中，尤其是出任外相期间的对华政策，激起日本国内不满，称之为"软弱外交"。特别是昭和 2 年的"南京事件"。"南京事件"是何事件，币原又是如何处理的呢？

事件发生在昭和 2 年（1927）3 月下旬。各大报纸连日报道中国的形势。3 月 25 日的《东京朝日新闻》晚报上报道了国民革命军于 24 日占领了南京。而且后续报道中声称"南京已经开始炮击英美军舰""南京已陷入大混乱状态"。26日的该报上《南京日本领事馆遭到南军士兵袭击抢夺我陆战队武器并施暴于妇女》的标题格外醒目。

这是关于南京事件的首次报道，报道中称在南京的日本人及日本领事馆遭到袭击。在日本，此次事件并不是第一次"南京事件"。历史上共有三次被称为"南京事件"的事件。第一次是中国二次革命时期大正2年（1913）发生的事件。张勋率领的北洋军进入南京，数名日本人遭到杀害，房屋遭到烧毁。第二次就是上述昭和2年发生的事件。第三次即为南京大屠杀。战前南京事件一般指昭和2年发生的事件。

昭和2年的南京事件是怎样发生的？币原又是如何应对的呢？想要了解这些，首先我们有必要看看蒋介石等中国南方的动向。蒋介石于1926年6月起任广州国民政府国民革命军总司令。为了统一中国，国民革命军开展北进军事行动，中国历史上称为"北伐"。

随着北伐战争的进行，1927年国民政府迁至武汉。同年3月国民革命军攻克上海和南京。4月蒋介石发动反共武装政变，在南京另立国民政府。南京事件是在此期间3月24日发生的事件。

币原外相的方针

当日的南京，日、英领事馆和外国人遭到中国国民革命军的袭击。美国创办的金陵大学也遭到洗劫。遭到袭击的英、美进行反击，开始军舰炮轰南京城内。应居留南京的日本人要求，日本当局没有做出出动军舰炮击南京的行动。当时宪政会党员若槻礼次郎任内阁首相，外相为币原喜重郎。币原反对对中国进行干涉和制裁，对蒋介石评价很高，并承认蒋介石成立的国民政府。币原推行的这一外交路线，被日本国内称为"软弱外交"。

除了同蒋介石成立的国民政府进行交涉，币原外交方针还有另一大特点，即对英美协调外交。实际上，对英美协调外交在事件发生前并没有发挥很大的作用。英美两国在中国修约问题上，摆出与中国单独进行交涉的姿态，这在1926年12月英国提出的对华新政策备忘录以及1927年1月美国国务卿声明中均有体现。

南京事件中，日本与美、英、法、意共同对中国发出通牒。但是，列强间难以达成一致。英国主张再次向中国发出通告，但遭到美国的强烈反对。因此，改为各国分别与中国交涉。

币原—蒂利会谈

事件发生时，币原于4月2日与英国驻日大使蒂利举行会谈。币原建议蒂利不要采取最后通牒之类的强硬措施，主张不应该"破坏"蒋介石的立场。币原还说到，即使诉诸强硬措施，"排外暴动的巢穴——共产派的暴民与不守规矩的士兵也无动于衷"。币原认为发动南京事件的主谋者不是蒋介石，而是"共产派"。币原从支持中国新秩序形成的观点出发,考虑利用"外交和平方法",支持蒋介石统一中国。

币原之所以采取此措施,是因为他把外交的重点放在国际关系的经济利益方面。根据币原与蒂利的会谈内容可知,币原认为,"中国虽然不会共产化,但是如果共产党取得天下,两三年后,外国人在华居留贸易均会受到威胁"。即,正如苏联一样,即使中国共产化,日本人居住和进行贸易仍是有可能的。

币原通过佐分利贞男的中国实地调查充分了解了中国实情。佐分利通商局局长曾在1925年、1926年参加北京关税特别会议。币原命令佐分利在会议结束后对中国长江流域进行考察。佐分利首先与国民党进行接触。接到汇报的币原,预测到了北伐的动向。日本外相币原在革命军北伐气势正盛时,就已断定蒋介石是国民党内稳健派的首领,从维护日本在中国获得的利益并加以扩大这一观点出发,币原主张对华不干涉外交。

共产党阴谋论

南京事件是币原所认为的那样,是中国共产党策划的阴谋吗?关于这一点,现在的学界并没有统一说法。但是,提出"共产党阴谋论"也并不是没有根据。其根据就是第六军第十七师团长杨杰的供述。杨杰于3月25日拜访了南京领事森冈正平。杨杰首先对南京事件表示遗憾:此次掠夺是军队内部不良分子和南京共产党支部成员共同策划蓄意制造的，将及时取缔不法成员，在设立外交部的同时进行赔偿交涉。

杨杰把南京事件的责任推给共产党这一情况，通过森冈的电报，改变了币原对中国时局的看法。而且，蒋介石通过黄郛向日本政府表示南京事件是共产党策划的。币原通过上海总领事矢田七太郎要求蒋介石"深刻反省，早下决心"。实际上，币原通过矢田秘密要求蒋介石立即管束共产党的"跋扈"，采取强硬措施。接到警告的蒋介石于4月12日在上海发动反共武装政变。

4月3日，汉口事件发生。事端是日本水兵在汉口租界内遭到中国民众殴打。日本领事随即召集大批日本水兵登岸，确保租界安全。币原的"软弱外交"再次引起日本舆论的指责。

田中内阁与币原

若槻内阁在4月20日解散后，由政友会的田中义一出任首相成立新内阁。金融危机是迫使政权更替的直接原因，政友会对币原外交的不满也日趋严重。5月下旬，田中内阁以保护日本侨民安全为名向山东半岛派兵。促使田中内阁向山东派兵的一大原因是从币原外交中得到教训。也就是说，田中内阁为了"防止不祥之事再次发生"向山东出兵。因此，围绕着南京事件，执政党与在野党之间的争执不断。

关于南京事件的争执，当事人币原是怎么看待的呢？

币原在1928年10月庆应义塾大学的演讲值得我们注意。在题为《外交管见》的演讲中，币原是这样对南京事件进行说明及对田中内阁进行批评的。

> 去年南京事件发生后，有人说这次事件是日本以及其他列强对华采取软弱外交的产物，更有甚者称之是当时的日本政府对华采取无抵抗主义的结果。这种无根据的臆测至今还在流传，而且现政府当局公然宣传此说法，实在是荒谬。

日本对华政策应该为何呢？演讲中币原还强调了对华不干涉和维护权益的并立。他主张"吾国在华的权利利益绝不是中国的某一党派赠予的恩惠"。因此，币原陈述了"为了维护吾国在华获得的利益并加以扩大，在实行内政不干涉方针的前提下，如果采取什么措施的话，反而会影响吾等权益和立场"。接着，币原指责了田中内阁发起的南北妥协劝告和济南出兵。

对抗田中外交

币原针对田中外交也加以批评。批评地点为贵族院。从大正15年（1926）1月起作为敕选的贵族院议员的币原（时任外相），于昭和4年（1929）2月2日登上贵族院会议讲坛进行演讲。币原属于贵族院比较中立的同和会派。

登上贵族院讲坛的币原辩明了称作"不含强硬政策的积极政策"之含义。币原说道："自东方会议时起，田中外交导致日中关系恶化，激化了中国人的排日、反日运动。"针对此前田中主张使满洲成为"安居乐业之所"的政策，币原认为应该对中国内政实行不干涉政策，以维护在中国的经济利益。另外，币原还对田中内阁警告张学良延缓对国民政府的妥协一事进行指责，指出田中内阁出兵山东造成在华居留民重大损失一事乃是政策上的失误。币原认为决定出兵前，首先要与国民革命军进行交涉，并安排居留民的避难等措施。币原还强调自己任外相期间发生的南京事件中，他拒绝参加英美等国出动军舰炮击南京的行动，而且日本人无一人死伤。

最后，币原对"前内阁对中政策陷入困境"一说进行批评。币原力争事情正好相反，"吾等努力苦心经营的日中亲交的基础，被现内阁破坏掉了"。对此，田中狡辩说对华政策并非强硬外交、积极外交，尽量避免武力侵略为最后手段。根据田中的说法，如果不出兵山东，情况会更加恶化。币原对于田中的答辩并不认可。二人争辩的情形被《东京朝日新闻》描述为"币原前外相猛烈抨击田中外交"。

田中并没有因为币原的质问转换外交政策。昭和2年7月田中内阁倒台，民政党滨口雄幸内阁诞生。币原重任外相一职。币原与滨口是三高[①]时代以来的旧友。币原在东京审判中接受国际军事法庭检察官的质问时，也谈及山东出兵和炸死张作霖事件。币原强调"田中内

---

① 三高，指第三高等中学（旧制），京都大学的前身。

阁崩溃的原因之一是出兵济南，对华外交失败也是显而易见的"。

（服部隆二）

参考文献

外務省編『日本外交文書　第 1 期第一部第一巻』、外務省、1989。

衛藤瀋吉『東アジア政治研究』、東京大学出版会、1968。

臼井勝美『日本外交史―北伐の時代―』、塙書房、1971。

佐藤元英『昭和初期対中国政策の研究―田中内閣の対満蒙政策―』、原書房、1992。

栃木利夫・坂野良吉『中国国民革命―戦期間東アジアの地殻変動―』、法政大学出版局、1997。

服部龍二『東アジア国際環境の変動と日本外交　一九一八－一九三一』、有斐閣、2001。

『幣原喜重郎と二十世紀の日本―外交と民主主義―』、有斐閣、2006。

近代日本的机运

●

昭和·平成编

Ⅵ

被国际社会孤立

32. 世界经济危机及其影响

来自华尔街的冲击——昭和4年（1919）10月24日

纽约股市暴跌

是日，纽约股票交易所所在地华尔街出现了史无前例的混乱局面，股票市场暴跌！

第一次世界大战之后，美国取代英国成为世界经济的中心，大肆讴歌"20世纪20年代的繁荣"，于20世纪20年代中后期兴起非同寻常的炒股热潮。然而，1929年10月24日这一天却成了人们的"黑色星期四"，纽约股票市场突然遭遇前所未有的大暴跌。暴跌之后，股价还断断续续下跌，持续数周，损失金额据说达到300亿美元，占到美国当时GNP的大约1/3。

股票市场大暴跌时，纽约的金融权威人士起初持乐观的态度。譬如，摩根商会会长拉蒙特就认为："美国经济的根基决非股票下跌所能动摇……前途还不至于悲观。"然而，现实却不容乐观，一些潜在的严重问题开始逐渐浮出水面。伴随着20世纪20年代的繁荣，美国一直存在耐用消费品的生产过剩和收入分配等不合理的现象。股市大暴跌致使美国的生产和贸易活动大幅缩减，而失业人数的增多和工资的大幅下调则进一步加速了美国经济的衰退。

世界经济危机的爆发

然而，美国经济危机所带来的严重后果却远远超出了本国的范围。第一次世界大战后，世界经济的运转有赖于美国的资金支持。美国发生经济危机后，世界资金供应链中断，其连锁反应波及全世界，德国和英国等国大幅减产，世界各地农产品价格暴跌，世界贸易额直线下滑。华尔街股票市场暴跌导致美国经济危机，最后发展成世界性经济危机，截至20世纪30年代，世界都在经济大萧条中苦苦挣扎。

恰好在同一时期，日本滨口雄幸内阁为了解除黄金出口禁令，推行紧缩的财政政策，加上国内经济不景气，世界经济危机又影响到日本，日本经济从1930年开始陷入严重的危机之中（史称昭和危机）。解除黄金出口禁令无异于"向暴风雨敞开窗户"，加速了日本的经济危机。但滨口内阁为什么要在这个时候实施这一政策呢？在回答这个问题之前，让我们暂且回到那个时代，考察一下当时（20世纪20年代）日本的经济状况。

20世纪20年代日本的经济问题

第一次世界大战给日本经济带来前所未有的繁荣，同时也呈现出"泡沫经济"的景象。1920年春，日本出现战后经济危机，在繁荣期从事投机经营的企业纷纷破产。日本政府和银行致力于尽快平息经济危机，向企业发放了大规模的救济贷款，但这同时也带来了负面影响，不良企业没有得到彻底的整顿，依然背负着巨额债务进行恶性经营，银行所提供的贷款变成了"呆账"和"坏账"。尤其在1923年的关东大地震时，日本银行采取了一系列的救助措施，允许受灾债务人的票据（即震灾票据）再次贴现，允许债务人推迟偿还债务，致使上述不良企业和银行的震灾票据成为规避经营破产的金融工具。

另外，20世纪20年代，日本企业赚不到钱，全国经济开始笼罩在整体不景气和穷途末路的氛围之中，国内物价高于国际水平，国际收支出现大幅赤字。作为解决这些问题的方案，解除黄金出口禁令开始被提上议事日程。当时，国际社会也在谋求恢复第一次世界大战时瓦解的金本位制度。世界各国推行金本位制度时，要求日本恢复金本位制度（解除黄金出口禁令），因此，日本解除黄金出口禁令有来自国际的压力。

金融危机的发生

解除黄金出口禁令务必先消除金融界的不稳定因素，妥善处理震灾票据这一"金融界癌症"。1927年初，宪政会若槻礼次郎内阁向议会提出震灾票据处理法案。在在野党的强烈反对声中，法案于当年的3月初在众议院获得通过，但紧接着就出事了。有人向大藏大臣片冈直温误传消息说：东京渡边银行因票据结算困难前来大藏省汇报情况。于是，片冈单方面向众议院预算委员会宣布说："东京渡边银行已经破产。"尽管如此，该银行还是继续募集资金维持结算业务。金融界原本就不稳定，大藏大臣的"失言"致使东京渡边银行关门停业，接着其他银行也出现挤兑风潮，被迫纷纷停业。

因贵族院通过震灾票据相关法案，日本银行实行紧急贷款，挤兑风潮暂且平息。但是，到1928年4月，金融危机再次席卷日本。起因是台湾银行持有铃木商行的巨额不良债权，该商行自战后危机以来长期经营不善，台湾银行在回收短期贷款的过程中陷入经营危机。对此，若槻内阁试图通过发布紧急敕令挽救台湾银行，但由于伊东巳代治等人对若槻内阁的外交政策存有不满，致使紧急敕令在枢密院遭到否决。台湾银行宣布停业，近江银行、十五银行等颇具实力的银行产生接连停业，日本再次出现挤兑风潮。

若槻内阁没能控制住局面，全体内阁成员集体辞职。1928年4月20日，立宪政友会田中义一内阁成立，高桥是清继任大藏大臣，之后即刻颁布债务延期偿付令（延期支付令），要求日本银行提供紧急贷款，最终平息了危机。在金融危机的过程中，存款开始集中到五大银行（三井、三菱、住友、安田、第一），随着银行法的制定，中小银行开始整顿工作。

断然解除黄金出口禁令

政友会田中内阁历来推行积极的财政政策，金融危机平息之后，对黄金出口解禁持消极态度。1929年7月，立宪民政党滨口雄幸内阁上台，井上准之助任大藏大臣，高举黄金出口解禁的大旗，把实施黄金出口解禁作为其重要政策之一。他们认为，"金本位制度对整个国家的经济有着天然调节的作用，今天的日本经济之所以危机四伏，其原因就是没有用好金本位制度的调节功能"，因此"金本位制度是稳定我国经济的一项绝对和必需的最大要件，唯有解决黄金出口问题，我国经济才能走出困境"（井上準之助「金解禁─全日本に叫─」、1929年9月、『日本金融史資料・昭和編　第二二巻』）。

为了给黄金出口解禁做准备，滨口内阁采取紧缩财政的通货紧缩政策，以扭转日本国内的高物价和日元贬值的状况；同时通过产业合理化谋求日本国际竞争力的提升。黄金出口解禁说明，日本经济有重视国际收支平衡的意愿，但是实施财政紧缩就必须裁军，裁军对于财政紧缩不可或缺。黄金出口解禁政策与日本的斡旋外交是相互呼应的关系，在滨口内阁的主导下，外务大臣币原喜重郎展开斡旋外交，以签署国际间的海军裁军条约。

同时，滨口内阁也预测到，通货紧缩政策可能会造成经济不景气。因此，采取了一系列的应对措施，实施垄断联盟强化政策（重要产业统制管理法）和工会法案（众议院审议通过、贵族院未审议完）等社会政策，呼吁全体国民"与政府同舟共济，暂时渡过眼下的经济不景气时期"。为防止本位货币在黄金出口解禁时流出国外，英美金融界加紧制定金融信誉评级制度。1929年11月，日本政府宣布，将于1930年1月11日实施黄金出口解禁政策。

昭和危机与黄金出口解禁政策的夭折

正当日本如火如荼地筹备黄金出口解禁时，如本书开头所云，纽约股票市场崩盘。消息传到国内，与纽约的金融业者一样，日本当局也没有意识到事态的严重性，依然按原计划实施黄金出口解禁政策。

然而，其结果是惨痛的。原本就不景气的日本经济实施黄金出口解禁政策，采取开放性体制，致使其遭受世界经济危机的直接打击。美国是日本重要的出口市场，其经济不景气导致生丝和蚕茧的价格暴跌，加上米价暴跌，日本的农村经济陷入异常萧条的境地。同时，其他商品的价格也在下滑，因需求减少，工矿企业减产，失业者人数增多。经济不景气加剧了农民的减租保耕斗争，激化了劳资双方的纠纷，社会变得骚动不安。伦敦海军裁军条约侵犯到最高统帅权，1930年11月发生恐怖事件，滨口首相遇袭。

1931年9月发生的两件事情导致了黄金出口解禁政策的最终破产。一是英国停止金本位制度，市场估计日本会跟进效法，于是大肆抛售日元，买入美元。二是不久前刚刚爆发的九一八事变。九一八事变使得日本出现军费负担，大藏大臣井上的财政紧缩政策倍感压力，继滨口内阁之后的民政党若槻内阁无法达成内部意见统一，于1931年12月集体辞职。接着，政友会犬养毅内阁成立，大藏大臣高桥是清果断采取措施，再次禁止黄金出口。至此，黄金出口解禁政策落下帷幕。

摆脱危机与外贸摩擦

后来，大藏大臣高桥实施"高桥财政"，以摆脱经济危机所带来的萧条局面。具体举措有两方面：一是扩大财政支出，增加军费，谋求创造有效的市场需求，如增加时局匡救项目，提高船舶修缮补贴等；二是再次禁止黄金出口，实行低汇率政策，把暴跌的日元汇率维持在低水平，扩大棉产品和日用小商品出口。这些政策在刺激经济方面有效地发挥了作用，日本经济于1931年触底，1932年开始反弹并逐渐恢复，到1933年，工矿业生产超过危机前水平。至此，日本经济成功摆脱危机。

但是，世界各国仍然挣扎在旷日持久的萧条之中。世界经济危机促使世界经济不断呈现区域一体化的趋向。此时，日本利用日元贬值扩大出口，但外国阻止日本产品流入本国。日本在世界各地面临通商摩擦，被迫坐下来进行通商谈判，最初的通商谈判是日印会商和日荷会商。

日本通过九一八事变侵占中国东北，建立伪"满洲国"，并且退出联合国，结果使得世界经济危机之后的日本在政治、军事和经济上逐渐被国际社会孤立，国际关系日趋紧张。

（本宫一男）

参考文献

中村政則『昭和の歴史二　昭和の恐慌』、小学館、1982。

大石嘉一郎編『日本帝国主義史二　世界恐慌期』、東京大学出版会、1987。

三和良一『戦間期日本の経済政策史的研究』、東京大学出版会、2003。

33. 九一八事变爆发
"不扩大"方针受挫——奉天·旅顺·东京——昭和6年（1931）9月18日

南满洲铁路爆炸

奉天（今沈阳）是满洲（今中国东北）的古都，在17世纪初的努尔哈赤时期，它曾一度成为清朝的陪都。1900年爆发义和团运动，俄军乘机入侵中国东北，占领奉天并驻扎大批军队。后来爆发日俄战争，双方发生激战，日军以巨大的伤亡代价击退俄军，暂时占领奉天。日俄战争后，奉天作为国际性城市得以开放，成为满洲政治和经济的中心。

1931年（昭和6年）时，奉天大约有32万人口，是张学良政权所在地，其北郊的北大营驻扎着约6800人的独立第七旅，由张学良麾下王以哲统帅。其城东门外建有飞机场，部署着中国的军用飞机。

从奉天城西行数公里，是日本运营的南满洲铁路奉天站。南满洲铁路南起旅顺，北至长春，长约1000公里。奉天站的东面是铁路附属地，面积约800公顷，其行政权属于日方，住有22000多日本人。浪速大道从站前广场向东延伸，街道宽敞，两旁近代化建筑物林立。在附属地的一角，有隶属日本关东军的第二师团第二十九联队、独立守备队、特务机关、东洋拓殖会社等重要设施，是日本经营满洲和蒙古的重要据点。

1931年9月18日晚上10时20分刚过，突然传来一阵惊天动地的爆炸声，接着激烈的枪炮声四起，附近居民惊恐万状，恐怕大部分人彻夜难眠。爆炸发生在柳条湖附近的南满铁路，距奉天站以北约7.5公里处。枪炮声来自日军对北大营发动的武力攻击。

南满铁路爆炸由日本关东军自导自演，目的是制造借口，发动军事行动。据研究，是关东军高级参谋板垣征四郎和参谋石原莞尔等策划了此次行动。河本末守中尉根据奉天独立守备队第二大队第三中队队长川岛正大尉的指令，带领少数士兵赶赴柳条湖附近的南满铁路线，在铁轨接合处安装炸药并予以引爆。因为安装的是骑兵专用黄色炸药，尽管爆炸声很大，但损毁的面积却很小，仅限于上行线70厘米和下行线10厘米的范围。因此，爆炸过后20分钟，长春开往奉天的10时40分的列车依然可以照常通过（臼井勝美『満州事変』、中公新書）。

但是，关东军的主要任务是保卫南满洲铁路的安全，如果确定中国军队有炸毁南满洲铁路的意图，关东军将有足够的理由对中国军队行使武力。

关东军占领奉天

1931年9月18日晚上11时左右，特务机关高级参谋板垣，按照此前制定的计划，以中国军队炸毁南满洲铁路、攻击日本守备队为由，擅自向独立守备队步兵第二大队和第二师团第二十九联队下达进攻北大营及奉天城的指令。因中国军队执行张学良的不抵抗命令，在19日清晨前，关东军几乎没有遇到抵抗就占领了奉天城和北大营。

此前，9月18日晚上10时40分左右，日本总领事馆（位于铁道附属地以外的奉天城小西边门外）接到特务机关情况通报。恰巧，当时总领事林久治郎为朋友守灵，不在领事馆。当值的森岛守人领事火速代其前往特务机关问询。

森岛询问是谁向关东军下达的进攻命令，板垣回答，这是紧急突发事件，而关东军司令身在旅顺，因此自己就代为指挥了。进而，森岛主张通过外交谈判解决争端，板垣表示拒绝并质问森岛，你想干涉军队的指挥权吗？这时，奉天特务机关长代理谷正少佐突然拔出军刀威胁森岛，说："谁对指挥权说三道四，我们就对谁不客气。"

在此期间，中国方面采取不抵抗政策，并照会日本总领事馆。日本林总领事打电话给板垣，再次要求他不要扩大事态，但是板垣予以回绝，说："军部的方针是一不做，二不休。"总之，挑起事端的关东军参谋们根本就没把外交当局当初所主张的不扩大方针当回事。

是夜的关东军司令部

关东军司令部司令本庄繁中将在奉天西南方向约400公里的旅顺，柳条湖突发事件时，他刚好回到司令部的机关宿舍中。回来之前，他视察了满铁沿线各城市的警备情况和军队的调动演习。本庄是1931年8月1日被任命为关东军司令的，8月20日走马上任。期间，板垣一定多次向本庄提出过要武力解决满洲和蒙古问题的强硬立场，通过此次视察，他感受到当地的紧张气氛。但是，对炸铁路和出动军队的计划，本庄司令事先似乎并不知情。不过，石原莞尔中佐从头到尾都是一个知情者，知道有几个参谋9月18日半夜会在奉天挑事。

旅顺司令部收到奉天特务机关第一份有关事件电报的时间是9月18日晚上11时刚过，即在板垣擅自下达进攻命令之后。接到值班军官的通知，参谋们纷纷前往关东军司令部，聚集在参谋长公馆前。听说，参谋们大部分身着便服，只有石原一人穿着军装。

9月19日零时左右，本庄司令现身关东军司令部。开始，本庄司令与参谋们意见相左。本庄司令主张让中国军队自行解除武装，而参谋们的意见则是出动关东军，武力解决中国军队。后来，本庄同意了石原等参谋制定的方案。其结果是，日本先后占领了奉天，以及与柳条湖爆炸事件无关的营口和凤凰城等。

9月19日凌晨3时半，关东军司令率领众参谋乘坐火车离开旅顺，上午 11 时左右抵达奉天。9 月 19 日上午 9 时，关东军向陆军中央汇报，说关东军司令率领参谋前往奉天。从离开旅顺时算起，足足晚汇报了将近 6 个小时。其中原因，据关东军《满洲事变机密政治谋略日志》记载，"（晚汇报）是因为一时疏忽遗忘"。其实，这可能是参谋们故意拖延时间的策略，担心会引起陆军中央警觉。

离开旅顺之前，关东军司令部要求龙山（现在的首尔龙山区）朝鲜军司令部派部队增援。据说在此之前，关东军司令部就与朝鲜军参谋神田正种中佐在朝鲜军队的越境出兵问题上达成默契。而且，当神田参谋提出应当派朝鲜部队增援的建议时，朝鲜军司令林铣十郎竟然痛快地答应了。于是，关东军司令部于 9 月 19 日进入奉天，张学良政权（张学良本人因治病留在北京）被迫撤走。奉天特务机关长土肥原贤二任奉天市长，奉天处于关东军的军事控制之下。

从关东军的角度而言，似乎一切都在按照原定的计划来进行。然而，到了 9 月 19 日傍晚，事态的发展却变得十分困难。9 月 19 日下午 6 时，陆军大臣和参谋总长联名发来电报，指示：日本政府已决定采取不扩大方针，务必在行动中领会其中精神。接着，朝鲜军司令和参谋总长分别下达停止越境增援的指示，并电令增援部队在鸭绿江南岸待命。如果没有朝鲜军队的增援，柳条湖事件势必重蹈张作霖爆炸事件的覆辙，以失败而告终。于是，在关东军司令部内，失望声和沮丧声四起。

内阁会议制定的"不扩大"方针

在此,我们把目光转向东京。事发约3个小时后,即9月19日凌晨1时07分左右,奉天特务机关给陆军中央发去第一份电报。

9月19日上午7时,陆军领导层聚集总参谋部,商量接下来的对策,基本上同意关东军所采取的措施。同时,还讨论了派遣部队增援的问题。当时,关东军总兵力不过一万数千人。而张学良麾下的中国军队仅正规军就超过十万。如果中国军队全力反击,就是以精锐闻名的关东军也免不了一场苦战。

9月19日上午10时,日本政府召开内阁会议,情况发生突变。陆军大臣南次郎始终认为,这是关东军的自卫行动。但是,外务大臣币原喜重郎接二连三地披露实情,让阁僚对关东军所采取的行动持怀疑态度,并且极力主张不要把事态进一步扩大,致使南次郎陷于尴尬境地。从前一天的半夜开始,林总领事就不断向币原汇报奉天的情况,说:抚顺的守备队长以训练为借口,事先要求满铁方面在9月18日夜晚准备列车;收到中国炸毁铁路的消息后,满铁方面为修复满铁线派遣了维修队,但关东军无法接近现场;尽管中国政府奉行不抵抗政策,但关东军却没有执行日本政府关于不扩大军事行动的要求。通过以上事实,林总领事汇报指出:"可以想象,此次事变完全是军部有计划的行动。"

结果，陆军大臣南没能在此日的内阁会议上提出朝鲜军进入满洲进行越境行动的议案，内阁会议通过事变不扩大方针。陆军中央也不得不向朝鲜军发布停止越境行动的命令。

派兵吉林与军队擅自越境

之前，日本政府外交当局采取以外交谈判解决满洲和蒙古问题的方针，致使悬而未决的问题堆积如山。被弄得焦躁不安的陆军当局，对政府关于不扩大事态的方针心怀不满。陆军内部的主流观点认为，关东军不可能回到九一八之前，应该借此机会用武力一举解决满洲和蒙古的问题。

关东军众参谋在奉天聚首谋划，决定9月20日深夜出兵吉林。吉林位于长春东面约100公里处，是吉林省的省会，居住着很多日本人和朝鲜人的侨民。但由于吉林不在满铁沿线，所以保卫铁路线安全的理由不成立。于是，参谋们提出以保护侨民为由出兵吉林，不过，出兵的真正目的不是保护侨民，而是为朝鲜军队制造越境借口，以保卫守备薄弱的奉天。然而，关东军司令本庄对出兵吉林一事却十分为难。参谋长屡次进言，他都没有接受。最后，全体参谋拥至本庄卧室，胁迫本庄说：如果不答应就集体辞职。9月21日凌晨3时，本庄最终同意出兵吉林，并立马付诸行动。

接下来，朝鲜军擅自渡过鸭绿江，进入满洲。通常，跨越国境出动军队，须经日本内阁会议确定经费支出，须有天皇下达的命令。可见，如此没有章程的擅自越境行动是严重违反军队纪律的。然而，在9月22日召开的内阁会议上，却并没有人表示反对，并且朝鲜军队的越境行为得到事后承认，经费支出也获得了批准。

增援部队进入奉天时，受到日本侨民的热烈欢迎。同一天召开全满洲日本人大会，通过"坚决对整个满洲实行军事占领"的决议。

围绕"满洲国"建国的争执

关东军参谋们于9月22日召开会议，就今后的对策予以协商，确定《满洲和蒙古问题解决策略》，规定：以清朝废帝溥仪（宣统皇帝）为首建立满洲（东北四省）和蒙古的新政权，日本掌握其国防和外交大权。这是影响九一八事变全局乃至日本命运的重大决定。10月2日出台的《满洲和蒙古问题解决方案》进一步将上述策略具体化，明确指出，"满洲"和"蒙古"是独立国家，受日本保护。原本，根据九一八事变前石原莞尔的构想，日本军队是先占领满洲和蒙古，然后将其纳入日本的版图。但是，石原构想过于露骨，遭到建川美次的反对。建川美次是来自日本中央总参谋部的首席部长（负责作战任务），他主张建立亲日派政权以取代张学良政权。最终，双方达成妥协，形成《解决方案（策略）》。

很显然，《解决方案（策略）》否定了中国对满洲和蒙古所拥有的主权。1922年2月，美、英、法、意、日、中等国签订了九国协定,协定规定:各国尊重中国的主权、独立、领土和行政完整。因此,《解决方案(策略)》是违反九国协定的,遭到国际社会谴责在所难免。而且,日本政府对满洲和蒙古独立的构想也一定会坚决反对。

9月21日,中国政府向国联控告日本说,九一八事变是日本发动的侵略行径。9月24日,日本政府发表声明,指出:日本政府将根据事态不扩大的方针以及根据与中国国民政府签署的双边协议,谋求事态的解决。但是,中国政府拒绝与日本政府直接谈判,打算通过国际社会施加压力,迫使日本撤军,进而使国民政府势力渗透到满洲和蒙古。然而,开始的时候,国联对中国态度冷淡。各大国信任日本政府,尤其是相信币原外务大臣的不扩大方针,认为中日两国应该通过直接谈判来解决此事,因而都避免介入此次事变。

在日本国内,事态扩大派(满蒙独立派)和事态不扩大派(反对独立派)之间的对立一直没有间断。进入1931年10月初,事态不扩大派因体现日本政府的事态不扩大方针,在对立中开始占据优势。在九一八事变刚爆发时,关东军曾有向北满洲中心城市哈尔滨出兵的计划。但是,哈尔滨是苏联的利益范围,陆军中央担心与苏联起冲突,指示关东军不得进入长春以北地区。日本海军与关东军从一开始就不合作,关东军曾经要求日本海军配合,把隐居于天津的溥仪带到满洲,但日本海军予以拒绝。

媒体支持关东军

关东军苦于事态发展没能如愿，于1931年10月上旬采取强硬手段。首先，10月4日，关东军以司令部名义，控告张学良军队暴虐，公开发表声明文书否认张学良政权。但是，承认对方政权与否应该由政府来决断，而不是驻外的军队。因此，关东军的声明一出就招致日本政府和枢密院（在外交问题上有发言权）的反对，认为军方不应侵犯外交权，不应干涉政治。但是，关东军却自吹自擂，说"（声明）让国民舆论激愤狂热，起到推波助澜的作用"（『满州事变机密政略日志』）。

事变爆发以来，日本国内的众多媒体和舆论成为关东军的强大后盾，它们狂热支持军方的行动。事变爆发第二天，日本政府确定"不扩大"方针。那天的《东京朝日新闻》晚报专栏上刊登了这样的文字："请彻底告知全世界吧，日本军队是强大和正确的。"（1931年9月20日）朝日新闻社从9月20日开始发行照片号外，21日开始在总社礼堂上映关于"日本军队雄姿"的新闻影片，使得国内舆论哗然。其他报社也争相报道来自军队第一线的报道和强硬的主张。在媒体的主导下，国内舆论日益高涨，成为牵制政府不扩大方针的重要因素。

在九一八事变之后的10月8日，关东军擅自强行空袭锦州。东北军从奉天撤出后，张学良派就把锦州作为临时政府的所在地。日本政府发表不扩大事态的声明言犹在耳，关东军就强行空袭锦州,这严重损害了日本在国际社会中的威信。空袭之后不久,美国国务卿史汀生把经济制裁作为选项之一,提议胡佛总统对日本实行经济制裁。胡佛总统经过慎重考虑后认为,经济制裁可能会引发战争,从而没有实施。而且,此时的国联气氛也是急速直下,即对日严厉,对中同情。

如关东军所料,10月初所采取的一系列强硬行动得到了国内舆论的强烈支持,致使事态再次逆转。而且,陆军中央也无可能再回头。

众所周知,1931年11月,关东军无视币原外务大臣的强烈反对,把溥仪从天津带到满洲,并于1932年3月建立"满洲国"。其间,第二次若槻内阁受到国内政变骚乱(十月事件)的威胁,于1931年12月下台,币原也因此不得不辞去外务大臣的职务。币原推动对美斡旋外交,获得国际社会的信任。但是,他在日本国内也未必有很高的人气。币原是一个游走于各国间、有着广阔国际视野的日本外交领袖,长期以日本的国家利益为重。他在国内不受欢迎,可以说是日本近现代史的不幸。

被国际社会孤立

因九一八事变和"满洲国"建国违反非战公约(1928年)和九国公约,日本受到国际社会的谴责。美国不打算承认日本无视条约内容而炮制出来的既定事实,通过史汀生发表"不承认宣言"(1932年1月)与日本抗衡。

尽管如此，1932年9月出台的国联调查团报告（李顿报告）并未对日本不利。该报告准许日本在满洲持有诸多的历史权益，认定中国方面曾屡次侵犯日本在条约上列示的各种权益，承认九一八事变不是日本单方面的侵略行为；但同时指出，"满洲国"没有经过民众自发的民族独立运动，称不上是国家，因此拒绝予以承认。接下来，报告提议在中国主权之下，设立满洲自治政府，日本除维护治安所必需的宪兵队外，撤去全部军队。然而，日本已经承认"满洲国"，断然不会接受否认"满洲国"成立的提案。日本通过东京朝日新闻社等132家报社和通讯社发表共同宣言（1932年12月），借助高涨的国内舆论，于1933年2月和3月间，否决了以李顿报告为基础的国联对日劝告方案，直至退出国联。对日劝告方案在国联表决时，有42国（包括中国）赞成，1国（日本）反对。这一结果表明，此时的日本已经被国际社会孤立。

20世纪30年代日本最大的失败之一在于，随着对中国军事介入的深入，日本在东亚外交上越来越偏离与欧美国家进行斡旋的路线，特别是把日本最重要的斡旋对象美国推到了中国的一边。与过去一样，现在的人们也常常批评政府，说："政府外交懦弱，总要看美国的脸色。"我只能说这是无知者的空谈，因为他们缺乏对国际政治和日美关系历史和现实的认识。20世纪30年代的历史教训仿佛今日犹存。

（鸟海靖）

参考文献

角田順編『石原莞爾資料』、原書房、1972。

本庄繁『本庄日記』、原書房、1972。

『現代史資料7・11　満州事変・続満州事変』、みすず書房、1974。

島田俊彦『関東軍』、中公新書、1965。

緒方貞子『満州事変と政策の形成過程』、原書房、1966。

臼井勝美『満州事変』、中公新書、1974。

山室信一『キメラ―満州国の肖像―』、中公新書、1993。

林銑十郎『林銑十郎満州事件日誌』、みすず書房、1996。

34. 五·一五事件

宪政常道的终结——首相官邸——昭和7年（1932）5月15日

血染首相官邸

1932年5月15日下午5时27分，三上卓海军中尉带领九名下属，乘车堂而皇之地从正门闯入首相官邸。加上从后门闯入的海军军官和陆军候补军官共计14名。海军候补军官筱原市之助开枪恐吓负责警卫的警官。两组人马分别从正门和后门闯入，除留下警戒哨之外汇合一处。很快，三上中尉在日本馆食堂找到了首相犬养毅，面对首相扣动扳机，但手枪没有装填子弹，所以事实上不算开枪。面对这种情况，犬养问，"你们不想知道其中的原委吗？"接着他把三上等人请到了日式客厅。犬养在桌前落座，三上等人一直站着与之对峙。犬养再三开导说，"不必不动粗，有话好好说，我愿闻其详"，并说"请你们坐下来谈好吗？"三上回道："知道我们是为何而来的吧，有话快说！"犬养刚要说话，海军中尉山岸宏就大声吼道："多说也无用！开枪！"此时，三上等人的子弹一起射向犬养的头部。5月16

日凌晨2时25分，犬养死亡［司法省刑事局「右翼思想犯罪の総合的研究（血盟団事件より二・二六事件まで）」『現代史資料4　国家主義運動1』、みすず書房、1964］。

另外，在同一日遭受了袭击的还有内务大臣牧野伸显官邸、立宪政友会总部和麴町的三菱银行，但都没有造成人员伤亡。只有右翼活动家西天税在家中遭受枪击，身负重伤，但最后还是保住了性命。

犬养之死结束了长达8年的"宪政常道"。而且，日本直到战败都没能恢复政党内阁制，因此，五·一五事件值得大书特书。

宪政常道之动摇

"宪政常道"是指由两大政党构成的多数党内阁制。"宪政常道"有许多阴暗面，但不仅仅停留在惯例上的方面在增加。政党内阁常常面临威胁，威胁来自在总选举中没有当选的势力。1930年10月1日《伦敦条约》获得批准，它意味着立宪民政党内阁滨口雄幸对议会外势力的胜利。内阁有众议院作为后盾，皇宫、枢密院、贵族院、陆海军及其他各省厅的官僚无法阻止其行动，更谈不上倒阁了。从此，确立了以议会内阁制为基础的宪法体制，用英国的说法就是"宪法习律"。根据英国宪法不成文的规定，"宪法习律"一般不得更改，除非发生革命或武装政变。日本的"宪法常道"已经真正进入到"宪法习律"阶段。也正因如此，日本才会接连发生通过非法手段密谋颠覆政权等恐怖事件。

1930年11月14日，滨口首相在东京车站遭受暴徒枪击，身负重伤，虽保住一命，却无法继续执政。党内的官僚派和党人派，围绕滨口的临时代理首相人选形成对立。党外人士币原喜重郎外务大臣担任代理首相，在野党政友会对其穷追猛打，致使1931年年初的议会再次陷入混乱。滨口拖着濒危的病体上台，其结果只能加剧其病情。在此期间，民间右翼分子大川周明于1931年3月，策划了三月事件（并未停止），煽动陆军发动政变。

4月14日，前首相若槻礼次郎接替滨口，继任总理总裁。这是第二次运用"首相身体有恙时，向天皇奏请并举荐继任总裁出任首相"的原则。若槻礼次郎继任首相的原因是：他可以避免党内对立的人选，而且在签署《伦敦条约》等的过程中功不可没。第二次若槻内阁留任了滨口内阁的大部分阁僚。西园寺公望元老通过对民政党内部人事调整的观察，向天皇奏请并举荐若槻为继任总理。若槻内阁看似坚如磐石，在外交方面继续与英美斡旋，维护日本的大国地位；在内政方面，以大藏大臣井上准之助为主导，通过对行政和财政进行整顿（改革），在经济不景气的状况下推行结构性改革。然而，旷日持久的经济萧条使人们的闭塞感蔓延。部分陆军人士因与中华民国政府统治下的满洲发生摩擦，对外务大臣币原主管的外务省心怀不满，指责外务省"外交懦弱"，开始讨论以武力解决。

1931年9月18日，九一八事变爆发，陆军强硬派公开挑战币原的外交政策。10月17日，陆军军官精英策划武装政变，十月事件败露。可见，在牢固的政党内阁体制下，通过合法手段无法推翻政权。于是，关东军在满洲采取单独行动，军人先是在国外挑起事端，紧接着又在国内搞叛乱，若槻内阁苦于应对。对于关东军一再钻法律空子的违法行为，若槻内阁在事后都一再予以承认。而且对十月事件，若槻内阁也无法做出严厉的惩处。

对于迷失前进方向的若槻内阁，所有企图颠覆民政党内阁的势力都开始了紧锣密鼓的策划。譬如，停止民政党单独组阁，与政友会共同建立"联合内阁"，或网罗议会外势力，建立"举国一致内阁"。

总之，否定民政党单独组阁就意味着否认"宪政常道"，对此，之前支持若槻内阁的群体也开始了认真的研究。针对连昭和天皇都成诽谤对象的危险局面，内大臣牧野伸显等宫廷官僚决定不再信任若槻内阁的执政能力，并开始探索某种改变。若槻曾多次流露辞职之意，内务大臣安达谦藏向他进言，望其通过与政友会建立"联合内阁"来打破僵局。

安达的构想是，通过改变井上的财政紧缩政策恢复经济，继续维持币原的斡旋外交政策。但是，币原惧怕政策转变，井上排斥联合组阁，称"近来甚嚣尘上的所谓举国一致内阁或是政民联合内阁，与其说是牵制军部，不如说是向军部献媚……就目前情况而言，我们很难想象能够建立比现在（现政府）还强大的内阁政府"。[『木戸幸一日

記』、昭和6年（1931）11月7日］

内务大臣安达因与所有阁僚意见相左，被要求递交辞呈，但是，他通过缺席内阁会议予以拒绝。不过，根据帝国宪法，即使阁僚中只有一人因意见不同而拒绝辞职，内阁也得毫无例外地集体辞职。1931年12月11日，若槻内阁依照惯例宣布集体辞职。但是，此时却出现了由谁来继任总理的难题。

根据"宪政常道"原则，"执政党因政策失败下台时，向天皇举荐在野党第一党总裁继任首相"，从第一次若槻内阁到田中内阁，再从田中内阁到滨口内阁的政权更迭就是如此。据此，舆论也理所当然地认为，天皇将会降旨于政友会总裁犬养毅。但也有先例，譬如，第一次加藤高明内阁因阴谋推翻政权，致使内阁内部产生分歧，暂时决定集体辞职，西园寺元老只受理反对派阁僚的辞呈，保留并延续现任内阁。也就是说，是把政权移交给犬养，还是只受理安达的辞呈以延续若槻内阁，关键在于如何诠释"宪政常道"的正确性。而且，诠释的重任全都落在83岁老人西园寺一人身上。

结果，和之前的五次政变一样，西园寺都没有自动举荐首相人选。这次也一样，他选择犬养是经过反复斟酌思考的。另外，就首相人选，西园寺元老不是在居住地静冈县兴津直接奉复宣敕使铃木贯太郎侍卫长，而是亲自前往东京进行协调，之后才在第二次上奏天皇时予以举荐。其原因是，让若槻内阁继续执政违背舆论民意，当前动荡的政局恐怕会危及皇室的安泰。

"宪政常道"经过长时间才得以确立，人们认为，元老的作用总会消亡。但是，随着九一八事变之后联合内阁运动的兴起，如何诠释"宪政常道"又再次落到元老的身上。

西园寺元老的选择

自犬养内阁继任以来，西园寺元老一直被烦恼纠缠着。1932年1月7日，皇宫内发生了暗杀天皇未遂事件，即樱田门事件。这与1923年发生的虎门事件性质相同。虎门事件后，山本权兵卫内阁宣布集体辞职。犬养就是当时山本内阁的阁僚，有过主张集体辞职的记录。但是，对于樱田门事件，西园寺认为恐怖政变可耻，遂以天皇的仁厚的诏命留任了所有的阁僚。

然而，政局有违西园寺的意愿，局势日趋险恶。犬养首相解散众议院，意欲打破民政党在议会中占多数的局面。结果，政友会获得303个议席，获得压倒性多数。但是，在选举期间发生了血盟团事件。2月9日，民政党选举对策委员长井上准之助遭到暗杀。3月15日，三井财阀实际的领导人团琢磨遭到暗杀。西园寺对犬养内阁的安保措施感到不满，对议会政治的信任迅速下降。如果宪法秩序或国家体制自身面临威胁，议会多数将变得毫无意义。

五·一五事件发生在人们对"宪政常道"极度不信任

的背景之下。

就事件本身而言，它不过是手持凶器的军人对无抵抗能力老人的一味施暴，但是，大多数社会舆论却在称赞犯人。九一八事变与五·一五事件之间没有关联，更恰当地说是毫无关系。但是，社会舆论出于对现状不满，都支持这些事件，希望军人能成为改变现状的中坚力量。随着"宪政常道"被弃用，两大政党大势已去。犬养被暗杀后，政友会推举党内最有实力的内务大臣铃木喜三郎为继任总裁。拥立铃木的核心人物是内阁秘书长森恪，但是他却在考虑，如何让深受陆军和民间右翼欢迎的枢密院副议长平沼骐一郎担任下一届总理大臣。

西园寺元老放弃"宪政常道"，提拔海军大将斋藤实担任首相，由政友会和民政党分别派出阁僚，打造举国一致内阁的架构。举国一致内阁被称作是"换汤不换药的政党内阁"。西园寺是打算恢复"宪政常道"。然而，两大政党却逐渐失去实际权力，因此，在战败前无法再次恢复政党内阁制。

明治宪法体制

在战前的日本，"宪政常道"为什么没有能够成为成文法呢？其原因有二。第一，在当时的现实政治条件下很难修改明治宪法。虽说按照惯例，"宪政常道"由元老实施，但首相任命属于天皇统治权范围，元老很难轻易提出修改宪法的动议案。第二，在不成文法的情况下，要确立"宪政常道"很困难。一旦确立就失去变通性，除非通过革命或武装政变的手段才有可能更改。在现实中，"宪政常道"就是这样发展的。

但是，在明治宪法体制之下，首相没有事实上的阁僚罢免权，内阁垮台多是因为内部意见不统一，这在当时的法制专家眼里是个难题。枢密院副议长等人在第二次若槻内阁下台时指出："像这种情况，总理大臣可以上奏请求罢免安达，如果能够做到这一点，又为何要集体辞职呢？"当内阁出现内部意见分歧时，我们理应将其解释为，首相拥有事实上的罢免权。面对质疑，枢密院议长仓富勇三郎指出，在内阁官制中，"大臣人选是总理大臣挑选并上奏的"，"如果内阁大臣之间意见不一，总理大臣就要为选人不当而负责"。此答复是当时通行的说法，是对内阁连带责任的生硬解释［『倉富勇三郎日記』、昭和6年（1931）12月12日、国立国会図書館憲政資料室所蔵］。

在明治宪法体制下，"宪政常道"受挫，这不是宪法的法典与条文出了问题，而是在运用实践上出了问题。英国宪法有一句法律格言，"宪法是骨架，习律是肌肉"。五·一五事件后，明治宪法依然存在。它既没有吸收英美式的民主主义，也没有接纳德国的法西斯主义和苏联的共产主义。但是，明治宪法却失去了长年积累形成的"肌肉"。

（仓山满）

参考文献

原秀男『匂坂资料　全八卷』、角川書店、1989～1990。

升味準之輔『日本政党史論　全七巻』、東京大学出版会、1960～1980。

時任英人『犬養毅―リベラリズムとナショナリズムの相克』、論創社、1991。

35. 松冈洋右失算
退出国际联盟——日内瓦——昭和8年（1933）2月24日

松冈全权代表昂首退场

1933年2月24日，大日本帝国对在国际联盟会议上通过的所谓《李顿报告书》表示抗议，宣布退出国际联盟［详情见「昭和八年二月二十四日内田外务大臣宛连盟代表公电第一五六号」（外务省外交史料馆所藏『满州事变善后措置关系　国际连盟ニ於ケル折冲关系』第四卷）］。

日内瓦国际联盟大会于2月24日10时半召开。比利时人、国际联盟主席伊曼斯宣布，按原文审议《李顿报告书》，对日本所有修正要求不予采纳。随后，中华民国代表颜惠庆发表演说，感谢国际联盟一视同仁，对强国也予以处罚，高声宣布胜利。之后，日本代表松冈洋右并没有感情用事地进行反驳，而是镇定自若地阐述本国立场。最后，各国代表发表礼节性演说，讨论之后进入表决程序。

表决结果是42∶1，只有日本反对，除暹罗（现泰国）弃权外，有13个国家不是缺席就是弃权［详情见「昭和八年二月二十四日内田外务大臣宛连盟代表公电第一五五号（至急）」（外务省外交史料馆所藏『满州事变　善後措置関係　国际连盟ニ於ケル折冲関係』第四卷）］。面对这样的结果，国际联盟主席称，虽然表决结果不具备仲裁判决的国际法约束力，但他要求日本和中华民国在政治上尊重这一决议。最后，松冈发表演说，回顾了日本在国际联盟创建初期为世界和平所做的贡献，表示今后将继续支持国际联盟工作，然后离开会场。

虽然日内瓦的外交使团自始至终都在寻求折中方案，但东京的斋藤实首相和内田康哉外相却在考虑万不得已时尽早退出国际联盟。松冈全权代表在国际联盟会议上的演说是这样结尾的："此报告书不幸获得通过，就是在此情况之下，只要日本与国联的合作还有可能。"［详情见「昭和八年二月二十四日内田外务大臣宛连盟代表公电第一五五号（至急）」（外务省外交史料馆所藏『满州事变　善後措置関係　国际连盟ニ於ケル折冲関係』第四卷）］

日本失去与自由主义国家合作的机会。松冈洋右自知失败，已准备好接受国民的谴责。然而社会舆论却赞扬松冈，说他"昂首挺胸退场"。

国际联盟与满洲问题

第一次世界大战后，和平主义深入欧洲人的心中。美国回归孤立主义，日本向国际潮流看齐。币原喜重郎历任驻美大使和外务大臣，奉行斡旋外交，不仅与英美等自由主义国家，而且与共产主义国家苏联也一度构筑了友好关系。与此同时，民族主义抬头。在欧洲，新兴独立国家提倡民族权利；在亚洲，辛亥革命后的中华民国仍然处于动荡状态之中，奉行中华民族的革命外交，大陆秩序一片混乱。

在第一次世界大战后的巴黎和会凡尔赛会议上，与会国一致同意建立国际联盟，于是，国际联盟成为理想的象征。但是，提案国美国因上院反对而没有参加会议。1922年，干预苏联的战争（包括出兵西伯利亚）结束。因为苏联企图搞国际共产主义革命，国际社会无法容忍苏联回到战前的地位。因此，继英、法、意、日之后，德国成为常任理事国。英、法在处理欧洲问题时，有太多的羁绊，墨索里尼政权下的法西斯意大利也是各种争端的当事人，因此对战败国德国没有发言权。实际上，唯有大日本帝国，与过去的欧洲没有瓜葛，是公正的调停人。日本向国际联盟源源不断地输送了优秀的外交官。作为国际联盟的代表，石井菊次郎、佐藤尚武、松田道一、事务局副局长新渡户稻造、海牙国际法庭法官安达峰一郎等，在当时的欧洲均有很高的声望。事实上，正是因为他们卓有成效的工作，很多欧洲争端得以解决。尽管我们不可能指望从根本上解决问题，但至少他们的努力能给欧洲带来片刻的安宁（海野芳郎『国際連盟と日本』）。

与欧洲问题不同，在被称为"生命线"的满洲问题上，日本与中华民国发生了严重争执。社会舆论对币原外相的绥靖政策逐年强硬。关东军等部分陆军军队对存在的问题有同样的认识。事实上，尚有300多起威胁到日本侨胞生命和财产安全的案件悬而未决。对此，无论是中央的蒋介石政权，还是掌握满洲实权的张学良政权，都无意也无力解决这些问题。

在满洲争端问题上，日本打算成为当事人。关东军在没有得到国内和国际谅解的情况下，胸有成竹地发动了九一八事变。

十字架上的日本

1931年9月18日，爆发了以柳条湖事件为导火索的九一八事变。日本虽在军事上百战百胜，但在外交上却陷入困境。出任若槻礼次郎内阁外相的币原在国际上有良好的信用，但因国内政治斗争于1931年12月11日离开内阁。担任犬养毅内阁外相的芳泽谦吉应对过上海事变，因1932年5月15日发生五·一五事件而下台。

内田继任斋藤内阁外相，遭遇阻力甚大。关东军已于1932年3月1日建立了由清朝末代皇帝溥仪执政的"满洲国"。犬养内阁在是否承认"满洲国"的问题上持慎重态度，这也是外务省的统一意见，但新上任的内田外相却在是否承认"满洲国"的问题上表现积极，两人意见不一。1932年9月15日，日本政府承认"满洲国"，日本与世界各国的矛盾激化。

在这种情况下，国际联盟任命英国人李顿伯爵为团长组成调查团，对日本、"满洲国"和中华民国展开调查。李顿伯爵曾担任印度总督，拥有丰富的殖民地统治经验，并且熟悉亚洲。在调查报告中，他如何阐述事变的原因和"满洲国"的存在将成为国际社会关注的焦点。

现在，我们可以做出这样的结论，《李顿报告书》绝不是单方面给日本定罪的文件。关于事件的起因和原委，报告认为并不像日军所说，纯属中国方面的阴谋，而且后来日军所采取的行动也不属于自卫性质。这从道义上优先照顾了中华民国的面子。但是，报告也明确指出，"政府为政党的一个机关"等是中华民国的国情，与具备遵守条约能力的主权国家完全不同。事实上，中华民国处于动乱状态，不具备当事人的能力。基于这样的认识，报告明确表示，不赞成回到柳条湖事件之前的状态，但也不承认"满洲国"，同时建议，在中华民国的主权之下建立满洲"自治"政府，在日本的主导下进行国际管理。换言之，报告既让中华民国保住了面子，又让日本维护了自己的所有权益。报告内容对中华民国甚为苛刻，即便如此，蒋介石基于自己的政治判断，认为总比连面子也丢了的好，因此决定接受。

然而，《李顿报告书》一公布就引起日本舆论的愤慨。确实，对当事人而言，该报告书存在严重纰漏。对日本而言，关于国际管理方式的表述不明确，能否真正实现以日本为主导的国际管理令人担忧。再有，满族与汉族是完全不同的民族，全盘否定"满洲独立运动"的存在是一个明显的错误。溥仪的亲信英国人约翰斯因自己曾参加"满洲独立运动",所以明确指出"这是毫无根据的判断"。《李顿报告书》令日本政府退出国际联盟,我们且不说其内容对日本是如何之不利,单就争论焦点而言,其实很简单,就是承认"满洲国"与否的问题。日本舆论也是因为这一点而仇视国际联盟的。

面对如此不利和令人绝望的国际形势,日本政府起用了众议院议员松冈洋右。松冈留学美国,大学毕业,学习用功,精通英语。他担任过外交官和南满铁路股份公司副总裁。更重要的是,在前不久的上海事变停战谈判中,他完成了使命。1932年10月11日,松冈洋右被正式任命为全权代表。

松冈果然不负众望,其良好的英语讨论能力得到了充分的体现。特别是在1932年12月8日,松冈做了一个题为《十字架上的日本》的80分钟即兴演讲,这次演讲足以让日本的国际地位得到提升。松冈在演说的最后时说:"我们日本人已经做好接受考验的准备。欧洲和美国的某些人不是想把二十世纪的日本钉在十字架上吗?各位,日本眼看就要被钉到十字架上。但是,我们相信,并且确信,过不了几年,世界的舆论就会因日本而改变,就像拿撒勒的耶稣被世界理解一样,我们最终也会被世界所理解。"

热河战役

对于欧洲小国来说,国际联盟如同它们的救生圈。面对苏联的威胁，德国深感不安。于是，苏德两国签署《拉帕洛条约》，进行军事合作已是公开的秘密。夹在两国之间的东欧各国，对国际联盟能否保持自己的威信十分敏感，这些国家出现意欲牵制大国日本行动的倾向。

居于国际联盟领导地位的英国，曾因中华民国践踏国际法而吃过苦头，因此很同情日本的处境。但为了确保欧洲的安全，英国不能无视东欧各国的意见，只能设法谋求九一八事变的解决。《李顿报告书》就是基于这样的想法而形成的。换句话说，英国的想法是，如果日本不承认"满洲国"，不再采取军事行动，英国就可以承认日本的所有权益。

然而，到1933年，关东军又进一步扩大军事行动。满洲除了东三省的奉天、吉林、黑龙江之外，还包括热河。虽然关东军控制了东三省，但是基于"满洲独立运动"方针的考虑，热河省不可或缺。同时，基于军事上的考虑，"满洲国"在华北需要有一个缓冲地带，以保卫其边界。鉴于上述行政的需求，关东军决定出兵热河，并在关键的战役中攻破万里长城。关东军不顾日本外交的大局，致使松冈的外交努力付之东流，英国也失去了袒护日本的前提。加拿大等其他同情日本的国家也追随英国。它们至少不能和日本同一个鼻孔出气了。

在日本国内，不仅斋藤首相和内田外相心灰意冷，就连出席凡尔赛会议的全权代表西园寺公望元老和牧野伸显内务大臣也认为，日本万不得已只能退出国际联盟了。反对退出国际联盟的只有陆军大臣荒木贞夫和副总参谋长真崎甚三郎，他们视提防苏联为头等大事，重视与英美合作。但是，荒木和真崎也无法改变大局了。1933年2月23日，关东军开始控制热河。

3月27日召开枢密院全体会议，决定两年后退出国际联盟。

日本被孤立和国际联盟空壳化

1933年是具备进行第二次世界大战条件的年份。1月30日，希特勒就任德国总理，3月23日通过授权法，其独裁权得以确立，欧洲局势随之紧张起来。3月4日，富兰克林·罗斯福就任美国总统，3月9日通过新政法案。11月17日，罗斯福政权毅然承认了苏联，被历届共和党政府回避了11年的苏联问题终于画上句号。长期担心会被日、英、美等自由主义国家包围夹击的斯大林终于放下心来。

国际联盟也在日本退出后迅速丧失了当事人能力。德国在纳粹党获得政权后，也于1933年10月14日宣布退出国际联盟。对于先后两次侵犯埃塞俄比亚的意大利，国际联盟认定其为侵略，进而对其实施经济制裁，但没有任何效果。苏联于1934年加入国际联盟，却在1939年11月3日开始进攻芬兰。国际联盟也认定其为侵略，于12月14日不得不把苏联从国际联盟除名。

日本宣布退出国际联盟之后，国际联盟就失去了调停人，只剩下空架子。后来，在东欧和中国大陆的暗战再次挑起了世界大战。

（仓山满）

参考文献

海野芳郎『国際連盟と日本』、原書房、1972。

デービッド・J・ルー著、長谷川進一訳「松岡洋右とその時代」、TBSブリタニカ、1981。

酒井哲哉『大正デモクラシー体制の崩壊』、東京大学出版会、1992。

井上寿一『危機の中の協調外交』、山川出版社、1994。

R・F・ジョンストン著、中山理訳、渡辺昇一監修『紫禁城の黄昏　完訳　上下』、祥伝社、2005。

36. 遭否认的天皇机关说
被掏空的明治宪法立宪主义——东京·永田町——昭和10年（1935）8月3日

"个人答辩"

1935年2月25日，贵族院召开全体会议。还没开会，现场就充斥着紧张的气息。在进入会议议程之前，贵族院给了美浓部达吉博士"个人答辩"的机会。美浓部的主要著作被引用，其天皇机关说遭到猛烈攻击，甚至被指责为"学匪"和"叛逆"。

2月25日上午10时25分，美浓部缓缓走上讲坛并向议员们行了一礼。接着，他宛如在大学给学生讲课一般，开始了自己沉着而又铿锵有力的讲话。

当然，听众大部分是贵族院议员，而不是专家。美浓部似乎意识到了这一点，讲起话来深入浅出、浅显易懂，以便让大家能理解其学说的精髓。宪法第一条规定，"大日本帝国由万世一系的天皇所统治"，他根据这一条指出，天皇在宪法上拥有统治国家大权这一点是清楚的。因此，他特别强调了以下两点。

第一，统治大权并非属于天皇的私有权力，天皇即国家元首，作为国家的最高机关行使权力。

第二，统治大权是有限制的权力，而不是毫无限制的万能权力，应始终在宪法的条文规定下行使。

还有，美浓部谈及宪法所规定的天皇与帝国议会的关系时强调，宪法明文规定，帝国议会是独立的国民代表机构，而不是像枢密院那样的天皇咨询机构；帝国议会可以根据自己的独立判断，对国家的预算方案和法案进行审议和表决（通过或否决），而不是遵从天皇的命令进行表决（通过或否决）。另外，美浓部还提到了构成天皇机关说根基的国家法人观点，他解释说，虽然这一点在宪法上没有明文规定，但从各项条文来看，可以明确的是，国家本身就是法人，是权力的主体，天皇代表国家法人，行使大权。

再有，美浓部认为，诸如君主把领土和国民当作自家财产来支配，以及君主拥有万能权力之类说法纯粹是西方思想，它出现在中世纪的欧洲，尤其是17、18世纪的法国，而在日本，天皇绝对不会拥有对臣民毫无限制下达命令的万能权力。宪法第四条规定，"天皇作为国家元首，集统治权于一身，要依据宪法的条文规定行使之"。关于颁发宪法，圣谕规定，"朕及朕之子民将来要根据此宪法之章程条款执行，不得有误"。据此，美浓部断言，关于天皇须在宪法规定范围内行使大权的规定是清楚的。

美浓部的"个人答辩"持续约一个小时，议员们听得津津有味，结束时，会场上响起了掌声。当时的报纸对他有如下善意的报道：

"美浓部阐述自己的主张时条理清晰，全场认真听取了其演讲。滔滔不绝的演讲持续了约一小时。走下讲坛时，贵族院会场内响起了少有的掌声。"（《东京朝日新闻》昭和10年2月26日夕刊）

学界一般说法——天皇机关说

虽然关于天皇机关说有各种各样的议论，但进入20世纪以来，天皇机关说作为一般说法，基本奠定了自己在宪法学界中的位置，在政界、官界也得到普遍认可。在明治宪法中，君权主义原理和立宪主义原理并存，而天皇机关说重视宪法中的立宪主义，并按照它去理解。制定宪法的核心人物伊藤博文，在枢密院审议宪法草案时，就再三强调，立宪政治的本质是限制君权保护民权，正如在"明治·大正编"所讲，国家元首即天皇的统治权"要依据宪法的条文规定行使之"（第四条），此点被视为宪法的核心，最受重视（参见本书明治·大正编12"立宪政治的实现"）。

美浓部的天皇机关说建立在伊藤博文宪法立宪主义的基础之上，它为议会的政治运营赋予了正统性的方向，作为指导政治运营的理论，它在明治末期至昭和初期的议会政治运营中发挥了作用。美浓部在官界和政界的地位举足轻重，担任东京帝国大学法科大学（法学系）教授三十余载，是宪法学的泰斗，担任官员任用的高等文官考试委员，是被任命的贵族院敕选议员等。

尤其是，1930年签订伦敦海军裁军条约时，海军军令部和国家主义团体等高举"侵犯统帅权"的大旗，通过条约反对派，对滨口雄幸内阁进行攻击。对此，美浓部根据自己的宪法学说予以反驳，极力主张"侵犯统帅权"一说纯属无稽之谈，滨口内阁签订条约在宪法上完全是正当的。

正因如此，军部强硬派和国家主义团体等强烈反对美浓部及其天皇机关说，蓑田胸喜等原理日本社成员，军人出身的众议院议员江藤源九郎，同是军人出身的贵族院议员菊池武夫等掀起了抨击美浓部的运动。1935年2月，在众议院和贵族院两院，江藤和菊池等人相继要求政府尽快处分美浓部，称美浓部等的天皇机关说违反国体，是"谬论"和"谋反思想"。美浓部的"个人答辩"就是为应对这种情况而进行的。如上所述，"个人答辩"在贵族院颇受好评，却激怒了反对派。

打倒"维持现状势力"

政府在一开始时对这个问题并不怎么重视。冈田启介首相和松田源治文部大臣认为，虽然用词多少会失当之处，但美浓部等的"国体观念"没有什么大的问题，其学说恰当与否还是交给学者们去讨论比较好。

然而，抨击派并没有因美浓部的"个人答辩"而消停。大日本生产党（内田良平）、黑龙会（头山满）、国体拥护联合会（原理日本社等80多个团体）、明伦会（田中国重）等国家主义团体以及在乡军人会等通过举办讲演、分发手册和访问政府相关人士等，一起发力，掀起了抨击机关说的大运动。

他们的主张涉及许多方面，譬如，天皇与国家是一个整体，天皇是统治权的主体（天皇主权说），议会是天皇的辅佐机构，诽谤诏书是大不敬等。他们强烈要求：（1）政府发表机关说与国体水火不容的声明；（2）禁止发售讲述机关说的著作；（3）罢免支持机关说的公务员和教授；（4）责令美浓部辞去贵族院议员等一切公职；（5）枢密院议长一木喜德郎（被视为机关说的鼓吹者）和冈田首相引咎辞职等。这已经开始发展成政治问题，远远超出了宪法学说是否恰当的范围。

抨击派（所谓的"打破现状势力""革新派"）的目的在于：以抨击天皇机关说为突破口，打倒稳健的冈田内阁及支持他的皇宫和重臣等所谓"维持现状势力"。美浓部是给"维持现状派"提供理论支持的学者，他首先受到了抨击。他们接下来攻击的目标是被视为机关说鼓吹者的枢密院议长一木和法制局长官金森等。最后瞄准的靶心是拥有皇宫势力的牧野伸显内大臣和执掌政权的冈田启介首相。

在枢密院，主持国本社的副议长平沼骐一郎被认为是抨击阴谋的幕后策划者；在众议院，作为执政党的立宪民政党冷静应对。在野党立宪政友会旨在倒阁，态度强硬。

1935年3月23日，政友会总裁铃木喜三郎要求政府采取果断措施，向众议院提出《澄清国体决议案》，并在众议院获得通过。

另外，在1935年3月29日的内阁会议上，军部的陆海两军大臣要求政府采取措施，修正机关说。尤其是陆军的皇道派势力，他们在抨击机关说中掌握了主导权。4月4日，教育总监真崎甚三郎在给系统内部下达训令时明确指出，机关说违背国体。"此种说法（天皇机关说）关乎我国体之根本，实为吾等信念与根源之不容，深感遗憾。"

冈田内阁否认天皇机关说

美浓部于1935年4月接受了司法当局的调查，接着内务省下达命令，禁止出售和发布美浓部的三本主要著作：《逐条宪法精义》《宪法撮要》《日本宪法的基本主义》。抨击机关说运动开始展现出向倒阁运动发展的趋势，政府有必要设法采取措施来阻止事态扩大。

松田文部大臣于4月10日，向全国各府县知事、帝国大学校长及直辖校校长发出训令，要以"澄清国体之根本"为第一要务，"如果散布诸如质疑国体根本之类的言论，必将严惩之"。

进而在5月，冈田首相和后藤文夫内务大臣，一再向地方长官和警察部长等颁发训令，对质疑"国体之根基"的学说和讨论表示遗憾。此外，在高等文官考试宪法学考试委员中，对机关说和抨击机关说两方的学者将不予选拔。

在此之前，政府宁愿对机关说和抨击机关说各打五十大板，以此避免机关说问题演变成政治问题。然而如此处理，事态是无法平息的。

1935年6月至7月，各爱国团体主导的抨击天皇机关说和澄清国体运动愈演愈烈。立宪政友会决定就政府抨击机关说缺乏诚意问题指责政府。陆军经军事参议官会议确定，由林铣十郎陆军大臣向政府表示，陆军将公开发表抨击机关说的声明。被逼着"澄清国体之本义"，政府也难以正面回击。

处于四面楚歌境地的冈田内阁，于1935年8月3日发表《关于澄清国体之声明》，"如果统治权不在天皇，而在行使此统治权之机关，这完全是对我万国无比之国体本义的误解"。同时，发表首相讲话，指出：被要求辞职的枢密院议长一木和法制局长官金森不是机关说的鼓吹者，他们没有问题。此外，因大不敬罪被指控的美浓部被延缓起诉，但他却不得不辞去贵族院议员。

但在乡军人会和陆军当局等还认为政府措施过于温和，接着对政府反复施压。最终，冈田内阁发表第二次声明，称"天皇机关说违背我神圣之国体，离本义深远"，宣布"铲除天皇机关说（铲除邪恶）"。至此，事态终于趋于平息。

支持机关说的昭和天皇

当天皇机关说被诟病时,尤其值得注意的是昭和天皇的发言,他一直反复强调机关说是正确的。侍从武官长本庄繁在其日记中写道,天皇对抨击运动强烈不满,"抨击机关说把我置于进退两难的境地,使我在精神上和肉体上都倍感负担",并对本庄说,对枢密院议长一木完全是无端的指责(『本庄日记』1935年3月11日)。

在陆军大臣和海军大臣向内阁会议提出修正机关说的当天,天皇做了明确认可机关说的发言,说"宪法第四条规定,天皇是国家元首等说法,就是机关说",又根据伊藤博文的《宪法义解》做出了说明(同年3月29日)。接下来,他道出了自己的忧虑,他说:就学说而言,天皇主权说和天皇机关说都大同小异,但就缔结条约等国际事务而言,还是机关说好,如果采用天皇主权说,恐怕会招来日本是专制政治的诽谤(1935年4月9日)。这些发言说明,天皇一直纠结于国际合作和对立宪政治的尊重,其态度耐人寻味。但是,天皇对军部的批评是严厉的,他说:"军部一方面抨击机关说,而另一方面却违背自己的意愿擅自行动,非要把朕当天皇机关说的拥趸对待不可。"(同年4月25日)

然而,天皇认可机关说并对抨击运动抱有不满的真实情况,外界知道的并不多。在舆论平分秋色的情况下,天皇公开主动地表达想法,其实是被视为禁忌的。最后,机关说问题由政府否认天皇机关说而暂时告一段落，但从以上所述中大概可知，这对于天皇自己来说，这种结果并非出自他的本意。

立宪主义的全面倒退

如上，"打破现状的革新势力"以抨击天皇机关说为突破口猛烈攻击政府，政府通过否认天皇机关说和牺牲美浓部达吉，避免了事态向倒阁和政变方向发展，也避免了"打破现状的革新势力"进入皇宫。冈田首相勉强守住了老窝，但其付出的代价却不小。

天皇机关说是长期形成的、按照立宪主义对明治宪法所进行的一种主流诠释。天皇机关说被政府公开否认意味着议会中心政治运行的理论支柱坍塌，意味着立宪政治的蜕变和倒退，意味着20世纪30年代中后期以来，自由主义、议会主义以及国际合作等势力的全面衰退。同时，军部等"打破现状的革新势力"以天皇绝对性和国体论作为思想武器，为自己在政治上的崛起创造了巨大的契机。

（鸟海靖）

参考文献

原田熊雄『西園寺公と政局　四』、岩波書店、1951。

司法省刑事局編『所謂「天皇機関説」を契機とする国体明徵運動』、司法省、1940、『現代史資料4　国家主義運動1』所収、みすず書房、1963。

本庄繁『本庄日記』（第二部「至秘鈔」）、原書房、1967。

伊藤隆ほか編『真崎甚三郎日記　一・二』、山川出版社、1981。

家永三郎『美濃部達吉の思想史的研究』、岩波書店、1964。

宮沢俊義『天皇機関説事件』、有斐閣、1970。

長尾龍一『日本憲法思想史』、講談社、1996。

37. 军队叛乱

二·二六事件——东京永田町·赤坂——昭和11年（1936）2月26日

1936年2月26日

1936年2月26日清晨5时左右，总理大臣冈田启介在首相官邸突然遭受袭击，内务大臣斋藤实海军大将、大藏大臣高桥是清和教育总监渡边锭太郎陆军大将分别在自己家中突然遭受袭击，侍从长铃木贯太郎海军大将在侍从长官邸突然遭受袭击。日本警视厅（首都警察厅）也被占领。另外，清晨5时35分左右，原内务大臣牧野伸显在神奈川县足柄下郡汤河原町的自己家中遇袭。恰巧，东京降大雪，街道到处都是积雪。

是日，参加起义的主力是第一师团步兵第一联队和第三联队的尉级军官，另有第一师团野战重炮兵第七联队和近卫师团近卫步兵第三联队的部分人马。其中，军官22名（包括2名前军官），准士官1名，下士官88名以及士兵1357名。起义的核心人物是步兵第一旅团的香田清贞大尉、村中孝次原大尉和矶部浅一会计官等。他们率领192名下士官兵，于清晨5时左右，在陆军大臣官邸，向陆军大臣川岛义之大将宣读了起义意向书和要求，要求其出面控制局势。起义部队凭借兵力和装备占领了首相官邸、陆军省和总参谋部等的所在地麹町区永田町和三宅坂一带。因此，陆军省和总参谋部暂时使用九段的军人会馆和偕行社，并在那里商讨对策。

川岛陆军大臣进入皇宫，与在宫内的军事参议官共同商讨应对措施，制成《陆军大臣通告》，于2月26日下午3点半下达给起义部队。但《陆军大臣告示》的第二项内容却惹出了大麻烦。川岛陆军大臣的原文是这样写的："诸位的真意是基于对国体表达的至诚。"但转达给起义部队时，"真意"却被传成"行动"，使起义部队军官对"完成维新"充满期待。陆军把"真意"作为军队的正文印刷。虽然对造成这一差错的原因众说纷纭，但这样的差错却惹出了很大的麻烦。2月26日下午7时左右第一师团第二号战时警备命令颁发，起义部队变成"行动部队"并编入步兵第三联队，负责守卫占领地区。起义部队从原来所属的部队得到粮食补给，26日的形势发展似乎对起义部队有利。

从"行动部队"到叛军

听取事件报告的天皇深感忧虑，颁布"谕旨"说："尽早平息此事件，以转祸为福。"（『本庄日記』、272頁）

2月27日，戒严司令官香椎浩平中将到宫中觐见天皇，天皇颁布"若非解除武装不可就动用武力"的敕令。另外，天皇对陆军的镇压行动没有取得进展而感到焦虑，对侍从武官长本庄繁大将说："起义部队就是叛军，朕要亲率近卫师团去讨伐。"(『本庄日记』、276页）天皇如此坚定的意志，给寻求妥协的陆军以决定性的一击，起义部队由"行动部队"变为叛军。

2月27日黎明，枢密院决定实行戒严令，于早晨8时50分发布紧急敕令，东京市内开始实施戒严。叛军军官将此理解为断然实施"昭和维新"的第一步，其实，发布戒严令由副总参谋长杉山前中将提议实施，目的在于控制当前的局面。2月28日早上5时08分，天皇下达"叛军请返回各自所属部队"的敕令。这是因为，副总参谋长杉山和第三课长（课长相当于处长）石原莞尔大佐等在总参谋部掌握了控制局面的主导权，把陆军处理叛乱的方针更改为"讨伐和镇压"。尽管天皇下达了归顺的敕令，但步兵第一联队队长小藤惠却并没有传达给叛军。因为他担心，如果向叛军传达，一旦有军官不服就会酿成巨大的丑闻。也有人认为，戒严司令官香椎和联队长小藤惠是在同情叛军。

当总参谋部掌握领导权并处理叛乱事件时，陆军最高领导层之前有"三长官"。"三长官"分别是陆军大臣川岛、教育总监渡边和总参谋长闲院宫载仁亲王。陆军大臣川岛是叛乱开始时的当事人，不好处理叛乱事件。教育总监渡边遇袭后当场死亡。总参谋长闲院宫载仁亲王因病在小田原静养，虽于2月28日进京，无奈病情恶化，直至3月8日才入宫觐见。在这种情况下，总参谋部掌握陆军的领导权并发号施令，命令步兵第一联队和第三联队的现有人马、步兵第五十七联队（千叶县佐仓）等地方联队进京，以坦克开道包围叛军，以加强对叛军的镇压。第三课长石原认为"要镇压就不得不开火"，因此向被任命为第一师团增援参谋的樱井德太郎少佐提议，说：或许应该对周边的居民下达撤离令（桜井徳太郎「銃剣の中での帰順説得」『目撃者が語る二・二六事件』、84~87頁）。

日本历史上首次"皇军相斗"的糟糕局面一触即发。为避免这种情况的出现，戒严部队对叛军散发传单劝其归顺，通过广播"告下士官和士兵书"分化军官与下士官兵，而且陆军省军事调查委员会委员长山下奉文少将、内阁调查局调查官铃木贞一大佐以及增援部队参谋樱井等还亲自出面说服叛军的军官。从2月26日到28日的三天时间里，陆军当局的方针一会儿妥协，一会儿镇压；叛军的方针也是一会儿归顺，一会儿彻底抵抗，都是变来变去，非常混乱。究其主要原因，就是陆军当局和叛军都没有真正的统帅。当时，陆军的核心人物是前面说过的三长官。叛军中的村中孝次、矶部浅一虽然很有才干、行动能力强，具有领导的素质，但是，他们已经被驱逐出陆军，是民间人士，说话分量轻。

二・二六事件与海军

海军一收到二・二六事件发生的消息就认定是一起

"叛乱事件"，并从横须贺镇守府调来陆战队对海军省进行警戒，同时设法掌握情况和收集情报。负责收集情报的是当时军令部作战课长福留繁大佐。据说，作战课长福留与总参谋部作战课长石原一起并肩收集情报，直至叛乱事件结束。负责警备的陆战队由海军炮术学校教官、教员和练习生临时组成，一共一千几百人。为避免与陆军冲突，陆战队穿便服走水路，武器由卡车另外运送，陆战队全员配备轻型或重型机关枪。

海军省总部认为，为稳定人心，有必要让联合舰队在东京湾及大阪湾集结，海军大臣和军令部总长联名向联合舰队司令长官高桥三吉大将发电报，称："当下，倘若联合舰队各派出一支舰队回航东京湾和大阪湾，将大大有助于人心的稳定。"

高桥司令长官立刻下令第一舰队（以战列舰为主）和第二舰队（以重型巡洋舰为主）分别驶往东京湾和大阪湾。海军省于2月26日晚上8时左右宣布，"为加强东京湾警戒，已命第一舰队和第二舰队分别回航，定于27日进入港口"。海军采取避免与陆军互斗的方针，完全听任陆军收拾局面，陆战队不参加镇压行动，只在受到叛军袭击时应战。不过，一旦叛军逼近皇宫又别无他法时，海军将考虑通过发射舰炮予以阻击。

事件的结束和解决

2月29日下午叛军归顺，叛军军官被逮捕，监禁在陆军卫戍监狱。叛军军官中,野中四郎大尉在陆军大臣官邸用手枪自杀,安藤辉三大尉在赤坂"幸乐"料理亭自杀未遂,只受轻伤。播放"告士兵书"广播对促使叛军归顺起到很大作用。当时,陆军武器总厂的新闻班长根本博大佐命该班的大久保弘一少佐当场给 NHK 播音员中村茂写稿子,以戒严司令官香椎的名义,通过戒严司令部的临时播放室予以播放。此外,各部队最高长官以及各相关人员从叛乱发生后,就为说服叛军竭尽全力,从而避免"皇军互斗"这一糟糕状况的发生。

3月4日设立陆军特别军事法庭,在不公开、一审制、无上诉和无辩护人的情况下对叛军进行审判。叛军军官的行为令天皇十分痛苦,天皇说"(他们)杀害了朕依为股肱的、最值得信赖的重臣大将,朕心如刀绞"。军事法庭裁定,叛军军官的行为违反了宪法,违背了军人圣谕,玷污了国体,损害了对国体的澄清(『本庄日記』、292頁)。另外,还逮捕和审判了在日本国内、朝鲜及满洲部队的相关军官。一审4月28日开庭,7月5日判决,7月12日执行死刑。7月18日解除戒严令。在一审中,被判处死刑的有17人,但因其中的村中和矶部是审判真崎甚三郎大将的证人而没有马上被执行死刑。1937年8月19日,村中和矶部与北一辉、西田税一同被执行死刑。1名受伤军官在医院中自杀身亡。

被告在法庭上申辩的时间很少,法官和检察官对其心情和动机等不予采纳。本着消除国民对军部不信任和担忧的方针,法庭在短时间内就对案件进行判决。审判认定,青年军官有忧国忧民的情怀,发动叛乱是受到了北一辉和西田等外部思想"与我国体绝不一致"的毒害和影响。没有直接参与杀人或伤人行为的士兵一律被判无罪,对下士的审判则参照军官,有44人被判处最高15年的监禁。

事件背景

二·二六事件发生的背景是这样的。第一次世界大战后,日本涌现了和平风潮、宇垣裁军、大正民主主义和左翼运动等,这些风潮不断蔓延到国民中间,使国民对军队和军人产生了蔑视感。而且,在政界和官界,贪污案件频发;在城市,劳动者处于贫困之中;在东北地区的农村,经济出现结构性不景气。所有这一切都使得社会不满加深。陆军中涌现了部分有志军人,他们决心实现国家改造运动,以推翻政党政治和摆脱资本家的压迫,并决心建立高度国防的国家。另外,陆军强化了自己在政治上的发言权,激进的青年军官异常活跃,内部派系斗争愈演愈烈。

在1931年12月至1934年1月期间,担任陆军大臣的荒木贞夫中将主张通过"皇道"实施精神主义式的革新,深受青年军官的追捧。荒木中将就任陆军大臣后,进行人事调整,分别任命本派系的真崎甚三郎中将和柳川平助中将为副总参谋长和陆军副司令官。他经常接触下属的青年军官,发现有些青年军官热衷于运动,队务荒废,难以统领军队。青年军官从士兵中听说农村的悲惨状况,发起旨在实现"昭和维新"的救助运动。这就是所谓的"皇道派"。

陆军省及总参谋部的中坚幕僚对陆军大臣荒木提出批评,说他在人事安排和对青年军官的处理不当,说他军政能力欠缺(尤其是编制预算)。荒木辞任后,林铣十郎大将继任陆军大臣,永田铁山少将担任军务局长。永田拥护陆军大臣林铣十郎,退出"皇道派",并以自己为核心强化对陆军的内部统制,在合法的范围内实现"高度国防性国家"和"国家总动员体制",最终实现恢复对陆军内部统制的目标。这就是所谓的"统制派"。

在天皇机关说问题进入白热化阶段时,"皇道派"的核心人物——教育总监真崎被更换。这是"统制派"通过排挤"皇道派"来强化人事统制。有青年军官指责此举为"幕僚法西斯",反应激烈。不久就发生了永田军务局长在陆军省内被"皇道派"军官相泽三郎中佐刺杀的事件,陆军内部的派系斗争愈发尖锐。相泽被公审以及决定让当时有许多"皇道派"青年军官所在的第一师团移防满洲,是迫使青年军官起义的主要原因。

相泽事件后,陆军大臣寺内寿一把"皇道派"军人编入预备役,并进行了相应的人事调动。以陆军副总司令梅津美治郎为主流的"统制派"取代"皇道派",并在陆军中掌握实权。相泽事件对日本后来的政治和军事产生很大影响,直至1945年8月15日战败。

通常,这次事件也被称为"政变",但就其性质而言,实际上更像是"突发性恐怖事件"

（五十岚宪）

参考文献

本庄繁『本庄日記』、原書房、1967。

高橋正衛『二・二六事件』、中公新書、1965。

NHK取材班『二・二六事件秘録　戒厳指令「交信ヲ傍受セヨ」』、日本放送出版協会、1980。

義井博編・猪瀬直樹監修『目撃者が語る昭和史四　二・二六事件』、新人物往来社、1989。

安岡昭男・原剛編『日本陸海軍事典』、新人物往来社、1997。

38. 从"北支事变"到"支那事变"
大山大尉事件——上海·东京——昭和12年（1937）8月9日

"北支事变"的发生

1937年7月7日发生卢沟桥事件。7月8日，日本政府召开内阁会议，通过不扩大事态和局部解决的方针，同时向各驻外机关下达了相关命令。陆军向驻华日军发布尽量避免采取武力以防事态扩大的训令。海军命令第3舰队停止在台湾海域演习，即刻返回原警备区域。7月10日，陆军大臣杉山元大将向临时内阁会议提议，开展战时动员并派遣3个师团，但该议案被暂时搁置。7月11日，内阁会议决定派满洲和朝鲜的部队出兵中国华北并在国内进行战时动员，日本政府也发表了相关声明。动员和派兵要两周时间，但具体期间待定。政府宣布，决定把卢沟桥事件称为"北支事变"。为谋求国内舆论导向的一致，近卫文麿首相与政界、财界以及新闻出版界的代表进行会谈。与此同时，驻华日军和中国方面的第二十九军（国民政府的当地军队）签订了停战协定，事态似乎得到了平息。然而，因为7月25日和7月26日接连发生了廊坊事件和广安门事件，日本决定进行战时动员并派遣3个师团。在此期间，总参谋部和驻华日军坚持不扩大事态的方针，努力处理事件，但是最终还是因为这些事件而决定出兵。从7月28日开始，驻华日军对平津地区发动攻击，7月30日平津地区沦陷。日本总参谋部的意图是把事态发展控制在"北支"（指华北）范围，因此，从7月30日开始做海军和外务省的工作，力主和平。在三省（陆军省、海军省、外务省）的意见得到统一之后，总参谋部命令日本驻华纺绩同业会总务理事船津辰一郎与中方进行接触，开展试探性的和平会谈，这就是所谓的"船津工作"。

船津计划受挫

7月30日，驻华日军占领平津地区。总参谋部第一部长石原莞尔少将为实现和平，请求与军令部第一课长福留繁大佐进行合作，请求与海军大臣米内光政大将进行合作。7月31日，陆军省军务课长柴山兼四郎大佐也向外务省东亚局长石射猪太郎就实现和平一事提出合作邀请。陆军、海军和外务三省决定抓住和平的契机，共同实施和平预谈判；决定派因看护妻子而回到东京的船津携带和平方案，以个人名义与国民政府外交部亚洲局长高宗武进行谈判。而且，上级还命令外务省不得"碰"和平预谈判之事。但是，日本驻华大使川越茂却在此时突然回到上海，并且无视之前的命令介入谈判工作之中。外务省事后也承认有介入这回事儿。要知道，川越大使从7月3日开始就多次被要求回到上海履行职责，但是他在"北支事变"发生之后也没有回到任上，说是要在天津"等人"。亚洲局高局长要与川越大使和船津计划分别进行会谈。这样一来，川越大使就负责传达最终的和平方案，船津只管负责传达日方对时局的担忧。但是，关键的和平方案好像传达得很不明确。在会谈举行的8月9日下午6时半左右，发生大山大尉事件，上海局势顿时紧张起来。大山大尉事件的具体经过是这样的。驻上海的日本海军特别陆战队大山勇夫中尉驾驶陆战队车辆巡视警备区，当巡视到虹桥机场附近的越界路时，被中华民国武装保安队用机枪和手枪扫射身亡，同行的司机也被绑架，并被殴打致死。

海军的应对与上海的情况

日本海军因大山大尉事件，态度变得非常强硬。8月13日国民政府军队攻击海军陆战队，8月14日还轰炸了第三舰队（司令长官是长谷川清中将）旗舰"出云"号以及陆战队总部，海军请求陆军尽快出兵上海。尤其是米内海军大臣，当他在听说"出云"号被炸后暴跳如雷，在内阁会议上，冲正在做财政报告的大藏大臣贺屋兴宣大吼大叫（『西園寺公と政局』第六卷、73頁）。天皇对海军态度的变化深感忧虑，对有事前来禀奏的军令部副部长岛田繁太郎说："长期以来，朕对海军的态度和做法就一直很放心，希望此次亦能着眼于大局，切勿感情用事，以免铸成大错。"(『嶋田繁太郎大将備忘録』1937年8月15日)海军态度的变化同时让近卫首相感到震惊(『西園寺公と政局』第六卷、73頁)。其实，海军态度趋于强硬的背景里，有保护日本在上海侨民的因素。海军与外务省协商，于7月28日发布了有史以来第一个《撤回长江侨民的指示》，让滞留在长江流域的大约3万日本侨民于8月9日之前撤到上海，同时责令军队在上海对当地侨民实施保护。没想到，在完成撤侨的当天，上海就发生了"大山大尉事件"。

当时，位于上海租界的附近驻扎着国民政府陆军约3万人，在其外围驻扎着中央军和地方军队共计75万人。国民政府空军拥有战机281架，教练机132架。而海军则拥有陆战队员约4千名、重型巡洋舰3艘、轻型巡洋舰4艘、航空母舰2艘、驱逐舰30艘、炮舰10艘、特种舰6艘以及航空机233架。从数量上看，国民政府的陆上作战兵力占有绝对优势，而在航空战斗力方面，则两者不相上下(参照『戦史叢書』86、72、95)。面对这种情况，日本海军把保护上海当地的任务交给了第三舰队，以保护上海3万日本侨民的生命安全。同时，海军大臣米内要求日本政府召开临时内阁会议，审议向上海派遣两个陆军师团的提案。

此外，从发生事变后，在海军内部也有人态度强硬。司令长官长谷川于7月16日向上呈报道："为讨伐国民政府，从一开始就实施全面作战方针，要保有上海占领南京，以此来向国民政府施压。陆军有必要派遣5个师参战。"

(『現代史資料9　中日戦爭2』、186页）这是在了解了国民政府方面的武器购买以及对军队的部署等情况之后综合考虑的结果，是依据有必要实施"南京攻略"而得出的结论。

演变成"支那事变"

1937年8月9日，日本政府确定了不扩大事件的方针，当天下午6时30分左右发生了"大山大尉事件"。8月10日，日方提出由日本海军、上海市政府和租界工部局三方共同勘察事件现场，证明了国民政府方面存在重大的违规（重村实「大山大尉事件の真相」昭三会编『海軍回顧録』、189页；《东京朝日新闻》1937年8月10日消息）。8月11日，驻上海的英、美、法、意四国大使共同提议在上海建立非交战区，并将该提案通告中、日两国政府。

8月12日，上海召开停战协定会议，日本、英国、美国、法国、意大利与国民政府参加了停战协定共同委员会。海军在同一天确定了事件的处理方针，并向长谷川司令传达了天皇关于确保上海的敕令。8月13日，日本海军要求上海市政府撤出在租界周边的军队并拆除防御设施，而市政府方面予以拒绝。当日下午，国民政府对陆战队进行射击，傍晚时分开始炮击。8月14日，国民政府空军轰炸日本旗舰"出云"号等，误炸上海共同租界内的民间设施，致使外国侨民死伤超过千人。其中，包括研究日本古代史的著名学者罗伯特·赖肖尔，他是战后驻日大使艾德温·

38. 从"北支事变"到"支那事变"

赖肖尔的兄长［松本重治『上海時代（下）』、195～197頁］。同日，日本海军开始实施航空歼灭战（轰炸广德、杭州、南京、南昌的各大机场和军事设施）。当天夜里，日本召开临时内阁会议，决定向上海增派两个陆军师团的兵力。

日本政府于8月15日发表了《膺惩国民政府并逼其反省》的声明，8月17日，内阁书记官长风见章发表了关于"抛弃不扩大方针"的讲话。同日，组建上海派遣军（司令是松井石根大将）。虽然日本政府方面发表了放弃不扩大方针的政策，但总参谋部却依然坚持"不扩大方针"，将派遣兵力控制在能保住上海的最低限度。

蒋介石于8月6日召开了第一次国防会议，命令军队做好打持久战的准备。当8月9日上海发生"大山大尉事件"时，蒋介石便认为中国从此进入"支那事变"时期，所以命令所有将领返回工作岗位，准备开展全国性的军事行动。8月15日，蒋介石发布国家总动员令，设置大本营并亲自担任陆海军总司令，准备全面抗战。8月21日，中苏两国在南京签署了《中苏互不侵犯条约》。国民政府决定在全面战争开始之前在上海进行抗战，因此请汉斯·冯·塞克特大将（Hans Von Seeckt）率领德国军事顾问团指导士兵修筑野战阵地。1936年左右，上海修筑并形成了坚固的防御阵地和碉堡群（塞克特线）（赤松祐之『昭和十二年の国際情勢』、310～314頁）。第二次上海事变之际，请亚力山大·冯·法肯豪森中将（Alexands Von Falkenhausen）指挥对日作战。

日本陆军进攻上海及对苏联的战略危机

8月23日,日本上海派遣军在海军陆战队的掩护下,强行从吴淞口登陆并取得成功。但是,日军登陆不久就陷入了苦战。其原因有两方面。一是国民政府军在塞克特线集中了大量兵力,二是上海派遣军在军事地理上有错误判断,以为在上海不能使用口径超过75毫米的野战炮,而且总参谋部又有尽可能少投入兵力的方针,所以上海派遣军只配备有少量的坦克和大口径武器装备。日本总参谋部在制定对华作战方案时,必须同时考虑与苏联开战的因素,因此在"指导对华作战时,(总参谋部)如履薄冰,一直祈求北方无战事"(『戦史叢書86 支那事变陆军作戦1』、288页)。当时,日本最多可动员30个师团,其中对苏联作战23个师团,对华作战7个师团。8月21日,日本军力的实际使用情况是华北4个师团,上海2个师团,预备役1个师团。

估计当时苏联的远东军兵力有28个狙击师团、4个半骑兵团和6个机动装甲旅团,外加1500架飞机,战时总兵力达到31~50个师团。为此,日本总参谋部对4个师团(其中1个是常设师团,3个是特设师团。常设师团的目的是准备对苏作战,特设师团的目的是保障后方治安警备)实施动员,增强对华部队的战斗力(使用兵力限定为11个师团),并做出准备动员四个师团为预备役的决定。

8月24日，长谷川司令长官宣布对长江以南中华民国港湾实施封锁，中华民国船舶不得停靠。8月25日，又进一步宣布切断中华民国沿岸的海上交通。8月24日，日本出兵青岛，把滞留在那里的日本侨民接回国内。8月26日发生了英国驻华大使纳兹布鲁·休戈森受伤事件。9月2日，经过日本与英国谈判，此事获得妥善解决。

8月30日，日本军令部建议总参谋部增派陆军支援上海，总参谋部第三课课长武藤章大佐面露难色，仅同意增派航空部队（『戦史叢書86　支那事変陸軍作戦1』、294页）。同时，在上海苦战的派遣军司令松井与海军司令长谷川也要求总参谋部往上海增派陆军部队，但总参谋部表示增兵有困难。9月6日上午，军令部总长伏见宫博恭王就海军用兵问题启奏天皇，说："鉴于上海的陆上战斗迟迟没有取得进展，有必要增派陆军支援。"天皇闻奏后立即召见参谋总长闲院宫载仁亲王。闲院宫载仁亲王接到天皇召见的诏令之后，在总参谋部研究对策，于下午3时进宫谒见天皇并向天皇启奏，说："经内部讨论决定，拟把第九师团、第十三师团、第一〇一师团和台湾守备队派往上海。"即总参谋部是根据海军要求，于9月6日内定往上海增兵的。9月10日，总参谋部正式决定向上海增兵。9月11日，总参谋部下令向上海派遣3个师团。但是，第一部长石原莞尔明确表示，增兵上海不会影响上海派遣军原先的任务，不会攻占南京。可见，总参谋部当时并没有扩大事态的企图（『戦史叢書86　支那事変陸軍作戦1』、297页）。

另外，9月2日，日本内阁会议决定将"华北事变"改称"支那事变"，并于即日予以公布。9月3日开始召开第72次帝国会议，会议制定了《临时军费特别计算法》等为《准战时体制》准备的各种法案，批准了约202万日元的临时军费开支（其中，陆军约142万、海军约35万、预备费约25万）。9月5日，日本政府发表声明，其主旨是："积极、全面地打击中国（国民政府），促进国民政府反省，就是打持久战也在所不惜。"

事态逐渐升级，由"卢沟桥事变"发展到"北支事变"，再由"北支事变"演变成"支那事变"。战线拉得如此之长，事先根本没有人能够预测，而且当时陆军总参谋部出于对苏联的战略考虑，其对华作战方针是相当消极的（「石原莞爾中将回想応答録」『現代史資料9　日中戦争2』、310～312頁）。

（五十岚宪）

参考文献

昭三会編『海軍回顧録』、防衛研究所所蔵。

「嶋田繁太郎大将備忘録」其二（防衛研究所所蔵、複写）

『現代史資料9　中日戦争2』、みすず書房、1964。

防衛庁防衛研修所戦史室編『戦史叢書72　中国方面海軍作戦1』、朝雲新聞社、1974。

防衛庁防衛研修所戦史室編『中国方面陸軍航空作戦1』、朝雲新聞社、1974。

防衛庁防衛研修所戦史室編『戦史叢書86　支那事変陸軍作戦

1』、朝雲新聞社、1975。

防衛庁防衛研修所戦史室編『海軍航空概史』、朝雲新聞社、1976。

防衛庁防衛研修所戦史室編『陸海軍年表』、朝雲新聞社、1980。

赤松祐之『昭和十二年の国際情勢』、日本国際協会、1938。

戸部良一『ピース・ファーラー』、論創社、1991。

相澤淳『海軍の選択』、中公叢書、2002。

39.《国家总动员法》的采纳

议会政治被停止了吗？——帝国议会众议院全体会议——昭和13年（1938）3月16日

法案的内容

1938年3月16日，在两年前竣工的国会议事堂内，众议院的主会场气氛沉重。因为这一天是对《国家总动员法》进行表决的日子，其结果直接决定着该法案的命运。《国家总动员法》自2月24日开始在众议院内接受审议，其间争议不断。为什么会引起争议，又为什么会出现沉重的气氛呢？这得从法案的内容说起。

国家总动员法案是由政府制定并提交帝国议会审议的法案，由50项条款组成。所谓国家总动员是指，战争之际，为保卫国家之需要，对全国的人力和物力资源进行统一管制和调配，以发挥出最大效果。这里的战争包括没有宣战的战争，即当时日语中所说的、事实上已经处于战争状态的"事变"。当时被称作"支那事变"的日中战争就是没有宣战的战争。日中战争偏离日方的初衷，估计走向扩大化和长期化的可能性越来越大。在这种情况下，日本政府拟通过制定法案来获得实施战时统制的强大权限，以应对日中战争未来的走向。

该法律最大的特点是规定：细则即敕令，可通过由政府负责的、以天皇名义所颁布的法令予以确定。此种法律被称为委任立法。而且，在战时，该法律几乎对所有的国民权利都可以加以限制，甚至还制定了惩罚条例。日本政府认为，国家无论是在形式还是在内容上都需要《国家总动员法》，以便在应对和处理战争状况时能够随机应变。虽说战时需要是被限定的目的，但同时也是内容。据其内容，政府可以不通过议会就随便限制国民的权利。

根据《大日本帝国宪法》，国民的权利只有法律或者在帝国议会上获得通过并生效的法令才可以对其进行限制。不过，根据宪法第31条规定，在紧急情况下，天皇也可以通过发布敕令来限制国民的权利。但是，该敕令（紧急敕令）要在它实施后的首次议会上接受帝国议会的审议，如果遭到否决，该敕令无效。根据《国家总动员法》，政府可以不通过议会就对国民权利加以限制。也就是说，《国家总动员法》作为一项法律，根据其运用方式的不同，可使议会变得没有存在的意义，可使宪法置于事实上的停止状态。因此，想要在议会上通过这样一项法律，引起争议是理所当然的。下面具体看看争议的情况。

极度混乱的审议

事实上，从审议国家总动员法案开始就一直有争执。

1938年1月下旬,该法案的内容公布之后,在众议院中占七成以上议席的两大保守政党——立宪政友会与立宪民政党都表示反对,认为政府法案破坏宪法,要求对委任立法的部分内容进行修改之后再向议会提出。因为保守党(当时称既成党)是以议员为主体的政党,如果没有了议会政治,就无法从事政治活动。

然而,社会大众党与东方会的议员总体上赞成政府方案。站在国家社会主义的立场,他们认为,为了消除社会的不公平,有必要通过国家实施强有力且大范围的统制。而且,他们在议会中是少数派,没有意识到尊重议会政治是必要的。最后,近卫文麿首相只是将政府方案稍加修改就提交议会审议了。

果不其然,在审议第一天(2月24日)的众议院全体大会上就发生了争执。政友会高层早就料到会出现这种局面,没有让原本应该进行主旨说明的近卫首相到场。因为当时为了政党政治的复活,议会内部正在以近卫首相为党首组建新党。但是,民政党斋藤隆夫以下的政、民(政友会与民政党)两党议员认为,国家总动员法案有违反《大日本帝国宪法》这一钦定宪法的嫌疑,担心该法案会将日本变成独裁国家,把日本变成官僚主导的官僚国家,于是,他们借陆军大臣杉山元在反驳中的失言大做文章。

产生争执的内幕

在争执的背后是各种政治势力对政界重组的期望。在政、民两党内部，近卫新党派与旨在结成新党的宇垣新党派形成对立。宇垣（宇垣一成）曾担任前陆军大臣，一年前组阁时遭到陆军的阻止。为了避免军部插手政治，重启政党政治，是该拥戴对陆军友好的近卫，还是应该拥戴因才干让陆军产生畏惧的宇垣，两派之间存在争议。

与此同时，海军出身的内务大臣末次信正等右翼和国家社会主义者，想趁机解散既成政党，将保守势力从政坛中赶出去。于是，他们策划了一系列的行动。2月17日，被称为防共护国团的群体意欲占领民、政两党总部未遂。2月26日，在东京市内竖起了许多谴责总动员法反对派的广告牌。据说，在2月17日事件中，近卫首相也曾为防共护国团提供过资金。

在一片吵嚷声中，国家总动员法案从2月26日开始进入委员会审议程序。政、民两党委员逼迫政府撤回并修正法案，但政府没有丝毫的退让，表示该法律在战时很有必要，因此双方没有达成共识。在3月3日的委员会答辩上，站在答辩席上的陆军省军务局中校佐藤贤了冲政友会议员野次大喊"闭嘴！"，致使审议陷入混乱。这一事件表明，既成政党与政府双方都有极度的焦躁情绪。

审议在3月12日突然停止，3月16日进行委员会表决。政、民两党突然转变态度，表示有条件赞成。这样，法案在委员会获得通过。这是为什么呢？

原因是这样的。3月11日，近卫首相在与部分阁僚就国家总动员法案问题进行协商时，末次指出，就目前情况看，法案很可能遭到否决或修改。因此，他提议解散议会，通过颁布紧急敕令修改选举法，使既成政党的议员不能参加竞选，这样，议会就成了国家社会主义者的天下，总动员法案获得通过不成问题。近卫首相对此提议表示赞同。因为他对既成政党一直有戒备心理，而与右翼和国家社会主义者的想法有共鸣。

近卫首相在民众中的声望很高，以近卫为党首并高举国家社会主义旗帜的新党很可能执掌政权。政、民两党为了避免出现最糟糕的局面，所以就突然转向，对法案表示赞同。

但是，政、民两党的同意是有附带决议的。附带决议规定不得滥用《国家总动员法》，规定对官僚制度进行改革等。预定的国家总动员审议会是针对国家总动员法的使用而成立的政府咨政机构，其超过半数委员是贵族院和众议院的议员，这对近卫首相的权力构成了约束，就是在这样的情况下迎来了3月17日的众议院全体大会。

表决时也有争执

然而，政、民两党表示的赞成言论却缺少像样的赞成意味。代表民政党参加讨论的是山本厚三。山本厚三表示，"鉴于我国目前的局势，我想肯定会有人表示些许不满或很不满（有声音回答'理所当然'）。在目前的时局下，我们对国民肩负着重大责任。有鉴于此，我们必须极力克制内心的强烈不满，赞成这一法案"。言语之间，不满情绪溢于言表。代表政友会参加讨论的是大口喜六，他再次警告政府不要滥用总动员法，说："（政府）在将来使用此法案时，一定要兑现诺言，切不可打错算盘。万望谨记。"

代表社会大众党参加讨论的是西尾末广，他对近卫首相讲道："如果这就是日本要走的路，就应该胆子再大些，步子再快一些，像墨索里尼、希特勒，或者像斯大林一样，大胆地走日本应该走的路"等。这样的发言就差没说：政府啊！你加大推进统制的力度吧。政、民两党的议员因此嚷嚷起来，会场一度陷入极度混乱之中。墨索里尼、希特勒和斯大林均是停止议会政治并实行独裁统治的国家社会主义者。西尾的发言失误似乎是得意忘形所致，他的讲话就跟呼吁政府停止议会政治一样，也难怪政、民两党的议员们会因此而愤怒。

民政党出身的议长小山松寿决定，将西尾末广的发言从会议记录中删除，并将其交给惩戒委员会。3月23日召开惩戒委员会。会上，社会大众党委员以及著名无党派人士、有"宪政之神"之称的尾崎行雄等人表示反对。但是，根据少数服从多数原则，惩戒委员会同意对西尾予以除名。很快就到当天傍晚。在众议院召开的全体大会上，是否将西尾除名也是一项议题。根据规定，会议在保密状态下召开，经过两个半小时的激烈争论，还是决定将西尾除名。

尾崎和社会大众党方面对西尾被除名一事提出批评，认为：议员在议会上有言论自由，其权利受宪法保护，侵犯议员言论自由就是破坏议会政治的暴行。但是，西尾的发言是对议会政治的否定，而且接下来会对法案进行表决，该法案可能会否定议会政治。为了避免今后出现类似的自我否定的发言，我们不得不说，这个处分万般无奈。

就这样，国家总动员法案被送到了贵族院。就是在贵族院，委员们审议时也不断提出批评，认为总动员法案违反宪法。但是，由于政府方面的劝导，总动员法案在3月24日召开的贵族院全体大会上获得通过。然而，前内务官僚伊泽多喜男等数名议员自始至终都没有接受政府的劝告，拒绝投赞成票。结果，贵族院与众议院不同，法案并非获得全票通过。就这样，《国家总动员法》在克服种种阻力之后，于4月1日公布，5月5日开始实施。

争执的影响

虽然《国家总动员法案》获得通过，但在审议中出现争执的影响是巨大的。其他战时管制法案也因遭到政、民两党的反对，在国会审议时遇阻或者被要求修改等。在1938年3月末议会结束时，近卫首相向昭和天皇和身边的人流露出辞职之想法以及要把权力让给既成政党的打算。虽然在周围人的劝说之下，近卫首相放弃了上述想法，但是他还是担心在第二年的议会上会产生争执。于是，在该年的夏天，他创建了以国家社会主义者为核心的独裁新党。但是，在政、民两党与内务省的反对之下，他还是受挫了。1939年初，近卫决定解散内阁。

此外，政府打算遵守在议会上所做的承诺。虽然官僚制度的改革因遭到现役官僚的反对而受挫，但是政府依然按照之前的承诺，于1938年7月1日任命了48名国家总动员审议会委员，具体为：贵族院议员15名，众议院议员15名，官吏15名，有学识有经验人士3名。此审议会依据《国家总动员法》审议了几乎所有的敕令方案。为解决争执而设置了特别委员会，其委员全部由贵族院和众议院的议员担任。有时，敕令方案会根据两院议员的意见予以修改。也就是说，审议会起到了代理议会的作用。而且，即便是在总动员法能够启动的情况之下，政府也大多通过制定个别法案去请求议会审议。

之前，人们一直说，《国家总动员法》获得通过意味着日本议会政治的衰退。虽然《国家总动员法》获得通过千真万确，但是议会的强烈抵制阻止了总动员法的滥用。这清楚地说明，因宪法由天皇确定，使得拥戴天皇的军部和官僚就是在战时情况下也不敢轻视议会。

（古川隆久）

参考文献

伊藤隆『近衛新体制』、中央公論社、1983。

江上照彦『西尾末広伝』『西尾末広伝』刊行委員会、1984。

古川隆久『戦時議会』、吉川弘文館、2001。

『昭和戦中期の議会と行政』、吉川弘文館、2005。

40. 决定放弃举办东京奥运会

幻灭的奥运会——东京首相官邸——昭和13年（1938）7月15日

决定的理由

1938年7月15日，当时的（第一次）近卫文麿内阁在例行的内阁会议上通过了一项议案。议案表示，为纪念神武天皇即位2600纪元年，决定推迟原定于1940年举办的东京万国博览会，并放弃东京奥运会举办权。内阁会议结束后，主管万国博览会的商工大臣池田成彬和主管奥运会的厚生大臣木户幸一，分别发表谈话，就这一决定进行说明。

厚生大臣木户表示，"目前对华战争的形势要求我们进一步做好长期战争的准备，在物质上和精神上举国家之力，勇往直前，以实现战争的目的"。也就是说，日本之所以放弃东京奥运会举办权是因为：日中战争已经发展成长期战争，日本为了赢得战争的胜利，有必要进行全国总动员。虽然放弃举办奥运会，但"日本打算于纪元2600年满怀举办国庆大典之热忱,举办一次全国性的体育盛会"。关于奥运会,他表示,日本有意在战争结束后再次申办,说:"我们希望在和平到来之日再次申办奥运会,以向国内外展示我国民族的精神风貌。"(《东京朝日新闻》1938年7月16日早报)

商工大臣池田也列举了类似的延期理由,他表示,等战局稳定,日本希望能举办奥运会。但是,由于万国博览会已经于当年(1938年)3月出售首批约100万张的入场券,所以予以延期而不是取消。

日本奥运会一旦举办就可成为亚洲第一壮举,没想到就这样被取消了。日本计划举办奥运会之事已经广为人知。消息传出,相关人员自不待言,就是通过广播及第二天(1938年7月16日)早报得知消息的人们,也肯定沮丧至极。

申办的意义

举办万国博览会相对容易些,只要下的决心大,就有可能申办成功。但是,举办奥运会就难多了。奥运会四年举办一次,国际奥委会(IOC)最晚在开赛前五年确定举办地(现在提前八年确定)。举办地由国际奥委会总会通过投票方式从拟申办的候选城市中确定。候补城市能否当选举办城市,关键要看这个城市能否建成举办国际大型体育盛会的设施。

每四年只选择一个城市,被选为举办地不容易,申奥活动会耗费很多人力和财力。因此,当申奥相关人员听说放弃奥运会举办权时,他们所受的打击是巨大的。

近代奥运会始于1896年的雅典体育大会,其举办地是欧美的主要城市。1909年,柔道创始人嘉纳治五郎成为首位担当奥委会理事的日本人。日本参加奥运会始于1912年的斯德哥尔摩奥运会。在1928年召开的阿姆斯特丹奥运会上,织田干雄和鹤田义行分别在田径项目和游泳项目上首次为日本人摘得奥运会金牌。作为五大国之一的日本,不仅在国际政治和军事上而且也开始在奥运会上展示其大国实力。

基于这样的背景,当1929年国际奥委会主席勒巴龙·皮埃尔·顾拜旦访问日本时,全日本学生田径联盟会长、早稻田大学教授山本忠兴对顾拜旦说,日本也有举办奥运会的意向。第二年6月,山本教授带队去欧洲参加第三届世界学生田径锦标赛。临行前,东京市长永田秀次郎向山本教授表示,东京有意申办1940年的12届奥运会,以庆祝神武天皇即位2600年。因此,他要求山本去了解国际奥委会(IOC)理事国的意向。据说,永田市长决定申办奥运会来源于市政府一位职员的提议,该职员酷爱体育,他认为举办奥运会是东京发展的契机。

日本没有申办6年后的1936年奥运会,而是申办10年后的1940年奥运会,其理由是,要申办1936年奥运会的城市中有柏林,人们普遍看好柏林。而申办1940年奥运会可以借助纪念纪元2600年的美名,容易得到政府、国民以及社会各界的支持。另外，设施建设估计有 10 年时间也可完工。

当时日本的小学教科书将《日本书纪》和《古事记》中的神话部分写成了史实，按神武天皇即位时间公元前660年计算，日本被认为是世界上历史最悠久的国家。而且，神武天皇纪元（神纪）是政府用法令确定下来的正式纪年法（计算年份的方法）。很多日本人知道，公元 1940 年就是纪元 2600 年，就是忘记了也能马上推算出来。

申办成功

永田市长发言后过了半年（1930 年 12 月），山本教授从欧洲回国，他向永田市长汇报称，日本申奥有成功的可能。因此，翌年（1931 年）10 月，市议会决定开始申奥活动。市议会定于 1931 年 3 月举办帝国首都复兴节，目的在于：通过举办奥运会的大好时机，让从关东大地震中重新振兴的帝国首都东京取得飞跃性的发展。

后来，有望成为 1940 年奥运会举办城市的东京，向 1935 年国际奥委会大会展开积极的申奥工作，譬如，给国际奥委会理事分发介绍日本的精美图片集，邀请国际奥委会理事来日本视察。但是，日本体育界龙头大日本体育协会对申奥态度消极，认为申奥之事为时尚早。

即便如此，东京市的申奥工作还是富有成效的。在 1935 年的国际奥委会大会上，人们认为，意大利的罗马和日本东京是申办 1940 年奥运会候选城市中最有实力的。在这种情况下，东京市请日本政府帮忙，通过外交渠道打通关节，让意大利做出让步。1935年2月9日，意大利独裁者墨索里尼明确表示，将1940年奥运会的举办权让给日本。但是，此时的国际奥委会大会还没有确定最终的举办城市，因为意大利方面负责申办活动的相关人员中存有异议。直到1936年7月31日，国际奥委会大会在等待举办奥运会的柏林召开，才最终把翘首以待的东京确定为1940年奥运会的举办地。接受举办任务的东京市，于1936年12月，由大日本体育协会牵头，成立了第12届东京奥运会组织委员会。

在东京有可能成为1940年奥运会举办城市的1935年，由于日本经济界的积极主动，东京在1940年召开万国博览会的可能性也越来越大。报纸上的报道热闹非凡，不断刊登东京如何进行城市改造，如何通过在国内观光地建酒店等吸引外国游客等的消息。当时，日本为了发展重工业，需要有外币。为了解决外币不足的问题，政府和政界认为，招揽外国游客成本较低，是获得外币十分有效的手段。因此，他们对万国博览会以及奥运会都寄予了厚望。

战争的阴影

东京正式取得奥运会的举办权后就着手开展场馆的建设工作。但是，日本因日中关系和国际关系紧张，已经进入所谓的准战时体制，开始大规模扩军。因此，政府希望简单办奥运会。然而，筹备工作正式启动不久的1937年7

月，日中战争爆发。当初，日本只希望战争能够速战速决。但是中国保家卫国和打倒日本的气势击破了日本的美梦，战争开始出现扩大化和长期化的趋势。于是，同年9月，日本暂缓了奥运会的筹备工作。

1937年末，日本攻陷中国首都南京。日本从1938年开始重启奥运会筹备工作，但是，战争还看不到有结束的迹象。1938年3月，在众议院会议上，立宪政友会的河野一郎以处于战争状态为由，强烈要求近卫首相终止一切奥运会的筹备工作。与此同时，在埃及开罗召开的国际奥委会大会也讨论过是否同意日本举办奥运会的问题，但是，嘉纳治五郎消除了国际奥委会的疑虑，使东京举办奥运之事得以确认。不过，嘉纳治五郎在乘坐客轮"冰川丸"回国的途中，因劳累过度，突发急性肺炎去世，享年77岁。我们再说说河野一郎，虽然当初他极力要求终止奥运会，但没想到他后来担任池田勇人自民党内阁的建设大臣，从而不得不负责1964年的东京奥运会。此事说来颇具讽刺意味。

尽管出现了上述各种情况，奥运会的筹办工作依然照常进行。东京奥运会组织委员会决定，在东京世田谷的驹泽高尔夫球场附近建奥运会主会场和奥运村，在东京芝浦建自行车竞技场，在埼玉县户田建球类比赛场馆。虽然东京市已经开始设计主会场，但由于是战争时期，设计方案特别注重资材的节约使用。同时，为了节约施工开支，自行车竞技场由学生通过义务劳动的方式来建造。此外，东京市为了保证运动员在奥运会期间以及观众在万国博览会期间的交通方便,还对市内的道路进行了大规模的改造。

但是,由于日中战争的扩大化和长期化,日本强化了战时经济管制,使得奥运会筹建工作难以继续下去。而且,世界上出现了一个大的趋势,即把日中战争看作日本对中国的侵略战争(事实上也是如此)。更有美国等国家明确表示不参加东京奥运会。鉴于以上种种原因,日本于1938年7月15日决定,延期举办万国博览会,放弃奥运会举办权。

东京放弃奥运会举办权后,国际奥委会很快把芬兰的赫尔辛基确定为1940年奥运会的举办城市。1939年9月突然爆发第二次世界大战,奥运会被迫停办,这是自奥运会举办以来的首次停办。

当时,冬季奥运会也定在1940年举行,举办地是日本的札幌。但由于国际滑雪联盟与国际奥委会对业余参赛的规定意见不一,双方决定拿到1938年3月召开的国际奥委会大会上讨论。1938年7月日本放弃举办东京奥运会,这同时也意味着放弃举办札幌冬季奥运会。直到1972年,日本才一雪前耻,成功举办冬季奥运会。

驹泽是奥运会主会场的预定地点,战后被用作棒球场,曾经是职业棒球队东映FIYERS(日本FIGHTERS的前身)的大本营。1964年举办东京奥运会时,这里被作为奥运会第二会场。现在,这里已经成了驹泽公园,奥运设施都被利用起来了。此外,NHK为了转播奥运会,积极推动电视的实用性研究,成为世界上第四个开始播放电视的机构。

40. 决定放弃举办东京奥运会

1939年，电视在东京的百货商店开始试播放，并播出连续剧。不久，电视应用研究中止，直到战后的1953年，日本才正式播放电视。

放弃举办奥运会后，日本政府承诺举办体育运动会。体育运动会会场定在明治神宫外苑，以前，这里每年都会举办明治神宫体育运动会。不过，1941年的体育运动会规模空前，是纪元2600年的庆典活动之一。其中加入了模拟军队训练的元素，是一场战时特色鲜明的体育大会。

此外，日本还召开了国际性体育大会。1941年6月，作为庆祝纪元2600年的纪念活动之一，纪元2600年奉祝会（政府的外围团体）、东京市、大日本体育协会等共同主办了东亚体育运动会。日本、"满洲国"、中国的亲日政权（汪精卫伪政权）、菲律宾、夏威夷等地共计732名运动员参加了此次大会。大会在东京和关西举行，为期一周。由于大会日程4月下旬才确定，显然准备不足，运动会没有破什么纪录，闭幕式又遇上下雨，改在室内进行，最终低调收场。

假如日本没有扩充军备，没有日中战争，奥运会和万国博览会的场馆建设和相关活动就能如火如荼地进行。一旦奥运会和万国博览会成功举办，日本的经济高度增长期肯定会提前20年到来。话又说回来，东海道和山阳路的新干线建设计划也是这个时候出台的，开始施工是1941年。不过，因战争，新干线建设一度中断。1964年，为配合举办东京奥运会，用地和之前完成的设施被用到开始运营的东海道新干线建设上。

（古川隆久）

参考文献

桥本一夫『幻の東京五輪』、日本放送出版協会、1994。
古川隆久『皇紀・万博・オリンピック』、中公新書、1998。

VII

战争时期

41. 大政翼赞会的成立

政治向心力的缺失——东京的首相官邸——昭和15年（1940）10月12日

参会者约100名

1940年10月12日上午9时25分，大政翼赞会在首相官邸大厅举行成立典礼。让我们通过报纸的描述重温当时那一幕。出席成立典礼的人员约120名，其中包括准备就任翼赞会领导层的政治家、官员、军人以及近卫文麿首相为核心的第二次近卫内阁全体阁僚。大厅内的陈设极其简朴，只有桌子和迎面的金屏风。不过，具有历史性的成立庆典就是在这里召开的。

此庆典的历史性究竟体现在哪里？其实，透过出席者的名单，我们就能一目了然。总裁预定人选为近卫首相，顾问预定人选为外交大臣松冈洋右、陆军大臣东条英机、海军大臣及川古志郎等近卫内阁全体阁僚，贵族院和众议院的主席以及业已全部解散的各政党首脑等。总务长预定人选为各政党原干部、各右翼团体的领袖，以及财经、传媒和学界的代表等。参议则由各部副部长和陆军军政局长武藤章担任。此外，出席这次庆典的还有事务总长前农业大臣有马赖宁和中央协力会议主席末次信正。末次信正是有海军高官背景的前内务大臣、右翼团体东亚建设联盟领袖。可以说，这份名单汇集了所有的政治势力。

与会者根据司仪的安排，举行了如下的仪式。首先，全体起立向皇居行礼（宫城遥拜），齐唱《君之代》。接下来，近卫总裁宣读天皇关于举办纪念纪元2600年庆典的（这一年的主题是庆祝神武天皇即位2600年）诏书。最后，大家一起悼念战死的将士，默默祈祷出征中的将士武运长久。

近卫致辞

事务总长有马向大会汇报了大政翼赞会成立的经纬，之后，近卫首相再次登台致辞，他说："不言而喻，我国目前面临着堪比明治维新的重要时期，唯我大政翼赞之运动，欲整肃以往之放任自由，以全新之姿态服务于国家。历史在宣告，一个事关我国的重要阶段即将到来。大政翼赞之运动将决定我们国家未来之命运。尽管贯彻执行并非易事，在前行的道路上会有惊涛骇浪，但我们必须能够克服一切艰难险阻。诸位，为了完成历史赋予我们的重大使命，我衷心地希望大家能够挺身而出，为天皇分忧，竭力奉献我们的忠诚。"

这时，近卫从晨礼服的内兜里掏出另一份稿子，继续发言道:"最后,关于大政翼赞行动纲领,我要明确补充一点。听说,筹备委员就行动纲领曾经进行过多次商讨。可以相信的是,本行动纲领会极尽大政翼赞践行臣道的理念。这一点我可以保证。除此之外,我们别无纲领和宣言。因此,我决定,今天不发表纲领和宣言。"9时45分,成立仪式在与会者三呼万岁中结束。

很多报纸都报道了此次庆典所取得的巨大成功,说"这是迈向建设新日本的一大步"等。然而,事实并非如此。大部分出席者之前都以为,近卫首相会宣读纲领和宣言,没想到他最后的发言会是这样,错愕之心情难以掩饰。

成立的背景

决定筹建大政翼赞会始于1938年夏(第一次近卫内阁时期)。当时,近卫正陷于日中战争的泥潭窘境,急于从中脱身,结束战争。他做了各种努力的尝试,如与中国进行和平谈判,加强日本国内的团结以挫败中国的抗战意志等但是这一切都没有取得进展。

近卫认为,其中的原因之一是自己在政界没有强大的支持势力,虽然自己有一点人气但也无济于事。因此,他决定建立新党。近卫是华族公爵,官位显赫,亲近右翼和倾向于国家主义(主要是社会大众党主流派)的左翼(总称"革新派")。新党定位具有强烈的独裁色彩。在当时的众议院中,保守系政党的议席超过半数,近卫与之联合,会获得稳固的支持。但是,近卫有顾虑,觉得通过保守政治无法打开当时的局面,而且保守系政治家往往老奸巨猾,很可能被他们利用而成为傀儡。

而且,国际形势的剧烈变化促使近卫重新考虑建立独裁政党。在国际上,美国认为,日中战争是日本对中国的侵略战争。为逼迫日本停战,美国于1939年7月告知日本要废除《美日通商航海条约》,对日本实施经济制裁。虽然日本试图避免受到经济制裁,但是1940年1月条约失效,日本受到经济制裁。另一方面,1939年9月第二次世界大战爆发。纳粹德国所采取的闪电战持续奏效并控制了西欧的大部分国家。

看到纳粹德国的成功,前农业大臣有马赖宁等近卫亲信和"革新派"认为,日本也要通过建立独裁新党唤起国民斗志,也要对中国示强,以使日中战争的结束有利于日本。他们去游说当时的枢密院议长近卫。1939年6月24日,近卫辞去枢密院议长一职,公开表示要开始新体制运动,并着手建立新党。

陆军为了促进这一运动,使用谋略,迫使当时的米内光政内阁下台。1939年7月22日,第二次近卫内阁成立了,近卫明确重申了要推动新体制运动的想法。截至8月中旬,各政党纷纷解散。虽然最初也有一些与近卫意见一致的势力,如社会大众党等,但大部分是为了在新党中占据有利地位,为了表示支持此运动而竞相解散原有政党的。

8月23日,近卫首相任命有马为召集人,在内阁设置了汇集各界代表的新体制筹备会。本来打算商量如何构建新党，没想到风云突变。宪法学者和部分右翼势力开始质疑首相，说首相使用权限组建独裁政党违反大日本帝国宪法。

出现违宪论

《大日本帝国宪法》规定，国家统治之大权属于天皇。但是，如果实行独裁体制，独裁政党以外的政治势力就不复存在，这样一来，天皇就不能将其他政党（独裁政党之外）的党首任命为首相。这就意味着，天皇在政治上失去选择权，其结果是天皇的大权受到侵犯。因此，建立独裁政党违反日本宪法。而且，根据首相只能辅佐天皇施政这一宪法原则，侵犯天皇大权同样违反日本宪法。

其实，近卫亲信等新党推进派制定了这样的步骤，首先以在野党形式建立新党，让天皇认可他们的主张之后再接掌政权，获得天皇同意并修改宪法，最后确立独裁政治。这样的话就不违反宪法。但是，陆军操之过急，在新党没有建立之前，就让近卫当了首相，因此被指违宪。为摆脱这一不利局面，新党推进派拟放弃新党的称谓，采用具有高度政治性的国民组织的称谓。

但是，新党推进派实际上是在建立独裁新党，这一图谋被参加新体制筹备会的部分右翼（井田磐楠）识破，使得新党推进派陷入窘境。如果建立新党被认为是否定天皇的运动，那么新党就有可能被打上反国家主义的烙印。因此，新党推进派把组织机构命名为大政翼赞会，取辅助天皇施政之意。与会者经过激烈讨论后认为，如果大政翼赞会制定自己的纲领和宣言，就有可能被看成是政党。因此，在大政翼赞会成立典礼的前夜，近卫决定不制定纲领和宣言。

看来，近卫在成立典礼中所说的"贯彻执行并非易事"不单单只是空话。因为，新党推进派的真实目的是搞独裁统治，但表面上却不能露出来。为此，翼赞会在其中央总部正经八百地设立了名为政策局的部门，以应对各种困难。确实，更大的困难在考验着新党推进派。

保守派被排挤

从有马赖宁就任事务总长一职可以看出，翼赞会的领导层被新党推进派所占据，保守系政治家全被挤到了议会局。为了避免被挤出政界，大多数保守系政治家参加了新体制运动。他们认为，只要保守系在众议院中的议席超过半数，代表民意的还是他们自己。按照这个逻辑，他们会掌握翼赞会的主导权，从而达到架空翼赞会、防止出现独裁统治的目的。然而，保守系的愿望落空了。

保守系政治家用来对付翼赞会的武器有：他们在众议院中拥有多数议席，大部分国民不想支持要求一味服从政府的翼赞会，帝国议会拥有被宪法所赋予的预算审议权，翼赞会被指违宪。保守系就是依靠这些武器，通过议会的舞台，开始了旨在架空翼赞会的活动。他们拿翼赞会申请补助金预算一事逼迫政府，认为把国家预算批给有违宪嫌疑的组织很荒唐，要求政府要不撤销补助金预算案，要不改组翼赞会，使之成为不能开展任何政治活动的团体。

其间的1941年1月25日，在众议院的预算委员会上，旧民政党的川崎克与近卫首相就翼赞会一事展开精彩的论战。川崎言辞尖锐，质问近卫，说：反映民意可以通过帝国议会，而且宪法也是这样形成的，政府为什么要有意偏袒有违宪嫌疑的组织呢？面对质问，近卫首相不好反驳，被迫答应改组翼赞会。虽然陆军和翼赞会对保守系议员的行为予以猛烈反击，但已经于事无补。

议会结束后的3月26日，有马等翼赞会中央领导干部几乎全部辞职。于是，出身精英官僚的"空降"人士心满意足地当上了干部。4月2日，中央总部实施改组，政策局和议会局被取消。翼赞会把自己定位为政府的外围团体，以呼吁国民主动配合政府政策，而不是定位为政府的推手。

失去向心力的日本政治

所有的政党都解散了，翼赞会也完全失去了其政治性。但是，取而代之的政治团体却迟迟未能产生。虽然保守系议员们成功阻止了日本成为独裁国家，但是，由于军部的阻挠和近卫首相的不合作，他们自己也没能创建起属于自己的新党。

就这样，日本能够掌握政权的政治团体开始缺失。近卫保住了首相的宝座，但松冈洋右外相等阁僚肆意妄为，近卫无力对其进行约束。而辞退他们又后继乏人，只能使更加无能的人上台。新体制运动使得日本政治陷入极大的混乱，并在最关键的时候丢失了政治向心力。结果，未能准确判断大局的军部和官僚奉行机会冒险主义，把日本一步步推进了太平洋战争这一万劫不复的深渊。

（古川隆久）

参考文献

伊藤隆『近衛新体制』、中央公論社、1983。

古川隆久『戦時議会』、吉川弘文館、2001。

42. 建国 2600 年庆典

思想统制成功了吗？——东京宫城前广场——昭和 15 年 (1940) 11 月 10 日

五万人出席

1940 年 11 月 10 日清晨，东京天气晴冷。宫城前广场（现在的皇居前广场）搭起了许多帐篷，帐篷内摆放着可供五万人使用的白木桌椅。面向皇居的正面还搭建了神殿样式的庆典大殿。这一天，日本政府将在这里举办庆祝神武天皇建国 2600 年的纪念活动。次日，财团法人纪元 2600 年奉祝会也将在这里举办纪念纪元 2600 年的庆祝宴会。现在一切都已经准备就绪。

所谓建国 2600 年是以《日本书纪》和《古事记》的记载为根据的，当然记载的都不是事实。当时日本政府之所以把它认定为事实，其目的是为了向海内外展示日本的优秀。神武天皇纪元（也称皇纪）是 1872 年由明治政府规定的正式纪年法。

11 月 10 日上午，参会人员走进会场。参加活动的人员有外国驻日大使、公使、武官，社会各界代表、日中（等）

战争中的伤残军人及战死者的遗属代表、包括伪满洲国在内的盟国代表等，共计4900余人。另外，准备就绪的人员还有由陆海军组成的仪仗队、军乐队，以及由东京音乐学校（现在的东京艺术大学音乐部）在校生组成的合唱团等共计1500人。

快到上午11时，在军乐队演奏《君之代》的乐曲声中，皇族、近卫文麿首相以及大臣们，紧跟着天皇、皇后入场并在大殿中央的玉座就座。11时整，庆典正式开始。日本放送协会（NHK）向国内外广播并转播了庆典的盛况。

未转播天皇真声

首先，近卫首相在大殿前，当面向天皇和皇后致贺词。贺词用仿效古老的万叶假名体书写，表达了对国家和皇室繁荣的祝福。接着，天皇宣读了敕语，其要旨是：根据《日本书纪》所云，弘扬神武天皇即位诏书中所提倡的"八纮一宇"精神，在天皇的统治下，实现国家统一，并对人类的福祉与和平做出贡献。当然，即位诏书只是神话传说，并非史实。在天皇宣读敕语的时候，广播突然中断。这是因为政府对广播天皇真声有诸多的顾虑，既不知道谁会收听广播，也不知道收听者会有什么反应。

纪元2600年奉祝会请东京音乐学校谱写了庄严的《纪元两千六百年颂歌》。军乐队与合唱团共同演奏完《纪元两千六百年颂歌》之后，近卫首相再次站到大殿前。11时15分，鸣放礼炮，同时在附近的大楼拉响了警报。近卫首相高呼"天皇陛下万岁",所有参会者跟着三呼万岁。全国其他地区的政府机构、学校和工厂也应该在同一时刻三呼万岁。11时30分刚过,仪式结束。所有参加者都得到了参加纪念章。

翌日的庆祝宴会

11月10日的典礼仅限于仪式,次日(11月11日)的庆典是宴会。庆祝宴会下午2时开始,天气晴好。地点在同一庆典会场。参加人员有天皇、皇后、皇族、内阁大臣、奉祝会特别会员(主要是提供高额捐款的人)等50000人,以及军乐队和由全国儿童小学生代表组成的儿童合唱团3000余人,共计53000余人。

纪元2600年奉祝会总裁代理高松宫(总裁是秩父宫,因结核病在疗养中)和驻日外交使节代表美国大使格鲁分别宣读了"奉祝词",即贺词。天皇宣旨称:能与社会各界及各国代表一同分享庆典,感到十分高兴。由于不是政府举办的庆典,天皇讲话的措辞比敕语显得温和。随后宴席开始,天皇、皇后与参会者一同用餐,一同欣赏由宫内省音乐部表演的舞蹈音乐、军乐队的演奏和由军乐队和儿童合唱团共同演出的国民之歌《纪元两千六百年》。最后,在高松宫带领下,全体参会者三呼万岁。下午3时前,宴会结束。

将近5万人一起用餐前所未有,天皇和皇后与5万人一起用餐也前所未闻。因在户外,不能烹制热餐,而且又恰逢战时，所用菜谱与战时士兵携带的方便食品差不多。具体有蔬菜、鱼等什锦罐头，便携式米饭，速食酱汤，饼，干面包，相当于航空兵专用营养剂的饮料，下酒用的熏烤食物，作为餐后甜品的"兴亚"点心（夹心面包）和橘子。对于宴会而言，菜谱过于简朴。最后，大会把《列圣珠藻》和《圣德余光》这两本书送给参会者作纪念，书中收录了历代天皇的和歌、书信并附有日本一流文学大师的讲解。

在同一天，日本各地及殖民地也举行了隆重的游行庆祝活动。在东京，市营电车被装饰成炫丽的彩车，行进在繁华的大街上。根据官方公布的数据，国内外约有5000万人次参加了此次的纪念活动。

举行庆典的经过

所谓纪元2600年奉祝（即庆典）其实是东京和奈良地方政府、经济界等相关人员找来的由头，其目的有三个：（1）为了在东京成功举办日本首次同时也是亚洲首次的万国博览会与奥运会；（2）为了实现奈良县橿原的橿原神宫扩建计划；（3）为了获得政府、国民和国际社会的广泛参与和支持。橿原神宫是为了纪念神武天皇，于纪元2550年（相当于公元1890年）由政府建造的神社，坐落在奈良县橿原被认为是神武天皇陵寝的一侧。

原本，承办万国博览会、奥运会以及扩建橿原神宫是分三拨人去做的，相互之间没有关联。后来，前财政大臣阪谷芳郎提出了举办纪念纪元2600年的一体化方案，以将三件事变成一件事去办。经过阪谷等人的努力，1935年政府作为一项政策采纳了这个方案，认为举办万国博览会和奥运会可以招徕更多的欧美游客，从而增加发展经济所必需的外汇收入。1936年，政府设置了两个机构，一是内阁纪元2600年事务局，二是外围团体财团法人纪元2600年奉祝会，专门用来接受募捐。

但是，前内务省警察保安局长松本学元根据自己担任警察行政的经验，痛感对国民进行思想统制之必要性，因此主张，不仅要借此机会发展经济，而且还要在庆祝纪元2600年名目之下加强对国民的思想统制。1936年，松本设立了财团法人日本文化中央联盟，以根据自己的想法推动政府举办的纪念活动。但是，该联盟未能成为政府纪念活动的核心机构，纪念活动的主角依然是万国博览会与奥运会。1937年5月，万国博览会会长、实业家藤原银次郎称，万国博览会将产生3.5亿日元以上（相当于现在的1万亿日元）的经济效益，使人们对万国博览会有很高的期待值。

由于1937年爆发的日中战争出现扩大化和长期化的趋势，1938年7月，政府决定延期举办万国博览会，同时放弃举办奥运会。政府纪念活动的中心工作变成了扩建修缮橿原神宫和宫崎神宫（此处被认为是神武天皇即位前进行东征的出发点），还有就是修缮天皇陵寝。也就是说，纪元2600年奉祝活动变成了政府在战争时期对人们实行思想统制的手段，具有强烈的思想统制色彩。

庆典实况

但是，实际的情况是，因政府强化战时经济管制，资材和资金严重不足，地方经济难以为继，大部分国民都想借庆祝纪元2600年的活动契机为本地区聚拢社会资本。尽管政府屡次提出警告，但府、县、市、町、村等各级行政机构及其他组织和团体还是启动了1.5万余个纪念活动项目，其中扩建和修建道路和学校等的情况居多。这些项目均通过捐款购进原材料，并通过义务劳动去完成。

而且，虽说是在战时，政府在举行庆典的那一周还是放松了对娱乐和宴会的管制。因11月10日与11月11日是节日，人们更想歇一歇，而不是关心庄严的仪式和庆典活动。在东京，即便从各地前来参加庆典的人想把酒家作为欢聚畅谈的场所，无奈预订酒家的当地人却想趁机整天开怀畅饮，因此到处都是觥筹交错、推杯换盏的景象。

看电影是当时日本最受欢迎的娱乐方式，庆典活动周最抢眼的电影是东宝电影公司制作的音乐喜剧《孙悟空》。《孙悟空》改编自中国明代创作的传奇小说《西游记》，在日本深受孩子们的喜爱。扮演孙悟空的主要演员是当时日本人人皆知的超人气喜剧演员夏本健一。此外，加盟到演出阵营之中的还有李香兰等人气演员、渡部浜子等著名歌手以及著名童星中村芽子等当红明星，演出长达两个多小时，中间穿插爵士、迪士尼动漫和美国动漫《大力水手》等，歌、舞、滑稽喜剧等轮番上演，不愧是一场豪华版的视听盛宴。

孙悟空不问青红皂白杀死敌人时，三藏法师会念紧箍咒来惩罚他。但如果孙悟空只是教训而不是杀死敌人，三藏法师一般不会采取惩罚措施。该剧表达了希望日本在战时也不要杀人的强烈信息，表达了日本在与中国交战之中也没有轻视中国的意思。也就是说，我们从中看不出丝毫思想统制的痕迹。

当时，东宝电影通常是先在东京有乐町的日本剧场举行首映式，然后到其他东宝系列电影院放映。此电影同样是在日本剧场举行首映。在政府举行庆典的当日，可容纳3500名观众的日本剧场迎来了超过两万人的观众，创下了自1933年营业以来的最高纪录。翌日（11日），这一纪录再次被刷新。于是，其他东宝系列电影院开始提前放映这部电影。该电影在庆典放假期间深受家庭和孩子的欢迎。当然，东宝电影这一年也取得了业界演出收入第四名的好成绩。

其实，在这一年的7月，新体制运动已经启动，政府开始限制奢侈品的生产和销售，大街小巷都打出了"奢侈是敌人"的醒目标语。同时，政府明令禁止制作内容轻浮的电影，使得各电影公司的拍摄工作陷入极大的混乱之中。但是，在庆典当日深受观众喜爱的娱乐电影《孙悟空》却有着奢华的阵容。

在庆典宴会过后不久，政府就通过刚成立的大政翼赞会等在各地竖起了"庆典已结束，快快工作吧！"的标牌，驱使人们进一步投身到战争之中。但是，这已是日中战争的第四个年头，许多日本人看不到打赢这场战争的希望，而举办纪元2600年庆典也没能让他们振奋起来。他们宁肯憧憬生产军需品景气带给他们的快乐日子。为了改变人们的精神面貌，政府使用了大政翼赞会、居民委员会、电影管制等各种手段，但操控国民的内心并非易事。当时，社会上有一种穷途末路的情绪，希望通过太平洋战争孤注一掷、打破僵局，没想到后来太平洋战争也呈现败势，大部分人因此心力交瘁。1944年8月以后，政府为了维持军需品生产力，开始放宽对娱乐的管制。

（古川隆久）

参考文献

古川隆久『皇紀・万博・オリンピック』、中公新書、1998。
『戦時下の日本映画』、吉川弘文館、2003。

43. 大本营政府联络会议上的唇枪舌战
对英美的最终方针——东京三宅坂——昭和 16 年（1941）11 月 1 日

朝着和平方向努力，甲、乙方案的确定

1941 年 11 月 1 日上午 7 时半开始，首相兼陆军大臣东条英机与参谋总长杉山元进行了约一小时的会谈，东条英机希望在"决意开战，已进入备战状态"的情况下，寻求制订与美英等国"进行最低限度外交谈判"的方针。但是，杉山认为，"如果进行外交谈判，一旦进展顺利，部署好的军队就会撤下来。但是撤下来也有撤下来的问题。因为日本从国内派到南洋的军队有 20 万，本应在中国作战的部分士兵也有被调到南洋去的。他们到了南洋不用作战又撤了回来，势必会影响到军队的士气"。见杉山不同意，东条英机抬出天皇压他，说："我想，天皇可不是那么容易被说服的。"杉山只好同意 [以下两天的情况详见：日本国際政治学会太平洋戦争原因研究部編『太平洋戦争への道』別卷（朝日新聞社、1963、548~549 頁）；参謀本部編『杉山メ

モ』上（原書房、1967、372~380頁）］。

这个时候的日本军队，机构臃肿庞大，仅靠个人的力量无法对之进行管控。就是作为统帅部最高负责人的杉山，想大幅度转变过去的政策也需要相当大的勇气。就行政常理而言，就此放弃迄今在中国大陆推动的日中战争和在南方[①]的备战工作，对杉山而言很难说出口。东条于是大胆地打出了神圣不可侵犯的天皇旗号。但是，天皇不过是立宪君主，他能表达对和平的愿望又怎么样，臣下也没有义务必须顺从。即使是兼任陆军大臣及总管警察机构的内务大臣东条英机首相，对如何说服总参谋部也十分苦恼。杉山担心海军的态度。战与不战并非日本一方所能决定，还要看谈判对手美国如何应对。当然，光看美国因素还不够，因为美国的盟国希望参战。希望参战的盟国有丘吉尔领导的英国、斯大林领导的苏联和蒋介石领导的中华民国。

从11月1日到11月2日，政府大本营联络会议经过两天共计17个小时的激烈争论，终于确定了对美国的最终方针，即"为打破帝国目前的危险局面，建立立足于自保自卫的大东亚新秩序，我帝国决意对美国、英国和荷兰开战"，"确定12月上旬开战，之前完成一切战前准备"。联络会议还确立了甲、乙两个方案，即所谓的甲方案和乙方案。甲方案的要点是，日本与蒋介石缔结和约，并于和约生效的两年内撤军。乙方案的要点是，美国给日本提供石油，日本从法属印度支那撤军。乙方案是日本让步的底线。

---

① 这里的南方指东南亚。

总参谋长杉木与副总参谋长塚田攻还是持反对意见，东条和陆军省军务局长武藤章利用会议间隙对他们进行游说，说：反对外长东乡茂德所主张的甲乙两方案之行为是政变，不仅这个责任你们担当不起，就是备战也会因此而耽误。

11月5日召开御前会议，同意了11月2日在大本营联络会议上所做的决定，即如果12月1日之前谈判没有达成协议，日本就不得不对美国开战。可见，日本参加谈判是带有一种悲壮决心的。但是，谈判的对手为什么会是美国，谈什么又为何而谈，发展到这一步的过程十分复杂，国际关系真是越来越纠缠不清。

地缘政治判断

1937年7月7日事变爆发，日本与蒋介石政权之间的战争升级，战线扩大，看来事态已无转机的希望。1940年11月30日，日本承认在南京建立的汪精卫政权为中华民国的合法政府，蒋介石政权退居重庆，依靠美、英、苏、德等国援助进行抗战。仅统治沿海地区的汪精卫政权缺乏实际控制能力。针对中国共产党的袭击与蒋介石派的游击战，日军不得不出面维持治安。日本想通过外交途径切断其他国家对蒋介石政权的援助。德国根据三国同盟站到日本一边，苏联在外交上既对蒋介石政权有过承诺，而且根据苏日中立条约，对日本也有过承诺。在这种情况下，英美加强了对蒋介石政权的援助。

在此期间的1940年1月26日,《日美通商航海条约》失效,美国对日本实施了事实上的经济制裁。日美谈判须处理中国问题,是蒋介石屈服还是日本妥协,是日美开战还是达成某种妥协,结果无非以上几种。

意欲打破这种局面的是在近卫文麿(东条英机的前任)内阁中担任过外务大臣的松冈洋右。在松冈的主导下,日本缔结了三国同盟和《日苏中立条约》,其目的是通过日、德、苏三国联合施压,逼迫美、英停止援助蒋政权。1941年6月23日,苏德战争爆发,日本的如意算盘落空,不得不独自与美国对峙。

随着客观形势的变化,7月2日召开御前会议,通过了"因应形势变化的帝国国策纲要"。其要点是,通过关东军特种演习牵制苏联并进驻法属印度支那南部。其中,攻占法属印度支那南部是日本真正的目标。如果斯大林不能准确掌握这一情报,他就无法下决心,把远东苏联军队调往莫斯科。对苏联而言更为幸运的是,日本决意进攻法属印度支那南部使得罗斯福政权对日态度趋于强硬。在德苏开战的同时,日美战争也一触即发。

持久的日美谈判

1941年7月18日,近卫内阁先是集体辞职,之后重新组阁,形成第三次近卫内阁。政变的目的是更换一味单独行动的外长松冈。这是由于在日美谈判的问题上,近卫与松冈的意见不一致。近卫想在松冈访问欧洲期间推动谈判,但回国后的松冈表示反对。日美谈判始于1941年4月,但由于双方都拿不出现实的解决方案,致使谈判无法进行下去。

在此期间的7月28日,日本进驻法属印度支那南部(现在的越南南部等地),这给美国以强烈的刺激。进驻之前的7月25日,美国冻结日本在美国的资产。8月1日,美国全面禁止向日本出口石油。8月7日,近卫文麿首相想与美国的罗斯福总统进行直接会谈,以求解决这一事态,却遭到美国方面的断然拒绝。

9月6日的御前会议通过决议,要求在10月下旬完成对美英开战的准备工作。在会上,昭和天皇首先朗诵了明治天皇所创作的和歌"四海之内皆兄弟,何故世间起波澜",之后接着说"余常诵读此御制作品,竭力想秉承并推广已故大帝爱好和平之精神"。言外之意是要求日本继续谈判,以避免开战。这是天皇在行使作为君主的警告权。面对圣意,出席御前会议的政府和军队高官都十分恐惧。但是,天皇的"发言"没有法律约束力,而且也不会因为天皇说了什么话日本就可以仅靠自己的力量避免战争。毋庸置疑,天皇的话改变不了御前会议的决定。日本所面临的状况在继续恶化。

由于美国禁止向日本出口石油,日本决心对美开战的形势迫在眉睫。日本统帅部要趁着国内石油储备有富余,尽早发动战争。就日本的立场而言,如果屈服于支持蒋介石政权的美国的压力,就无法保住大国的颜面。可打蒋介石政权又打不倒，反而弄得自己很疲惫，如果再与经济实力超强的美国开战，其危险可想而知。因此，日本政府在名誉与盘算之间左右为难，难以抉择。

10月12日，对于近卫首相提议从中国大陆撤军，陆军大臣东条表示反对。近卫首相试图统一意见未果，10月16日内阁集体辞职。10月18日天皇授命陆军大臣东条组阁，东条组阁的条件是撤销9月6日的决议。内务大臣木户幸一奏请天皇让东条出任首相的真实意图，是让东条英机负责说服反对派。迄今，数东条最反对日本从中国大陆撤军并与美国妥协。

东条英机因在日美开战时担任首相而臭名昭著，被称为军阀巨头、利用宪兵实施政治压制的独裁者等。但不可否认的是，他身上虽然有官僚的习气，却认真得几近刻板，具有强烈的责任感。就任首相后的东条英机一改以往的立场，主张继续与美国谈判，寻找规避日美开战的可能性。但是，这一做法使得自己与总参谋部之间出现对立。不过，11月2日，东条英机还是让总参谋长杉木为首的统帅部接受了用于日美谈判的"甲方案"和"乙方案"。

赫尔备忘录与日本的开战决心

1941年11月5日，御前会议通过了《帝国国策实施纲领》，即同意对美国谈判采用甲、乙两种方案。既不是本着卧薪尝胆的目的完全躲避战争，也不是"马上就决定开战"。说白了就是，解决目前困局的唯一办法是外交谈判，其他办法都指望不上。

11月7日，日本驻美大使野村吉三郎向国务卿柯德尔·赫尔提出甲方案，11月20日再提出乙方案。但是，在这段时间里，美国的态度没有发生变化。11月26日，日本机动部队从择捉岛的单冠湾出发，目标直指夏威夷。不过，其前提是：一旦谈判成功，日军马上撤回来。日本等着美国方面对甲、乙两种方案的答复。

但是，11月26日美国拿出所谓的赫尔备忘录，要求日本"从法属印度支那南北撤军"，"从中国（没说是否包括满洲）撤军"，"否认除了蒋介石之外的中国政权"，"把三国同盟变成一纸空文"。也就是说，日本之前的谈判前提被全部否定，大日本帝国的自立权被全部否定。这让所有的日本领导人都担心日本能否自保的问题。最受打击的是日本外交大臣东乡，他一直主张通过谈判达成日美协议。东乡感叹道："为了避免战争，日本在谈判中试着闭上眼睛，照单全收，可现在却如鲠在喉，难以下咽。"（『時代の一面』、249页）

一般，国际法对"侵略"（aggression，正确的译法应该是"侵犯"）所下的定义是"没有受到挑衅就率先发动攻击"。赫尔备忘录带有美国外交文书的瑕疵，字面上不具备最后通牒的要件，但在内容上却公然挑衅日本。

12月1日的御前会议决定对美英开战。在席上，东乡的发言最为强硬，称"美国政府始终固守其传统理念和原则，完全无视东亚的现实"。

12月8日，日本袭击珍珠港并进攻马来半岛。

密码与情报

美国罗斯福政权明确表示要与日本开战。1937年10月5日，卢沟桥事变爆发后仅三个月，罗斯福就在"隔离演说"中敌视日本，将日本视为与纳粹德国一样的病原体。1939年7月26日，美国发布通告，废除美日通商航海条约。1940年1月26日该通告生效，美日通商航海条约失效。九一八事变后，日本敌视在中国与其有利益冲突的英国，后来，日本的谈判对手变成了美国。但是，只要美国不关心中国大陆的问题，日本与美国就没有什么可争的。但事实却截然相反，日美朝着冲突的方向发展。

众所周知，在日美谈判时，日本外务省的密电几乎全被破译。但这不是造成日本失败的唯一原因。所谓密码，其本质是在被对方破译之前，已方能争取到有利的时间。

实际上，日本也破译了美国大使馆的密电（『日、米雑纂太平洋ノ平和並東亜問題ニ関スル日米交渉関係「特殊情報」綴』、外務省外交史料館所藏）。通过美国国务卿赫鲁与驻日大使约瑟夫·C.格鲁之间的电报往来，日本知道，美国对和平的诚意显然比不上日本。但是，获得的第一手情报要发挥作用才有意义，否则就毫无意义。大概，在当时的情况下，日本为避免战争，所能做的就是对美国的挑衅一味忍让，不主动挑起战争。罗斯福是将不介入战争作为公约而当选的总统。如果结合这一公开的情报进行分析，得出的结论显而易见，那就是：只要日本不先发制人攻击美国，美国不会下决心对日本开战。

有人批评说，日本过去的制度在表达国家意志方面很官僚，事实的确如此。同时需要特别指出的就是，日本过去的国家领导人缺乏处理情报所必备的素质。

对日本而言，战争意味着对美国外交的失败。但是，美国却冷静地对战争进行了设计。日本不仅在物质上，而且在精神上也遭受了重大失败。

（仓山满）

参考文献

須藤眞志『日米開戦外交の研究』、慶応通信、1986。

クリストファー・ソーン著、市川洋一訳『太平洋戦争とは何だったのか』、草思社、1989。

『米英にとっての太平洋戦争　上下巻』、草思社、1995。

森山優『日米開戦の政治過程』、吉川弘文館、1998。

須藤眞志『ハル・ノートを書いた男』、文藝春秋、1999。

44. 日本对美英开战

揭幕战之哥打巴鲁登陆——马来半岛——昭和16年（1941）12月8日

再议《帝国国策实施要领》与外交措施

1941年10月18日成立的东条英机内阁把9月6日通过的《帝国国策实施要领》推翻，经过对形势进行重新研判之后，于11月5日的御前会议上再次予以确定。经再次讨论决定，开战时间由10月上旬推迟到11月下旬，完成作战准备的时间由10月下旬推迟到12月初。同时还决定，如果与美国的谈判在12月1日零时之前没有取得成功，日本将实施武力攻击。此外，日本还确定了相关的对外措施，其中对英国和泰国的外交举措最引人注目。

日本对英国的外交措施是："对美谈判中双方所达成的谅解，日本将直接或通过美国迅速让英国答应与之相关的事项并提供积极配合。此外，出于隐匿真实意图的目的，日本将不采取特别的外交举措。"

日本对泰国的外交措施分日军进驻前和进驻后两部分。

进驻前，日方为隐匿开战意图做了周密的考虑，决定通过谈判让泰国答应，"给帝国军队过境提供各种方便，马上采取避免日泰军队冲突的举措，必要时签署共同防卫协定"。此外，决定在日军进驻后，迅速向泰国保证尊重其主权及领土完整，但"关于帝国军队过境及驻军事宜，泰国提供、新增或加固其军用设施，提供所需的交通通信工具和工厂设施等，给过境的军队和驻军提供住宿和给养等，提供所需军费贷款"。日本开出有利于泰国的谈判条件，决定：视泰国态度，日本将来有可能将缅甸或马来半岛的一部分割让给泰国。

日美谈判失败

1941年11月7日，日本驻美大使野村吉三郎与美国国务卿柯德尔·赫尔之间的谈判开始。在谈判中，日方首先拿出所谓的"甲方案"，即如果与蒋介石政权之间实现和平，日本同意在两年之内撤出除特定区域之外的军队。在11月15日召开的第69次大本营政府间联络会议上，日本外交大臣东乡茂德就日美谈判的相关情况进行说明时，告知美国驻日大使约瑟夫·格鲁说，"美国对帝国施加甚于武力的经济压迫，我帝国或进行自卫"，并请格鲁大使把这一信息带回美国。格鲁大使回答："明白。我一定带回国内，并把办成此事的消息带给你。"（参谋本部编『杉山メモ』、522页）驻美大使野村于11月20日进而拿出了"乙方案"，即如果美国能解除对日本资产的冻结，向日本提供石油，日本将答应从法属印度支那南部撤军。美国破译了日方的密码，知道日方谈判的最终期限是11月29日。11月24日，美国邀请英、中、澳、荷兰四国大使，共同协商《对日暂定协议案》。国民政府国防最高会议主席、中华民国陆海军总司令、国民党总裁蒋介石表示抗议，而且英国首相丘吉尔也有意见。11月26日国务卿赫尔拒绝了日本提出的"乙方案"，并向野村大使亲手递交《赫尔备忘录》。

东条英机内阁将此视为最后通牒，于12月1日召开的御前会议上，决定对英国、美国和荷兰开战。翌日（2日），参谋总长闲院宫载仁亲王、军令部总长伏见宫博恭王就武力发动战争的时机问题，列队奏请天皇，圣裁批准12月8日零时之后发起战争。3日，日本大本营向南方军和联合舰队下达在马来半岛进行作战的指令。陆军先遣部队的运送船队接到在马来半岛作战的任务后，4日在海军的护卫下，离开海南岛的三亚湾。5日，外交大臣东乡与陆海军两统帅部协商后决定，在日本空袭夏威夷的30分钟前（即8日凌晨3时，华盛顿时间7日下午1时）通知美方，日本停止谈判。

作战准备

日本在南方作战投入的总兵力为陆军11个师团（约36万人）和几乎全部的海军（袭击夏威夷的部队除外）力量，进攻目标包括"菲律宾、关岛、香港、英属马来半岛、缅甸、爪哇、苏门答腊岛、婆罗洲、西里伯斯岛、俾斯麦群岛、荷兰属帝汶岛等"广大区域。战争初期，日本同时在菲律宾和英属马来半岛两方面作战，攻击所谓的"南方资源地带"。开战后，日军计划进驻泰国，确保泰国和印度尼西亚，必要时实施缅甸作战。

马来半岛的作战计划是，开战后，日本陆军航空部队打击英属马来半岛北部的英国空中力量，海军航空部队突袭新加坡，同时第二十五军先遣部队从马来半岛东岸登陆，如果情况允许，实施哥打巴鲁登陆。不过，也有可能同时实施突袭登陆。

大规模渡海突袭作战在当时前所未有。日本大本营根据自己对国际形势的预测也做好了各方面的开战准备，因此，大规模渡海突袭作战的准备工作不是短时间内完成的。例如，9月12日至20日，联合舰队司令官山本五十六大将指挥实施了图上军事演习。16日下令对各师团进行临时整编。26日至28日在大本营陆军部召开作战会议。10月1日至5日，副参谋长塚田攻中将指挥兵棋推演。11月7日指示联合舰队在作战地点集结待命。11月10日，南方军开始集结并由天皇钦点各部队司令官，在总司令官寺内寿一大将的麾下，完成对第十四军（比岛方面，本间雅晴中将）、第十五军（泰国、缅甸方面，饭田祥二郎中将）、第十六军（荷兰领属东印度、现在的印度尼西亚，今村均中将）、第二十五军（马来半岛方面，山下奉文中将）和南海支队（关岛方面，掘井富太郎少将）等部队的集结

(『戦史叢書1 マレー進攻作戦』、4~17頁)。

当时的新加坡是"西方在远东的势力象征",英国将其视为马来半岛防御的核心。虽然新加坡的海上防御很坚固,但陆地正面的防御还在加强。英国派出其精锐战舰来强化新加坡的防御。英国的防御计划是,在日军在马来半岛登陆之前抢占泰国南部,即所谓的"斗牛士计划"。泰国对日英双方都很重要,为此,双方对泰国展开了激烈的外交争夺战。

日本决定,12月8日零时开始与泰国谈判,当天上午进军泰国。可以想象,无论是从作战要求上看,还是从战略上看,此次谈判都是异常困难的。驻泰国武官田村浩大佐呈报建议,提出:必须尽一切可能保证和平进军泰国。在这种情况下,12月7日晚,日本方面在大使馆设宴招待了銮披汶首相等泰国领导人,到半夜时分,突然宣布开始谈判并要求泰国当场答复。同时,为了以防万一,日本还准备了对当地日本侨民实施保护的措施,即通过举办电影节,把日本的妇女老少集中起来,随时准备把他们送上停靠在曼谷码头的"巴达维亚"(Batavia)号轮船。

日泰谈判及经过

12月7日,晚宴按照预定时间开始。泰国首相銮披汶因对"暹罗稀土事件"(因怀疑泰国外交官是间谍的逮捕事件)感到气愤,躲了起来。瓦二特秘书长也不知道首相的行踪，经四处寻找，才找到首相的住处。但此时已赶不上与日本的凌晨谈判。驻泰特命全权大使坪上贞二与田村武官会见泰国外长奈兹列谷（音译）和财长普拉吉度，并亲手把最后通牒递交给他们。8日凌晨1时50分，日泰谈判开始。泰国得知日本发动战争的决心后，立即召开紧急内阁会议，但由于銮披汶首相不在场，会议没有取得进展。日本南方军闻知最后通牒已经送达的通报后，立即执行总司令官寺内的决定，于8日凌晨3时半命令第十五军"开始武装进驻泰国"。日军开始进攻，与防守的泰国军队展开激烈战斗，不久收到停战命令。8日上午9时，銮披汶首相返回曼谷，虽然停战命令已经下达，但銮披汶首相回来后又再次下达停战命令。之后，銮披汶首相请求与坪上大使会晤并实现。对于日方的要求，銮披汶首相希望签署军队过境协定，该协定于正午时分正式签署。1941年12月21日《日泰同盟条约》签订，泰国加入日方阵营（『戦史叢書1　マレー進攻作戦』、145~166页）。

进攻马来半岛及其影响

日军在英属马来半岛进行登陆作战。第二十五军在海军和空军的支援下，由第五师团（师团长松井太久郎中将）依次攻击新贡拉（音译）和巴达尼（音译），第十八师团宅美支队（支队长宅美浩少将）奇袭哥打巴鲁并成功登陆。12月8日凌晨2时15分第五师团和宅美支队靠岸，3时35分给第二十五军发电，称"0215第一次成功登陆"。凌晨3

时 20 分日本对珍珠港发动第一波进攻，比马来半岛登陆晚 1 小时 5 分。凌晨 3 时 40 分，日本大本营电告各军，称"马来方面的战斗已经打响"。凌晨 4 时，日本开始进攻香港。凌晨 4 时 20 分，日本驻美大使野村向美国国务卿赫尔亲手递交终止日美谈判的最后通牒。

之后，第二十五军加上近卫师团主力沿西海岸攻击前进，部分军队沿东海岸攻击前进。装甲部队沿着橡胶林内的道路前进，如果遇到敌人抵抗，则步兵在森林和海上迂回，从侧背攻击敌人。工兵负责抢修桥梁，铁道兵负责修路和运送补给物资。在这次战斗中，工兵表现也十分活跃。

日军遭遇澳大利亚援军的抵抗，于第二年（1942 年）1 月底，历经 55 天，行进约 1100 公里，才到达柔佛海峡。在此，日军休整约一周，为进攻新加坡要塞做准备。之后，日军 3 个师团齐头并进，开始横渡柔佛海峡，与英军在武吉知马水源地高地附近展开激战。2 月 15 日，英军投降。

此外，日本海军马来部队（司令官小泽治三郎中将）所属的基地航空部队在马来半岛东方洋面将英国东方舰队的战列舰"威尔士亲王"号与巡洋舰"却敌"号击沉。如前述，这两艘军舰是英国基于与澳大利亚的外交关系和新加坡的防御才派遣的，于 12 月 2 日抵达新加坡的实里达军港。

在得知日军在马来半岛的新贡拉和哥打巴鲁登陆之后，英国东方舰队司令托马斯·菲利普斯中将在 8 日下午 2 时半左右召开舰队作战会议,提出在新贡拉附近依靠战斗机支援击溃日军,该方案得到与会者同意,于是决定予以实施。12月2日,菲利普斯司令指挥刚到达新加坡的"威尔士亲王"号和"却敌"号以及四艘驱逐舰离开新加坡,企图攻击日军船队停泊的港口。面对这种情况,日军派出海军中攻队(九六式陆攻、一式陆攻,松永贞市少将)的88架战斗机在西贡附近升空迎战。12月10日下午,英国东洋舰队发现没有英国空军战斗机支援时,决定放弃攻击并开始南下,以全速回航新加坡基地。日本海军中攻队在关丹外海截获南下中的英国舰队,对其实施鱼雷攻击和炮击。结果,"威尔士亲王"号和"却敌"号被击沉。日本在珍珠港攻击的是停泊舰队,而在马来洋面海战中则是对做好战斗准备且在航行中的战舰实施空中强攻,战争结果使得迄今各国海军信奉的战舰至上主义(大舰巨炮主义)彻底颠覆。

由此,太平洋战争拉开了帷幕,日本在伦敦对英国宣战。虽然日本方面已经将自己的意图事前告知美国,但美国还是对日本袭击珍珠港予以谴责,称日本是"偷袭"。但是,我们却没有听到英国方面关于11月10日舰艇被击沉的什么谴责。对丘吉尔首相而言,"威尔士亲王"号战列舰和"却敌"号巡洋舰被击沉无疑是最沉重的打击。这一点在丘吉尔的回忆录中有记载,丘吉尔将其称为第二次世界大战中最沉重的打击。此外,对英国而言,新加坡沦陷意味着印度、锡兰和马达加斯加等面临危险,甚至引起与澳大利亚关系的恶化。后来，澳大利亚执行亲美外交，这算是其中重要的原因之一。防御马来半岛和新加坡的英国军队在日军的攻击下一触即溃。战败使得英国威信扫地，对英国在东南亚殖民地的统治造成重大打击。对日本而言，成功攻占英国在远东地区最大的据点具有重大意义，使得日本旨在抢占东南亚资源的南方作战变得简单，而且对日本实现所谓的"建设大东亚共荣圈"之战争目的也具有重大意义。

（五十岚宪）

参考文献

防衛庁防衛研修所戦史室編『戦史叢書1　マレー進攻作戦』、朝雲新聞社、1966。

防衛庁防衛研修所戦史室編『戦史叢書102　陸海軍年表』、朝雲新聞社、1980。

W.S.チャーチル著、佐藤亮一訳『第二次世界大戦　下』、河出書房新社、1972年。

桑田悦・前原透『日本の戦争　図解とデータ』、原書房、1982。

原剛・安岡昭男編『日本陸海軍事典』、新人物往来社、1997。

45. 翼赞选举

翼赞政治体制的确立——东京——昭和17年（1942）4月30日

日本宪政史上的首次尝试

1942年4月30日是第21次众议院议员总选举的投票日。前一年的12月，日美开战拉开了太平洋战争的帷幕，日本的百姓还沉迷在首战告捷的兴奋之中。4月30日上午7时许，日本各选区开始同时投票，有选举权的人们朝投票站蜂拥而去。这次大选与以往不同，采用的是候选人提名方式，但因为是在战时，大家都予以理解并投出了自己的一票。全国各地的投票进展顺利，都没有出现什么问题。到下午6点，全部投票活动结束。

因近卫新体制运动，1940年10月成立了大政翼赞会。但是，大政翼赞会的政治属性被否决，只能通过公共事务结社。期待新党诞生的旧政党因解散政党，其所属众议院议员失去进行政治活动的依托，大部分议员一起在众议院内创建了名为众议院议员俱乐部的院内会派。众议院议员俱乐部在翌年（1941年）分裂成有300余名议员的翼赞议员同盟以及同交会、兴亚议员联盟、同人俱乐部和翼赞俱乐部等小派系。

本来，任期已满的众议院总选举应该是在1941年实施。但是，由于采取新体制，议会和议员的选举修改法还没有定下来，结果议员的任期延长1年，即延长到1942年4月。在此之前，众议院必须举行总选举。4月30日举行的众议院总选举就是在这样的背景下进行的，总选举采取了日本宪政史上首次的候选人提名制，史称"翼赞选举"。

翼赞政治体制协议会的建立

当时的政府是东条英机内阁，因1941年12月日美两国开战，政府要通过完善国内的政治体制来巩固政权的基础。1942年2月18日，日本政府在临时内阁会议上确定《贯彻翼赞选举运动基本纲要》，表明了对实施总选举的态度。基本纲要为总选举营造提名最佳候选人的积极氛围。

政府根据这一基本方针，于2月23日在首相官邸邀请了社会各界代表33人。在席上，东条英机首相首先致辞，说："为了实现大东亚战争之目的，我盼望选拔能积极致力于其中的有作为之人，而且越多越好。"代表中有人响应，提议禁止候选人自由竞选，但从宪法的原则来讲，如此提议很难做到。社会各界代表协商的结果是，为了确立翼赞议会体制，要马上着手筹建翼赞政治体制协议会（简称"翼协"），同时推举前首相、陆军大将阿部信行担任会长。

3月4日，翼赞政治体制协议会在皇居前御掘端的大东亚会馆内设置本部，3月18日获得政治结社许可，从此正式成立。同日，日本全国道府县支部的支部长受阿部会长的委托，为接下来的总选举在全国范围内物色候选人。

对候选人提名的批判

官民一体进行候选人提名的做法很快遭到批判。对大政翼赞会批判最严厉的是鸠山一郎等所属的院内会派分支同交会，同交会信奉自由主义。2月27日，同交会召开议员大会并发表声明，指出：因候选人提名制度很可能会把议会变成"政府议会"，我们决定严密监视该制度的动向。3月19日，与鸠山志同道合的同交会会员安藤正纯向正在召开的第79次帝国议会提交了《关于质询政府选举对策之意见书》。该意见书获得同交会所属的36名议员的支持，其中包括战后成为日本首相的片山哲和芦田均。

该质询意见书涉及这样的内容。众议院议员选举的原则是国民公投。虽然就方法而言设立提名机构未尝不可，但如果提名机构有官员参与就与宪法的精神相抵触。但是，无法掩盖的事实是，翼赞政治体制协商议会是在政府的授意之下成立，背后有政府操控。因为这一点，大多数国民深感忧虑，担心翼赞政治体制协议会会不会违背公投的精神，会不会妨碍民意的通达顺畅。因此，政府应迅速要求解散翼赞政治体制协议会，采取顺应民意的候选人提名方式。就这样，安藤严厉批评了政府和翼赞政治体制协议会的做法，并断言，翼赞政治体制协议会是"政府议员制造所"。

对此，日本首相东条英机和内务大臣汤泽三千男于3月25日提交了答辩书。答辩书称，政府并未参与任何提名机构的设立，设立翼赞政治体制协议会是社会各界有识之士的研究决定，一切经营活动均属自主行为。答辩兵来将挡，将攻击之锋芒化解。

对翼赞政治体制协议会提名候选人的批判，并不只是被视为自由主义的鸠山集团所为。被视为国家主义或右翼的势力中也有人持反对意见。中野正刚率领的东方会忍痛放弃对政府的支持与合作，在大选当头，决定拒绝接受阿部信行等的提名。另外，世川良一任总裁的国粹大众党以及赤尾敏任会长的建国会等经过协商，指出：虽然我们同意成立候选人提名团体，但对目前提名团体内部的人员构成表示反对。

而且，虽然贵族院与众议院议员总选举没有直接关系，但是也提出了质疑。关于提名候选人的做法，议员大河内辉耕对东条首相提出了一系列质疑：（1）有无制造官选议员的可能？（2）会不会变成合法干涉选举？（3）可否批评政府的政策？等等。

提名候选人的选拔

虽然翼赞政治体制协议会采取从政府独立出来的形式，但是实际上还是政府的御用团体。毫无疑问，其所提名的候选人必须要站到政府一边。为此，日本警视厅制作了"众议院议员调查表"（1942年2月），将所有现任议员按选区列出了一个名单，分成甲、乙、丙三个类别，同时对这些议员能否当选进行预测。甲类对政府最有利，截然相反的是丙类，他们"经常有反国家政策和反政府的言行或在思想上不适合当议员"。乙类居中，他们既不积极向政府靠拢，也没有反政府的言行。

警察的调查结果显示，最适合当议员的甲类议员只有85人，占全部人数的约20%；乙类议员207人，丙类议员138人。譬如，根据东京府的调查，第二选区的鸠山一郎、第三选区的安藤正纯和田川大吉郎、第六选区的铃木文治均为同交会成员，均被定为丙类议员。理由是，他们反对过大政翼赞会等，其言行被警察视为具有反国家政策和反政府性质。

3月25日，翼赞政治体制协议会召开了全体大会，确定了提名候选人遴选特别委员会的22名委员。同时，地方支部也开始遴选，遴选结果经内部呈报本部。翼赞政治体制协议会的地方支部会员有很多是大政翼赞会的相关人员，对原既成政党势力特别反感，因此，在选拔提名候选人时特别倾向于选拔新人。各支部的内部报告收集上来后，翼赞政治体制协议会于3月31日召开提名候选人遴选特别委员会会议。翼赞政治体制协议会的现任众议院议员代表对于支部的内部呈报制度有强烈的危机意识，极力斡旋，争取修改支部的内部呈报制度，以挽回颓势。

由于支部和本部意见相左，且支部内部对选拔出现公开争执，看来翼赞政治体制协议会对人选的确定会推迟。但是，经过彻夜协商，到4月5日，除了少数几个府县之外，大部分地区的提名候选人都基本得到了确定。最终确定的提名候选人一共466人，与议员议席数一致。具体是：现任议员235人，新人213人，原议员18人。

现任众议院议员总算获得了超过半数的提名。院内各会派一共有议员428人（以下括号内为会派议员总数），具体获得提名情况是：翼赞议员同盟208人（308人）、同交会0人（34人）、兴亚议员同盟5人（27人）、议员俱乐部10人（15人）、无会派人士12人（44人），一共有235人获得提名。

以上数据显示，在现任众议院议员的提名选拔中，翼赞议员同盟这一议会中多数派，以高达约68%的提名率在各会派中独占鳌头。而被政府列为反政府分子的鸠山一郎等同交会会员则无一人获得提名。

被提名新人占到总提名人数的约46%，这一点很值得注意。但是，大部分新人都在旧政党手下担任过府县议会或市议会的议员，因此，新人并没能给大众带来清新感。渐渐的，"新人"开始被大家叫作"新面孔"。

翼赞选举的实施

4月4日政府发布选举公告，候选人开始申报登记。截至4月23日，全国122个选区共申报了1080名候选人

（最后有1人退出，剩下1079人）。该数字创下了自1928年实施第一次普选以来的最高纪录。

选举开始后，翼赞政治体制协议会展开了对提名候选人的支援活动。事务局在支援活动中起到核心作用，其大部分成员为大政翼赞会的工作人员。

翼赞政治体制协议会对提名候选人的支援活动以助威演讲为主。在各个道、府、县行政机关的所在地，协议会本部和支部分别举办了提名演讲会。协议会本部和支部为了协助候选人演讲，从社会各界招募助威辩手，以"情况观察员"名义派往各地，甚至还对新人候选人进行选举战的指导，给提名候选人提供资金援助。同时，政府也通过各道府县的知事和警察局长等，努力使更多的提名候选人当选。

与此同时，政府对非提名候选人进行了选举干涉。战后当上首相的芦田均当时就遭到了选举干涉。他与鸠山一郎同属于同交会，被视为亲英美的自由主义者。在大选临近时，宪兵对他进行了调查审讯与处分，禁止其邮寄与选举有关的物品。接到消息后，鸠山一郎慨叹道"真可谓世道黑暗啊！"［伊藤隆・季武嘉也編『鳩山一郎・薫日記上卷』昭和17年（1942）4月8日条、中央公論新社］

选举结果

5月1日选举开票，结果显示，翼赞政治体制协议会提名的候选人当选381人，相当于总当选人数466人的

81.8%，即提名候选人占全部议席的81.8%。381人中，前议员201人，原议员12人，新人168人。其余的85个议席由非提名候选人获得，不过相当于非提名候选人总数613人的13.9%。这些数字说明提名候选人取得了压倒性的胜利。但是，85名非提名候选人当选还说明，尽管有翼赞政治体制协议会在全国范围的助选和政府对选举的干预，但不少选民还是根据自己的判断投上了宝贵的一票。

这次选举对新人有很高的期望值，最终当选的新人议员包括提名和非提名的在内一共195人。虽然新人议员登上政治舞台引人注目，但是，他们当中的很多人曾经是府县议会的议员或权力的被转让者，这说明旧政党的势力依然很牢固。而且，这次选举的特点很值得注意，就是当选的新人中有军人出身者和右翼分子。譬如，得到翼赞政治体制协议会提名的退役军人四王天延孝（东京第五区）和桥本欣五郎（福冈第四区），非提名候选人国粹大众党总裁世川良一（大阪第五区）和建国会会长赤尾敏（东京第六区）就是其中的例子。

另外，在这次大选中，也有新人接受大政翼赞会、大日本翼赞壮年团等国民运动团体和产业报国会等农业团体的积极支援而当选。可以说，这是翼赞体制下选举的一大特点。大政翼赞会和翼赞壮年团是公共事务团体而不是政治社团，按规定不得插手直接的选举活动，但是他们为支援提名候选人而采取的积极行动却给候选人的当选与否带来了极大的影响。

在85名非提名当选者中，有反对翼赞选举并与政府论战的鸠山一郎、芦田均、安藤正纯和尾崎行雄等同交会的会员。他们突破政府的强力选举干预而成功当选。其中，鸠山的得票数远远超出预料，在东京第二选区以最高得票当选。但是，对于鸠山所在的同交会而言却是失败连连，他们一共推出了包括鸠山在内的28位候选人，其中2/3以上落选，当选者只有9人。每当知道同志落选，鸠山对翼赞选举之痛恨都溢于言表，怒斥道："政府干预选举实在可恶。"［伊藤隆・季武嘉也編『鸠山一郎・薫日記上卷』昭和17年（1942）5月1日条］

翼赞政治会的成立

大选后，翼赞政治体制协议会失去作用，解散了。而且，众议院的院内会派和已有的政治社团也全部解散。5月20日，翼赞政治会打着集结新政治力量的旗号成立，这是战争时期唯一的政治社团。在翼赞选举中当选的449名翼赞议员，不管其以前是翼赞政治体制协议会提名的候选人还是非提名候选人，一律都参加了这个政治社团，而且众议院的院内会派也申请成立翼赞政治会。翼赞政治会在东条内阁领导下起到了执政党的作用，但是，随着战争局势的恶化，翼赞政治会内部出现反东条的趋势，并在1944年7月的反东条政变中发挥了一定的作用。

（矢野信幸）

参考文献

吉見義明・横関至編『資料日本現代史四・五翼替選挙一・二』、大月書店、1981。

大室政右『翼替選挙　翼替政治体制協議会裏方の記録』、緑蔭書房、2004。

木坂順一郎『昭和の歴史七　太平洋戦争』、小学館、1982。

栗屋憲太郎『昭和の歴史六　昭和の政党』、小学館、1982。

伊藤隆『昭和史をさぐる』、朝日新聞社、1991年。

古川隆久『戦時議会』、吉川弘文館、2001。

46. 受挫珊瑚海

史上首次航母对决——莫尔兹比港——昭和17年（1942）5月8日

第一阶段战役结束及杜立特空袭

太平洋战争（"大东亚战争"）是从日军登陆哥打巴鲁开始的，之后，日军又顺利地攻取了菲律宾、关岛、香港。第一阶段战役的最后一战1942年3月9日结束，日军攻占爪哇并逼降荷兰军队。

1942年1月29日，联合舰队刚占领拉包尔不久，日本大本营就对联合舰队司令长山本五十六大将发出攻占图拉吉港（包括新几内亚的萨拉马瓦）和莫尔兹比港的命令。第二阶段战役的主要目的是加强对拉包尔地区要地的防备和警戒，保护拉包尔地区的海上交通，对敌舰艇实施搜索攻击，同时对日本防区外围的敌移动基地予以突袭破坏，进一步巩固有利于日本的战略态势。

拉包尔是良港和航空基地，一旦在开战前有敌人的航母和潜艇出没，不仅严重威胁到日本海军南下南洋群岛的计划，而且还严重威胁到日本海军在"西大西洋的制海权"。第四舰队指出，在1941年9月举行的"长门"图上军演中，唯有攻打拉包尔做得不够充分（『戦史叢書49 東南方面海軍作戦1』、103页）。联合舰队也意识到了这个问题，但是由于其他战役研究和该地区的军事要地资料不足，最终未做研究（『戦史叢書80 大本営海軍部・連合艦隊2』、173~175页）。山本司令分析认为，继攻占南方要地之后的第二阶段战役中，日军必须"速战速决"，通过持续进攻重创敌人，采取守势会给美国喘息时间，对日本不利。再加上，4月18日，日本本土遭受空袭（杜立特空袭），给日本政府和陆海军所带来的巨大打击超过遭受空袭所带来的损失。特别是日本海军，在此次空袭后加速了围绕中途岛的第二阶段备战工作。

第二阶段战役开始和请求航母增援

1月30日，第四舰队（司令长井上成美中将）接到联合舰队实施战役的命令之后，制订了3月攻占新几内亚萨拉马瓦、4月攻占莫尔兹比港的计划。计划制订之初，长井司令分析认为，以麾下的兵力足以实施攻击。于是，3月1日发布战役命令，攻下了新几内亚的萨拉马瓦。3月10日美航母部队来袭，日本进攻舰艇遭受开战以来最大的损失。因修复破损舰艇，日军攻打莫尔兹比港的战役（以下简称MO战役）被迫推迟一个多月。

而且，美航母部队继续在萨拉马瓦地区活动，美基地也逐渐增加在该地区的航空兵力，日美空中对峙日趋激烈。

针对MO战役局势的变化，日军必须增强基地航空兵力，取得强大航母部队的增援。如果不能控制美国在澳大利亚东北部的后方基地，不能防范敌航母部队的来袭，MO战役就无法实施。第四舰队强烈要求联合舰队派遣强大的航母部队增援。于是，联合舰队派参谋三轮义勇大校前往东南方面（第四舰队）进行磋商。磋商结果是，东南方面确实需要航母部队，但航母主力4月上旬在印度洋有战役任务，仅剩的"加贺"号在日本国内维修，因此，4月份很难再派出航母，故临时决定，MO战役推迟至5月下旬，等航母到达后再实施战役。

但是，由于第二阶段战役内定4月上旬实施，再加上日本本土遭受空袭，联合舰队计划6月上旬进行中途岛战役，所以又将MO战役提前至5月上旬。如此一来，从印度洋海战归来的航母部队就无法再投入MO战役之中。鉴于这种情况，联合舰队决定只使用"加贺"号一艘航母，并将该决定通知第四舰队。

第四舰队认为5月上旬开始作战，兵力来不及部署，而且只有一艘航母战力不足，因此强烈要求派遣第二航战队（航母"苍龙"号和"飞龙"号）。联合舰队也认识到增派航母部队的必要性，于是决定派出了编制最晚、熟练度较低的第五航战队（航母"瑞鹤"号和"翔鹤"号、舰载机122架、五航战飞行队），以积累实战经验。第四舰队（旗舰是教练用巡洋舰"鹿岛"号）以第五战斗队（重型巡洋舰2艘）和第六战斗队（重型巡洋舰4艘、轻型航母

"祥凤"号和舰载机20架）为主力，外加五航战飞行队、潜艇部队和基地航空队。第四舰队司令长井上担任MO战役总指挥，第五战斗队司令高木武雄中将负责指挥由两艘航母等组成的MO机动部队，第六战斗队司令五藤存知少将负责指挥由第五战斗队和第六战斗队等组成的MO进攻部队。参加此次战役的有航母2艘、轻型航母1艘、重型巡洋舰6艘、轻型巡洋舰3艘、驱逐舰13艘、潜艇4艘和飞机142架（『戦史叢書49』、195～197頁）。

日本南进与美澳的应对

由于日本向南方进军，美国派兵增援南方并在澳大利亚建设基地，而日军占领拉包尔更是促使美国加紧动作。另外，对拉包尔沦陷最有危机感的是澳大利亚，澳大利亚认为，拉包尔沦陷是对莫尔兹比港以及新喀里多尼亚的最大威胁。日本占领莫尔兹比港意味着托雷斯海峡将被封锁，而且日本再占领新喀里多尼亚，美澳之间的联络线将被完全封锁。澳大利亚大部分陆海军被派往国外，广大海岸线无法防御，而英国又无暇施救。这个时候，能够给予援助的唯有美国。

确保美澳联络线和保卫澳大利亚关系到美国将来的战略，因此，对美国十分重要。美澳联络线在珍珠港遇袭时曾一度受到日军威胁，直到1942年2月左右情况才迅速好转。在珍珠港遭受日军重创的美国海军太平洋舰队（司令官切斯特·威廉·尼米兹上将）元气大伤，形势严峻。但是，美国海军谋划了对日军尽早实施反击的计划，鉴于战斗力尚处于恢复阶段，当时能够担任攻击任务的只有潜艇与航母。太平洋舰队有"萨拉托加"号、"冒险"号和"莱克星顿"号三艘航母，不久"约克敦"号返回，变成四艘航母。美国就是凭借这四艘航母对威克岛实施救援、对夏威夷群岛进行防卫以及对增援部队进行护卫的。但是，1942年1月"萨拉托加"号遭到日军"伊-6"号潜艇的鱼雷攻击，因受损修理，5个月无法参加战斗。这样，能够参加战斗的航母就变成了三艘。

以"约克敦"号和"冒险"号为主干的美国两大航母战斗群，在完成护卫部队增援萨摩亚群岛的任务之后，进攻了马歇尔群岛。虽然航母战斗群在攻击中有轻微的损失，但美国飞行队带来的乐观战绩却让情绪低落的美国民众士气大振。

"冒险"号航母战斗群为了对一度中断进攻的威克岛实施攻击，于2月14日离开夏威夷基地，2月24日炮轰威克岛。之后，暂时退避东北部，接着向西前进并进攻南鸟岛，3月10日返回夏威夷基地。美军此次出击意在牵制正向西南进军的日军，但是未能达成目的（『戦史叢書49』、101～102頁）。

1942年1月，美国拟定了空袭东京计划，相关准备工作在绝密状态下进行，负责指挥的是美国陆军中校吉米·哈罗德·杜立特。从大西洋返航的"大黄蜂"号航母装载了16架B-25轰炸机，于4月2日离开旧金山基地。"冒险"号航母战斗群攻打南鸟岛后，一度返航夏威夷基地，于4月8日又重新起航，4月13日在中途岛北面与"大黄蜂"号会合。会合后，部队以"冒险"号为旗舰，由海军中将小威廉·弗雷德里克·哈尔西指挥，对东京实施空袭，4月25日返回珍珠港基地。

另一方面，澳大利亚对日军进攻俾斯麦群岛感到震惊，提醒美国海军注意，在1月27日美国增援部队到达新喀里多尼亚岛之前，日军有可能偷袭该岛。另外，澳大利亚还向美国表示，自己担心莫尔兹比港的安危。关于该地区的重要性，澳大利亚首相休斯在1919年下院的演讲中曾经提到："澳大利亚的安全取决于是否拥有俾斯麦群岛、东新几内亚岛、所罗门群岛、新赫布里底群岛、新喀里多尼亚岛等岛屿，谁拥有新几内亚岛谁就拥有我们国家。"从中可知该地区有多重要（『戦史叢書49』、20~22页）。澳大利亚在东南方的防卫据点是莫尔兹比港和拉包尔。其中，莫尔兹比港是美国飞往菲律宾（中太平洋航线）时途经的中转基地，同时也是确保美国通往菲律宾、中华民国、新加坡和荷属东印度交通线的重要据点，而且，后方基地澳大利亚的存在对于美国来说不可或缺。

根据截获的日方情报，美国确信，日军一旦在拉包尔站稳脚跟，就会出动航母2艘、巡洋舰数艘、战列舰若干进攻新喀里多尼亚岛。当掌握了日方的作战意图和行动方案后，美国海军派出了当时可用的两艘航母"莱克星顿"号和"约克敦"号（舰载机共112架）投入战斗。投入此次战斗的是第17机动部队，拥有航母2艘、重型巡洋舰6艘、轻型巡洋舰1艘和驱逐舰14艘，指挥官是法兰克·杰克·弗莱彻少将（『戦史叢書』49、269~271页）。

史上首次航母大决战

日本海军基地航空队从5月1日开始进攻莫尔兹比港，连续数日实施轰炸。但是，美军的空袭丝毫没有减弱，派出B-17和B-26轰炸机进攻拉包尔和莱城。5月4日，美航母战斗群以"约克敦"号袭击图拉吉岛，之后"约克敦"号和"莱克星顿"号会合。弗莱彻少将判断日军会离开拉包尔，该日他率部挺进珊瑚海中心。位于澳大利亚的美军航空部队自5月2日起进入警戒状态，从汤斯维尔和莫尔兹比港出发实施空中侦察。

日本以轻型巡洋舰"夕张"和布雷舰"津轻"为主的MO攻击部队在拉包尔备战，于5月4日下午4点开始行动。轻型航母"祥凤"号和驱逐舰"涟"号接到的任务是对攻击部队实施空中保卫，于翌日与进攻部队会合，开始执行任务。而在图拉吉岛西部实施海上补给的MO机动部队却在6日早上约9时接到发现美军机动部队的报告。尽管实施追击，但未能抓住美军航母舰队。

5月7日，日美双方都未能发现对方的航母。日本海军和美国海军分别用舰载飞机把对方的给油舰和轻型航母"祥凤"号击沉。"祥凤"号当时正在护送搭乘日本攻击部队的船队。5月8日早上8时，日美海军几乎同时发现对方，四艘航母捉对厮杀。美海军有112架飞机，轰炸机出色；日本海军有122架飞机，战斗机和鱼雷机较为突出。"瑞鹤"号在狂风中躲避，所以美海军集中攻击"祥鹤"号。"祥鹤"号躲过了所有的鱼雷，但是被4枚炸弹命中，飞行甲板瘫痪，不能起降飞机，接到命令后，开往楚克岛躲避。与此同时，日本海军派出90架飞机实施攻击，首次攻打的目标是"约克敦"号。"约克敦"号躲过了鱼雷，但是中了一枚炸弹。"莱克星顿"号左舷中了两枚鱼雷，舰体被两枚炸弹命中。"祥鹤"号无法继续战斗，都以为美海军会取胜。没想到，下午1时"莱克星顿"号因油管破裂突然引发舰内爆炸，继而下午3时燃料箱发生爆炸并引起大火。被大火包围的"莱克星顿"号被友军驱逐舰用鱼雷击沉（『戰史叢書49』、320～322頁）。

航母决战的结果及后来的日美

日本方面的损失情况是：轻型航母"祥凤"号和1艘驱逐舰被击沉，"祥鹤"号航母、"瑞鹤"号航母和1艘驱逐舰受损。美国方面的损失情况是："莱克星顿"号航母、1艘驱逐舰和1艘给油舰被击沉，航母"约克敦"号受损。"约克敦"号的受损面通常需要90天才能修复完毕，但它返回夏威夷基地仅抢修2天便又投入中途岛海战之中。

飞机和人员方面日本损失较大。但是，美国失去3万吨级的正规航母"莱克星顿"号，其损失远比日本失去

12000吨重级的轻型航母"祥凤"号大得多。日军仍留在战场上,而美海军却退却了,所以战术上对日本有利一些。但是,MO攻击部队攻守易位,莫尔兹比港进攻失利,战役延至7月底,因而,从战略上讲美国达到目的,日本失败。而且,五航战飞行员大量死伤,不能参加中途岛海战。迫使五航战无法参加影响整个战局的中途岛战役,被认为是美海军的战略胜利之一(『ニミッツ太平洋海戦史』、59～60頁)。确实,对于美国海军来说,如果没有"约克敦"号的参战,仅凭"冒险"号和"大黄蜂"号以及中途岛基地的航空队,局势极为不利。

中途岛战役是通过联合舰队投入大兵力作战。美军算上海军基地航空队,与日本的飞机数量持平,航母数量双方旗鼓相当,而日本的海上部队方面则占有绝对优势,就是其五航战不参战也足以抗敌。主要问题是日本海军的情报被泄漏,而且关于这方面对策的情报被认为是尤其重要的。

日本的战略性失败在于:把视日本进攻为最大威胁的澳大利亚逼到绝境,致使澳大利亚站到了盟国一边,美澳联络线得以保全并使美国取得反击机会。特别是对澳大利亚而言,珊瑚海战在太平洋战争中具有决定全局胜负的重要意义。另外,对美国而言,澳大利亚能够发挥其远东交通线中转基地和对日反击后方基地的作用也具有极其重要的意义。

(五十岚宪)

参考文献

防衛庁防衛研修所戦史室編『戦史叢書49　南東方面海軍作戦1』、朝雲新聞社、1971。

防衛庁防衛研修所戦史室編『戦史叢書43　ミッドウェー海戦』、朝雲新聞社、1971。

防衛庁防衛研修所戦史室編『戦史叢書80　大本営海軍部・聯合艦隊1・2』、朝雲新聞社、1975。

防衛庁防衛研修所戦史室編『戦史叢書102　陸海軍年表』、朝雲新聞社、1980。

C・W・ニミッツ、E・Bポッター著、実松譲・富永謙吾訳『ニミッツの太平洋海戦史』、恒文社、1962。

佐藤和正『太平洋海戦Ⅰ　侵攻編』、講談社、1988。

『別冊歴史読本特別増刊　日本海軍総覧』、新人物往来社、1994。

47. 大东亚会议和"大东亚共荣圈"

如何看待理想与现实——帝国议会议事堂——昭和18年（1943）11月5日

召开大东亚会议

1943年11月5日，来自日本控制下的东亚和东南亚国家和地区（即所谓的"大东亚共荣圈"）的政府最高首脑聚集在东京帝国议会议事堂里，大东亚会议在这里召开。出席会议的各国代表有日本首相东条英机、"南京政府行政院院长"汪精卫、"满洲国国务总理"张景惠、菲律宾共和国总统何塞·P.拉乌雷尔、泰国代理总理旺·威泰耶康和缅甸内阁总理巴莫。此外，自由印度临时政府首脑钱德拉·鲍斯也列席了会议。

但是，在第二次世界大战中，这些国家和政府只是得到了轴心国和一部分中立国的承认，并未得到同盟国的认可。譬如菲律宾，它就是在大东亚会议召开之前的1943年10月14日，依靠日本的支持而宣布独立的。承认菲律宾的所谓"国家"有12个，分别是日本、汪精卫政权、"满洲国"、泰国、缅甸、德国、意大利、西班牙、克罗地亚、斯洛伐克、匈牙利和保加利亚。

在会议召开的第一天,大会主席、日本首相东条英机宣布开会并作为主办国代表发言。他对美英两国予以强烈谴责,称:美英出于称霸世界的野心,欲镇压大东亚各民族的解放运动,对日本走上繁荣昌盛予以压制。同时,他还表示,日本为了本国的自立自卫,将毅然决然站起来,与大东亚各民族一道,为建立共存共荣的新秩序而战斗到底。接着,汪精卫发表讲话。他引用国父孙文关于大亚细亚主义的演讲内容,发誓继承孙文遗志,独立自主,协助先觉者日本,为实现共同的目标而努力。紧接着,各国代表也纷纷发表演讲并表明决心。

《大东亚共同宣言》的理念和现实

大会经过第二天(11月6日)的协商,一致通过《大东亚共同宣言》。虽然宣言有点长,在此笔者还是将全文引录如下(原文没有标点符号)。

> 盖确立世界和平之根本要义在于,世界各国各得其所,相倚相扶,共享万邦共荣之乐。
> 然美、英为本国之繁荣,压迫其他国家及民族,特别是对大东亚进行贪得无厌的侵略与剥削,逞其奴役大东亚之野心,欲动摇大东亚安定之根基。大东亚战争之原因即在于此。
> 大东亚各国应互相合作,完成大东亚战争,将大

东亚从美、英之桎梏中解放出来,实现自存自卫。望根据下列纲领建设大东亚,以求贡献于世界和平之实现。

(1) 大东亚各国互相合作,确保大东亚之稳定,并以道义为基础,建设共存共荣之秩序。

(2) 大东亚各国应互相尊重其自主独立,通过互助敦睦,确立大东亚之和睦。

(3) 大东亚各国互相尊重其传统,发挥各民族之创造性,弘扬大东亚文化。

(4) 大东亚各国应在互惠之下紧密合作,谋求经济发展,增进大东亚繁荣。

(5) 大东亚各国应与万邦敦睦交谊,消除种族歧视,广泛开展文化交流,积极开放资源,以对世界之发展进步做出贡献。

翌日(11月7日),日本在日比谷公园召开有10万人参加的大东亚集结国民大会。各国和政府代表在会上致辞,决定"完成大东亚战争","确立世界永久和平"。

大东亚宣言甚至能与同盟国《大西洋宪章》的联合宣言(1941年8月)相抗衡,里面包含了诸如把大东亚从美英殖民统治下解放出来、建立共存共荣的秩序、尊重自主独立、尊重各民族传统、发扬创造性、消除人种歧视(种族歧视)等种种美好的理念,但当时的实际状况并未具备实现这些理念的条件。

日本在战争开始之初的辉煌战局已被大大逆转,从

1942年下半年开始，以美军为首的同盟国开始反击。1942年8月美军登陆所罗门群岛的霍尼亚岛（瓜岛），1943年1月日军不得不以牺牲两万数千人的代价撤离该岛。1943年4月联合舰队司令山本五十六在布干维尔岛上空战死，5月在阿留申群岛的阿图岛守军全部被歼，日军的防线一退再退。在日本国内，从1943年10月开始，大学文科生和小学生的征兵延期计划被取消，各地举办学生应征壮行大会。战局进一步恶化，日本防卫圈被大幅度挤压，越来越小。大东亚会议就是在这种情况下决定召开的，以强化"大东亚各国和各民族的政治凝聚力"。

日本对占领区的处理方针

所有战争对于发动者而言都是"正义战争"。日本也不例外，给这场战争赋予了崇高的道义，声称：日本要解放长年饱受欧美侵略和殖民统治的亚洲各民族，实现"自存自卫"，建立共存共荣的"大东亚新秩序"。

自1941年12月开战后的大约半年时间里，日军先后击垮美国、英国、荷兰等旧宗主国的军队，占领了香港、马来半岛、新加坡、菲律宾、荷属东印度（荷兰统治的东印度，现在的印尼）、缅甸等几乎所有东南亚地区。虽然因地区和民族不同而反应不同，但是，日军轻而易举地击败了旧宗主国的军队，使得这些地区从欧美各国的殖民统治中解放出来，因此，在战争初期，日军是作为解放者而受到众多地区欢迎的。为了实现占领的目的，日本还支持当地人民抵抗旧宗主国的民族运动。

尽管战争被赋予崇高的道义，但是日本占领东南亚还是出于军事上的需要，这是日本最重要和最现实的目的，即确保日本获得当地的石油、橡胶、铝土、钨、锡等的军需资源。之后，日本就开始在理想与现实的需求之间摇摆。

对于占领区的处理，日本政府（东条内阁）和军部采取如下方针：把认为属于军事防卫要地、人口稀少地区以及独立能力差的地区归为日本领土；对于之前基于政治考虑，独立后会对日本推行战争以及对大东亚建设有利的地区，日本允许其独立（1943年1月14日本大本营政府連絡会議，『杉山メモ—大本営政府連絡会議等筆記—下』，以下同）。

允许缅甸和菲律宾独立

日本决定承认独立的地区有缅甸和菲律宾。缅甸在1886年被英国吞并，没被吞并之前是独立国家，1937年后变成准自治领地，属于大英帝国。缅甸长期以来反英独立运动活跃，日本军部早就注意到这一点，并于1941年2月在缅甸设立南机关，任命陆军大佐铃木敬司为机关长。南机关是直属日本大本营的特务机关，培养出昂山等30名独立运动志士。开战之后（指太平洋战争爆发之后），缅甸人成立义勇军抗击英军。而在开战前的1941年11月15日，日本政府召开了大本营和政府间的联络会议，确定"促进与美英荷战争尽早终结的方案"。该方案明确表示，要"促进缅甸独立并利用其成果,刺激印度走向独立"。

至于菲律宾,从西班牙统治时代和美国统治时代开始,独立运动就十分活跃。1907年菲律宾成立议会,开始以议会为中心开展独立运动,并获得美国同意。1935年,菲律宾议会通过泰丁斯-麦杜菲法案(Tydings-McDuffie Act),并于同年成立美属自治联邦。经过10年的准备,菲律宾定于1946年7月4日正式独立。战争期间,日军侵占菲律宾被视为阻碍菲律宾独立的主要因素。此外,激烈的战争也给当地人民带来了极大的伤害。因此,菲律宾人的亲美反日情绪一般都很强烈。

1943年5月31日,日本召开御前会议,审议"大东亚政略指导大纲"。据御前会议所提供的参考资料:"(菲律宾)对日印象不甚好。至今尚相信美国会取胜,且国民习惯于美式生活。尽管物价飞涨、生活不稳定,但并非没有讴歌美国政治的倾向。"正因如此,日本更应迅速承认菲律宾独立,博得其对日本的信赖。

不承认荷属东印度的独立

在其他是否承认其独立的地区中,荷属东印度①的问题最为突出。起初,对荷属东印度人口密度较大的爪哇,日本外务省主张承认其独立。但是,在1942年3月召开的大本营政府联络会议上,外务省主张爪哇独立的方案遭到强烈反对,反对的理由是,占领地的归属问题应首先取决于

---

① 1800~1949年荷兰人统治下的印度尼西亚。

国防需要。企画院总裁兼陆军中将铃木贞一认为日本应对占领地实施长期军事统治，因此反对外务省方案，说："不能过早承认荷属东印度的独立，免得独立后的荷属东印度任意妄为。"日本大藏大臣贺屋兴宣赞同铃木的观点。而外务省方面则认为，既然早晚要承认其独立，还不如趁早决定，但是赞成者寥寥无几。日本海军大臣岛田繁太郎反问外务省，说："承认爪哇独立能给日本带来什么利益，你们研究过吗？"外务省被说中要害，被迫撤下方案。在整个战争期间，海军方面反对东南亚各民族独立的态度最为坚决。结果，荷属东印度的独立直到日本战败后才得以承认。

基于上述背景，1943年5月31日的御前会议正式决定召开大东亚会议。在大东亚会议召开之前，缅甸和菲律宾分别于同年的8月1日和10月14日宣布独立。缅甸同时对英美宣战，但菲律宾没有宣战。可见，两个国家有不同的国情，而且在对日本和对美英的感情上也存在差异。

如上所述，在大东亚会议召开之际，战局已经恶化，当时的情况已经不允许把共同宣言的理念付诸实践。即使是在宣布独立的国家，实权也由日本掌握。日本在当地强行征调军需物资，无视当地固有的历史、文化和传统，强迫当地人参拜神社、崇拜天皇，强迫当地人参加半强制性的建筑劳动，处决被日本当局视为"反日分子"的当地人。随着日本战事连连失利，当地人积攒已久的反日情绪终于爆发。就连一向对日友好、协助日本的缅甸也于1945年3月爆发了抗日武装起义。在日本的各个占领区，抗日运动风起云涌。结果,真正意义的"大东亚各民族"独立出现在日本战败之后,当地居民通过反抗旧宗主国的民族独立运动取得胜利。

东南亚历史教科书的记载

关于如何看待在第二次世界大战中日本对东南亚各地区占领和统治的问题,我们确实很难做出历史性的解读和评价。有观点认为,这是日本帝国主义在实施殖民地政策,应断然将其抛弃。但也有观点认为,日本对东南亚的占领和统治给东南亚各民族带来了独立,应给予高度的历史评价。对同一历史现象有各种不同观点是很正常的,但不管站在何种立场,历史性的解读都不是非黑即白那么简单。不管是好是坏,有一点是可以肯定的,即日本的占领和统治给这些地区的战后国家建设带来了巨大的历史影响。当然,这样的影响因国家、地区、民族和历史条件等的不同而有很大的差别,因此不能单纯地一概而论。

作为考察上述问题的切入点,让我们看一下现在东南亚国家和地区的历史教科书是如何对二战时的日军占领和统治进行记载的。

首先,从整体上说,关于这段历史的记述,东南亚国家和地区的历史教科书要比日本的历史教科书详细。东南亚的历史教科书在记述这段历史时有其基本一致的整体立场,均认为:日本提出建设"大东亚共荣圈"和"解放大东亚各民族"的口号,实际是为了谋取其自身的利益。同时谴责日军对占领区进行残酷统治及对所谓的"反日分子"进行处决。不过，也提到了日本的"功"，说：日军在二战初期轻而易举击败旧宗主国军队鼓舞了当地的民族独立运动，并支持当地的民族独立运动。因此，东南亚国家和地区对日本的占领和统治之记述是多角度的，既有"罪"也有"功"，这成为东南亚历史教科书的一大特色。缅甸的国家教科书对日军支援缅甸的独立运动，特别是为缅甸培育独立运动志士的功绩给予了高度评价。另外，马来西亚的教科书（教育部审定）提到，日军占领时鼓励学习马来语提高了马来人的民族意识，而且，日本所构建的行政组织效率高、组织性强，有很多地方被马来西亚在战后建国时采纳。印度尼西亚的教科书（教育部审定）对苏加诺、哈达等独立运动领导人的对日合作和日本军政机构重用印尼人给予了肯定评价。印度的教科书（教育部审定）也对日本给予拉什·贝哈里·鲍斯和苏巴斯·钱德拉·鲍斯的独立运动及印度国民军的支持予以积极评价。

对日本的占领和统治，东南亚历史教科书记述有着多角度的历史解读和评价，而韩国国史教科书（国家制定）和中国的历史教科书（审定）则予以全盘否定。记述角度差异之大，耐人寻味。

（鸟海靖）

参考文献

佐藤賢了『大東亜戦争回顧録』、徳間書店、1966。

参謀本部編『杉山メモ―大本営政府連絡会議等筆記―上下』、

原書房、1967。

伊藤隆・渡辺行雄編『重光葵手記』、中央公論社、1986。

石川順吉編『国家総動員史　補巻』、同刊行会、1987。

小林英夫『大東亜共栄圏の形成と崩壊』、御茶の水書房、1973。

和田久徳ほか編『東南アジア現代史　Ⅰ~Ⅲ』、山川出版社、1977。

入江昭『日米戦争』、中央公論社、1978。

三輪公忠『日本・一九四五年の視点』、東京大学出版会、1986。

後藤乾雄『太平洋戦争と東南アジア』、岩波書店、1994。

波田野澄雄『太平洋戦争とアジア外交』、東京大学出版会、1996。

48. 雅尔塔会议及美英苏之间的合作和对立

重新审视二战——克里米亚半岛雅尔塔——昭和 20 年（1945）2 月 11 日

雅尔塔现代史教育会谈

2003 年 10 月 2 日，在乌克兰克里米亚半岛的雅尔塔郊外，里瓦几亚宫的白色大厅里洋溢着热烈的气氛。近百名欧洲的历史学家和历史教育家齐聚一堂，就如何理解雅尔塔会议和第二次世界大战等历史问题展开激烈讨论，现场沸沸扬扬。笔者作为欧洲之外的少数与会者之一，也被卷入这场激烈的讨论之中。

里瓦几亚宫是俄国末代沙皇尼古拉二世于 1911 年修建的夏宫，位于可以俯瞰黑海的一块小高地上。第二次世界大战后期的 1945 年 2 月，美、英、苏三国首脑罗斯福、丘吉尔和斯大林，就是在此讨论如何处理欧洲战后等问题的。白色大厅是雅尔塔会议时的主会场，有一个小房间（代表团的休息室）与之相邻，里面摆放着当时开会使用过的一张陈旧圆桌，墙上挂着反映当时开会现场的照片和各国代表团的合影留念等,让人观后对往事不胜缅怀。休息室的隔壁还有一间房间,在这个房间里,罗斯福和斯大林秘密达成了苏联对日作战的协议。而且,罗斯福下榻的寝室也与这个房间相邻。

重新评价现代史的动向

欧洲评议会(Council of Europe,简称 CE,以欧洲为中心,约有 50 个国家参加)于 2003 年在雅尔塔主办了现代史教育会谈,其研究的重要课题之一就是现代史教育。20 世纪 90 年代以后,伴随着苏联的解体,在苏联、东欧各国有大量新的现代史史料被公开,之前一直被掩盖的各种历史事实得以重见天日,俄罗斯、东欧各国正在根据重新评价现代史、脱离意识形态以及文化多元主义的方针,推动人们对新的历史教育进行探索。

从 20 世纪 90 年代末以来,笔者也多次参加类似的现代史国际教育会谈。与会者的报告内容涉及新史料的运用、对新事实的介绍以及在旧体制下被"歪曲的历史"(Abuse of History)案例等多个方面。不过,其中给我留下印象最深的是,来自俄罗斯、东欧的参会者用强烈的措辞批评欧美各国,说它们对之前的现代史看法有偏颇,极力主张重新评价那段历史。

2003 年大会则将批评的矛头指向了之前对雅尔塔会议和对二战的历史性解读上。虽然批评的焦点略有不同,但大致要点可以归纳为:二战后法西斯主义灭亡、民主主义势力胜利的观点不过是战胜国违背历史事实的政治宣传。因此，对整个第二次世界大战的历史，如果站在上述通行的视角，我们无法获得只有站在开阔的国际视野上才会有的恰当理解。

尤其是主办国乌克兰的代表，其基调报告言辞激烈，说：乌克兰在第二次世界大战与纳粹德国的战争中牺牲了400多万人，但是，在乌克兰雅尔塔召开的三国首脑会谈中，乌克兰被西方抛弃、被苏联背叛，没有一个愿望得到实现，而且最后还一直处于苏联的高压统治之下。与会者听罢，顿时鸦雀无声，对乌克兰的遭遇感同身受，仿佛回想起斯大林时代乌克兰所经历的那段残酷历史。

西欧也一样，西班牙的佛朗哥政权和葡萄牙的萨拉查政权在二战后实行了30年左右的独裁统治。两者的具体异同暂且不究，西方历史家当然也很有必要引进上述东欧的批判性观点，致力于对雅尔塔会议和第二次世界大战进行多角度的历史性解读。

但是，关于雅尔塔会议的发言几乎都没有离开欧洲立场，所以笔者在第二天开始的分科会上要求特别发言，强调指出，雅尔塔会议不仅对欧洲，而且对二战后的东亚，在国际秩序框架的形成方面，无论好坏，其巨大影响一直延续至今。

雅尔塔会议的目的

关于雅尔塔会议，现在有各种各样的历史性解读和评

48. 雅尔塔会议及美英苏之间的合作和对立

价。笔者无力对其全貌进行介绍和解说，只能围绕苏联对日作战问题，对雅尔塔会议的大致经过和美苏领导人之间所讨论的问题进行综述。

在雅尔塔会议召开的 1945 年 2 月，欧洲战线的战局已经脱离险境，德国失败只是时间问题。尤其是从东面持续推进的苏联军队控制了罗马尼亚、南斯拉夫和波兰等国家之后，攻进了德国。

在西部战线上，1944 年 8 月，美英联军配合法国抵抗运动组织收复了巴黎，轴心国阵营的成员之一意大利已于 1943 年 9 月投降，并加入到盟国的对德作战之中。

反映此战局变化的是雅尔塔会议，美、英、苏三大国会谈的主要目的是，讨论如何进行战后处理，特别是讨论如何对德进行处分和有关波兰的问题。

与此同时，日本在东亚和东南亚地区并无投降之意。美军和日军在菲律宾等地展开血战。美国为了早日取得对日作战的胜利，与苏联首脑进行秘密会晤。

当然，关于上述问题的磋商，雅尔塔会议并非首次，早在 1943 年 11 月~12 月的德黑兰会谈，三国首脑就一起磋商过。当时，虽然三国在对德联合作战和战后处理的问题上存在各种利害冲突，但德黑兰会谈强化了三大国为取得战争胜利而进行合作的姿态。据说，当时斯大林承诺，苏联在德国投降后将参加对日作战。

雅尔塔会议的进展

1945年2月2日，美国总统罗斯福在地中海的马耳他岛与英国首相丘吉尔进行了非正式会谈。2月3日，罗斯福乘飞机前往克里米亚半岛，正午过后抵达因战火荒芜的机场，之后，入住离机场大约150公里开外的里瓦几亚宫。路况不好，车子经过一路颠簸，直到太阳下山之后才到达住地。在同一个时间，丘吉尔也住进了距此仅数公里的阿卢普卡宫。

在严冬时节的苏联，面向黑海的雅尔塔是最温暖的地区。沙皇俄国时代的皇帝和贵族以及苏联时期的共产党干部都喜欢到这里疗养，作家契诃夫也曾经在此安度晚年，并写出了不朽的名著《樱桃园》。

雅尔塔会议从2月4日到11日。三国首脑的随行军官和外交人士等连续数日下午都在这里召开全体大会，其间，三国首脑及其随从也时常举行非正式会晤。讨论的议题甚多，主要有以下四项。

(1) 对德国处理问题

商定解除德军武装、解散纳粹、惩处战犯和设立赔偿委员会等事宜，苏联要求德国赔偿200亿美元。法国因对战胜德国没有做出多少贡献，没被邀请参加雅尔塔会议。苏联反对法国参与占领德国，但英国对苏联影响过大抱有戒心，强烈要求让法国参与占领，美国也出面说情，最后决定让法国也参与占领德国。

(2) 联合国问题

美、英、苏、法、中任常任理事国，拥有否决权，它们与七大非常任理事国一同组成安全保障理事会。苏联要求给其16个加盟共和国提供联合国议席，但是由于美国反对，苏联做出妥协，只让在二战中做出重大牺牲的乌克兰和白俄罗斯加入联合国。

(3) 关于波兰问题

波兰问题的症结在于，是承认德苏军队入侵时设在伦敦的流亡政府，还是承认苏联占领时设在卢布林的临时政府。苏联不承认流亡政府，该政府强烈反对苏联与德国对波兰的占领，因此主张承认以亲苏共产主义势力为中心的临时政府。对此，美英两国面露难色。最终，临时政府建立了包括波兰国内外民主领袖在内的国民统一政府，苏联的主张得到了实质性的认可。

雅尔塔会议的两年前，在卡廷森林里发现了几千具被处死的波兰军官尸体，卡廷森林位于莫斯科郊外西南偏西400公里。德国宣称，这些军官是被苏军俘虏后虐杀的，于是，流亡政府与苏联断交。而苏联则坚称这是纳粹德国所为，这种说法在二战时得到同盟国的认同。二战后终于弄清了真相，确认是苏军所为，但苏联始终否认，直到1990年戈尔巴乔夫上台才予以承认。因此，该事件也是波兰问题的影响因素之一。

综上所述，苏联在对德作战中的巨大牺牲和贡献，以及苏联已经控制大部分东欧国家这一既定事实，在欧洲的战后处理中发挥了决定性的作用。结果，苏联的势力范围得到大幅的扩大。但是，由于国际新秩序的形成迫切需要联合国成员国之间的协助，因此，尽管与苏联有各种利害冲突，美英方面还是不能过分与苏联唱反调。

雅尔塔会议在宣言中强调，要通过自由选举在战后欧洲建立各种民主制度，但这只是文字上的敷衍了事，实际上并没有落实。正因为如此，才会出现如开头所讲，东欧各国谴责联合国没有履行雅尔塔会议关于建立民主制度的承诺，说本国不仅被苏联背叛而且还被西方抛弃，而且近半个世纪一直处在苏联的高压统治之下，因此要求重新评价那段历史。

苏联对日参战问题

接下来，让我们将视线转向雅尔塔会议的第四个议题，具体讨论苏联对日参战秘密协定的问题。在雅尔塔会议前夕，美英军事首脑于马耳他岛召开会议。在会上，美国高估了日本的抵抗能力，认为要使日本投降，须在欧洲战事结束之后18个月才能实现。为了促使日本早日投降，美国需要苏联对日参战。

于是，美国请求苏联在德国投降后对日参战，苏联同意美国的请求，但要求美国给予补偿。1944年10月，美国驻苏联大使哈里曼就此问题询问苏联。据说，斯大林表示，苏联可于德国投降的两至三个月之后对日参战，但要求美国在苏联和伪满洲国境附近备足三个月的武器弹药，同时答应库页岛南部和千岛群岛归苏联所有，承认苏联在大连和旅顺的租借权，承认苏联对南满铁路的管理权。

2月8日下午，罗斯福和斯大林就苏联对日参战问题进行协商。据说，2月8日早上，罗斯福给斯大林送去备忘录，同意苏联拥有库页岛南部和千岛群岛的要求。备忘录由苏联驻美大使葛罗米柯翻译成俄语。斯大林得知内容后非常高兴，甚至还有点激动。

在协商会谈时，斯大林再三向罗斯福强调，苏联只想要回在日俄战争中被日本抢走的领土。但实际上，千岛群岛并不属于这个范畴。众所周知，择捉岛以南的南千岛群岛相当于现在的日本北方领土，1855年《日俄和亲通好条约》签订之后成为日本领土。而择捉岛以北的千岛群岛则是1875年通过《库页岛千岛群岛交换条约》确定为日本领土，因此千岛群岛与日俄战争没有关系。

或许罗斯福对千岛群岛与日俄之间的历史纠葛并不是十分了解。据说，在美苏签订协议之前，哈里曼曾经就这一点向罗斯福提出过忠告。但是罗斯福却不以为然，认为与苏联对日参战带来的巨大利益相比，千岛群岛的问题微不足道。

另一方面，罗斯福认为，苏联对满洲的要求侵犯中国主权，表示很为难。最后，经过若干修改，罗斯福承认大连港口实行国际化，承认中苏合资经营南满铁路等。罗斯福十分谨慎，认为此事不宜告诉中国，以免情报泄露。因此，中国（国民政府蒋介石）对此事并不知晓。

完成所有协商之后，1945年2月11日下午签署雅尔塔协定。关于苏联对日参战问题，同意苏联提出的条件，即（1）维持外蒙古现状；（2）南库页岛返还苏联；（3）苏联租借旅顺，大连成为国际港口，苏联拥有优先使用权；（4）中国对满洲拥有主权，中苏合资经营南满铁路；（5）千岛群岛移交苏联等。在这些条件的基础上，美、英、苏三国商定，在德国投降两至三个月后苏联对日参战。

因为雅尔塔协定是秘密协定，其内容处于保密状态，直到一年后的1946年2月11日才由美国国务院公布。丘吉尔完全是局外人，没能参与美苏之间的协商，直到签约前夕才得知内容，只好在协定上签字。而且，美国方面的知情人也极少，除罗斯福之外，只有美国驻苏联大使哈里曼等极少数人知道协定内容。据说，就连美国国务卿斯退汀·纽斯都毫不知情。

雅尔塔会议的"成果"

日本掌握了关于雅尔塔会议的部分情报，但没有弄到苏联对日参战的秘密协定。结果，日本做了无谓的努力，从1945年6月开始请苏联出面谋求讲和。

在雅尔塔会议的大局上，罗斯福被迫对苏联做出很大让步。不过，他自己倒不觉得，认为这是以最小的让步换取最大的成果。二战后，罗斯福在雅尔塔所取得的"成果"饱受"让步过大"的诟病。在日本看来，北方领土和朝鲜等诸多困扰东亚的棘手问题都可以在雅尔塔秘密协定中找到根源，这一点是难以否定的。

大概是在雅尔塔会议上殚精竭虑的缘故，罗斯福健康状况迅速恶化，回国两个月后的1945年4月12日，他在疗养地佐治亚州温泉的私宅中因脑溢血猝死。新上任的杜鲁门总统对罗斯福所推进的雅尔塔秘密协定、美苏谈判详情和原子弹研发等重要国家事务几乎毫不知情。这时的他才明白自己所面临的严重问题和重大责任是什么。

（鸟海靖）

参考文献

E・ステテイニアス著、中野五郎訳『ヤルタ会談の秘密』、六興出版社、1953。

W・H・マクニール著、実松譲・富永謙吾訳『大国の陰謀』、圖書出版社、1982。原著：1953。

バーンズ著、井上勇訳『ルーズベルトと第二次世界大戦』、時事通信社、1972。

清水威久『ソ連の対日参戦とヤルタ協定』、霞ケ関出版、1976年。

F・ポグーほか著、遠藤晴久訳『ヤルタ会談の意義』、桐原書店、1977。

藤村信『ヤルタ—戦後史の起点』、岩波書店、1985。

倉田保雄『ヤルタ会談』（ちくまライブラリー15）、筑摩書房、1988。

A・グロムイコ著、読売新聞外報部訳『グロムイコ回想録』、読売新聞社、1989。

小沢弘明『ヤルタ会談と鉄のカーテン』（岩波ブックレット203）岩波書店、1991。

　産経新聞取材班『ルーズベルト秘録　上』、扶桑社、2000。

　斉藤治子『第二次世界大戦を見直す』（ユーラシア・ブックレット79）、東洋書店、2005。

49. 东京大空袭
二战时的城市无差别轰炸——东京·重庆·德累斯顿——昭和20年（1945）3月10日

1945年3月10日东京

日俄战争中的3月10日，日本陆军经过鏖战，击败俄军并占领满洲的奉天（今中国沈阳）。为了纪念日军取胜，日本把这一天定为日本陆军纪念日。1945年3月10日即将到来的半夜，美国空军大型轰炸机B-29编队乘着夜色飞过房总半岛上空北上，目标直指东京。

但是，负责保卫东京的东部军没有发现美军轰炸机。3月9日晚10时30分只是拉响了警戒警报，居民被告知错误信息，说是从房总半岛入侵本土的敌机"往南边海上退去了"。

3月10日凌晨0时8分，美军轰炸机在本所区（今墨田区南部）的木场、白河町、深川区（今江东区西部）的锦丝町一带投放燃烧弹，弹落之处即刻燃起火舌。B-29通过低空飞行侵入东京后实施空袭。凌晨0时15分，东京终于响起空袭警报。此时,本所区、深川区和城东区等地因受大量燃烧弹攻击,已经变成了一片火海。接着,浅草、日本桥、麹町、本乡等地也相继遭到燃烧弹的袭击。

不幸的是,这个时候还偏偏刮起了风速高达 26 米/秒的强劲西北风,火借风势顷刻便让东京的平民区化为火海,东京成了悲惨的人间地狱。猛烈的大火驱赶着人群,一群人想从向岛穿过言问桥逃往隅田川以西,另一群人想穿过言问桥逃往相反方向,结果两群人在桥上迎面撞上,乱成一片。最后,大火烧到桥上,近千人丢掉了性命。据说,很多人为了躲避大火跳到隅田川里面,因往下跳的接连不断,大部分人不是被压死就是被水呛死,河面上漂浮着一具具的尸体。日本桥周边很多人无处可逃,到明治座①大楼里避难,明治座大楼瞬间被大火吞噬坍塌,里面也有1000多人遇难。

东京空袭警报于3月10日凌晨2时37分解除。这次的夜间东京大空袭持续时间约2小时30分,日本损失之惨重难以想象。当时,日本的防空能力几乎为零。日本研发中的雷达因美国B–29抛撒铝片干扰而失灵,而且日本也没有截击机。通过少数高射炮实施的防空打击效果甚微,致使B–29轻而易举地侵入东京上空,并随心所欲地投下雨点般的燃烧弹。根据亲历东京大空袭的证人所言,B–29实施超低空反复轰炸时,人们从地面几乎都能看清飞行员的脸。

---

① 具有130多年历史和传统的剧场。

化为焦土的东京

根据美国方面的记载,马里亚纳基地出动了约300架B-29轰炸机参加了该日的东京大空袭,投下了约19万枚的油脂燃烧弹,重达1800吨。

在这次空袭中,本所区有95%,深川区有91%被烧毁,城东区和浅草区几乎被夷为平地,完全化为焦土。东京有35个区,被炸地区波及29个平民区,烧毁房屋约27万户,受害人数100万人以上。根据警视厅公布的数据,死者约8.4万人,伤者超过4万人。考虑到很多尸体被烧得面目全非,无法辨认,再加上被河水冲到大海的,估计实际死亡人数高达10万人,相当于2001年9月11日在纽约和华盛顿遭受恐怖袭击时死亡人数的30倍。

在东京空袭中死亡的大部分是老人、妇女和儿童等非战斗人员。当时,成年男子几乎都被征调,有的被征兵奔赴战场,有的被征召前往军工厂工作,留在家中的大多是老人、妇女和儿童。被疏散到外地的国民学校小学生有的正赶上六年级小升初,很多人都回到了东京。

1942年4月18日,在杜立特中校的指挥下,美国13架(袭击其他城市的有3架)B-25陆上轰炸机从航母"大黄蜂"号起飞,第二次世界大战中,第一次对东京实施轰炸。美国双引擎轰炸机具有很长的续航能力,它们从日军警戒哨兵外的航母上起飞,长途奔袭东京。这一点完全出乎日本的意料。虽说日本损失很小，却给沉醉在首战告捷的日本军民带来极大的心理冲击。

马里亚纳群岛中的塞班岛绝对处于日本的国防防御圈范围，1944年7月被美军占领。这样，美军从陆上基地起飞对日本本土实施轰炸只是时间问题。1944年11月，来自马里亚纳群岛的美国轰炸机开始对日本本土实施空袭，最后演变成1945年3月10日对东京的夜间大空袭。

从那之后，美军于1945年4月13日和4月15日对东京实施第二次夜间大空袭，于同年5月23日和25日对东京实施第三次夜间大空袭。在东京，从市中心到西北部一带毁损严重，连皇宫都被烧毁了。东京遭受轰炸累计100架次以上，死伤和失踪人数约21.7万人，受害人数超过300万人。据统计，日本全国因轰炸造成死伤和失踪的人数约63万人（数据来自1949年日本经济稳定总部的调查报告，其中包括室兰、釜石等10个城市被舰炮炸死或炸伤的人数。冲绳不计在内）。

在东京大空袭5个月后，广岛和长崎分别被原子弹摧毁，美军对城市实施的狂轰滥炸最终演变成对普通百姓的大屠杀。

《格尔尼卡》和毕加索

在第一次世界大战中，反映最新科技成果的飞机、坦克和潜艇等新型武器陆续亮相。尤其是，通过飞机对地面目标实施攻击（空袭和空中爆炸）的方式彻底改变了以往战争的性质。战场不再局限于双方军队厮杀的前线，而且扩大到了与其相距甚远的普通居民区。

最初的空袭规模很小，但随着航空技术的发展，空袭的规模迅速扩大。到了20世纪30年代，航空技术迅速发展，战略思想也随之发生重大变化。利用远程轰炸机空炸敌国的城市，破坏敌国的生活和生产设施，打击敌国的国民士气，这一战略轰炸形式被广泛使用。战略轰炸意味着对城市实施无差别轰炸，使得很多非战斗人员因此而成为战争的牺牲品。

据说，对城市实施无差别轰炸始于西班牙内乱高潮时纳粹德国对格尔尼卡的轰炸。1936年的西班牙，政治一片混乱，佛朗哥将军率领军队发动了反对共和国政府的武装叛乱。共和国政府方面以人民阵线派为核心控制政权，佛朗哥派与之相对抗成立了国民政府。两派争斗使西班牙陷入内乱。苏联和各国义勇军支持共和国政府，纳粹德国和意大利支持国民政府。

西班牙北部巴斯克地区的小城格尔尼卡曾是共和国政府的据点，1937年4月26日遭到了德国空军"神鹰"飞行团长达3个小时的地毯式轰炸。整个城市几近毁灭，到处残垣断壁，瓦砾成山，7000人口的小城死伤超过2000人。恰在此时，画家毕加索受西班牙共和国政府之邀，为西班牙参加巴黎世博会的展馆作画。于是，一幅以格尔尼卡被轰炸为题材的作品《格尔尼卡》问世。通过作品，格尔尼卡被轰炸的惨状开始在世界上广为人知。

日军轰炸重庆

与此同时,在东亚,始于1937年7月7日的抗日战争陷入了举步维艰的长期战争。同年12月,日本占领了中国首都南京,蒋介石国民政府迁都四川重庆继续抗日。日本苦于无法控制战局,把国民党最高领袖之一的汪精卫拉拢过来,帮助其脱离重庆,以通过汪精卫达到对日友好、对日合作的目的。为抓住国民政府内部动摇的契机,日本在军事上策划了对重庆的战略轰炸。

1938年12月26日,陆军航空兵团第一飞行团的22架轰炸机从日军占领的汉口基地出发,前往重庆实施轰炸。22架轰炸机包括12架日产九七式重型轰炸机和10架意大利产的意式重型轰炸机(BR-20轰炸机)。九七式重型轰炸机3个小时后抵达重庆上空,但由于重庆被云层遮蔽,无法实施轰炸而返回汉口。意式重型轰炸机因无法确定目标,胡乱投弹后返回基地。

1939年日军正式开始对重庆实施轰炸。1940年5月到9月,日军海军航空部队也开始对重庆进行大规模的反复轰炸。此前,日本海军的轰炸机续航能力不足,且没有战斗机护卫。但是,从1940年开始,日本零式舰载战斗机(简称零式战机)开始投入使用。零式战机从陆上基地前来参战,与中国空军(雇有很多苏联飞行员)的战机对抗。随着日军轰炸的加剧,重庆的很多地面设施都迁到了地下,为躲避空袭,很多群众到地下设施避难,从而发生了因缺氧窒息死亡的惨剧。据统计，截至1943年8月，日军对重庆的轰炸断断续续达200架次以上，市民死伤人数高达2.6万人。

德累斯顿的悲剧

在第二次世界大战中，战略轰炸彻底演变成常规的战争手段，轰炸规模一下子扩大，普通市民死亡人数骤增。在欧洲战场上，英国伦敦、波兰华沙和荷兰鹿特丹等很多城市遭到纳粹德国空军的轰炸。从1942年开始，德国各城市受到英国空军等盟军的猛烈轰炸。截至1945年初，人口超过10万的德国城市，有80%遭到轰炸。

但是，不可思议的是，德国东部萨克森古都德累斯顿几乎没有遭到轰炸。当苏联军队从东面逼近德累斯顿时，波兰和德国难民为躲避苏军的进攻，从波兰不断聚集到德累斯顿。很多想往西逃的难民涌进德累斯顿中央车站等待列车，场面一片混乱。其中，还可以看到戴有大卫（David）星标志的犹太人。根据纳粹当局的指示，他们被集中到此地，等候移送集中营。虽然市中心一片混乱，但是人们却相对冷静。德累斯顿有着大量的历史建筑和丰富的文化遗产，但军事设施和产业设备却很少，因此，它会遭到轰炸是很多人想象不到的。

1945年2月13日是狂欢节，当然，大街上不会有什么庆祝活动。街道上的娱乐设施几乎全部关闭，只有易北河畔的小杂技团在营业，据说，晚上有很多观众蜂拥至此。

但是，就在这个时候，由245架兰开斯特轰炸机组成的飞行编队从英国本土各基地起飞，直奔德累斯顿而来。空袭警报拉响后，杂技团停止演出，主办方动员观众出去避难。但是，观众不相信真的会有空袭，因此，没有几个人离开。

2月13日晚上10时5分，领航机在旧市街的足球场上空投放照明弹，之后，轰炸机开始投放炸弹。大型的普通炸弹、燃烧弹和定时炸弹等接连不断投向了建筑物密集的旧市街等中心地带，繁华的街道瞬间变成火海。特别是，含有黄磷的燃烧弹威力强大，就连带有不燃物的建筑物也被点燃（也有说法称没有使用黄磷燃烧弹）。

在中央车站，炸弹如雨点般倾泻在候车的人群当中，顷刻间血流成河、尸横遍地。

第一轮轰炸持续了24分钟。从2月14日凌晨1时23分开始，英国529架轰炸机又实施了第二轮轰炸。据说，地面上的巨大火海把黑夜照得如同白昼一般，从200公里开外的飞机上都清晰可见，因此，飞行员不可能炸错目标。第一轮和第二轮轰炸投下的炸弹总重量达2978吨。

2月14日白昼，美空军B-17等311架轰炸机和野马等200架战斗机对德累斯顿实施第三轮轰炸和攻击，投放炸弹和燃烧弹累计783吨。

德累斯顿大火持续燃烧一周以上，包括珍贵的历史建筑物在内的7.5万栋房屋被彻底烧毁，10万栋房屋受损，整个城市几近毁灭。关于死亡人数众说纷纭，现在的说法是3.5万人。但很多受害者予以反驳，称实际死亡人数远远高于这个数字（德国 Broadview 电视台称）。

有被押往集中营的犹太人趁着轰炸所造成的混乱成功逃脱，是轰炸让这些犹太人保住了性命，说起来颇具讽刺意味。

为何轰炸德累斯顿？

当时，德国的失败已成定局，可为何还要对德累斯顿实施大规模的轰炸呢？有说法认为，看到苏军向德国快速推进而心急如焚的英美两国，为了向苏联炫耀其军事实力，为了在雅尔塔会议中取得优于苏联的地位，策划了这次轰炸。这种说法曾经一度被人们广泛认同。这应该是冷战时期的政治宣传，反映了苏联和东德等东方阵营的立场。但也有观点认为，德累斯顿轰炸是应苏联的要求实施的。美国政府也公开宣称，轰炸是应"苏联的要求"，这显然是表达西方阵营的立场。

20世纪90年代，由于苏联的解体及其对东欧控制的瓦解，各种新的史料得到公开。此前在社会主义体制下被严格控制的情报陆续曝光，一些被隐瞒、被歪曲的重要现代史真相终于大白于天下。但是，关于德累斯顿轰炸，尚不确定是否有与苏联有关的新史料。不过，一般的说法仅限于，英国首相丘吉尔在雅尔塔会议上以援助苏联进攻为由，提出了对包括德累斯顿在内的德国东部城市实施轰炸的计划，对此，罗斯福和斯大林是知情的。总之，此次轰炸的实施获得了英、美、苏三国首脑的同意是毫无疑问的。

2005年1月，位于德累斯顿旧市街中心、因轰炸而倒塌的圣母教堂在众多人士的捐助下完成重建。时隔60年，不论是昔日的加害者还是受害者，所有相关人士均齐聚于此，举行了纪念仪式。人们逾越恩仇，为和解与合作而相互立下誓言。

（乌海靖）

参考文献

松浦総三ほか編『東京大空襲・戦災誌　全四巻』、<財>東京空襲を記録する会、1973。

防衛庁防衛研修所戦史室編『戦史　支那事変陸軍作戦2』、朝雲新聞社、1976。

松浦総三ほか編『日本の空襲　全一〇巻』、三省堂、1980～1981。

斉藤瑛子「ドレスデン空襲」松浦総三ほか編『日本の空襲一〇付録』、三省堂、1981。

森山康平『図説日中戦争』、河出書房新社、2000。

「ドレスデン大空襲」（Das Drama Von Dresden）、ドイツブロードビューTV制作、2005年放映。日本語版、NHK、BS・HVで2006年8月放映。

50. 天皇的裁决

接受《波茨坦公告》的罕见方式——宫城御前会议——昭和20年（1945）8月14日

圣 裁

1945年8月9日，美国在长崎投放原子弹，苏联违反《日苏中立条约》对日参战。这一天的23时30分，天皇在皇宫的防空洞内召开御前会议。议题是日本应该以怎样的条件去接受同盟国敦促日本投降的《波茨坦公告》，会上争论激烈。参加会议的一共7人，他们分别是日本首相铃木贯太郎、枢密院议长平沼骐一郎、海军大臣米内光政、外务大臣东乡茂德、陆军大臣阿南惟几、参谋总长梅津美治郎和军令部总长丰田副武（［会议的经过见保科善四郎手记：「ポツダム宣言受諾に関する御前会議記事」『日本外交年表並主要文書　下』、原書房、1966、627~631頁）］。如果日本接受《波茨坦公告》，咨询枢密院是审批条约的程序之一，但是因时间不允许，所以要求枢密院议长平沼必须出席会议。实际上，在召开御前会议之前，日本统帅部于11点召开了最高战争指导会议，政府于14点半到22点召开了内阁会议，但均未形成一致意见，这一点在日本历史上是绝无仅有的。在这样的情况下召开御前会议，只能说明政府已经日暮途穷。

作为投降的条件，陆军大臣阿南提出"捍卫国体""自主地撤出驻外部队""战犯由日本政府自行处理""拒绝盟军保障占领"等四项要求。但外交大臣东乡则认为，日本只应提"捍卫国体"一项要求。日本如果是作为独立国进行和谈，提出四项要求无可厚非，但是当时的情况已经今非昔比。参谋总长梅津和军令部总长丰田赞成提四项要求，而枢密院平沼议长和海军大臣米内则赞成提出一项要求。表决结果是，三票赞成三票反对，双方持平。针对这种情况，铃木首相对如何投降这一前所未有的事情，采取了前所未有的大胆举措，即请求圣上裁决。也就是说，铃木首相不自己拍板，而是由天皇裁定。

对此，天皇进行裁决，决定"采纳外交大臣提案"，并陈述理由如下："朕闻知汝等一直充满必胜之信念，但迄今为止计划与行动相差甚远。另据陆军大臣所言，九十九里浜的阵地可于8月中旬修建完毕，然迄今尚未完工。又闻，组建的新师团没有武器可供装备。这与以机械制造见长的美英军队相比，完全没有胜算。解除朕倚为股肱之军队武装，让朕之臣下担负战争之责任并予以引渡，实在于心不忍。但为了顾全大局，朕决心效仿在遭到三国干涉时进行英明决断的明治天皇，忍常人所不能忍，救人民于危难，以维护全人类之幸福。"

时间指向 8 月 10 日 2 时 30 分，任何人再也无法提出异议。

直至战败

1945 年 4 月 7 日，天皇降旨并任命铃木贯太郎为首相。然而，无论谁担任首相，终结战争都是一项艰难的事业。虽然胜利已经彻底无望，但是要亲口"承认战败"确实难以启齿。时年 77 岁的铃木曾以年事已高为由，坚决推辞不当首相。但是，无奈天皇屈尊恳求道："铃木的心境，朕是明白的。但目前国家正值紧要关头，而朕手里又没有其他人选，只能拜托你了。你就委屈一下，答应了吧。"铃木曾任日本海军大将，军旅生涯星光璀璨，引以为傲，历任天皇侍从长和枢密院议长等要职，深得天皇信赖。决定向天皇举荐铃木担任首相的是重臣会议召集人木户幸一内务大臣，举荐之前他对天皇的心思进行了反复的揣摩。可是，大日本帝国已经没有了大国的地位，国际政治的进程与日本的意志无关。

5 月 7 日，日本的盟国德国被迫无条件投降。日本请求与之缔结中立条约的苏联出面调停，寻求和平解决的途径。但是，日本驻苏联大使佐藤尚武等人表示反对，他们用"完全没有余地""谈判桌上的美言"和"以抽象论很难说动他们"等激烈的言辞向上级进言，认为请苏联做中间人是完全没有外交常识［「昭和二十年七月十二日東郷外務大臣宛佐藤大使公電第一三八二号（緊急、館長符号、厳秘）」『大東亜戦争関係一件/戦争終結ニ関スル日蘇交渉関係（蘇連ノ対日宣戦ヲ含ム）』第一巻]。其实，当初苏联和日本缔结中立条约只是为了在对德作战时避免两面作战。既然德国已经投降，《苏日中立条约》对苏联而言已经没有存在价值。在同年2月11日的雅尔塔会议上，苏联独裁统治者斯大林已经与美英签订密约，决定在德国无条件投降后参加对日作战。苏联按照既定方针参加对日作战，只是告知日本，《苏日中立条约》将于4月5日（即签约一年后）废除，且不延长期限。然而，政府和军队的领导人并不愿相信这个糟糕的消息。

1945年7月16日美国原子弹试爆成功。原子弹是杜鲁门总统在外交上对付苏联的一张王牌，这一点与对苏联采取绥靖政策的前总统罗斯福不同。波茨坦会议正式通过苏联对日作战决议。7月26日，美国、英国和中华民国（蒋介石政权）三国联合发表了敦促日本投降的宣言，即所谓的《波茨坦公告》。

8月6日和9日，美国在日本投下两颗原子弹，8月8日苏联对日参战。问题只剩下日本将同意在什么时间以何种形式投降而已了。

总之，日本民族在世界上的生存已经岌岌可危了。

第二次圣裁

《波茨坦公告》有13项条款。对条款的一般解释是要求日本无条件投降,但是严格来说并非如此。第一条到第四条没有实际内容。第6条到第13条是具体内容,即要求减少日本领土(第8条)、要求占领日本本土(第7条)和要求惩处战犯(第10条)等。同时,波茨坦公告对战胜国也有约束,如帮助日本振兴经济(第11条),承诺一旦在日本建立符合国民自由意志的和平政府,就撤出占领军(第12条)。被要求无条件投降的仅限于日本武装部队(第13条),并非整个国家。公告第五条中的提示语"我们的条件如下"清楚表明,《波茨坦公告》是有条件投降。德国不被允许以普通方式投降(有条件投降),而是被强制执行单方面的国家无条件投降。与之相比,日本被要求投降的方式是宽大的。

不过,《波茨坦公告》内容模棱两可,有赋予占领军无限权力的可能。就算占领军有违反公告的行为,军队一旦被解除就无法反抗。因此,日本陆军主张以四项条件投降,其中包括"自主撤出驻外部队""战犯由日本政府自行处理""拒绝盟军保障占领"。

但是,8月10日的圣裁认为这四项条件不可行,未采纳。当日,日本通过中立国瑞士和瑞典转达,愿意接受《波茨坦公告》。不过,日本政府的总体意思是要求"维护国体"。"国体"有两种诠释。在狭义上是指把天皇的统治权明确写入宪法;在广义上是指日本国以天皇为中心而存在。此外,日本还请中立国帮助咨询并转达确认,《波茨坦公告》不会改变以天皇为中心的日本国家体制。

8月13日，美国国务卿贝尔纳斯代表同盟国予以答复，大概内容是，一切取决于"日本国民可以自由表达的意愿"。在这一天召开的最高战争指导会议上，有意见认为，答复的内容模棱两可，应再次询问；而反对方的意见则认为，不应该再增加无谓的牺牲。最终，双方表决再次以三对三持平。在当天下午召开的日本内阁会议上，大多数人表示同意接受公告，但陆军大臣仍然主张再次询问。结果，到14日早上仍然没有做出任何决定，于是召开御前会议。

天皇再次进行圣裁并降下圣旨："朕做出了非常艰难的决定，但并非轻率之举。朕对日本国情、国内外局势、彼此的国力和战斗力进行了对比分析。对于我国国体，敌国也是认同的，这一点无须担心。朕对于敌之保障占领并非完全放心，然战争若再继续下去，恐国体不保，国家亦无未来，一切鸡飞蛋打。现在若停战，尚能保住国家未来发展之根基。解除武装确实难以接受，但为了国家和国民的幸福，朕必须拿出明治大帝应对三国干涉时一样的心态。请务必予以支持。想必陆海两军不好管制，朕愿自己广播。请速颁布诏书，传达朕之心声。"（参谋总部所藏『敗戦の記録』、原書房、1989、290页）

全体人员赞同天皇圣裁，最后一次御前会议于正午结束。翌日8月15日，广播播放天皇真声，告知全体国民日本将接受《波茨坦公告》。

宪法上的意义

话又说回来，天皇为何会在战败这一前所未有的国难

50. 天皇的裁决

当头进行圣裁,而不在开战之初进行圣裁呢?这是因为,大日本帝国是君主立宪制国家,宪法的约束在日本战败时也不会改变。正因为日本好歹有一部明治宪法,才避免了像希特勒、斯大林、罗斯福、丘吉尔这样的战时领袖的出现。在1932年以来的13年间,日本更换了13任首相,政局陷入迷途,找不到前进的方向。东条英机任首相时,接连兼任过陆军大臣、内务大臣和参谋总长等要职,却未能在海军中充分发挥出自己的影响力,反而被政敌攻击,说他的目的在于建立"东条幕府"。对此,丸山真男评论道,东条政府是"没有责任的体系",山本七平则分析认为,东条决策受"氛围"的左右。

昭和天皇在1941年12月8日之前就对美英开战问题进行圣裁将意味着破坏宪法体制。有人说,如果天皇做出不发动战争的圣裁,日本就可以避免战败,但是这样的主张只是单纯的结果论。因为当事人当时根本不可能预知战争的胜负,选择圣裁是不现实的。而且,日本当时的政治局面也比较混乱,进行圣裁是违法行为,在宪法上相当于革命或政变。

根据宪法秩序,君主的统治行为由国务大臣等臣僚全权负责(宪法第3条和55条等)。明治宪法的法律体系十分复杂,天皇没有包括军队统帅大权等在内的自由意志。宪法规定,所谓天皇大权的全部命令权限均受国务大臣辅佐职责的约束,只要政府职能运转正常,天皇个人的参政行为就是礼仪性的(亦称为"代表国家的尊严")。

不过，宪法允许天皇拥有警告、激励和接受咨询的权利。昭和天皇在所有场合都在使用这三种权利，表明自己热爱和平的意愿。但是，这三种权利并不包括推翻内阁和军队决定的命令权。也就是说，宪法没有赋予天皇强制力，使政治家、官员和军人的行动必须遵从圣旨，而且他们也没有必须服从天皇的义务。天皇对他们可以施加个人影响力，而且也仅限于个人影响力。

事实上，1941年的政治状况与1945年时的状况几乎如出一辙。唯一的不同是政府职能瘫痪了。在御前会议之前，内阁和军部都没办法拍板，而且在御前会议上赞成票和否决票又持平，枢密院议长铃木首相于是仰承天皇圣裁。这一状况与1936年的二·二六事件时一样，当时首相生死不明，政府陷入瘫痪。

在召开御前会议之前，日本政府职能已经瘫痪，这时，铃木首相恳请天皇圣裁，天皇得以首次发布具有法律强制力的命令。所谓圣裁就是指，天皇在政府职能陷入瘫痪时为维护国家体制而做出的终极裁决。

另外，陆军大臣阿南代表了强硬派的意见，他在任何场合都公开反对接受《波茨坦公告》。根据明治宪法，只要有一个国务大臣反对，内阁就得集体辞职。如果阿南坚持反对并辞职，接受《波茨坦公告》一事就只能再议。但是，阿南没有这么做，而是通过自杀主动承担起战败的责任。应该说，其本意最终还是通过接受《波茨坦公告》来维护国体的。

（仓山满）

参考文献

丸山真男『現代政治の思想と行動　上下巻』、未来社、1956～1957。

山本七平『「空気」の研究』、文藝春秋社、1977。

細谷千博編『太平洋戦争の終結』、柏書房、1999。

中尾裕次編『昭和天皇発言記録集成』、芙蓉書房、2003。

吉田一彦『無条件降伏は戦争をどう変えたか』、PHP研究所、2005。

Ⅷ 从废墟走向复兴

51. 签署投降文书

日本"帝国"的末日——东京湾"密苏里"号战列舰——昭和20年（1945）9月2日

"密苏里"号上的投降书签字仪式——何为无条件投降？

1945年8月15日，日本政府接受《波茨坦公告》，表示愿意停战。9月2日正式签署投降书，投降签字仪式于停泊在东京湾的美国战列舰"密苏里"号上举行。

日本方面由重光葵外长代表日本天皇和政府，由陆军参谋长梅津美治郎代表大本营参加仪式并在投降书上签字。盟国方面由盟军最高司令麦克阿瑟代表美、英、苏、中四个主要盟国及与日本处于战争状态的其他盟国签字，此外美国海军上将尼米兹、英国远东舰队司令弗雷泽、苏联杰列维亚科中将、中华民国国防部长徐永昌上将、澳大利亚盟军总司令浦列米、加拿大陆军上校柯司克列夫、法国克列克（Le Clerc）、荷兰东印度舰队司令赫尔佛尼兹上将、新西兰空军参谋长依西特少将等九名代表也在受降书上签了字。

受降书规定了日方应履行的义务，具体为：(1) 接受并将忠实履行《波茨坦公告》的各项条款；(2) 日本军队及日本支配下的所有军队向盟国无条件投降；(3) 军队及国民停止敌对行动，防止损毁军用及非军用财产；(4) 所有行政机关及陆军、海军人员遵照盟军司令官的布告、命令和指示，留在原各自岗位，继续执行"非战斗任务"；(5) 即刻释放、保护和遣送所有盟国被俘和被拘留的人员。另外，为便于敦促日本对各项投降条款的实施，投降书还规定，"天皇及日本政府的统治权限受（subject to）可采用适当措置的联合国最高司令官麦克阿瑟元帅的限制"。

受降书只规定日方应履行的义务，而没有关于盟国的规定，因此通常被认为是命令日本单方面无条件投降的文件。然而，第二条所说的无条件投降只与军队有关，而敦促日本投降的《波茨坦公告》作为国际文件，其实对战胜国也有限制。因此，有观点认为，不能将《波茨坦公告》视作敦促日本"无条件投降"的文书（1943年的《开罗宣言》明确要"日本无条件投降"，而《波茨坦公告》则要求"全日本军队无条件投降"）。另外，原文中的"subject to"若采取直译，应该是"服从于……"或"在……的统治下"的意思，但文件译文却大胆进行模糊处理，仅译为"置于……的限制下"。这其实是外务省根据部分人意见所采取的苦肉计，在翻译时有人担心译成天皇作为主权拥有者受麦克阿瑟的统治不妥。

《波茨坦公告》是什么样的文件？

那么，《波茨坦公告》形成的背景和内容是什么呢？美国总统杜鲁门、英国首相丘吉尔（中途因竞选失败由新任首相艾德礼接任）和苏联共产党总书记斯大林是同盟国三巨头，1945年7月17日到8月1日，他们在柏林郊外波茨坦的西席林霍夫宫举行会谈，讨论了如何进行战后处理的问题，发表了敦促日本投降的文件。由于当时的苏联还没有对日参战，因此这份文件最初是由杜鲁门、丘吉尔以及未出席会议的中华民国总统蒋介石签署的，苏联参战后，又变更为四国共同签署的文件。

在此之前，作为轴心国的一方，1943年7月墨索里尼政权首先垮台，意大利迅速撤离战线，而后希特勒于1945年4月30日在柏林自杀身亡，德国也宣布无条件投降。原本，这次会谈的目的主要是就德国战败后如何处理欧洲战后的问题进行协商，顺便讨论用怎样的军事战略迫使日本这一仅存的轴心国最后投降。波茨坦会议除国家领导人外，还有各国外交部长及军方代表参加。

1945年2月，美、英、苏三巨头在雅尔塔举行会谈之际就各自的势力范围达成协议。美、英承认苏联在战后欧洲，尤其是在东欧、波罗的海和巴尔干半岛的优势地位。作为交换条件，苏联承认美国在战后亚太地区尤其是在太平洋上的优势地位，承认英国在东南亚的优势地位。当时，为了尽快以最小的代价迫使日本投降，美国欢迎苏联对日参战，同时承认苏联在千岛群岛、库页岛和伪满洲国的权益。因此，在日本帝国倒台后，同盟国之间在如何亚太地区划分势力范围的问题上关系微妙，并未达成谅解。

从雅尔塔会议到波茨坦会议，其间发生的最大事件就是美国成功研制出原子弹（在波茨坦会议前的7月16日，原子弹在新墨西哥州成功进行试验），该事件对美、英、苏三国在波茨坦会议上围绕对日战略进行讨价还价产生了微妙的影响。美国有两方面的考虑。一方面倾向于使用原子弹加速战争结束的进程，以使美国在对日作战中少借用苏联的力量；另一方面，希望将战时结成的美苏合作尽可能延续到战后，以使美国在处理日本战后问题和东亚问题上顺利取得优势地位。

另外，美国的"知日派"建议，为了促使日本尽快投降，最好避免采用严格意义上的无条件投降方式，尤其是关于天皇的处理问题（日方称"维护国体"），最好保留一定的谈判余地。"知日派"建议被采纳的多少直接影响到《波茨坦公告》的内容。最后公布日本投降的条件是：(1) 摒弃军国主义（第6条）；(2) 盟军占领日本国内各地区（第7条）；(3) 根据开罗宣言，减少日本领土范围（第8条）；(4) 日本军队解除武装，士兵复员（第9条）；(5) 处罚战犯，建立民主主义制度（第10条）；(6) 支付战争赔偿，禁止发展军需产业（第11条）。而且，第13条还明文规定，"上述各项条款落实后，如日本根据国民自由表达之意志，建立起具有和平倾向和负责任的政府，盟国将撤出其占领军"。

其中，第9条是狭义上的投降（停止战斗，解除武装），其他各条款则规定，日本作为国家将来应该接受怎样的改变。从日本接受这些条款之后才投降的角度而言，这些条款就是日本投降的"条件"，投降书实际上就是《波茨坦公告》，在"密苏里"号上举行的受降书签字仪式就是确认日本愿意接受《波茨坦公告》的仪式。在受降签字仪式中，麦克阿瑟的演讲与受降书本身相比，其意义更加重大。麦克阿瑟说："两种对立的理想与意识形态之冲突已在世界的战场上分出胜负"，"我们不是因猜疑和憎恨而聚集到这里，而是因为我们心中有着共同信奉的崇高目的以及与之相匹配的高贵尊严，所以我们要超越胜利者和失败者站起来并聚集到这里来"。麦克阿瑟言简意赅、格调高雅的演说以及他抵达厚木机场时作秀效果极佳的表演，说明麦克阿瑟不但在实际的战场上感觉敏锐，而且在素以心理战取胜的政治外交方面也表现不俗。

"巴顿"号抵达厚木，开始实施对日占领——直接统治还是间接统治？

《波茨坦公告》第7条所规定的盟军对日占领，随着麦克阿瑟8月30日抵达厚木机场就已经开始了，早于在密苏里号上举行受降签字仪式的时间。叼着玉米秆烟斗，身着轻便军装的麦克阿瑟走下"巴顿"号舷梯，开始"拥抱战败"的日本人，这是麦克阿瑟留在日本人心目中的经典形象。乍一看麦克阿瑟毫无防备，但这种出场的方式其实是经过事先安排的。为了麦克阿瑟的这一出场方式，美方与飞到马尼拉的日本陆军副参谋长河边虎四郎等人进行了周密洽谈与慎重的考虑。麦克阿瑟在日本的作秀堪称完美，完全读懂了日本国民对盛气凌人的战胜者既不安又关注的心理。

麦克阿瑟与盟军总司令部（GHQ）工作人员首先到达的是横滨海关。关于如何实施占领政策这一实质性的问题，受命承担日方与盟总进行最初接触的是铃木九万公使，他兼任设在横滨的终战联络委员会委员。

当时，美方给铃木出示的是一份叫作"三布告"的文件，具体内容有：（1）所有日本政府的职能，包括司法、立法和行政三权，今后均在SCAP（盟军最高司令官）的权限下行使，公用语言为英语；（2）有违反SCAP命令者，交占领军法院审判后进行处罚；（3）占领军所发行的B军票与日本银行所发行的法定货币同为法定货币。司令部还告知铃木公使，这份文件将于第二天（9月3日）发布。

如此一来就意味着，日本今后将由占领军直接统治（实行军政），而不是通过日本政府来统治。这是日本政府竭力要避免出现的最糟糕局面。于是，日方开始全力以赴进行交涉，重光葵外长急忙赶往横滨与麦克阿瑟面谈，并成功让麦克阿瑟答应，该问题根据日本政府和国民的态度解决。对于这个问题，美方内部也有人主张修改最初的直接统治（军政）方案，保存日本政府的职能，通过日本政府进行间接统治方为上策。美方抛出"三布告"的问题似乎是为了观察日方的态度，而并没有一定要如此执行不可的想法。

差点被分而治之的日本

与占领统治是采取间接模式还是直接模式的问题相比，是否被分开统治的问题更大。日本与受到苏联红军与英美联军两面夹击的德国不同，苏联在战争的最后阶段攻入伪满洲和北朝鲜，虽然对战后东亚国际秩序的形成产生重大影响，但日本自身的国土由盟军管理，事实上只有美国在管理，因而避免了被分割占领。日本在投降书上签字后，斯大林命令苏联红军进入千岛群岛和北海道附属的小岛（齿舞、色丹），制造出已经占领的既定事实。斯大林最初的打算是进一步占领北海道的北半部分（钏路市和留萌市连线以北），但是，其图谋遭到杜鲁门的严词拒绝而受挫。就这样，日本总算避免了像朝鲜半岛和德国一样被分割统治的悲剧。在"日本帝国"的旧版图中，虽然没有被完全统一的周边领土（北部的千岛，南部的冲绳、小笠原）在战败过程中被抢占，但日本本土却得到了毫发无损的保全。

（渡边昭夫）

参考文献

チャールス・ミー（查尔兹・密）著、大前正臣訳『ポツダム会談』、徳間書店、1975。

江藤淳『占領史録』、講談社学術文庫、1981～1982。

外務省編『終戦史録』、山手書房新社、1990。

ボリス・スラヴィンスキー（鲍利斯・斯维乌斯基）著、加藤

幸広訳『千島占領・一九四五年夏』、共同通信社、1993。

　　五百旗头真『二〇世紀の日本三　占領期』、読売新聞社、1997。

　　加瀬俊一『ミズーリ号の外交官』、モラロジー研究所、2004。

　　下斗米伸夫『アジア冷戦史』、中央公論新社、2004。

52. "麦克阿瑟草案"的出台

日本国宪法的雏形——位于麻布的外长官邸——昭和21年（1946）2月13日

1946年2月13日，GHQ（盟军司令部）民政局长惠特尼一行造访了位于麻布的外相官邸，并将总司令部宪法修正案亲手递交给币原喜重郎内阁的外务大臣吉田茂。吉田与在场的国务大臣（宪法问题负责人）松本丞治和停战联络事务局副局长白洲次郎一同接收了这份文件。后来吉田回忆说，对这份文件的第一印象是内容"在当时是革命性的"，但当时他最关心的是有关天皇地位的规定："第一条、天皇是国家的象征"，这样的规定完全出人意料。而有关放弃战争的规定，吉田表示"我是赞成的"（『回想一〇年　第一卷』25、32页）。

当时吉田的职责只是作为外相接收GHQ的草案并转达给内阁，但是，很快他就当上了第一次吉田内阁的总理大臣，提交第90次帝国议会审议新宪法草案并对草案进行解释的工作就落到了他的身上。1946年6月20日开始的"宪法议会"经过"百日审议"之后，分别在10月5日和10月7日召开的贵族院正式会议和众议院正式会议上获得通过。日本国宪法于1946年11月3日公布，第二年5月3日起予以实施。

日本国民自己的选择还是美国操纵下的"体制改革"？

1945年10月9日成立的币原内阁把"确立民主主义"放到了八项政策课题之首。把确立民主主义作为义务是对《波茨坦公告》的继承，即"一旦日本确立由国民自主选择的、倾向于和平及负责任的政体，盟军占领即宣告结束"。然而币原却认为，"尊重全体民意的政治体制的基本理念"在明治维新时的"五条誓文"中就有所体现，因此，币原内阁所提出的"自主性"新宪法草案与后来麦克阿瑟提出的"革命性"宪法修正案肯定相差甚远。另外，前内阁（东久迩宫内阁）的国务大臣近卫文麿根据自己与麦克阿瑟的会谈，认定麦克阿瑟是把宪法问题交给自己处理。近卫以内大臣身份进行宪法修正的准备工作，这一点与币原内阁不同。

组阁的两日后（10月11日），币原首相同麦克阿瑟会面，麦克阿瑟对其下达了解放妇女、鼓励建立工会等五项指示，指出为了实现这五项改革，"宪法自由主义化"势在必行。

虽然麦克阿瑟的观点如此，币原本人却认为实现五项改革未必需要修改宪法，但为了与正在做宪法修改调研的近卫分庭抗礼，币原设立了内阁自己的宪法问题调查委员会，并任命宪法学者松本丞治国务大臣为负责大臣（『币原喜重郎』、618～620页）。

无论是近卫，还是吉田、币原或是松本，这些在日本战前自认为是所谓自由主义派的政治家们，其大致观念是相同的。他们认为，既然是自由主义，民主主义的确立完全可以通过继承明治宪法中的民主化传统而得以实现，并不需要美国重新推行"体制改革"。

围绕宪法制定的国际舆论与天皇的地位

不久，日方的各种所谓宪法修正案传到了麦克阿瑟司令部处，占领当局认为这些修正案称不上是"自由主义"的宪法，于是不得不直接拿出方案，这就是"麦克阿瑟草案"。该草案于1946年2月13日递交给位于麻布的外相官邸。草案有三个要点，即：天皇是国家象征、放弃战争、实行一院制议会。总体而言，这是一份令吉田和松本等日方人员"感到震惊的革命性"文件。松本只是指摘占领当局要求议会实行一院制的理由，针对其余两点，或许是因为过于敏感，不好当场讨论，因此，日方采取沉默的方式予以接受。

另一方面，GHQ考虑到，在《波茨坦公告》中有提倡"依据日本国民自由表达之意志建立政体"等条款，所以GHQ对日方采取"劝告"而不是"命令"的方式。GHQ没有"命令"日方必须采纳麦克阿瑟草案，而是"劝告"日方在制定宪法方案的基本原则与根本形式方面应与麦克阿瑟草案保持一致。在币原内阁与GHQ后来的交涉过程中，GHQ同意日本议会实行两院制，但不允许改变其他两点，即改变天皇是国家象征和放弃战争的条款（2月2日的币原与麦克阿瑟会谈）。

影响麦克阿瑟态度的有远东委员会（Far Eastern Commission）和对日理事会的强硬言论。对日理事会由美、中、苏及英联邦代表澳大利亚组成。远东委员会是监督对日占领政策的机构，除美、英、中、苏外，还有法国、荷兰、加拿大、澳大利亚、新西兰、印度、菲律宾等11个国家参与。这11个国家都派出法官参加了东京审判，他们中间有人强烈指责美国对日管理松懈。此时正值东京审判等相关活动筹备时期。1946年1月19日麦克阿瑟设置远东国际法庭，4月29日受理起诉书，5月3日开庭审理。另外，2月26日远东委员会在华盛顿召开第一次会议，会上，各成员国对战争审判中有关对天皇的处理方式和宪法问题十分关注。当时甚至有报道指出，在远东委员会会议上，废除天皇制问题已被正式提上议程。而当时的东京GHQ已接到华盛顿方面关于希望不要把天皇作为战犯进行审判的指示，因此对日本政府的宪法问题处理相当谨慎，以免言行不慎而刺激到"国际舆论"。

2月26日，币原内阁确定日本宪法方案制定的方针以GHQ草案为基础，并开始相关的起草工作。然而，在这个敏感的时期，前首相东久迩宫却对外国记者说，天皇有退位之意，且称皇室全体成员赞成。这突如其来的风波令

GHQ 和天皇身边的亲信们大为头痛。天皇的亲信在记录中这样写道:"麦克阿瑟司令部十分着急,逼迫日本以最快速度公布'民定'(反映民意)的民主化宪法,以防止在世界范围出现反天皇制的动向。就现在情况而言,原定 3 月 11 日拿出宪法方案的时间太晚,如果日方不能马上拿出方案,就只能采用美国的原方案,否则就会危及天皇的人身安全。"(木下道雄『側近日誌』、163 ~ 164 頁)于是,日本政府在与 GHQ 方面保持沟通的情况下,就日本方案的起草与最终文字的确定进行了夜以继日的突击,并于 3 月 6 日拿出了日本政府版的宪法修正案要点。急于发布政府方案还有另外一个原因,"民定"宪法须赶上原定 4 月 10 日进行的国会审议,该国会是根据新选举法在第一次大选中产生的。

从 2 月 13 日递交麦克阿瑟草案到 3 月 6 日发表日本政府方案纲要,其过程在当时完全没有被公开。3 月 7 日,各新闻早报的头版头条都出现了"主权在民、放弃战争"的大标题,并刊登了政府方案要点的全文,至此,国民才得知相关内容。要点发表后,法制局对条文细节进行讨论,之后提交枢密院。4 月 22 日至 5 月 15 日,枢密院对政府方案先后进行了 8 次审议(枢密院是旧宪法体制下的天皇最高咨询机关,同时也对宪法等重要事项进行审议。新宪法审议后,枢密院被废除)。

6 月 3 日,宪法草案在枢密院正式会议上通过表决,被交予 5 月 16 日召开的第 90 次帝国会议进行审议,经过 6

月20日到10月12日为期114天的审议（所谓的"百日审议"）后被采纳，于11月3日公布，第二年5月3日起生效。这期间，第一次吉田内阁取代了币原内阁。在吉田内阁时期，宪法审议在议会中不断取得进展。

第九条的根源与币原喜重郎的作用

在议会审议过程中，焦点自然集中于天皇的地位和放弃战争这两个问题上。关于前者，政府的答辩并没能对"主权在民"解释清楚，而是使用了"主权属于包括天皇在内的全体国民"的说法，从而引起了争议。关于这一点，GHQ也附加了前提，在草案的序言部分宣告"全体民意至高无上"，据此理解，第1条的意思就是"（作为国民象征的）天皇的地位以日本国民至高无上的全体民意为依据"。会不会引起"国体"改变的问题，从接受《波茨坦公告》开始就一直有争议。如果将"国体"这个词理解为"政治形态"（政体）的话，它与明治宪法中所规定的"天皇总揽政治大权"大相径庭。但如果把"国体"解释为日本基本的国家特征（现在称之为national identity），那么它的特征就是国家依靠国民对天皇崇敬或敬爱之情凝聚民心。按照这种解释，天皇的地位没有改变，其道理也能被传统尊重派所接受。

另外，关于放弃战争的第9条，有两种说法一直持续至今。一种说法认为，第9条起源于2月13日麦克阿瑟的备忘录，而另一种说法则认为，第9条背后体现了币原喜重郎的想法。问题是麦克阿瑟写下备忘录之前的1月24日，币原首相拜访了麦克阿瑟，并向他倾诉了多年以来自己对"自由主义"国际政治观的信念，认为放弃战争是解决国际问题的理想途径。币原的讲述给亲历过许多残酷战争的麦克阿瑟留下了深刻印象，这一事实作为插曲常被作为例证而提及。

日本外交官币原与美国军人麦克阿瑟的意见不谋而合，乍看之下似乎有些不可思议。其实不然，这两位老人均经历了20世纪的两次世界大战，有着作为"同代人"的共同感受。币原曾患重感冒，麦克阿瑟送来当时十分贵重的青霉素以示慰问。币原为道谢，对麦克阿瑟进行了回访。正是这次的回访交谈导致了后人说法的分歧。由于没有留下正式的会晤记录，我们无法了解当时的确切情况，但是参照麦克阿瑟晚年回忆等多个记录，可以大致肯定的是，当麦克阿瑟向其幕僚出示宪法草案的基本方针时，他的脑海会浮现出与币原交谈的情景。

但是，仅从这个小插曲就断定币原本人有把放弃战争条款列入日本宪法的想法未免过于轻率。币原对麦克阿瑟阐述"放弃战争"的问题时，并未将放弃战争的主语限定为日本，或许我们应该将他的话理解为，国家应当放弃战争作为解决国际问题的手段，即"不战制度化"。"不战制度化"是币原的本意所在，但当他看到"放弃战争"变成日本宪法的真实条文时，多少还是有些吃惊，不过他还是积极接受并予以肯定的，相信如果能以日本为先例实现

"不战制度化"的理想并推进历史的向前发展,不仅可以惠及新生的日本,而且还可以惠及全世界。这一点可以通过币原在枢密院所发表的"扣人心弦"演讲得到足够的证明,在演讲中他倾吐了自己立志实现"不战制度化"的信念(佐藤達夫『日本国憲法誕生記』、91~92頁)。

然而,理想终归只是理想,问题是日本应如何解决未来安全的现实问题。在枢密院和议会等场合,人们争论的焦点集中在:日本设想保留怎样的军队,如何行使自卫权,如何行使加入联合国后的国际义务,以及宪法的规定有何意义。向议会递交政府的宪法修改方案并对其解释的任务就由接替币原内阁的吉田内阁完成。币原和吉田有着共同的见解,都认为应当防止强大的军队再次支配包括外交政策在内的整个国策。而且,两人在保留军事力量方面可谓英雄所见略同,均认为,为了解决国家自卫这一现实问题及履行国际义务,日本需要有一定的军事力量。

(渡边昭夫)

参考文献

吉田茂『回想一〇年 第一卷』、新潮社、1957。

木下道雄『側近日誌』、文芸春秋社、1990。

第九十回帝国議会衆議院『帝国憲法改正改正案委員小委員会速記録』、1995。

幣原平和財団『幣原喜重郎』、幣原平和財団、1955。

古関彰一『新憲法の誕生』、中公文庫、1995。

佐藤達夫『日本国憲法誕生記』、中公文庫、1995。

53. 防不胜防的通胀崩盘
金融紧急措施令的发布——昭和21年（1946）2月17日

兑换新币

1946年2月，货币机构正忙于印制发行新钞票。政府发行新币，坚决采取新币（新日元）更换旧币的措施，从3月份开始禁止旧币（旧日元）流通。政府决定，从2月份起发行面值分别为100日元和10日元的新币，从3月份开始发行面值分别为5日元和1日元的新币。但由于战后日本印钞局的纸币制造能力明显下降，纸币供不应求，因此当局采取临时的应急措施，让旧币贴上验讫标签后，作为新币进行流通。

2月17日政府公布了金融紧急措施令。尽快更换新币是金融紧急措施中的重要一环，以遏制因战后经济混乱所出现的通货膨胀。

聚集于黑市上的人群与"变卖家当度日"

战争时期，日本物质匮乏，国民生活艰难，缺衣少食，生活水平严重下降，远比德国要低。终于盼到战争结束，国民不会因战争而有丧命的危险，但战后的日子却过得更加艰辛。

城市的状况尤为严重。虽然配给制度还存在，但事实上粮食和生活物资的供给已经停滞。在这种情况下，黑市开始出现在各个城市的废墟之上。各式各样的物资聚集到黑市上，以自由价格进行买卖。黑市上人头攒动，挤满了需要粮食和生活必需品的人们。

然而，虽然可以设法在黑市上换来生活必需品，但是要花费远高于官价的黑市价格来购买，因此，不得不耗尽存款变卖家产来凑钱。甚至，城里的人还直接跑到农村去买，求农民把粮食卖给自己，但被要求用衣物等进行物物交换。城里的人们被迫变卖家当度日，身上的家当就如同剥粽子一般被一件件地剥除。

战败后的经济混乱

战后，人们仍然生活得很艰难。其原因是，在战时，日本的经济矛盾就在不断积攒，只不过是因为战时实行经济管制而一直被压抑着，随着战败的到来，这些矛盾全都浮出了水面。

日本战败后，军需生产全面停止。但是，由于日本的军需生产在战争时期得到特殊照顾，重工业和化学工业在战败时仍然保留着相当程度的生产能力。然而，纺织业却成了牺牲品，生产能力与战前相比水平大幅下降。就算纺织有一定的生产能力,因贸易中断,也很难找到生产的原材料。而且,在战争期间,煤炭生产是通过强制朝鲜人和中国人进行非人劳动而得以勉强维持的,战后这种方式已经行不通,因此煤炭产量锐减。同时,靠煤炭进行的火力发电陷入困境,能源供给大幅下降。截至1946年,日本煤炭工业生产能力仅为战前的1/3。

更为糟糕的是,1945年发生了严重的农作物歉收。由于天气反常,肥料与劳动力不足,同年的水稻产量锐减至战前的2/3左右。由于战败,政府经济统制能力减弱,国家粮食管理制度也出现危机,城市地区的粮食常常延期配售或无货配售。饱受饥饿之苦的城里人不得不如前文所述到黑市和农村去,通过非法的黑市交易去购买粮食糊口。其中,还出现了饿死人的事件。在东京地方法院,有法官遵纪守法、坚持立场而拒绝黑市粮食,结果因营养失调而死亡。

通胀恶化的危机

在如此的社会状况下,日本也出现了通货膨胀的危机。在战争时期,因推行强制的勤俭储蓄政策,日本巨额的财政资金以存款的形式分散在全国各地,战争结束后,这些存款有可能以购买力的方式释放到市场上。再加上,从战败开始,因临时军费大量投放到市场以及日本银行对民间贷款的增加,致使日本银行券的发行量激增。

一方面是物资紧缺,另一方面则是货币发行量的增加,物资与金钱的极端失衡致使通胀问题日益凸显。1945年的秋天,物价开始呈现出上升势头,人们开始担心会出现一战之后德国那样的大通胀。

面对如此现状,大藏省为了遏制通货膨胀和实现财政重组,计划实施征收财产税和冻结存款等举措。但是,1945年11月该计划被报道后,人们开始疯狂地提取存款交换实物,换物风潮加速了通货膨胀。为了防止经济彻底崩溃,必须马上采取应急措施。

金融紧急措施的实施

1946年2月17日,币原内阁发布了金融紧急措施令、日元储蓄令、临时财产调查令等一系列货币金融法令,欲通过这些法令的实施,冻结过剩购买力,从而遏制通货膨胀。

金融紧急措施的内容包括:(1)发行新纸币(新日元),旧纸币(旧日元)于3月2日起停止流通(更换新币);(2)旧币强制存入金融机构;(3)冻结存款,只允许每月提取规定数额的存款(个人取款时,户主限300日元,家族成员限100日元,经营者每人限提取月薪500日元,其他必要费用以冻结支票支付),付款使用新币。

将提款额控制到最小限度,余下存款冻结。通过这种强制措施,货币流通量顿时收缩,通胀压力暂时得到缓解。冻结存款被分割为两部分,没有超过限定金额的为第一储蓄金，超过限定金额的为第二储蓄金。第二储蓄金的一部分被抹去，用来救济因突然停发战时补偿金而面临危机的金融机构。

在发布金融紧急措施令的同时，政府颁布了旨在保证粮食供给和配给顺畅的粮食紧急措施令和严禁隐藏物资等紧急措施令，3月份还实施了物价管制令，以强化对工资和物价的管制（三·三物价体系）。然而，这些措施并未达到预期的效果。

受挫的新大学梦

采取金融紧急措施令之后，银行储蓄被冻结，一些意想不到的影响随之出现。战后在古都镰仓创立的镰仓大学校（后更名为镰仓学院）就是其中的缩影之一。在这里，我想着重介绍一下。

战败后，尚处于混乱状态的镰仓兴起了一场以建设教育文化城市为目标的创建新大学运动。从1945年深秋开始，当地的知识分子和街道会长等启动了新大学筹备工作。校名确定为镰仓大学校，聘请没有"染指"战前教育、可以期待进行崭新教育的人担任教师。但是，在筹备的关键阶段却出现了大问题。计划用作学校运营资金的个人名下储蓄因金融紧急措施令而遭到冻结。尽管计划一开始就遭受到很大的挫折，但是创办者们还是通过租借临时校舍的方式，于1946年4月迎来了镰仓大学校的开学之日。当时的镰仓大学校只有文学、戏剧和产业三个系，租借的临时校舍是净土宗关东总寺光明寺内的院落。

虽然镰仓大学校是地方学校，教师队伍中却人才济济，其中有哲学家三枝博音（产业系主任）、文学家林达夫（文学系主任）、著名导演村山知义（戏剧系主任）、历史学家服部之总、戏剧评论家远藤慎吾、和歌诗人吉野秀雄以及小说家高见顺等。个性鲜明的教授们与学生之间开展了新颖而丰富的教与学活动。后来学校又增设电影系，培养出来的毕业生活跃在电影界、戏剧界和广播界等各个领域，另外还出现了小说家和学者等。

然而，初期计划的受挫一直拖累着镰仓大学校，财政困难使学校的经营举步维艰。最终，学校未能升级为大学，于1950年9月停办，建校只有四年半就关门了。建校元老纷纷离去，三枝作为校长仍在为学校的存续而努力。后来，三枝对人这样说：战败不久，口袋里有的是钱，以为在国内想建几所大学就能建几所大学……大多数人都记得吧，政府先是发布金融紧急措施令，后来又课财产税，国民的文化企业热就像暴风雨中的树叶，被吹打得七零八落（三枝博音『風評、大学をつぶす』、1951）。

防不胜防的通货膨胀

金融紧急措施令虽然成功遏制了进一步的通货膨胀，但由于促进生产恢复等重要措施没有跟进，其效果只是暂时的。1946年5月第一次吉田茂内阁成立时，财政大臣石桥湛山为增进生产，实施了积极的财政政策，再次加大纸币发行量，致使通货膨胀死灰复燃。

随后，政府采取双管齐下的政策，一方面大力恢复生产，让生产向重点产业倾斜，设立金融振兴机构等，另一方面继续控制通货膨胀。但是，要同时解决恢复生产与稳定物价、货币这两大难题却并非轻而易举。战败后，日本的通货膨胀不断加剧，一直持续到1947年和1948年。从1945年到1949年，日本的零售价格指数翻了79倍，批发价格指数翻了60倍，通货膨胀的发展势头凶猛。

最后，通过实施"道奇方针"这一强有力的经济稳定政策，日本的通货膨胀于1949年得到成功遏制。与日本一样，战后的德国也发生了通货膨胀。如果说，德国的通货膨胀是通过1948年6月实施的货币改革得到控制，那么日本的通货膨胀则是通过"道奇方针"这一外部强加于日本的财政政策得到平息的。日本实现停战是因为受到原子弹爆炸等外力的作用，同样，日本终结战后折磨国民的通货膨胀也是使用了外部的强制措施。就其结果而言，单靠日本政府自身的力量无法平息通货膨胀。

（本宫一男）

参考文献

铃木武雄『金融緊急措置令とドッジ・ライン』、清明会出版部、1970。

大藏省财政史室编『昭和財政史一二　終戦から講話ま

で』、1976。

前川清治『三枝博音と鎌倉アカデミア』、中公新書、1996。

三和良一『日本占領の経済政策史的研究』、東京大学出版会、2002。

54. 女议员的诞生
日本女性首次行使参政权——昭和21年（1946）4月10日

"一张选票与一袋红薯"

第二次世界大战后的首届众议院选举于1946年4月10日举行。当时距战败还不到一年，战火烧过的东京、大阪等城市依旧是满目疮痍，防空洞和临时简易房里挤满了无家可归的人。那是一个为了活命而苦苦挣扎的年代。但是，4月10日这一天却留在了日本的历史上，其理由不言而喻。1890年，《大日本帝国宪法》公布后，日本举行了第一届众议院议员选举。时隔半个多世纪后，日本才有女性首次行使参政权，而且有39名女性当选议员。这是一次颇具戏剧性的女性参政，其纪录在战后60年内都没有被打破。

但这并不一定就说明，男女平等已经取得了实际性的进展。一部分女性当选是"替代"丈夫或父亲参选的，因为她们的丈夫或父亲被开除公职而无法参选。而另一部分女性的当选则是因为，选举采用大选区限额连记制（议员名额3人以下的选区，一张选票上写1名候选人；4人以上10人以下的选区，一张选票上写2名。11人以上的选区，一张选票上写3名）。选民在进行一票多选的投票中会有意识地选择一名女候选人。关于女性参政意识低的问题，有报纸的投稿栏曾刊登过这样的读者来信："我既没有父亲也没有兄长，相依为命的丈夫远在外地。突然获得了选举权，完全不知该如何是好。"（《朝日新闻》1946年1月28日）。"望着母亲、妻子和女儿，我（男性）就怀疑，她们配拥有参政权吗？"（《朝日新闻》1945年12月24日）

但是，实际情况如何呢？不被看好的女性投票率达到66.97%，与男性78.52%的投票率相比仅差大约11个百分点（从20世纪60年代后半期开始，女性投票率超过男性）。参加投票的女性中也有人说"投票给谁，我自己做主"，证明了女性政治意识的提高（永原和子・米田佐代子『おんなの昭和史』、有斐阁、1988）。我们来看一下女议员所属的党派，自由党5名、进步党6名、社会党7名、共产党1名、其他各党派9名、无党派人士11名。其中出现了很多绝不属于"替身"的优秀人才，如从战前就开始倡导计划生育运动的核心人物加藤静江（社会党）、致力于女性参政权运动的武田清（自民党）、因搞共产主义运动而曾经入狱的柄泽岁子（共产党）、后来担任过科技厅厅长的近藤鹤代（无党派）等。在选举法修正案的审议过程中，曾有人提出反对意见，说："有许多女性声称，她们宁肯要一块红薯也不要选举权。"作家宫本百合子对此提出批评，认为这是对过去"政治"的不信任，"过去的'政治'操作是人民看不到的"。因此，她主张，即便是一块红薯，我们也要"按照合理的程序"送入需要者的口中，这才是政治的作用（宫本百合子『私たちの建設』、1946）。女性行使参政权不单单意味着男女同权的实现，同时也是对一国政治是否站在生活者立场的初次拷问。

制定新宪法

虽说"日本女性首次行使参政权"是在1946年4月10日，但这一时间仅限于国家政治层次。其实，1945年6月冲绳岛战役结束之后，1945年9月，美军占领下的冲绳就以收容所为单位选举市议员和市长，女性被允许行使参政权，这个时间比日本本土提前了7个月（宫里悦编『沖縄・女たちの戦後』、1986）。从这件事情可以看出，占领军的方针对女性取得参政权产生了很大的影响。1945年10月11日，占领军发布了《五大改革指令》，"妇女解放"与鼓励工会活动和实行教育自由化等被列到了首位。男女平等参与政治被认为是消除日本军国主义必不可少的措施，1945年12月，日本以此为原则修改了选举法。

当然，在日本国内也掀起了妇女运动。从战前开始就致力于推动妇女参政权运动的市川房枝，在战争结束仅10天后的1945年8月25日，就与赤松常子、山高繁一起成立了战后对策妇女委员会，以呼吁实现女性参政权。当发现日本妇女有可能通过占领军之手取得参政权时,她们便于1945年11月成立了新日本妇女同盟,并于1950年进一步将其发展成为日本妇女选民同盟。市川在战后一段时期内被开除公职,复职后,于1953年参加参议院议员竞选,从东京地方区胜出并当选议员。

女议员登上日本政治舞台时,《日本国宪法》还在酝酿之中,因此,日本战后的第一次大选执行的是《大日本帝国宪法》。采纳女性参政议案的那一次议会审议了新宪法草案。1945年11月3日公布了以提倡放弃战争、国民主权和基本人权为主旨的《日本国宪法》,该宪法于1946年5月3日正式生效。根据新宪法,1946年4月20日举行第一届参议院议员选举,4月22日举行第22届众议院议员选举,两次选举中当选的女议员分别为10人和15人。因为选举采用单记制(一张选票只能写一名候选人)。女性当选人数有所下降。4月5日,日本进行了地方领导人选举,4月30日进行了地方议员选举。虽然在知事和市长这个级别中见不到女性的身影,却有女性在道府县和市町村的议会中担任议员。

在当时审议宪法草案过程中,最受争议的是第24条。由于当时日本政府提出的宪法修正案与明治宪法没有本质上的区别,GHQ决定提出自己的草案。其中的人权条款(包括现行的第24条)由22岁的女性比特·西罗塔执笔起草。第24条强调,"婚姻须建立在男女双方同意的基础之上","法律须体现人的尊严和男女本质上的平等"。在审议过程中，有人对 GHQ 草案中关于"所谓婚姻和家庭是指，两性须认识到双方在法律上和社会上的平等关系属天经地义，在此基础之上，双方自愿结合而不是父母强迫，双方进行两性合作而不是男性单方支配"的表述予以坚决反对，称它"违反了日本的家族制度"。现行宪法第二十四条已经把"不是父母强迫""不是男性单方支配"的内容删除。对于"男女本质上的平等"这一条，当时的法务大臣木村笃太郎在国会答辩中称，所谓本质上的平等"就是完全平等。但这根本做不到"（市川房枝『日本婦人問題資料集成　第二卷』）。

另外，1947 年，日本根据新宪法对明治民法进行了修订并废除了"家制度"。在国会审议答辩时，政府因承认"男女本质上的平等"条款而做出解释，说："平等的前提不是直接废除户主权和父母权。"可见，日本对废除"家族制"之抵制根深蒂固，但是新宪法还是伴随这些问题而诞生了。

女性参政权与世界和平

让我们回顾一下世界女性参政权的历史吧。世界上最早承认女性参政权的国家是新西兰（1893 年），接下来依次是芬兰（1906 年）、挪威（1913 年）和丹麦（1915 年）等国。在亚洲地区，蒙古（1924 年）最早承认女性参政权。在欧洲和美国，承认女性参政权的第一次高峰出现在第一次世界大战后。

席卷整个欧洲大陆的第一次世界大战，以1917年的俄国革命为契机走向终结，世界上第一个社会主义国家苏联在1918年宪法中实现了参政权上的男女平等。同年，英国也承认女性的参政权。不过，对男女参政的年龄有限制，要求男性须年满21岁，女性须年满30岁。这项规定于1928年被废除，男女参政开始采用普通选举制。在第一次世界大战失败后，德国发生革命，1919年制定魏玛宪法，规定不论男女，年满20岁均可享有选举权。在这一年，澳大利亚、荷兰、波兰、瑞典等国相继承认女性参政权。于国际联盟成立的1920年，美国紧跟其后，也承认了女性的参政权。

其实，女性的参政与战祸亲历者向往世界和平的心声紧密相连。例如，日本的平塚雷鸟和市川房枝等人于1920年成立新妇女协会，开始投身到日本的女性参政权运动之中。雷鸟认为，女性作为母亲，是"一切生命的爱护者"，她希望通过女性母亲的力量去阻止"在男性社会中动辄发生的战争"（平塚らいてう「社会改造に対する婦人の使命」、1920）。

然而，20世纪30年代后，日本军国主义化程度不断加深，随着法西斯势力的抬头，女性参政开始向协助国家战争政策这一方向摇摆。在新妇女协会被解散后，仍然继续通过妇选获得同盟开展运动的市川房枝也"吞声饮泣"地参加了国策团体，这成为她战后被开除公职的原因。女性既没有参政权又没有任何权力，根本不可能与日本全国各地星罗棋布的战争动员机构相抗衡。

1945年第二次世界大战以反法西斯同盟国的胜利而告终。在这数年间，女性参政权运动迎来了又一个高峰。被纳粹德国占领并奋起抵抗的法国于1944年承认女性参政权，日本、意大利于1945年承认女性参政权。接着，中国台湾于1947年，韩国于1948年，中华人民共和国于1949年（与建国同年），印度也于1949年，越来越多的亚洲国家开始承认女性参政权。20世纪60年代以后，这股浪潮蔓延到了伊朗、伊拉克等中东国家。二战结束25年之后的1971年，长期排斥女性参政权的瑞士开始承认女性参政权。这个被称为"欧洲最后"承认女性参政权的国家，现如今的女性议员比例已经超过日本。

对于这股潮流的涌现，1945年联合国成立时所发表的《联合国宪章》意义重大。宪章开头部分如是写道："我联合国人民同兹决心，欲免后世再遭今代人类两度身历惨不堪言之战祸，重申基本人权，人格尊严与价值，以及男女与大小各国平等权利之信念"，提倡确立防止战争和男女同权等人格尊严。1948年，这一精神被联合国应用于《世界人权宣言》当中。宣言主张"人人生而自由，在尊严及权利上一律平等（第1条）"，不会因"种族、肤色、性别、语言、宗教、政治或意见"的不同而遭受任何形式的歧视。确立作为人权的男女平等与人格尊严，阻止冒犯男女平等和亵渎人格尊严的战争，构成支撑日本承认女性参政权和确定《日本国宪法》的国际理念。

消除"性别不平等"的目标

女性议员登上政治舞台距今已过去60个年头，日本女性参政也取得了一定的进展。在2005年9月的大选中，有43位女性当选议员，首次超过战后最初女议员总数的39人。在战后第一届地方选举中，连一个女性的县知事候选人都没有，现如今却出现了好几个女性知事。都道府县和市町村等地方议会的女性议员总人数已达到4000多人。

然而，从女议员占议员总数的比例来看，日本仍然远远地落后于国际社会。就算是女性当选者最多的2005年众议院议员选举，女议员的比例也仅为9.4%。据IPU（各国议会联盟）的年度报告（2007年3月）显示，日本在146个国家中排名第99位，在7个发达国家中排名垫底。外国已经尝试通过"性别份额制"等方式，拉平男女候选人的人数，或者把议席优先分配给女性等。有的国家（卢旺达）宪法规定，女性议员比例不少于30%；而瑞典和挪威等国家的女性议员的比例则超过30%。虽然选举制度上还存在着各种各样的问题，但就如同女性参政权获得承认的漫长过程一样，这是一个为了人权与和平而需要女性参政的时代，因此，消除性别歧视将是21世纪日本前行道路上的重要课题之一。

（米田佐代子）

参考文献

市川房枝『市川房枝自伝　戦前編』、新宿書房、1974。

児玉勝子『婦人参政権運動小史』、ドメス出版、1981。

永原和子・米田佐代子『おんなの昭和史　増補版』、有斐閣、1996。

55. 远东国际军事审判

历史可以审判吗？——东京市谷台——昭和21年（1946）5月3日

《波茨坦宣言》第10条是"处罚战犯，确立民主主义"。关于民主主义的问题，很快就以制定新宪法的形式予以具体落实。但是，关于如何处罚战犯的问题，几乎无先例可循，唯一可以参考的先例是纽伦堡对纳粹主要战犯的审判。纽伦堡审判1945年11月29日开庭，1946年10月1日结案。虽说是"审判"，但必然会上升到政治高度。因此，当时日本政府和民众最关心的是谁将被指定为战犯以及根据什么定罪的问题。果然，日本在投降书上签字后的第9天（9月11日），GHQ就下令逮捕前首相东条英机在内的39名战犯嫌疑人。接下来，GHQ审判程序启动。1946年5月3日，远东国际军事法庭（通称东京审判）开庭，对28名（包括18名军人、10名文职人员）被起诉的嫌疑人进行审判。法庭的地点选在了东京市谷台（现为日本防卫省所在地）。明治初期，这里是日本陆军士官学校，二战时是陆军省和大本营的所在地。审判前后历时三年，于1948年11月12日落下帷幕。法庭宣判全体被告有罪。其中，东条英机等7名战犯绞刑，16名战犯无期徒刑，1名战犯20年有期徒刑，1名战犯7年有期徒刑。大川周明等三名战犯因病死等原因未被宣判。

是审判历史还是被历史审判？——个人责任与国家责任

当然，应该把谁定为战犯并送去审判是其中最主要的问题。早在二战尚未结束的1943年10月20日，同盟国就在伦敦成立了战争犯罪委员会（UNWCC），并为起诉轴心国的战争犯罪责任者做准备工作。1945年8月29日，该委员会发表了白皮书，主要内容是：同盟国对日本战犯嫌疑人实施逮捕并提交国际军事法庭审判，被告包括日本政界、军界、财政以及经济界的权威人士。可见，关于战犯的观念与以往有本质上的不同，以往是对违反战时国际法的人予以处罚，如虐待战俘和杀害普通平民等。而这个时候的战犯观念被赋予了新的前提，即对致使国家走向战争并参与战争的各界领袖，以"战争罪行"的名义进行审判。如此看来，这是一次审判历史本身的、前所未有的大胆行为。虽然1928年签订了《非战公约》，但在那个时期，关于战争的不合法性并没有一个明确的国际规范，因此便会出现这样一个疑问——法庭按照这样的"战争犯罪"观念进行审判是否站得住脚？从这种意义上，我们不得不担忧，东京审判会被后人诟病，说它只不过是披上了法律外衣的纯粹的复仇行为。或许，我们无法回避这样的结局，审判历史者反而被历史所审判。另外，当时掌握东京审判主导权的是盟军最高司令麦克阿瑟，基于务实的考虑，他必须慎重行事，以免因刺激到日本国内外的政治舆论而出现麻烦，最终阻碍美军在日本实施占领政策。其中，关于如何处理天皇的战争责任问题最为棘手。实施占领政策的上级机关是华盛顿的协调委员会（SWNCC），由美国国务院、陆军和海军三个部门组成。SWNCC制定了处理日本战犯的基本政策，并于1945年9月下达给麦克阿瑟。政策规定："如果没有接到特殊指令，不能把天皇按战犯处理或采取任何措施。"另外，还规定："审判必须公平，必须摆脱复仇心和政治的影响，必须成为通向法律和正义之门的先例。"麦克阿瑟在接受这项指令时说："或许有人会批判我们，但我们是为了获得历史的判决而付出自己的努力。"［アーノルド・C・ブラックマン（阿诺德・布雷克曼）『東京裁判』、50頁］。

在实际的诉讼过程中，战犯嫌疑人被分为A、B、C三个等级。违反国际条约，策划、发动和完成战争的为A级战犯。违反战争的法令、条例或惯例的为B级战犯。遵照上级命令实施虐杀和杀人行为的为C级战犯。其中，最受争议的是第一个等级A级战犯。像岸信介，他虽然被列入A级战犯嫌疑人而被捕，但最终却没有被定罪。另外，对B级战犯的处理，如对赫赫有名的山下奉文大将（指挥攻占马来和新加坡）和本间雅晴中将（因巴丹的"死亡行军"而被问罪）的处理也引发了各种争议。

上述审判是在美军主导下的日本当地军事法庭实施，而更多的审判则是通过中国国民党政权的当地政府法庭予以实施。另外，苏联军队对其逮捕和扣留的日本战俘处理缺乏完善的审判程序，存在许多疑点。关于战犯审判的问题，人们往往只是把目光放在A级战犯和市谷台法庭，但是，我们有必要掌握包括B级和C级战犯在内的整个审判情况。即便是在日本国内，B级、C级的战犯嫌疑人也有在横滨第八军司令部的军事法庭受审的，834名战犯被判有罪，其中51名被判死刑。

试图回避波及天皇的战争责任

无论是华盛顿的美国政府，还是东京的麦克阿瑟司令部，在言及天皇的战争责任时总是十分敏感。因为他们真正考虑的是，如何能把日本民众对美占领军的抵抗控制在最低限度。而且，就是日方的相关人士（被告和辩护律师），也十分谨慎，担心会连累到天皇。但是，在国际上，除美国之外，苏联、中国和澳大利亚等盟国态度强硬，强烈要求在法庭上传唤天皇。为了缓和盟国对美国的指责——说美国在对日占领政策上搞"单干"，作为盟军最高司令的麦克阿瑟也不能完全无视国际舆论的存在。

木户幸一和近卫文麿等天皇身边的政治家接到了逮捕令。近卫选择服毒自杀而不是出庭受审。但是，麦克阿瑟只想到此为止，不愿再靠近这颗危险的政治地雷。以天皇亲信的身份坐上被告席上的是木户幸一。虽然木户等被告在具体问题上有意见分歧，但在不连累天皇这一点上达成了默契，并一直保持到审判结束。简单地说，辩护团是按照"责任在军部"的立场进行辩护的，即：政府尤其是军部大臣对战与和肩负着辅佐之责，因此，战争责任应全部由政府尤其是军部大臣承担。当然，天皇的亲信也不是毫发无损，位居内务大臣的木户就被判有罪，终身监禁。是谁的决策导致了日本的开战，关于这一过程的"政治责任"归属问题，直到这次审判结束也没有弄清。战前日本决策过程中的玄妙就像是沃尔特·巴杰特（Walter Bagehot）所说的连字横线，一头连着"威严"（dignified parts），一头连着"实际"（efficient parts）。悬而未决就是玄妙的结局。

恐怕，要通过国际军事法庭审判这一粗暴的方式弄清楚责任的所在过于玄妙。的确，我们无法从法律上证明天皇有罪。但是，考虑到无数士兵以天皇之名而战死沙场，不少人认为，鉴于日本媾和后不再管理国际事务，天皇应该基于道义主动退位，以表明其对战争的责任。

与宪法修正问题的关联

占领方和被占领方都不想将天皇卷入战争责任的争论之中，这种想法对与东京审判同时进行的宪法修正工作也产生了复杂的影响。吉田茂等政治领导人认为，果断遵从麦克阿瑟司令部的意向放弃战争是平息天皇有罪之国际舆论的良策。作为领导人，他们有此想法不足为奇。

巴尔法官的热情演讲——与其说日本无罪，还不如说审判无效

对战争犯罪的审判就是战争在"法庭"的"延续"，如此看来，审判带有高度的政治性是不可避免的。原告方（战胜国）和被告方（战败国）都认识到，审判是另一种形式的政治与外交。他们的行动都基于这样的认识，并且不会改变。但是，被告的辩护言论难免会变得迟钝。

其中，印度出身的法官拉达·巴尔成为"正论"的代表人物，他站在超越胜败双方的更高立场，毅然阐述了自己的观点。巴尔法官提交的判决书系统庞大，论点分散，概括起来十分困难。他提出了许多原理性的、直到21世纪的今天都无法理清的尖锐问题。譬如，在法律理论方面，他根据传统的国际法观念指出，战争属于国家主权范围，不应作为不正当行为（犯罪）进行审判。而且，他对战胜国是否有资格随意解释国际法（例如，提出"反和平罪"和"反人道罪"等新概念）并据此审判战败者提出质疑。另外，巴尔还根据史实列举了许多问题。他认为，在历史认识的问题上，法庭采纳"合谋"说，将日本等同于纳粹是不合理的。而且，他还认为，与美国使用原子弹及无差别轰炸东京和其他城市相比，与苏联虐待被扣留人员和战俘相比，与英法等国统治殖民地相比，仅把日本的行为定为"犯罪"是不合理的。与其说他的立场是直接为日本行为做"无罪"辩护，还

不如说他是在指摘东京审判的不"公正",或者说东京审判"无效"。

(渡边昭夫)

参考文献

　　A・フランク・リール（A・弗兰克・里尔）著、下島連訳『山下裁判　上下』、日本教文社、1952。

　　児島襄『東京裁判』、中公新書、1971。

　　東京裁判研究会『パール判決書』、講談社学術文庫、1984。

　　アーノルド＝C＝ブラックマン（阿诺德・布雷克曼）著、日暮吉延訳『東京裁判』、時事通信社、1991。

　　五十嵐武士・北岡伸一編『東京裁判とは何だったのか』、築地書館、1997。

56. 朝鲜战争爆发

日本派遣海上扫雷队——昭和25年（1950）6月25日

"麦克阿瑟书简"与占领政策的转变

1950年，欧洲兴起的冷战已经波及日本。在该年的5月，东京大学校长南原繁主张全面媾和，被吉田茂首相指责为"曲学阿世之徒"。同一时期，日本大藏大臣池田勇人拜访美国陆军部顾问道奇，并就媾和之后美国在日本驻军一事试探对方，问"可否采取由日本提请美国来驻军的方式"。当时，日本国内接连出现骚乱事件。前一年（1949年）发生了下山事件、三鹰事件和松川事件。侦查机关认为，这些事件系共产主义势力所为。于是，美国国务院政策规划司司长凯南等人提议，应该让日本重整军备。同时，吉田也要求强化日本的警察力量。但是，盟军最高司令兼美国远东军最高司令麦克阿瑟元帅不仅驳回了凯南等人的提议，也否决了吉田的请求，觉得完全没有必要。而且，麦克阿瑟认为，媾和条约生效之后，"占领军应该完全撤离"，但是，日本只能保留民事警察、小规模警备队和海岸警备队。

迫使麦克阿瑟改变对日本占领政策的是1950年6月25日朝鲜战争的爆发。联合国安全理事会于事件当天认定，朝鲜"构成破坏和平罪"。6月27日联合国通过决议，号召联合国成员国向韩国提供援助。同日，杜鲁门总统下令出动美国海军和空军。6月29日，汉城（今首尔）沦陷。6月30日，杜鲁门再次下令出动美国陆军。麦克阿瑟麾下的驻日美军根据总统令出兵韩国。于是，麦克阿瑟就不得不考虑如何填补因驻日美军大规模投入韩国而给日本防卫和治安所带来的空白。

1950年7月7日，联合国安全理事会通过决议，同意在美国政府统一指挥下的联合国军队使用联合国国旗。这近似于将已经出兵韩国的美国军队追认为联合国名下的军队。事实上，上述一系列的联合国安理会决议都是在苏联不在场的情况下通过的，因此不符合联合国宪章所规定的程序。但是，如此一来，麦克阿瑟就变成了一身三职，同时拥有联合国军司令部最高司令、盟军最高司令和美国远东军最高司令三重身份。此后，盟军最高司令官总司令部（GHQ）、美国远东军司令部和联合国军司令部便浑然一体。联合国军在朝鲜战争中的作战指挥系统主要设在东京。

1950年7月8日，从朝鲜前线视察回来的麦克阿瑟派人给吉田送去了一份书简，其内容是："为了维护和平，维持上述令人满意的安全状态，应对少数不法分子伺机破坏公共福祉所带来的挑衅……现在是时候强化警察制度了。"

对于书简中所言及的日本海上保安厅增员8000人一事，我们姑且不提，就连麦克阿瑟同意在日本建立的"75000人国家警察预备队（National Police Reserve）"，都没有做出明确定义。这封"麦克阿瑟书简"被直接送到外务省联络局局长木村四郎七的手中。木村与法务总裁大桥武夫一起联系吉田等人，对其中的含义进行分析。最后认为：所谓的"National Police Reserve"就是指"一支站在警察背后的强大部队和高度武装的组织"。两人将"麦克阿瑟书简"所说的"National Police Reserve"命名为警察预备队，其责任人由国家地方警察担当大臣大桥兼任。海上保安厅的增员任务则交给了长官大久保武雄。"麦克阿瑟书简"意味着美军占领政策出现巨大转变，其转变还体现在GHQ对警察预备队统制的内部部署及相应的法律依据上。日本宪法第九条第二款明文规定："不保持陆海空三军及其他军事力量。"既然如此，警察预备队就不能由军事顾问团统领。结果，其统制权最后交给了日本民事局。而且，设立警察预备队也不是依据日本的国会立法，而是根据《波茨坦公告》，采取"超法规的措施"。

警察预备队立即清理美军的空闲军营和旧军事设施等，为从美国本土赶来的增援部队和从韩国归来的参战部队准备驻扎营地。因此，虽然警察预备队主要是维护日本国内治安，但帮助安排驻扎营地事实上为美军在朝鲜的战争提供了间接的支援。美军在横滨设有驻日兵站司令部，该兵站采取越过日本政府的直接筹集方式，在日本采购了沙袋、军装、构筑阵地用的钢管和混凝土等大量物资。

决定派遣海上扫雷队

朝鲜战争之初,朝鲜人民军占据优势,1950年9月15日的仁川登陆战成为攻守的转折点。联合国军赢得登陆战的胜利,不但切断了朝鲜人民军的补给线,而且还夺回了汉城。在进行登陆战之际,联合国军判断,朝鲜人民军在海里布设水雷的可能性不大。实际上,在仁川登陆战中,护卫输送船的美国海军扫雷艇仅有7艘,而且都没有处理水雷的经验。继仁川登陆战之后,麦克阿瑟开始考虑从元山登陆作战。但是,早在8月份,联合国军就经确认得知,在元山和镇南浦的海域布设有苏联生产的水雷4000余枚。当时,美国海军扫雷艇大都已经撤回本土,而联合国军中也没有国家派遣海上扫雷队。本来,麦克阿瑟计划在仁川登陆战一个月之后的10月15日进行元山登陆,但由于排雷工作困难,登陆计划不得不推迟。

与位于黄海一侧的仁川不同,元山面临日本海。决心实施元山登陆战的联合国军盯上日本的海上扫雷队是理所当然的。日本海上扫雷队的隶属几经变化,战前隶属海军省,海军省被解散后,又隶属第二复员省,再后来就归1948年成立的海上保安厅管辖。美国远东海军副参谋长伯克少将要求日本派遣海上扫雷队。当时,日本海上扫雷队正在清除漂到日本沿岸海面上的水雷。海上保安厅长官大久保接到伯克少将的要求后请示吉田。吉田同意派遣海上扫雷队，说："协助联合国军是日本政府的方针。"这样，日本就以派遣海上扫雷队的方式援助与朝鲜交战的联合国军。

日本的这一决定是绝密的。据当时担任第二扫雷队指挥官的能势省吾记载，10月4日，航道开辟总部部长向聚集在下关的各扫雷舰舰长下达指令，要求他们取下太阳旗，挂上国际信号旗E旗。此时他们才被告知，扫雷队的任务是协助联合国军。之后，日本海上扫雷队在元山、海州等地进行了海上排雷作业，这是不折不扣的战斗行为。日本海上保安厅在执行此项任务时必须先解决法律解释的问题。大久保长官的法律依据是联合国军最高司令官于1945年9月2日所下达的第二号一般命令，条文规定："日本及朝鲜海域的水雷，应遵照盟军最高司令官所定海军代表之指示予以清除。"的确，当时日本处于GHQ占领之下，听从盟军的指令顺理成章，不过，在朝鲜半岛与朝鲜人民军交战的却是联合国军。但由于麦克阿瑟身兼盟军最高司令和联合国军最高司令，大久保基据此进行"衍伸解释"，把"遵照联合国军最高司令之指示予以协助"归入"遵照盟军最高司令官所定海军代表之指示"的范畴。而且条文中出现的"朝鲜海域"使该"衍伸解释"成为可能。开始，日本将派遣到"朝鲜海域"的扫雷队命名为"海上特别扫雷队"，从这一点上也可以看出，大久保深谙法律解释之精妙。

特别扫雷队工作成果显著，为联合国军在元山登陆扫清了海上的障碍，但同时也付出了巨大的牺牲。1950年10月17日，MS14号舰在元山海域作业时因触发水雷被炸沉没，致使18人受伤，1人死亡。这18人是因朝鲜战争而负伤的日本人。死亡者为炊事长古坂太郎，他是第一个也是最后一个因朝鲜战争而死亡的日本"阵亡者"。在这之后的很长时间里，他们的存在被历史的黑暗所吞噬，如同沉没于元山海域的MS14号舰艇一般深埋在历史的深处。

朝鲜军需品与"吉田—艾奇逊换文"

虽然1950年10月26日联合国军在元山成功登陆，但朝鲜战争的形势却发生了变化。这是因为，当联合国军决定于10月上旬挺进北纬38度线以北时，以彭德怀为总司令的中国人民志愿军在"抗美援朝"的口号下介入了朝鲜战争。同年12月，中朝联军归彭德怀统一指挥，于第二年1月再次夺回汉城。此后，朝鲜战争陷入胶着状态，以为仁川登陆战后联合国军会迅速取胜的期待感消失，战争持久化的不良预感开始笼罩联合国军和韩国。

在日本国内，围绕全面媾和还是"多数媾和"的问题，争论变得更加具体。1951年1月社会党召开第七次大会并通过了"和平四原则"，仍然主张全面媾和，坚持反对重整军备。但是，随着中国人民志愿军入朝参战，全面媾和的主张开始变得苍白无力。在这期间，有23名日本共产党中央委员被开除公职。1951年12月，日本共产党根据"51

年纲领",开始走暴力革命的路线。于是,中国人民志愿军的入朝参战与共产主义运动的暴力化倾向被等同看待。而且,日本国内越来越多的舆论认为,既然西方冷战阵营的许多国家都以联合国之名同中国人民志愿军开战,而且日本又间接给联合国军提供援助,日本就不应辜负西方的信赖。再加上,在国内,因向联合国军提供物资补给和劳务,联合国军士兵进行日元交易,以及外国相关机构增加开支和要求外包服务等,朝鲜军需品一下子带活了日本的国内经济。在这种情况下,日本经济界自然而然就倾向于谋求同西方国家媾和,谋求摆脱占领体制下的经济统制。

在此背景之下,日本政府于1951年9月8日签署了《旧金山媾和条约》和《日美安保条约》。这两个条约具有共同点,即条约签署时,朝鲜半岛的战火都还在燃烧。《旧金山媾和条约》表明,日本采取"多数媾和"方针,决意站到冷战的西方阵营一边。而《日美安保条约》第1条的"内乱条款"则规定,美军根据条约驻扎日本并使用日本基地,其目的在于"应日本政府之公开邀请,镇压在日本国内发生的大规模内乱和骚动",可见美国对可能发生的骚乱依然担心,同时表明日本警察预备队的配备还不是很到位。另外,同是第一条的"远东条款"则把驻日美军使用基地的目的界定为"维护远东的和平与安全",同时表明,驻日美军作为联合国军,将继续出兵朝鲜半岛。两项条约的签署和同日的"吉田-艾奇逊换文"就清晰地体现了这样的意图。美国国务卿艾奇逊要求吉田"确认""日本同意并方便联合国军队继续在日本国内及其周边开展支援活动"。对此，吉田回应道："对此确认，深感荣幸。"自在东京设立联合国军司令部以来，日本一直向联合国军提供了设施和劳务。该换文是一份承认日本已经或正在支持联合国军的文件，两人所言及的"确认"一词就充分体现了这一点。

朝鲜战争于1953年7月以军事停战方式结束，随后，联合国军司令部迁往汉城。然而，不太为人所知的是，《日美安保条约》修改之后，联合国军后方司令部所在的座间基地等7个驻日美军基地依然保留着联合国军的职能。

（仓山秀也）

参考文献

大嶽秀夫編・解説『戦後日本防衛問題資料集第一巻　非軍事化から再軍備へ』、三一書房、1991。

フランク・コワルスキー（弗兰克・科瓦尔斯基）著、勝山金次郎訳『日本再軍備―米軍事顧問団幕僚長の記録―』、サイマル出版会、1996。

大久保武雄『海鳴りの日々―かくされた戦後の断層―』、海洋問題研究会、1978。

池井優「朝鮮戦争と日本」小此木正夫・赤木完爾『冷戦期の国際政治』、慶応通信、1988。

黒川修司「日本の再軍備―朝鮮戦争との関連で―」山極晃編『東アジアと冷戦』、三嶺書房、1994。

増田弘『波乱の半世紀―陸上自衛隊の五〇年―』、朝雲新聞社、2000。

増田弘『別冊歴史読本―自衛隊誕生秘話―』、新人物往来社、2003。

増田弘『自衛隊の誕生―日本の再軍備とアメリカ―』、中央公論新社、2005。

鈴木英隆「朝鮮海域に出撃した日本特別掃海隊―その光と影―」『戦史研究年報』八、2005。

能勢省吾「朝鮮戦争に出動した日本特別掃海隊」（http://www.dii.jda.go.jp/msdf/mf/Special5.htm）

57. 恢复主权与独立

对日媾和条约、战后外交的起跑线——旧金山歌剧院——昭和27年（1952）4月28日

在对日实施占领政策的第6年（1951年9月），盟国于旧金山召开对日媾和会议，并于9月8日缔结《对日和平条约》①（也叫《媾和条约》）。该条约经主要国家批准，自1952年4月28日起生效。日本从此恢复独立与主权，开始重返国际社会。日本、德国和意大利等轴心国战败后，同盟国设立了新的国际组织——联合国。1956年12月18日，日本成功加入联合国，标志着日本已经完全回归国际社会。对日媾和与加入联合国是日本回归国际社会的两个阶段。但是，从"完成独立"的观点来看，对日媾和条约留下了几个重要的课题，这些课题要求日本在恢复主权后通过外交予以解决。

"和解与信赖的媾和"

无论是实施对日占领政策，还是缔结终结该政策的媾

---

① 即《旧金山和约》。

和条约，虽然在形式上所有同盟国都是当事国，但实际主导权却掌握在美利坚合众国手中，许多媾和条约的内容受到了华盛顿意志的影响。参加对日媾和会议的国家（含日本）一共52个。如果按1945年10月创建联合国时的成员国只有51个来计算，日本与联合国所有成员国都打过仗。

最初，美国的对日占领政策是把推进民主化和去军事化作为其优先考虑的课题。但是，随着冷战的加剧，尤其是1950年6月朝鲜战争的爆发，美国世界战略的重心发生转移，对抗苏联成为其首要任务。美国对日占领政策的重点也随之变化，开始优先考虑如何振兴日本并让日本回归国际社会。当初，日本国民对占领军的到来是持欢迎态度的，甚至形容占领军是张开双臂"拥抱战败"者（约翰·道尔著有《拥抱战败》一书），但随着时间的流逝，欢迎被厌烦所替代，而且越来越渴望得到独立。

面对形势变化，美国杜鲁门总统任命老练的外交官约翰·福斯特·杜勒斯为国务卿特别顾问，负责对日媾和的准备工作。杜勒斯提出了"和解与信赖"的对日媾和设想，此设想的产生有两方面考虑。一是基于历史的记忆和长远考虑，以免使日本重蹈德国的覆辙。第一次世界大战后，对德和平条约对德国的惩罚过于严苛，致使德国民众心怀愤恨，并间接导致了纳粹的抬头。二是基于当前对苏战略的必要性，杜勒斯认为有必要把日本拉进以美国为首的西方阵营。

特别是在有关日本赔偿的条款上，我们可以看出美国对日本的照顾。对此，日方负责谈判的全权代表吉田茂对美方的宽大深感意外。在媾和会议的开幕演讲中，杜鲁门总统称："我们中间没有胜利者也没有失败者，只有和平合作的对等关系"，言语之中道出了日美两国当事人的心声。

战后赔偿——日本对亚外交的出发点

媾和条约之所以宽大处理日本的赔偿问题，是因为日本经济重建靠的美国财政援助，向日本索取高额赔偿将意味着间接增加美国的负担。同样依赖于美国援助的盟国可不希望看到这样的局面。

但是，在亚洲和太平洋的战场上，一些国家曾被日军侵占，人民生命和财产有不少损失，国民从感情上终究难以接受"不赔偿"或"从宽赔偿"方案。鉴于这种情况，杜勒斯提出了"劳务赔偿"方案。具体做法是：由索赔国家提供原料，日本进行加工，或者由日本提供索赔国家所需要的服务，如打捞和拆卸沉船等。"劳务赔偿"方案可以免除日本的外汇负担，但同时又可以补偿受害国的损失。

虽然菲律宾、印度尼西亚和缅甸等国在和平条约上签了字，但是赔偿问题引起了其国内舆论的不满，因此，批准条约估计很难获得其国内舆论的支持。于是，在召开和平会议的过程中，以吉田茂为首的谈判全权代表团分头与各国代表团接触，表明进行赔偿的诚意。而实际上，媾和之后日本的头等大事就是与这些国家进行赔偿协议的谈判。因为与亚洲各国建立外交关系，首先必须解决赔偿问题。

从结果上看，支付赔款恰恰是一种契机，它深化了日本同这些国家的经济关系，而且对日本也划得来。

无休止的领土问题——冲绳与千岛

本来，媾和条约就离不开赔款和割地。如上文所述，对日媾和条约关于赔偿问题是"宽大"处理的，但关于领土问题却成了遗留问题，北方的千岛群岛和萨哈林岛、南方的冲绳和小笠原群岛都没有得到解决。特别是冲绳，那里曾经是日美最后一战的战场。之后，美国占领冲绳并使之与日本本土分离。再后来，美国基于冷战战略的考虑而重视冲绳，确定了一项要把冲绳建成永久基地的政策。为此，包括冲绳在内的日本民众兴起了要求美国归还或返还冲绳的运动。另外，美国还基于同样的战略考虑占领了小笠原。美国的这种做法与"和解与信赖之媾和"宗旨格格不入。媾和后，冲绳和小笠原的问题就像是卡在日美关系中的两根刺，让日美难受。

在媾和谈判中，吉田向杜勒斯就冲绳和小笠原的归属问题表明了日本强烈的诉求，杜勒斯以远东防卫战略上的必要性为由予以拒绝。但是，《大西洋宪章》明文规定：反对没有经过当地人民自决的领土变更，（所有国家）不进行领土扩张。美国是大力讴歌这一战后处理原则的国家，不好公开声称自己对冲绳和小笠原有拥有权。最后，双方达成妥协。关于冲绳和小笠原的问题，（1）美国称将来可适用于联合国托管统治的制度，日本对此没有异议；（2）而在实行托管统治之前，美国将继续对冲绳和小笠原实行统治。需要补充说明的是，《大西洋宪章》是美英为阐明战后世界构想而于1941年8月签署的共同宣言，后来被同盟国的共同宣言所采纳。另外，设立联合国也是大西洋宪章的构想之一。

美国的妥协被认为是承认日本对冲绳的"潜在主权"，这成为后来日本要求恢复对冲绳统治权的依据。可以说，美国得实，日本得名。但是，冲绳回归日本从媾和条约生效之日算起，走过了20年的岁月。

另外，吉田还向杜勒斯指出，根据开罗宣言，日本被剥夺的应该是以暴力手段从他国掠夺过来的领土，但是附属北海道的齿舞岛和色丹岛以及位于千岛群岛南半部的国后岛和择捉岛却是日本固有的领土，因此，《开罗宣言》（1943年11月签署时只有中、美、英三国，后来苏联加入）不适用于这些岛屿。但是，吉田的这一领土要求也遭到了杜勒斯的拒绝。因为其背后有雅尔塔协商的因素。1945年2月，美国罗斯福总统答应过苏联领导人斯大林，称美国会支持萨哈林岛和千岛群岛割让或归还苏联。但是，此项协议在日本投降之前并未公布，不属于日本的投降条件，因此对日本没有约束力。这就是战后日本的立场。

希望在二战期间同盟国的合作能够延续到战后，是雅尔塔协议的基础。日德战败后不久，美英与苏联的对立（所谓的冷战）开始凸显，但是，在对日媾和的时点上，美国还不能撕毁在二战期间与苏联达成的协议。另外，在第一次世界大战后，密克罗尼西亚群岛（泛指日本南边的岛屿）成为国际联盟的委托统治领地，日本取代战败的德国予以接管。第二次世界大战后，这个群岛成为联合国的战略托管领地，美国希望对其进行实际控制。但是，美国需要获得联合国安全理事会的同意，如果这时苏联行使否决权，其愿望就无法实现。因此，美苏有必要采取合作的态度。在旧金山媾和会议上，全权代表吉田表示，日本愿意接受英美提出的方案，但同时特别指出，"无论是基于历史还是基于国际法，（日本）均无法接受"苏联对北方领土的要求。

1956年，日苏就恢复邦交进行谈判，北方四岛问题成为谈判的瓶颈。美国国务卿杜勒斯不动声色地威胁日本说：如果日本做出有利于苏联的让步，根据媾和条约的相关规定，美国也将要求日本对其做出相应的让步。言外之意是：美国有可能收回日本对冲绳的潜在主权。在日苏关于北方四岛的争端问题上，杜勒斯的介入也可以理解为美国支持日本，但是其真正意图尚不明确。日苏之间出现争端且悬而未决会导致日本对苏联长期反感。从这个意义上说，我们不可否认，日苏之间有争端更符合美国的世界战略利益。换言之，作为雅尔塔密约之遗产的日苏领土争端与美苏冷战有着千丝万缕的联系，只能留待21世纪去解决。

中国问题与朝鲜半岛的问题

另外，在二战前，日本控制了南沙群岛、西沙群岛、台湾、澎湖列岛等岛屿，但是，媾和条约否定了日本对这些岛屿的主权要求。因此，这些岛屿在国际法上的地位是不明确的，全凭相关国家在未来的谈判中解决了。除了岛屿问题之外，媾和会议对其他中国相关问题的处理也不彻底。这是因为，当时中国正处于内战状态，而且是由北京还是由台北来参加对日媾和会议的根本问题没有得到解决。同样没有解决代表权问题的还有朝鲜半岛，盟国内部对汉城和平壤谁是正统政府意见不一，因此，朝鲜半岛的代表也没被邀请参加对日媾和会议。这样一来，历史上与日本关系最密切的中国和朝鲜的问题就成了影响至今的悬案。从这种意义上讲，盟国没有为构建东亚战后秩序打下很好的基础。虽然其责任不在日本，但对媾和后的日本外交而言，事实上却成了重要的课题。

去军事化的日本安保政策

除了去军事化及作为既成事实接受宪法第九条之外，别无自由的日本在媾和之后应如何确保国家安全成了根本性的问题。吉田茂以超党派身份莅临了媾和条约的签字仪式，并作为日本唯一代表在所缔结的《日美安保条约》上签字。在递交日本国会审议和批准时，媾和条约获得了绝大多数的赞成票，但是安保条约却出现了相当数量的反对票，譬如，日本最大的在野党日本社会党就投了反对票。尽管国内舆论分化，但是日本还是强行实施了媾和后的安全保障政策。媾和后的日本如何确定其对外政策的基本方向是问题的关键——是投靠以美国为首的西方阵营，还是保持中立、东西两方都不投靠。换言之，媾和后的日本外交面临着是单方媾和还是全面媾和的选择，且在未取得国民一致意见的状况下开始长期持续。

（渡边昭夫）

参考文献

吉田茂『回想一年　全四巻』、新潮社、1958。

细谷千博『サンフランシスコ講和への道』、中央公論社、1984。

渡边昭夫・宫里政玄『サンフランシスコ講和』、東京大学出版会、1986。

下斗米伸夫『アジア冷戦史』、中央公論新社、2004。

原彬久『吉田茂』、岩波新書、2005。

IX

经济繁荣与病理

58. 日本保守势力整合

55年体制的确立——东京神田骏河台——昭和30年（1955）11月15日

二战后最大保守政党的诞生——会场之内

1955年11月15日，神田骏河台的中央大学礼堂内充满着新党成立时的热烈气氛。在这里，日本保守党举行了合并典礼。该大学礼堂是1935年为纪念中央大学50周年校庆而建造，是一座地上4层、地下1层的哥特式建筑，现已不复存在。在主席台上就座的均是促进保守党合并的中心人物，如鸠山一郎、绪方竹虎、重光葵、三木武吉、大野伴睦、岸信介、石井光次郎等。二战后最大的保守政党、拥有417名国会议员的自由民主党就在这里诞生。

从日本保守党合并回溯到20年前的1935年11月4日，中央大学50周年校庆纪念仪式也是在这个礼堂举行，莅临该仪式的有黎元宫守正王、原嘉道校长以及文部大臣和法务大臣等。原嘉道校长后来担任枢密院议长，曾作为重臣列席了决定是否对美开战的御前会议。而且，1935年还是日本政民两党（政友会与民政党）谋划合并的探索阶段。立宪政友会与立宪民政党是日本当时的两大政党，其相关人士为恢复政党内阁制度，对两党的协作合并做出了探索。最终，两党的合作计划失败，日本在二战前和二战期间都没有恢复政党内阁。二战期间，两党经历了分裂、退党之后，参加了近卫新体制运动，于1940年解散。

但是，立宪政友会与立宪民政党在战前被称为既成政党，在二战时期，它们雌伏以待，形成了战后保守政党的基础。日本从被占领到走向媾和独立，最初的政民两党合并计划经过20年后，终于以政民两党的派系融合得以实现。

保守党正式合并——日本民主党成立

根据1953年4月的大选结果，自由党未能取得过半数的议席，吉田茂作为党首第五次组阁，成立了少数派一党内阁。同时，改进党确定"健全在野党"之立场，在议会运作等方面以实事求是的态度对待吉田内阁，并且与分党派自由党（也称日本自由党）一起协助执政党，使预算案和法案修正协议在大选之后的国会上获得通过。此时，作为三大保守政党的自由党、改进党和日本自由党与作为两大革新政党的左右两派社会党开始形成鲜明的对立格局。另外，改进党不仅在内政方面，而且在安全保障问题上也支持执政党。1953年9月，吉田与改进党总裁重光进行会谈，最终在创立自卫队问题上取得了一致意见。

在议会运作方面，三大保守政党与社会党左右两派之间的对立加剧。为了稳定政局、尽快解决堆积如山的国内外问题，自由和进步两党的相关人士越发认识到，两党有必要建立更加紧密的合作关系。就在此时，1954年4月13日，自由党副总理绪方竹虎发表了旨在同时解散自由和改进两党、公开选举新党首和成立新党的声明。另外，他还指出，稳定政局是"当务之急"，并呼吁保守党尽快合并。以此为契机，自由、进步和日本自由三党的有志之士召集了新党成立促进协议会，同时召开了三党间的新党谈判委员会会议。1954年9月，新党成立促进协议会改为新党成立筹备会，新党成立的筹备工作稳步推进。

1954年9月11日，自由党在新党成立的活动中发表了新政策，新政策包括：日本增强自卫能力，准备修改宪法，制定产业计划，明确政府和国民的奋斗目标，完善社会保障等。从新政策可以看出，自由和改进两党的政策差距比以前进一步缩小。

成立新党的难题是未来党首的人选问题。关于未来党首的人选存在两种对立的方案。一种构想是放弃吉田，推举鸠山为新党党首，另一方构想则是支持吉田留任党首。自由党的岸信介、石桥湛山和改进党的芦田均围绕鸠山新党推进保守党合并，1954年10月他们成了新党成立筹备会的代表，开始掌握主导权，并于11月1日推举鸠山为筹备会委员长。之后，新党加快建党步伐。11月24日鸠山当选总裁，以自由、改进、日本自由三党为中心，有120名众议院议员参加的日本民主党正式成立。改进党于11月23日解散，全体加入新党。

改进党总裁重光就任日本民主党副总裁，曾希望吉田能把首相的职位禅让给自己。当知道自己当首相无望时，重光就加入了鸠山新党。另一方面，日本民主党干事长岸信介因反对吉田并推动成立鸠山新党，和石桥湛山一起于11月8日被自由党开除党籍。自由党的岸派议员与岸信介一道，集体退党并加入新党。除了岸派议员外，以鸠山为首的多数自由党党员均加入了新党。而提倡保守党合并的绪方等人却未能加入新党，这与岸信介构想的保守党大融合相距甚远。但是，对于岸信介而言，日本民主党的成立无疑是构建保守和革新两大政党格局的重要一步。

日本民主党通过宣言表明立党宗旨，决心大胆推行各项进步政策，提出修改日本被占领以来的各项制度、实现日本的独立自卫、通过"综合计划"①确立独立经济体制并把日本建成福利国家等纲领。另外，日本民主党还在政策大纲中阐明了有关福利国家、综合计划性、终身雇佣和完善社会保障制度的内容，表示要转换自由放任主义的经济运营模式，通过制定和推行年度计划，有计划地发展基

---

① 日本地方政府（都道府县与市町村）制定所有计划的基础，是各级地方行政部门运作的指南。

础产业。日本民主党提出的这些政策和理念，具有进步和革新的稳健性，后来被自由民主党继承下来。

日本保守党完成合并——自由民主党成立

1954年12月，日本民主党同左右两派的社会党一起，向众议院提交了对吉田内阁的不信任案。对此，吉田首相态度强硬，主张解散众议院。但是，在执政党内，竟有近九成的自由党议员要求吉田内阁集体辞职。担心自由党因此四分五裂的内阁副总理绪方经与吉田激烈争论之后，擅自办理了内阁集体辞职的手续。吉田同时辞去首相和自由党总裁，绪方继任总裁。在此情况下，12月9日国会对首相进行提名选举，并以解散议会举行大选为条件，获得了左右两派社会党的支持。最后，日本民主党总裁鸠山被提名为首相，第一次鸠山内阁成立了。

虽然第一次鸠山内阁是举行大选之前临时管理国政的内阁，但在政策方面也有值得关注之处。一件事是，在1955年1月的内阁会议上提出综合经济自立六年计划的构想。起先，这是应日本民主党（执政党）政务调查会会长松村谦三的要求而制订的。到同年12月，该经济计划作为经济自立五年计划，在第三次鸠山内阁的阁僚会议上获得通过。这是战后日本政府首次正式制订的经济计划。另一件事是，1955年1月启动了日苏恢复邦交的谈判。这是鸠山内阁在外交上的最大功绩。1956年10月，日本在第三次鸠山内阁的主导下签署了《日苏共同宣言》，并与苏联恢复邦交。

1955年2月27日，日本举行了与左右两派社会党达成共识的全国大选。大选的结果显示：自由党从解散前的180个议席减少到112个议席，日本民主党从解散前的124个议席跃居为拥有185个议席的第一大党，未能取得过半数的议席。因此，1955年3月成立的第二次鸠山内阁只能是少数派的一党内阁。而且，在制定预算等议会运营方面，自由党的协助对鸠山内阁来说不可或缺。

在此情况下，第二次保守党合并的时机终于成熟。1955年4月12日，日本民主党总务会长三木武吉发表讲话，阐明通过民主党和自由党来集结保守势力的必要性。而且，5月7日，日本民主党干事长岸信介也发表讲话，表示为了集结保守势力，就是解散政党也在所不惜。保守党合并的势头因此骤然高涨。自由党方面也对此做出响应，5月23日，日本民主党的三木总务会长和岸信介干事长、自由党的大野伴睦总务会长和石井光次郎干事长举行了四人会谈，就保守党合并一事进行磋商。而对保守党合并起到决定性作用的是鸠山首相和自由党总裁绪方于6月4日所举行的会谈。两人在保守党合并与稳定政局的问题上达成了共识。

1955年7月，日本民主和自由两党设立了政策委员会，开始就保守党合并的具体政策举行协商。7月28日两党在新党的使命、性质和纲领上达成一致意见。新党的使命是实现完全就业和建设福利国家等，新党的性质是进步政党，其纲领是通过提供综合性计划,谋求生产力的提高。在这一时期,迅速推动保守党合并的人物是岸信介。岸信介认为,在政策方面,保守政党应该更加偏左,社会党应该更加偏右。

从9月到10月,日本民主和自由两党在东京、大阪和名古屋等地联合主办了隆重的保守党合并演说。就在保守党合并势头愈发高涨之际,日本民主和自由两党举全党之力,于10月27日启动新党成立筹备活动。新党的首任总裁人选是新党成立的最大问题。日本民主党主张,首任总裁不举行公开选举,可通过协商由鸠山担任。而自由党则主张,总裁应通过公开选举产生。11月6日,日本民主和自由两党的总务会长及干事长举行四人会谈,就总裁选举问题达成一致意见,即:新党运营暂时采用代行委员制,待时机成熟进行公开选举,新党建立后即刻成立第三次鸠山内阁。11月15日,自由民主党终于正式成立,鸠山一郎、绪方竹虎、三木武吉和大野伴睦任新党的代行委员,岸信介任干事长,石井光次郎任总务会长,水田三喜男任政调会长。

保守党派完成合并的过程并非一帆风顺,日本民主和自由两党都有阻挠合并的党内因素。在日本民主党内,松村谦三和三木武夫代表旧改进党系,力主"保守两大政党论",反对合并。后来,在周围人的劝说之下,二人的态度逐渐软化,最终同意合并。在自由党内,吉田派的佐藤荣作等人就新党总裁等问题表明反对的态度。因此,在1955

年的保守党合并阶段，佐藤和吉田茂对加入新党持观望态度。

在自由民主党的成立大会上，全场一致通过了建党宣言和纲领。建党宣言宣称，自由民主党将毅然实行各项进步政策，致力于祖国的重建。建党纲领强调，自由民主党将制定并实施综合经济计划，决心促进民生并建成福利型国家。这些政策和理念打上了旧改进党和日本民主党的强烈烙印。就是在自由党内部也有很多人赞同进步与稳健的理念。例如，总裁绪方就表明了这样的认识，他写道："社会保障和实现完全就业等是社会党的根基。"（緒方四十郎『遥かな昭和』、朝日新聞社）就这样，自由和日本民主两党在政策方面的距离进一步缩小，并在此基础上促成了保守党的合并。

55年体制的形成——自由民主党政权的福利国家建设

1955年两大保守党实现合并，同年10月13日左派和右派社会党实现统一。从此，保守和革新两大政党的55年体制开始形成。自由民主党利用其在国会中超过半数的议席优势，长期维系政权，构建了自民党一党占优的体制。在冷战的日美安保体制下，自由民主党政权采取优先发展经济政策，虽然自由主义经济是其基础，却制定了经济计划，以通过实现完全就业、完善社会保障制度，最后建成福利国家。福利国家最早是英国、德国、瑞典等欧洲国家的社会主义者想出来的概念，他们希望，在生产资料私有制和市场体制保持不变的情况下,逐步实现社会主义的本来目的——社会财富和收入的平等。这被称为民主社会主义,英国工党政权和瑞典社会民主党政权对其发展起到了推动作用。

日本社会党于1960年1月再次分裂,提倡民主社会主义的民主社会党成立。当时,民主社会党的相关人士表明了现代社会主义是福利国家的认识。但是,日本最终还是未能建立以民主社会党为核心的政权。换言之,在自由民主党的保守政权之下,日本实行的是民主社会主义性质的财政经济政策。这一政策被定位在旧改进党(日本民主党)的政策谱系之内。

即便如此,就是在1955年保守党合并之时,旧自由党相关人士仍保留着原旧自由党系的政策理念和思想。他们重视自由的价值,认为自由主义经济的根本原则是市场作用,政府的长期经济计划不可能得到实现。这种思想也潜在地影响到后来的自由民主党,虽然该思想没有成为主流,但经济的高速发展却让日本长期走福利国家路线成为可能,这在日本战后历史上值得大书特书。但是,随着日本经济高速发展的终结和财政负担的增加,日本政府最后被迫对福利国家的路线予以修改。在小泉纯一郎内阁推进改革的进程中,自由民主党成立时的两大思潮——旧自由党系的思想和旧改进党(日本民主党系)的思想——开始出现对立。

(矢野信幸)

参考文献

伊藤隆・季武嘉也『鳩山一郎・薫日記下巻鳩山薫篇』、中央公論新社、2005。

冨森叡児『戦後保守党史』、社会思想社現代教養文庫、1994。

原彬久『岸信介』、岩波新書、1995。

河野康子『日本の歴史二四　戦後と高度成長の終焉』、講談社、2002。

武田知己『重光葵と戦後政治』、吉川弘文館、2002。

中北浩爾『一九九五年体制の形成』、東京大学出版会、2002。

59. 东海道新干线开通

经济高速增长——东京至新大阪——昭和39年（1964）10月1日

东海道新干线开通

在9天后就要迎来亚洲举办的首届奥运会东京奥运会的1964年10月1日，全长515公里的东海道新干线开通，从东京到新大阪只用4个小时，预定时速达200公里，是当时世界上时速最快的列车。

10月1日上午6点整，光速一号和光速二号分别从东京和新大阪开出首发车，两车均正点抵达终点站。上午10点10分，国营铁路总公司开始举行列车通车典礼，昭和天皇及香淳皇后应邀出席。典礼之隆重可与1872年举行的新桥—横滨列车开通仪式相媲美。

不过，通车仪式并非沉浸在一片欢乐的气氛之中。对于新干线的未来，人们既有期待，又有不安，可谓喜忧参半。

加强东海道线运输能力的计划，可以追溯到1939年铁路干线调查会所提出的"弹丸列车"① 构想。

---

① 指快似子弹出膛的高速列车。

该构想将采用1435毫米的国际标准铁轨，计划修建一条可在9小时内从东京直通下关的高速铁路，工期10年。丹那隧道、日本坂隧道、新逢坂隧道等均已动工，但由于战局恶化，于1943年被迫停工。

铁路运输对日本战后的复兴起到重要的作用。国内海运因在战争中受损严重，元气大伤，致使船舶不足，而且汽车尚未得到普及，铁路承担着一半以上的国内货物运输。铁路的确是运输业的支柱。

另外，随着城市化及产业结构的变化，人口不断向城市集中，导致了运力紧张和通勤困难的现象。国营铁路作为城市的交通工具在全速运转。

同时，日本经济却突然进入高速增长期，对运输的需求陡增。与之相比，日本铁路因战后投资不足而导致的运力紧张问题开始暴露出来，东海道新干线的客货运输能力达到了完全饱和的状态。但是，人口还是不断涌进东海道的巨大城市群，运输需求随之猛增。东海道一线（国营铁路营业的3%）所承担的旅客和货物运输量占全国铁路运输的1/4。

虽然对铁路运输的需求在不断增加，但重大事故也屡屡发生，1963年11月9日夜间发生的鹤见事故就是其中的代表案例之一。

从新鹤见调车场发车的一辆下行货物列车在鹤见和横滨之间的路段脱轨。这时，下行的横须贺线电车正好路过，于是紧急刹车。但是，上行的横须贺线电车突然开来，与脱轨的货运列车相撞。脱轨的上行电车又撞上已经停下的下行电车。这起列车重大相撞事故共造成 161 人死亡、120 人受伤。

第一次事故和第二次事故的相继发生，催生了"过密列车时刻表"这个新词。运输设备无法满足日益增大的运输需求成了亟待解决的问题。

从"回声"号到"光"号列车

1956 年东海道全线实现电气化。以此为开端，1958 年 11 月，国营铁路开通了东京至大阪和东京至神户的"回声"号特快列车，各往返一次，抵达终点只需 6 小时 40 分，实现了划时代的列车提速。到 1959 年 12 月，抵达终点时间更是缩短到 6 小时 30 分。

但是，即便如此，1965 年的东海道线运输能力还是无法满足需求。

于是，14 年前被放弃的"弹丸列车"构想再次进入人们的视线，停工 14 年之久的东海道新干线建设计划于 1957 年重新启动。

当时，修建东明高速公路被寄予厚望，被认为是汽车普及的前奏，而修铁路则被认为是重复投资。有人提出了"铁路夕阳论"，认为铁路将不再是主要运输工具，因此，强烈反对修建东海道新干线，甚至恶言相向，说"修铁路是世界三大蠢事之一"。

虽然离东京奥运会开幕只有短短的 5 年时间，但因为该建设计划有"弹丸列车"构想留下的遗产工程作为基础，用5年建造515公里的铁路是完全有可能的。工程耗资高达3700亿日元，接受世界银行贷款8000万美元（约300亿日元）。

当初，在东京和新大阪之间，"光"号列车的行车时间是4小时，"回声"号是5小时，发车60趟。截至1965年3月19日，运送旅客总人数达1000万人。因业绩显著，同年11月，"光"号列车和"回声"号列车均进行提速，分别达到当初预期的3小时10分和4小时。1966年，往返车次增加到120趟，截至1967年7月13日共运送旅客达1亿人。如果从不同运输工具的运量来看，1967年度的新干线运送了沿途一半以上的旅客。

此外，东海道新干线开通最直接的影响是：东京至大阪间可以当天往返，沿线城市的旅客人数激增。其最大的效果是提升了铁路的运输能力。新干线的开通释放了原有铁路的旅客运送压力，消除了发车过密的列车运营状况，实现了提速，改善了货物输运状况等，致使铁路运输能力大大提高。1965年度，旅客列车每趟每公里平均运送旅客人数明显减少，运输混乱的局面终于得到改观。

只是颇具历史讽刺意味的是，从这一时期开始，国营铁路开始走向衰落。

高速发展与公共投资

新干线是为赶上东京奥运会而建造，就这一点而言，它是一项与东京奥运会投资有关的代表性工程。同时，新干线也是日本技术能力的象征，它创下了515公里铁路全线同时开通和世界最高时速列车的纪录等。

因战败而遭受重挫的日本，经过战后复兴及经济高速发展，其经济实力一路攀升并进入世界前列。东京奥运会正是日本向全世界展示自己的机会。

据说，到1955年，日本经济就已经摆脱战后的低迷，基本恢复到了战前的水平。之后，日本经济仍在持续增长，实现了令全世界瞩目的被称为"高度经济成长"的经济高速增长。

1960年成立的自民党池田勇人内阁提出的国民收入倍增计划，为实现高速经济增长确定了方向。所谓国民收入倍增计划是指，到10年后的1970年，国民生产总值翻一番，收入水平接近联邦德国或者法国的水平。"十年后的国民生活水平与欧洲相当"是该计划打出的口号，对于这一喜人的计划，当时的大部分国民都觉得是痴人说梦。

国民收入倍增计划的核心内容是：（1）增加社会资本（增加对道路、港湾建设等经济活动不可或缺的社会资本）；（2）实现产业结构的升级（以公共投资为杠杆，对以矿业和工业为核心的产业结构进行升级改造）；（3）促进贸易（通过促进出口拉动经济增长）。

政府尤其注重基础产业的公共投资。高达一万亿日元的奥运会相关投资中，有八成资金投入到了新干线、地铁、首都高速公路等交通网建设中。

如此一来，日本经济的年实际增长率达10%以上，超出了当初预计的7.8%，实现了经济快速增长。1970年，日本GNP相当于预计的1.7倍。

10%的年经济增长率是令人瞩目的速度，相当于同期欧美国家的2倍，战前日本经济的大约3倍。在这一过程中，日本经济先后赶超英国和联邦德国，仅次于美国，成为第二大资本主义经济体。

铁路时代的谢幕

然而，正是从这一时期开始，高速公路网的完善带来了卡车运输的增加，机场建设的发展带来了对飞机需求的增长。随着其他各种运输手段加入竞争行列，铁路的地位日趋下滑。

尤其是汽车的普及，它给铁路带来的影响是巨大的。随着经济的高速增长，汽车开始普及，再加上1965年7月名神高速公路和1969年5月东名高速公路的全线开通，货物运输开始偏爱卡车，致使铁路的货运量大幅减少。在旅客运输方面，铁路与飞机争夺长途旅客的客源，而短途旅客的客源则被汽车所夺走。于是，铁路运输业日趋衰微。

国营铁路从1964年开始出现财政赤字，连年的财政赤字促使运费持续上涨，从而进一步削弱了铁路运输的竞争力。

出现亏损的原因有多个方面，如：（1）建设费用属于自筹资金（公路、港湾和机场的建设属于公共投资，但铁路建设靠自己投资);(2)人员结构不合理(因吸收战后从殖民地回国的铁道员工,其年龄结构比例失衡);(3)继续走预算外的建设路线(因建设走政治路线,致使预算外开支增加);等等。除了日本国内的问题,我们不要忘记,铁路衰落还是世界性的趋势。因此,在日本,比起运输手段的频繁更替,国营铁路的衰落更引人注目。

经济增长的代价

可以说,新干线的出色业绩和铁路运输的衰落构成了国营铁路发展的一正一反,真实而全面地反映了日本经济高速增长的光辉与暗淡。

经济高速增长让日本经济在世界上一枝独秀,同时也带来了各种各样的社会问题。

(1)公害问题严重。具体有因烟雾等造成的大气污染,因水银、镉金属和多氯联苯(PCB)等造成的重金属污染,以及噪音及震动等对环境的破坏等。(2)城市问题突出。企业和人口向城市集中加大了生产力和生活水平之间的差距。而且,生活环境恶劣,住房困难,狭小如"兔子窝"。在日本,通勤困难催生了"通勤地狱"这个新词;而交通事故激增则催生了"交通战争"这个新词。(3)农村人口稀少化问题严重。人口向城市集中带来了产业结构的变革,但同时,农村因年轻劳动力大量流失、人口减少,出现了老龄化进程加快、农村共同体瓦解等问题。

这些问题与日本经济的高速增长相伴而生,与其说是负面因素，倒不如说是经济增长的代价。高速增长展示了日本惊人的经济增长率。但高速归高速，其增长却是畸形的，因此有很多赊账。

20世纪70年代的前5年，日本遭受美元和石油危机两大经济冲击，低廉日元和廉价石油作为经济的两大支柱因此坍塌。1974年日本经济的高速增长接近尾声。

之后，日本开始用漫长的时间去纠正因经济高速增长所带来的"畸形"后遗症。

（小风秀雅）

参考文献

正村公宏『戦後史　上下』、筑摩書房、1985。

原田勝正『国鉄解体』、ちくまライブラリー、筑摩書房、1988。

『日本の鉄道』、吉川弘文館、1991。

60. 田中角荣的决断

从日中邦交正常化到《日中和平友好条约》——北京中南海——昭和47年（1972）9月29日

1972年9月25日，田中角荣首相和大平正芳外长乘飞机离开成田机场抵达北京，与周恩来总理和姬鹏飞外长等中方领导人在北京人民大会堂及迎宾馆进行了连续数日的会谈。另外，毛泽东主席9月27日还在中南海的寓所会见了田中首相。经过一系列会谈，两国领导人在日中联合声明上签字，并于9月29日发表联合声明。至此，两国间的战争状态宣告结束。接着，还签订了贸易、航空、渔业等一系列的相关业务协定。1974年，两国启动《日中和平友好条约》谈判工作，1978年8月签订条约，10月交换条约批准文书。至此，日中关系新框架形成。从旧金山和平条约生效之日算起，战后的日本外交走过了25个年头。

杜勒斯—吉田书简——对日媾和条约与北京签还是与台北签？

与其他同盟国相比，战后日本与邻国中国建立外交关系的时间相对滞后。其原因有两个方面：一是始于日中战争时期的国共两党内战直到日本战败仍未结束，北京的中华人民共和国与台北的"中华民国"还长期处于对峙局面；二是美国采取不承认中华人民共和国的政策（政策背后的冷战战略）。

1951年9月对日媾和会议在美国旧金山召开，围绕中华人民共和国和"中华民国"的中国代表资格问题，作为同盟国两大核心成员的英国和美国意见不一，英国承认北京政权，而美国坚决不承认北京政权。结果，北京和台北均未获邀参加对日媾和会议。《旧金山和平条约》就是在这种情况下缔结，同时为回避争议，大会对中国代表的资格问题采取折中方案，让恢复主权后的日本自行选择代表中国的政府与自己建立外交关系。然而，自行选择归自行选择，实际上美国政府是不可能同意日本选择北京的，因为北京因朝鲜战争与美国处于敌对状态。就这一问题，1951年12月18日，美国国务卿杜勒斯专程访问日本并亲手交给吉田茂首相一封书信，即所谓的杜勒斯书简。书简表明了美方对该问题的立场。原本，吉田不想对美国做出任何明确的承诺，以便将来与北京建立关系时能有回旋余地。但是，他最终还是屈从于杜勒斯的意思，以《吉田书简》形式回复美国政府，大意是：日本无意选择与北京缔结媾和条约。

日台条约和政经分离论

1952年1月16日吉田书简对外界公开，日本据此与台北进行谈判,并赶在《旧金山和平条约》生效之日(1952年4月28日)与台湾缔结"日华和平条约"。最初,日本国内舆论反对只与美国阵营单独媾和,认为日本与中国大陆的关系源远流长,长期断绝来往从道义上说不过去,而且有损日本的实际利益。但是,日本不能无视国际关系的现实。1950年2月14日《中苏友好同盟互助条约》签订,中国开始进入以苏联为盟主的东方阵营。既然如此,日本唯有与美国建立同盟关系,并从中获得美国在外交和安全保障上的庇护。因与中国大陆没有正式外交关系,日本只能在民间层面考虑如何维持、促进与北京的关系,这就是所谓"政经分离"原则。为此,北京和东京进行了各种不断的尝试。其中,最具代表性的是 LT 贸易。LT 贸易是1962年9月根据廖承志和高崎达之助两人名义缔结协定所开展的贸易。尽管来自日本民间尤其是经济界的压力不断加剧,但是日本政府却很难摆脱外交和安全保障政策的制约。当日本出于经济考虑而采取亲近中国的外交立场时,美国就会怀疑和不信任日本,担心日本会因此而损害美国在安全保障方面的利益。正在这个时候,尼克松冲击出现了。

美国越顶外交——尼克松冲击和佐藤荣作及至田中角荣内阁的成立

1971年7月,美国突然对外宣布尼克松总统计划访华。1972年2月尼克松在美国国务卿基辛格的陪同下访问北京,并与毛泽东和周恩来进行会谈。会谈后，两国发表上海联合公报，震惊日本朝野各界。佐藤首相秘书楠田实就曾经感慨道：国际政治如同"山顶上的凛冽狂风，迅猛得能把人刮走"。至此，长期享受盆地温和气候的日本人终于幡然醒悟。其实，一些有识之士早就告诫过自以为美中和解要靠自己斡旋的日本政治家们：不要以为美国会一直对中国采取强硬的敌对态度。果然，告诫应验了。日本政治家们在某天早晨醒来时，华盛顿已经越过东京与北京握手言和。消息传来，日本的政治家们一定大为震惊吧。在佐藤内阁时代，冲绳问题的解决终于渐现端倪，尼克松答应佐藤内阁，同意把冲绳归还给期盼已久的日本。而且，尼克松冲击对佐藤内阁之后的首相之争也带来不少的影响。借助尼克松冲击，对中国态度相对灵活的田中角荣、大平正芳和三木武夫联手合作，在大选中战胜了对中国态度强硬的福田赳夫，并于1972年7月成立了田中内阁。接着，田中内阁借机一鼓作气，着手推动日中邦交正常化。原本，日本政府就面临着来自国内不断积攒的巨大压力，经济界等强烈要求与北京建立关系。既然现在美国已经放弃反华政策，阻挡日本的最大障碍便自动解除。这样，日本转向北京遂成为势不可挡的潮流。

整理对台关系

但是，日本与台湾有长期的友谊，而且中国大陆的共产主义本质不会改变。日本某些举足轻重的人物因此提出批评说：无论是基于与台湾的友谊，还是基于防范共产主义的现实立场，日本政府都不应轻易转向北京。正如某学者所说，"日本内部出现严重意见分歧，本来应该是外交问题，这个时候事实上已经转变成最难解决的国内重大问题"（福井治弘）。尤其是，执政党自民党内部的青岚会（台湾的院外活动集团）主张对北京采取强硬态度。这让为日中邦交正常化殚精竭虑的日本外交当局苦恼不已。毫无疑问，如何处理台湾问题会成为各界关注的焦点。虽然大平外长意识到"维持和台湾已有的关系"是自民党的党内决议，但是他却在北京的谈判桌上宣读了题为《日中邦交正常化后的日台关系》的文件，宣布"从明日起解除日台外交关系"，同时还指出了一些不容忽视的事实，如当时日台的贸易交易量超过12亿美元，而且日本民间同情台湾等。另外，大平外长还进一步阐明政府立场，说：日本政府"今后不采取'两个中国'立场，坚决不支持'台湾独立运动'，对台湾也没有任何野心"。针对这种情况，周恩来托人带话，暗示日本：为了处理与台湾的业务关系，可否由日方先于台湾提出设立备忘录事务所呢？

不向日本索赔的用意何在？

中方如何处理战争赔偿问题的态度格外引人注目。中方对先于田中访华的公明党议员竹入表示，将不向日本索求战争赔偿。也就是说，中方在没进入正式谈判之前就主动放弃了中日谈判的筹码。中方这样做的用意何在呢？或许我们可以说，中国是出于维护战后和平的"崇高"动机。确实，一战后向德国索取巨额战争赔偿是一个负面的案例，可谓不利于战后和平的前车之鉴。抑或许中国隐藏着某些"现实主义"的考量。譬如，如果让日本一次性支付赔偿，赔偿完毕即意味着过去已经一笔勾销。但是，如果中国放弃战争赔偿，日本会因愧疚而长期困扰，从而"自发地""无限地"履行事实上的赔偿义务。如此看来，不索赔比索赔更为高明（日本向中国提供了巨额的政府开发援助资金，但中国对此评价不高恐怕与之相关）。鉴于中方尚未公开全部的内部资料，关于中方不索赔的真正用意，我们不得而知。另外，中国民间也有批评政府的声音，说他们在赔偿问题上过早让步。

从战略角度看日中接近——反对苏联霸权条款的问题

1978年8月12日《日中和平友好条约》签订，同年10月23日双方交换条约批准文书。《日中和平友好条约》第2条写道："缔约双方表明：任何一方都不应在亚洲和太平洋地区或其他任何地区谋求霸权，并反对任何国家或国家集团建立这种霸权的努力。"关于这一"反霸权条款"，日中双方意见不一，争议最大。中方希望在条约中明确表示牵制苏联的意图，而日方则希望尽量淡化反苏色彩。从1972年日中邦交正常化到1978年的《日中和平友好条约》，其间所有的日中关系展开都以1971年的中美接近为起点。从这一客观事实来看，中美两国有着根本一致的国家利益，均希望遏制苏联在亚太等地特别是在中南半岛的扩张与渗透。既然日本无法否认中美两国利益的一致性，《日中和平友好条约》具有反苏色彩就不可避免，并非外交当局的主观意图所能左右。但是，对政府做出如此的战略选择（尽管不是出自本意），外交当局不敢正视，总是千方百计予以回避。例如，1975～1976年后，日本出台了福田政策，以防止中苏对立波及中南半岛，同时促进越南的独立外交，并在越南同东盟各国和解的基础上，主动担负起建立东南亚区域自治秩序的职责。不过，同一福田内阁负责签订的《日中和平友好条约》成了《苏越缔结友好条约》（即越南依附苏联）的主要刺激因素。在更大的战略层面上，日本的东南亚政策是否考虑到对苏联的可能刺激，以及在多大程度上认识到采取相应防范措施的必要性，确实值得怀疑。

（渡边昭夫）

参考文献

福井治弘「日中関係をめぐって」『自由民主党と政策決定』、福村出版、1969。

石井明「台湾か北京か」渡辺昭夫編『戦後日本の対外政策』、有斐閣、1985。

田中明彦『日中関係1945～1990』、東京大学出版会、1991。

添谷芳秀他編『記録と考証—日中国交正常化・日中平和友好条約締結交渉—』、岩波書店、2003。

毛里和子『日中関係—戦後から新時代へ—』、岩波新書、2006。

61. 抢购手纸
石油危机和日本经济——超市·加油站——昭和48年（1973）11月

石油危机和疯涨的物价

1973年10月6日，埃及军队和叙利亚军队分别对苏伊士运河东岸和占领戈兰高地的以色列军队发动突然袭击。随后，约旦和沙特阿拉伯也参加了对以色列的战斗。所谓的第四次中东战争就此爆发了。阿拉伯国家发动反击的目的是夺回在第三次中东战争中丢失的土地。

当初，日本没有预料到，这次战争会给其经济造成如此重大的打击，并促使其从此调整经济结构。

开战第十天，OPEC（石油输出国组织）的6个波斯湾沿岸成员国决定将原油价格提高21%。开战第11天，OAPEC（阿拉伯石油输出国组织）的10个成员国发布了每月减产石油5%的计划，该计划针对亲以色列的欧美和日本等国。这就是阿拉伯国家的所谓"石油战略"。到1974年1月，每桶石油的价格由原来的2美元左右涨到了12美元，致使发达资本主义国家突然出现通货膨胀，给其经济造成了重大影响。尤其是日本经济，石油消费有99%依赖进口，其中77.5%的廉价石油来自中东产油国家。中东国家的"石油战略"将使日本经济陷入危机。

面对这种情况，日本派副总理三木武夫前往中东展开能源外交，承诺愿以提供经济技术援助换取石油，同时实施亲近阿拉伯国家的紧急外交行动，以免被其列为敌对国家。总之，日本为获取石油使出了浑身解数。但是，阿拉伯国家并未将日本视为敌对国家。可见，日本政府很不重视对中东当地情报的收集，其危机管理和情报收集落后于国际水平。

另一方面，在日本国内，从1973年秋季至1974年春季，石油联盟组成地下垄断联盟，趁机囤积惜售石油，致使石油价格飞涨，批发价年涨幅35%，消费价格年涨幅25%，被称为"疯涨的物价"。

进入11月，日本关东和关西地区出现抢购手纸的风潮，并迅速向全国蔓延。虽然老百姓开始只是抢购洗涤剂和手纸，但由于担心其他物价会跟着上涨，灯油、丙烷和橡胶制品等石油化学相关制品自不待言，就是白糖和盐等货物也被抢购一空，各地存货频频告罄。

日本通商产业省通过对货物上市量的调查发现，市场不存在货物供应量不足的问题。于是，12月2日该省对外公布，称"目前市场供货充足"，但是仍未能让老百姓摆脱恐慌的心理，甚至愈演愈烈。12月13日，爱知县的凤川信用金库小坂井分店就因某女高中生的一句闲话而突然引发了挤兑骚动。

1973年11月16日,日本政府设置了石油紧急对策推进总部,制定并立即实施了各项措施。譬如,加油站周日停业,尽量不使用私家车出行,减少使用霓虹灯,室内暖气温度控制在摄氏20度以下等。田中首相起用福田赳夫为财政部长,彻底改变以往的经济政策,由旨在重铸经济高速增长辉煌的列岛改造政策,向克服通货膨胀、实现经济稳定增长的政策转变。

但是实际上,日本的石油供应并非不足。12月的原油进口量与9月石油危机前相比,仅减少2.1%。石油危机是消费者因不明真相而担心供货不足和物价上涨的一种自卫反应,是消费者通过抢购体现出来的一种心理恐慌。

石油危机留下的原油产量问题,宣告日本经济高速增长赖以实现的廉价石油时代彻底结束。

从经济高速增长到美元冲击

1956年的经济白皮书称,日本"已经不再是战后"重建中的日本。确实,到20世纪50年后半期,日本已基本从战败的沉重打击中恢复元气。1955年后,日本大米连年大丰收,解决了国内的粮食困难问题。而军需品生产所带来的景气则进一步促进了日本经济的复苏。1955年至1957年,被称为"神武景气"的持续大繁荣让日本经济开始步入高速增长期。

新上台的池田勇人内阁推行"所得倍增"的经济增长政策。根据积极的财政金融政策，日本以大型的公共投资为先导，推进高水平的设备投资，完善产业基础，促进经济高速增长。日本还通过技术革新等提高产品的国际竞争力，而且当时日元汇率较低，国际社会实行贸易自由化，使得日本产品的出口不断扩大。就这样，日本的国民生产总值实现了举世瞩目的增长，到1968年，其经济总量在资本主义国家中仅次于美国。

1969年佐藤和尼克松举行会谈，美国承诺1972年把冲绳返还给日本。看上去，日美关系发展良好。但是，与此同时，两国经济关系紧张不断升温，双方就纺织制品的进出口限制问题进行谈判。1971年日本政府让国内纺织界自主设置对美出口限制。

在日本，尤其是对美出口的增加，确定了日本对美贸易的顺差结构。进入20世纪70年代，日本的对外可支付储备金居世界第二，仅次于联邦德国。尤其是到1965年之后，日本对美贸易顺差进一步扩大。这意味着大量美元流入日本，也正因为如此，日本经济的高速增长成了美国经济下滑的因素之一。

进入20世纪60年代后半期，美国产业的世界性地位相对下降，企业往海外投资，加上美国在越南战争中庞大的军费支出，致使美国的国际收支出现赤字，美元不断向海外流失，国内黄金储备减少。

针对这种情况，美国总统尼克松于1971年8月15日发表了停止美元兑换黄金等保卫美元政策，这给以美元作为基本流通货币的世界经济带来巨大影响。西欧各国于12月达成史密索尼安协议（Smithsonian Agreement），同意重新调整本国货币的币值，扩大对美元汇率的浮动幅度等。日本也暂时将1美元360日元的汇率提高至1美元380日元，然而始终未能扭转国际收支不平衡的局面，美国依然保持贸易逆差，日本和联邦德国等国依然保持贸易顺差。

石油危机和美元危机

在某种意义上，石油危机爆发于日本最糟糕的时期。

1972年成立的田中内阁取得了日中邦交正常化等成果，却因为推行日本列岛改造论，提出全国性的社会资本投资方针，实施积极的财政政策，引发了全国范围的土地炒作热，并加速了通货膨胀。

再加上，1973年2月美元在欧洲贬值，货币危机再次袭击全球，世界各国改变过去做法转而采用浮动汇率制，导致史密索尼安货币体系瓦解。于是，日元对外国货币进一步升值（美元贬值日元升值的倾向），进口增加则加速了日本的通货膨胀。

由于石油危机产生时，日本正处于列岛改造热和美元贬值日元升值的时期，因此，日本经济面临着三重不同的苦难，并承受着全世界最沉重的通胀压力。随着石油有望确保供给，日本的通货膨胀趋于平稳。然而，由于生产下降、雇佣减少等原因，1974年的日本经济呈现负增长。

日本经济实现高速增长的国际条件有两个：一是与经济实力相比，日元汇率较低；二是可以获得廉价的石油资源。然而，进入20世纪70年代，随着美元冲击和石油危机的相继出现，这两个条件就荡然无存了。

如果说1971年的浮动汇率制宣告了日元低汇率时代的终结，那么因1973年第四次中东战争而引发的第一次石油危机，以及始于1979～1980年伊朗革命的第二次石油危机则意味着廉价石油时代的结束。日本经济的高速增长在世界形势的变化之中宣告结束。

阿拉伯国家实施的石油战略促使能源国家主义抬头，它不仅成为改变世界经济的重要因素，而且成为改变世界政治的重要因素。遭受通货膨胀和经济停滞双重打击的西方主要国家因财政赤字扩大而苦思良策，于1975年召开发达国家首脑会议（峰会），谋求通过国家间的政策协调来规避危机。日本从一开始就参加了该峰会，确立了自己作为世界经济大国的地位。

克服石油危机、贸易摩擦和泡沫经济

但是，日本经济以石油危机为契机，实现了由能源浪费型向能源节约型结构的快速转变，增强了国际竞争力。日本能够摆脱经济萧条的困境，完全得益于以大企业为首的日本企业推行了瘦身经营政策。

经营者通过控制工资的涨幅和录用新人的数量，通过募集提前退休的员工和压缩加班时间，通过调整人员配置和往相关业务公司分流部分员工等，实现了削减人工费用的目的。同时，还引进电脑和机器人，致力于产品的技术革新，以降低产品价格、改善产品质量。员工守护公司的意识在加强，工会采取劳资协调立场，积极配合企业的瘦身经营政策。经济低速增长导致收入上涨缓慢，瘦身经营导致就业形势不佳。大部分国民不希望局势剧烈变化，期盼维持现状、生活稳定。

进入1976年，日本经济开始摆脱经济萧条，成功实现产业结构转型，并克服了第二次石油危机。20世纪80年代，日本实施合理化生产与技术革新，所生产的工业产品价格低廉、品质上乘，被大量销往美国、欧洲和亚洲等国。日本如暴风骤雨般的强劲对外出口致使贸易顺差进一步扩大，这一贸易不平衡的问题遭受了欧美各国的批评。尤其是深陷贸易逆差的美国，其指责之声最为强烈。日美之间的严重贸易摩擦就这样产生了。

1985年9月，美国、英国、法国、联邦德国和日本五个发达国家召开财政部长会议（G5），各国要求美元贬值、日元升值。结果，日元被快速升值，由两年前的1美元兑240日元迅速涨至1美元兑123日元。

日元升值导致日本经济陷入短时的大萧条（日元升值萧条）。然而，因进口原料价格下降等因素的影响，日本不仅扩大了内需，而且还促使日本企业进军海外市场，发展跨国企业。日本企业相继在美国、东南亚、欧洲等国家和地区开设了工厂。

以日元升值为契机，日本经济再次实现了产业结构的调整，但是留下了泡沫经济的巨大隐患。很多企业利用巨额贸易顺差所产生的过剩资金和在海外投资（成为跨国公司）中的获益购买土地和股票。因此，土地和股票被大肆炒作，价格飙升，从而造成了20世纪80年代末的日本泡沫经济。

日本经济始于对供货不足的恐慌，终结于对泡沫经济的恐慌。石油危机像是钟声，每次响起均宣告新一轮产业结构调整的开始，其势头之凶猛如同怒涛拍岸一般。

（小风秀雅）

参考文献

宫本宪一『文库判 昭和の歴史10 経済大国 増補判』、小学館、1989。

中村隆夫『昭和史 ⅠⅡ』、東洋経済新報社、1993。

橋本寿明『戦後の日本経済』、岩波書店、1995。

中村政則『戦後史』、岩波新書、2005。

62. 东京地铁沙林毒气事件

松本·东京·上九一色——平成17年（1995）3月20日

东京地铁沙林毒气事件

临近日本会计年度末的1995年3月20日（星期一），有人利用上下班高峰，对隶属于营团地铁（营团地铁是指"帝都高速度营团"在东京都和其周边经营的地铁线路。）的5趟地铁投放了含有剧毒的神经性"沙林"毒气，这5趟地铁属于丸之内线、日比谷线和千代田线三条不同线路。犯罪分子的目标直指霞关、国会议事堂、永田町等日本政治和行政的枢纽，目的是使国家的功能陷入瘫痪。

犯罪分子用塑料袋把液体沙林带进地铁后放在车门旁，下车前用伞尖扎破塑料袋后逃离现场。沙林液体流出后迅速气化，并随地铁行进，在车厢内不断扩散，乘客中毒后，纷纷倒地。在当时，人们尚不了解沙林中毒的症状，受害群体扩大到担任抢救工作的车站工作人员和乘客以及随后赶赴现场的消防队员、警察和急救队队员。连救治中毒人员的医院都发生了二次中毒感染。这次毒气事件造成乘客和地铁工作人员的重大伤亡,其中死亡12名,轻重伤约5500人。

陆上自卫队很快将其认定为沙林中毒,立刻出动防化部队进行消毒作业,以控制受害范围的进一步扩大。然而,遗憾的是,防化部队的消毒作业只能在指定范围内进行。面对前所未有的生化恐怖袭击,日本的警察、厚生省(负责促进日本社会福利、社会保障和公共卫生的中央行政机构。)、行政当局和当地政府显得束手无策,明显缺乏应对突发事件的能力。

事件发生后的第三天(3月22日),日本警视厅对奥姆真理教实施搜查,突击搜查了山梨县上九一色村的25处真理教机构驻地,没收了大量化学药品、化学武器制造设备、细菌武器设备和喷洒用直升机,并逮捕了400多名教徒。1995年5月16日,日本警视厅逮捕了包括教主麻原彰晃(原名松本智津夫)在内的15名奥姆真理教骨干及信徒,罪名是涉嫌在地铁内投放沙林毒气杀人及杀人未遂。

奥姆真理教制造了1989年11月4日的坂本堤律师一家灭门案、1994年6月27日的松本沙林毒气事件以及1995年2月26日绑架并囚禁目黑公证处事务长假谷清志等一系列案件。东京地铁沙林毒气事件发生在上述一系列案件之后。在案件的审理中,检方认为:奥姆真理教因涉嫌制造一系列恐怖事件而受到了警方的监视,制造东京地铁沙林毒气事件是企图转移警方注意、避免受到警方的突击搜查。

包括实施私刑在内，奥姆真理教在一系列的案件中一共杀害了30人。

经济泡沫破灭与社会不稳定

地铁沙林毒气事件也让世界为之震惊。法国将奥姆真理教认定为危险团体，开始强化对邪教组织的监控。而美国则把奥姆真理教等同于日本赤军，列入监控名单，认为奥姆真理教是威胁美国安全的海外恐怖组织之一。在1997年，这样的组织有30个，1999年基地组织开始名列其中，到2005年，它们均被美国认定为海外恐怖组织。

从上述的应对，我们也可以看出，奥姆真理教相关事件揭示了两个潜在的问题。

第一，它们都是邪教团体制造的事件。

奥姆真理教是1989年由东京都认定的宗教团体。有大量成员参加了1990年的众议院竞选活动等，其声势之浩大引人注目。尤其是在澳大利亚、中国台湾、德国等国家和地区，奥姆真理教通过散布世界末日决战说的世纪末预言等发展信徒并开展活动。在东京地铁沙林毒气事件发生时，奥姆真理教称，其国内信徒达9000人，遍布世界各地的会员达40000名。

该事件后，日本政府虽然于1995年10月吊销了奥姆真理教的宗教法人资格，但并没有依据《防范破坏活动法》

将其定性为非法组织。1999年8月和12月，日本政府分别制定了《关于处罚有组织犯罪及限制犯罪收益等的法律》和《关于对已施行无差别大量杀人团体予以限制的法律》，以加强对宗教团体的监管。

阪神大地震发生之后，紧接着就发生了让人意想不到的地铁沙林毒气事件，未来的不可预知让人深感不安。这种世纪末的不安源自20世纪90年代日本社会特有的政治和经济的混乱状态。

1986年日元持续增值，日本经济一片繁荣。但进入1991年，日本经济开始倒退，并最终出现萧条。企业破产数量打破历史最高纪录，银行以土地作为抵押进行巨额贷款，但后来因地价暴跌，银行出现巨额不良债权，导致金融机构的破产。这就是所谓的泡沫经济崩溃。

在旷日持久的经济萧条之下，应届毕业生就业难，中老年劳动者、钟点工和外国劳动者被解雇，就业担忧日趋加剧。

此外，1987成立的竹下内阁被指收受利库鲁特集团的政治捐款，而1991成立的宫泽喜一内阁则与企业暗中勾结，接受"佐川急便"集团提供的政治捐款。政治家和企业狼狈为奸进一步加剧了国民对政治的愤怒情绪。在此情况下，自民党内部围绕PKO（协助联合国进行维和行动）法案存在争议，而且在是否引进小选区制度上也意见不一。1993年6月，自民党发生内讧，致使国会通过了在野党提出的宫泽内阁不信任案。7月众议院举行议员选举。在选举中，自民党未取得超过半数的议席。8月，八党派组建"非自民党联合"内阁，日本新党的细川护熙任首相，自民党长期独立掌权的局面被终结。但是，政权的根基不稳固，1994年6月，自由民主党、日本社会党及新党的三党联合内阁成立。日本社会党的村山富市当选首相，自民党再次掌握政权。在此期间，国会通过了导入小选区比例代表并立制等政治改革法案，政界重组的趋势明显。

政治和金钱的问题一有风吹草动就浮现出来，在不稳定的政治环境下，日本无法对低迷的经济采取有效的政策手段。在泡沫经济破灭之后，日本迎来了被称为"十年空白"的经济混乱与停滞时期。

虽然1995年的阪神淡路大地震与地铁沙林毒气事件的性质截然不同，但是它们却成了"十年空白"的象征，今后仍将继续留在我们的记忆深处。

冷战的结束与国际恐怖活动的频发

第二，人身攻击无差别化成了国际恐怖活动的新手段。

如果我们现在重新审视，地铁沙林毒气事件可以定性为化学恐怖事件或生化恐怖袭击事件。当时，世界上已经有会发生此类事件的假设，日本应对此有所防范，但是，事件的发生说明，日本显然缺乏相应的应急反应机制。

在地铁沙林毒气事件之前的松本沙林毒气事件中，第一个报案的河野义行被警方及各路媒体当成嫌疑人对待，围绕人权、隐私权与新闻自由而引发的人权侵犯问题，现在再次被人们提起。而且，沙林毒气事件也是极其重要的现代问题。美国方面的说法也证实，在松本沙林毒气事件发生之时，如果日本采取美国做法对化学武器进行彻查，地铁沙林毒气事件就可能被觉察，防患未然。

奥姆真理教事件成了国际恐怖活动的转折点，给世界带来的冲击是巨大的，在此之后，新型国际恐怖活动在世界各地频发。

2001年美国9·11恐怖袭击事件以及10月4日发生的炭疽菌恐怖袭击事件等一系列难以预料的恐怖活动，使世界的安全保障面临全新的挑战。联合国在9·11恐怖袭击事件之后，立即发表了安全理事会主席声明，明确表示：恐怖主义是对全人类的挑战，恐怖行为缺乏合法性，必须依法严惩恐怖犯罪分子与组织。消灭恐怖主义遂成为国际社会的共识。经历了9·11恐怖袭击事件之后，美国在整合多个相关部门的基础上，于2002年成立了国土安全部，并于2004年成立了国家反恐中心。

其实，被称为恐怖组织的，其具体情况和历史背景也各不相同。譬如，虽然认定某一组织实施了卑鄙无耻的无差别恐怖主义，对全人类构成共同威胁，但是在事实上又没法将其一并纳入取缔的对象。还有，在冷战结束之后，恐怖活动没有离开地区冲突激化和冲突性质变化的历史背景，这一点我们亦不容忽视。

冷战的结束和世界新体系

随着冷战的结束,建立在东西两大阵营对立之上的国际纷争被地区冲突所替代,如因谋求国家主权独立和自治权而引发的内战,因民族、宗教和文化对立而引发的民族冲突等;各种地区冲突在世界各地上演;国与国之间的对立弱化,国家与非国家之间的斗争呈现上升的趋势。在中东地区,第二次世界大战之后长期持续的巴以冲突等问题已经演变成两种不同的"文明冲突",至今尚无办法解决。

当然,国家与非国家之间的对立并不稀奇,历史上也有过不少,譬如西班牙巴斯克地区及北爱尔兰的独立运动、巴勒斯坦解放运动和伊斯兰宗教激进主义运动等。

美国将9·11恐怖袭击事件的主犯——基地组织认定为国际恐怖组织。为打击该组织,美国发动了阿富汗战争。另外,美国还以伊拉克是拥有大量化学武器的危险国家为由,发动了伊拉克战争。这些战争还说明了另外一个问题,即:非军事人员具备在世界上轻松实施恐怖袭击的能力。

对于此类国际恐怖活动,仅凭一个国家应对变得越来越困难。而且,各国也越来越清楚地看到,过去联合国所开展的维和行动已经不能满足现实的需要。

美国于2004年设立了国家反恐中心,同时呼吁创建全球反恐网络机制,与英国、澳大利亚、新西兰、加拿大一起创建了综合威胁评估小组(CTAG)。此外,自2003年以来，上海合作组织（SCO）成员国——中国、俄罗斯、乌兹别克斯坦、哈萨克斯坦、吉尔吉斯和塔吉克斯坦——举行联合反恐演习，强化地区安全保障机制，以打击中亚地区跨境的恐怖犯罪。

当然，上述组织和机构的设立除了反恐之外还有其他目的。但是，国际联合反恐确实是出于反恐的需要，是一种全球性的全新应对。

重要的是，国际反恐组织不仅对恐怖组织有威慑力，而且在尊重冲突地区的历史和文化的基础上，致力于解决反恐和地区重建等深层次的社会问题。因此，国际反恐组织引起了国际社会的关注。

传统的军事威慑对于大部分的国际恐怖活动没有多少作用。虽然国际法将战争定义为外交的一环，但是，这一概念在国际恐怖活动面前开始逐渐失准。而且，21世纪还要求我们构筑一个全新的国际体系。

日本应该在其中发挥怎样的作用呢？如果日本真的想做出国际贡献，就不能只停留在往海外派遣自卫队和维护本国利益的现状，而应放眼世界，探索能做出更大贡献的路径。

(小风秀雅)

参考文献

アメリカ合衆国国務省『国際テロ年次報告書』、2002~2003。

江川紹子『「オウム真理教」追跡2200日』、文芸春秋社、1995。

河上和雄『犯罪調査と裁判——オウム事件を追って——』、講談社文庫、2001。

アンソニー・トゥー『サリン事件の真実』、新風舎文庫、2005。

终章　混乱而迷茫的日本经济与企业丑闻

企业丑闻接二连三

2002年1月10日，在横滨市濑谷区，一辆由三菱汽车生产的重型拖车在行驶中因轮毂断裂，轮胎脱落，直接撞向附近的母亲和孩子，致使母亲（29岁）当场死亡，两个孩子（4岁和1岁）受伤。

三菱汽车方面明知该事故是轮毂断裂所致，却隐瞒了事实真相，在面对国土交通省的调查时声称，更换磨损的轮毂就可以防止事故的发生。死者的母亲于2003年3月起诉三菱汽车和政府，要求赔偿550万日元的损失，同时追究三菱公司制造和销售有缺陷车辆的责任，追究国家相关部门行政指导不力的责任。

轮毂断裂事件自1999年以来已经发生了近40起，但是三菱方面为避免被追究责任提交了虚假报告，称事故原因均系车辆维护不良所致。

但是，该情况被内部揭发出来之后，神奈川警方于2003年10月强行介入调查。在事故发生的两年之后，当时的副总经理等五人因涉嫌违反道路运送车辆法（虚假报告）而遭到逮捕并被移送检察机关。同样遭到逮捕并被移送检察机关的还有市场质量部的两名前任部长，他们被指明知车毂的强度不够会引起事故，却没有及时处理，涉嫌工作过失致人死伤。以往，违反道路运送车辆法仅处以罚金，这次却遭到了逮捕和起诉，可谓史无前例。检方认为，虚假报告是在三菱公司高层会议授意下做出的。对此刻意隐瞒的行为，检方态度强硬。但是，在2006年12月的一审判决中，三菱被判无罪。

在此变化之中，2004年2月，原告以防止加害行为再次发生为由追加了1亿日元的惩罚性精神赔偿，将索取金额提高到1.655亿日元左右。三菱改变了当初宣称事故系车辆维护不良的立场，承认在设计上存在缺陷，但以最高法庭无此判例为由拒绝支付精神赔偿。虽然2006年4月横滨地方法院未判决被告支付惩罚性精神赔偿，但审判长却对三菱提出了严厉的批评，说："三菱方面为了避免因企业形象受损、避免因车辆被召回蒙受重大损失，虽然知道重要零件存在缺陷，却采取表里不一的做法，一直没有对产品的缺陷予以处理，甚至还向国家提交了虚假报告。这种行为极其恶劣，后果也极其严重。"三菱汽车接受了判决，总经理发表了讲话，称："三菱愿再次保证，此类事故不会重演；愿切实遵守法令法规，以真诚之态度接受并服从判决。"

从某种意义上说，此次案件是典型的企业丑闻。三菱汽车在信息公开、说明责任、企业管理等各个方面均缺乏危机管理和掌控的能力。在事故发生后，三菱汽车隐瞒事实真相，做虚假说明，回避责任和无视法令，结果遭到内部揭发。2000年，该公司对重型拖车"扶桑"因缺陷被投诉一事隐瞒不报。2004年，该公司对螺旋桨轴脱落事故置之不理。这些丑闻相继败露之后，三菱汽车遭到了社会的严厉谴责，其产品也遭到消费者的抵制购买。

1997年11月，山一证券因进行巨额的"填补亏空交易"而主动关门。2000年6月，雪印乳业大阪工厂制造的低脂牛奶引发大规模食物中毒，导致该集团面临解体的危机。2002年2月，雪印食品因假冒牛肉事件致使公司解体。2002年8月，日本火腿公司因出现假冒牛肉事件，导致股价暴跌。还有，2006年抗震公寓因违反建筑标准法的造假事件败露。如此种种，企业丑闻真是不胜枚举。

据驹桥惠子统计，在20世纪70年代，经济报上刊登的企业丑闻每年仅为数起；进入80年代后数量剧增；到90年代，包括普通报纸在内，每年报道的企业丑闻多达1000起以上；进入21世纪，每年报道的丑闻更是高达1万起以上。

进入20世纪90年代之后，日本企业丑闻频发，很多内幕被内部揭发出来。应该说，这与日本的经济结构转型有着极其密切的关系。同时还说明两点：一是随着日本经济在"十年空白"期的混乱和迷茫，企业文化已经崩溃；二是整个日本社会通过重组实现变革的时代业已到来。

石油危机和日美经济摩擦

在经历石油危机和20世纪70年代的经济危机之后，许多发达国家为实现"小政府"的目标，开始转变政策，如削减社会保障和教育开支、通过国有企业私有化等削减财政开支、实施减税政策等。美国总统里根和英国首相撒切尔等就是该政策的积极推动者，被称为新保守主义。

同时，里根政府推行旨在提高对外威信的外交方针，导致国防开支大增，未能兑现缩小财政赤字的承诺。此外，美元利息高导致外国资金流入美国，外国资金的大量流入导致美元升值，美元升值导致经常性的收支赤字，使得被称为"双赤字"的财政赤字和经常性收支赤字越来越多。

就像两国关系被称为"罗—康关系"（"罗"取自美国总统罗纳德·里根的名字，"康"取自日本首相中曾根康弘的名字）一样，美国加强了与日本的同盟关系。但与此同时，美国为了减少对日贸易逆差，强烈要求日本减少对美出口。石油危机之后，日本通过合理化改造和技术革新快速摆脱经济萧条的困境。但是，日本暴风骤雨式的大批量出口，如往美国出口汽车等却扩大了其贸易顺差，导致世界贸易不平衡，并最终遭到欧美各国的批评。特别是苦于贸易赤字的美国，其对日本的指责尤为强烈。在此情况下，日本被迫实行市场自由化。

在美国看来，美日贸易不平衡的问题不能通过改变汇率来解决，其原因在于：日本有搞暗箱操作、一条龙服务和地下垄断联盟等的经济体制，因而无法确保其经济交易的公正性。为了实现日美间的自由竞争，美国要求日本开放封闭的国内市场并进行各种制度改革。美国通过1989年开始的日美经济结构协议，对日本提出批评，其批评超越日美对外收支不平衡的问题，涉及日本经济制度和经济政策的所有方面。

泡沫破裂和结构协议

另一方面，石油危机之后，日本经济低速增长。政府因实施以财政为主导的经济复苏政策，致使出现大量的财政赤字。财政重组成为政府重要的课题。1981年成立的第二次临时行政调查会确定了"无增税的财政重组"目标，提出：重新审视行政作用并积极发挥民间部门的作用，要求控制公共事业开支、控制公务员工资水平、精减人员，要求减轻政府在福利和教育等方面的负担。

于1982年成立并倡导"集中了结战后政治"的中曾根康弘内阁着手推进各项行政改革。1985年日本的电信电话业和烟草业等国营企事业单位实行民营化改造，1987年日本国有铁路实行民营化改造。此外，政府还通过控制公务员工资水平，通过撤销、合并国家行政机构等举措，朝着实现"小政府"的改革目标前进。但是，自1986年以来，日本持续出现泡沫繁荣虚象。进入1991年，日本经济开始走下坡路，股价和地价双双下跌致使经济陷入低迷。在经济长期萧条的情况下，由于单位进行裁员，人事考核看业绩如何，致使堪称日本式经营的终身雇佣制和年功序列等土崩瓦解，国民对就业前景的担忧加剧。

于是，日本就面临着如何推进日美结构协议和实现泡沫崩盘后的经济复苏这两大课题，放宽限制和结构改革作为两大关键词被大书特书。之后，日本迎来了"公正且自由的企业竞争"时代，开始强化和严格执行1991年反垄断法，提高对地下垄断联盟的课征税率等，同时宣告，以往的日本式经营和企业文化不复存在。

滋生企业丑闻的土壤

据说，企业丑闻产生的原因主要有：经营高层个人独裁的问题，做假账和向他人提供不正当收益等经营价值观扭曲的问题，地下垄断联盟和暗箱操作的问题，实施有组织的违法行为，如隐瞒产品被召回的消息和行贿等问题，再有就是监管机制缺失，无法对上述违法行为进行检查和取缔的问题等。

企业丑闻频发逐渐成为社会问题的1997年5月，经济广报中心对工薪职员进行了问卷调查。结果显示：产生企业丑闻的原因有"企业文化不允许内部指摘问题""经营者缺乏自我认识""企业伦理和行为准则不明确"和"监管机制不完善"等，而在回答丑闻的善后处理问题时，有超过半数的人回答企业"缺乏诚意"。日本式的经营常规是"重视惯例胜于法律，重视人情胜于经营伦理"。日本企业只要有经营常规的存在，其对丑闻的善后处理重点就必然会落在减轻或回避企业的法律责任上。

鉴于经营常规开始失效且无助于问题的解决,承担说明责任和加强企业管理的必要性开始突显。对此,企业方面的认识加深了,认为有必要明确经营理念和财务伦理,提高组织运营的透明度和完善危机管理体制等。

企业在经济发展中的社会责任

在社会资讯高度发达的今天,社会对丑闻制造者的制裁一年比一年严厉。如果丑闻发生后,企业不能明确自己的责任,将导致企业信用扫地。

根据东京都消费者月实行委员会所进行的问卷调查显示,有超过半数的被调查者认为,涉及丑闻事件的相关企业必须承担:(1)提供安全的商品和服务;(2)公开信息;(3)遵守法律等的社会责任。而当丑闻事件发生时,有超过半数的被调查者则要求相关企业:(1)查明原因并对外公布;(2)发表今后的防范措施;(3)进行赔偿;(4)提高企业经营的透明度。相比之下,被调查者要求高层道歉、更换企业经营者或者在媒体上进行道歉等的比例不足10%。

如今,利益相关者(stakeholder),如消费者、客户、社区、股东和员工等开始以批评甚至挑剔的目光审视企业活动。因此,有建议认为:当丑闻发生时,企业仅仅采用公开信息、道歉、不反复报道丑闻等规避风险的做法已经不够,因此有必要正面阐述自己对消费者的社会责任

(CSR, Corporate Social Responsibility), 以铲除丑闻滋生的土壤。

现在，市民对商品的评价受多元价值观的支配，在挑选与购买商品时，他们不仅会考虑其价格、品质，而且还会考虑该商品的社会贡献度，以及是否有环境问题和安全性问题等。从这个意义上讲，我们强烈要求企业经营者具备这样的认识，即：企业活动是因有消费者等的社会需要才得以存续，企业必须树立为"社会服务"的自觉性。

企业必须把社会责任置于核心位置，将经济、社会和人三者融合起来，以实现企业和社会的共同发展。随着企业跨国发展和经济全球化，以及超级竞争时代（the Age of Mega-competition）的降临，今天所说的社会无疑已经超出了日本一国的范围。

社会对企业的社会责任日益关注。对此，日本经济团体联合会于2002年10月15日将之前的《经济团体联合会企业行动宪章》修改为《企业行动宪章——旨在获得社会信赖与同感》，其中的序言强调了企业社会责任（可持续性）的重要性。新宪章制定了10条原则，其目的在于让"海内外的日本企业尊重人权，遵守相关法律、国际规则及精神，同时也让它们凭借社会良知、主动创造可持续发展的社会"。

2003年被称为日本的CSR企业社会责任元年。经济同友会（经济同友会是日本企业经营者团体，与经济团体联合会、日本商工会议所并称日本的三大经济团体。）在所发表的《"市场进化"与社会责任经营》白皮书中称：社会责任经营有助于企业和社会的共同发展，因此十分重要。2004年2月，经济团体联合会发表了《推动CSR的基本想法》，宣布将通过民间自主努力积极推动CSR，决定于2005年10月制定具体方案，发布将所有日本企业纳入社会责任经营的活动资料。于是，CSR作为衡量企业可信度的指标而受到社会的好评。

企业丑闻大部分是因为内部告发或匿名举报而败露。为了保护民间机构或政府部门的"公益举报"人，使其免受不公正的对待，政府于2004年6月通过《公益举报人保护法》，并于2006年4月1日予以实施。

日本经济即将摆脱长期的"平成萧条"，再次迎来增长期。

如果说20世纪是因企业经济发展而实现社会富足的世纪，那么21世纪则是增进社会幸福的世纪，它要求企业成为社会一分子并去履行其中的责任。

（小风秀雅）

参考文献

経済同友会『第一五回企業白書　市場の進化と社会的責任経営』、2003。

高巌・辻義信等編『企業の社会的責任』、日本規格協会、2003。

ローレンス・ミッチェル著、斎藤裕一訳『なぜ企業不祥事は起こるのか』、麗澤大学出版会、2005。

　森末伸行『ビジネスの法哲学　市場経済にモラルを問う』、昭和堂、2006。

　『日本経団連タイムス』2808号、2006年4月6日。

年 表

日本历法	公历	日本	世界
嘉永六	1853	6 黑船叩关。十二代将军德川家庆去世。	
嘉永七	1854	1 佩里再度叩关。3 缔结《日美和亲条约》。	3 克里米亚战争爆发。
庆应三	1867	10 大政奉还。12 "王政复古"大号令,小御所会议。	1 开设美国、太平洋横渡定期航路。
明治元	1868	1 鸟羽、伏见战争(戊辰战争开始)。3《五条誓文》。4 江户城开城。5 奥羽越列藩同盟成立。	
明治二	1869	1 "萨长土肥"四藩递交"版籍奉还"奏文。5 五棱郭陷落。	11 苏伊士运河开通。
明治四	1871	7 废藩置县。8 认可断发、脱刀自由。11 岩仓使节团从横滨出航。	1 德意志帝国成立。5 巴黎公社运动。
明治五	1872	8 学制公布。9 新桥、横滨间铁路开业仪式。11 洋式的文官大礼服、非役有位大礼服制定。	
明治 6	1873	1 实施公历。7 公布地租改正条例。10 明治六年政变。	5 维也纳世博会。

续表

日本历法	公历	日本	世界
明治 7	1874	1 银座炼瓦街的完成。2 佐贺之乱。	
明治 9	1876	3 禁刀令。10 神风连之乱、秋月之乱、萩之乱。	5 费城世博会。12 土耳其实施立宪政治（1878 年 2 月废除）。
明治 10	1877	2 西南战争爆发。4 西乡军解除对熊本城的包围。8 第一次内国劝业博览会。9 西乡隆盛自杀。	1 英属印度帝国成立。
明治 11	1878	4 举办地方官会议。5 大久保利通纪尾井坂被刺。7 地方三新法的制定（开设府县会）。	6 柏林会议。
明治 13	1880	3 缔结国会期成同盟。	
明治 14	1881	10 开设国会的敕语，明治 14 年政变，自由党结成。	
明治 15	1882	3 伊藤博文向欧洲出发。	5 德奥意三国同盟成立。
明治 17	1884	10 自由党解散。	6 中法战争开始。12 朝鲜甲申事变。
明治 18	1885	12 内阁制度建立，伊藤博文成为第一任总理。	
明治 22	1889	2 发布《大日本帝国宪法》，公布《议院法》等，制定皇室典范。	
明治 23	1890	7 第一次众议院议员总选举。11 召开第一次帝国议会。	
明治 25	1892	11《万朝报》创刊。	

续表

日本历法	公历	日本	世界
明治 27	1894	7 签订《日英通商航海条约》。8 日清甲午战争爆发。	
明治 28	1895	4 缔结《下关条约》，俄法德三国要求日本归还辽东半岛（三国干涉）。11 伊藤内阁与自由党联合。	10 朝鲜王妃闵妃被暗杀。
明治 31	1898	6 限板内阁成立。8 尾崎行雄的共和演说事件。	6 百日维新（戊戌变法）开始。
明治 32	1899	7 《日英通商航海条约》实施（条约改正、领事裁判权撤废）。	
明治 33	1900	7 义和团事变，日本出兵。9 立宪政友会成立（伊藤博文任总裁）。	6 义和团事变激化，列国出兵。
明治 34	1901	11 八幡制铁所开始作业。	9 北京议定书，列国从中国撤兵。
明治 35	1902	11 日英同盟成立。	
明治 36	1903	6 东京帝大七博士提出对俄强硬方针建议。10 主张日俄"非战论"的内村鉴三、堺利彦、幸德秋水从《万朝报》退社。	
明治 37	1904	2 日俄战争爆发 5 高桥是清募集英美外债。	
明治 38	1905	9 缔结《朴次茅斯和约》，日比谷打砸抢烧事件。	6 俄国第一次革命。
明治 39	1906	11 南满洲铁道株式会社成立。	10 美国旧金山出台隔离东洋儿童的决议。
明治 41	1908	3 《日美绅士协约》成立。	

续表

日本历法	公历	日本	世界
明治43	1910	5 幸德秋水等被捕（大逆事件）。	8 兼并朝鲜。
明治44	1911	2 恢复关税自主权（条约改正完成）。9 平塚等创刊《青鞜》。	10 辛亥革命。
大正元	1912	7 大正和改元。12 上原勇作的"帷幄上奏"使西园寺内阁总辞职，第三次桂内阁成立，第一次护宪运动。	1 中华民国成立。
大正2	1913	2 第一次护宪运动，桂内阁总辞职。	5 美国加利福尼亚州通过排日土地法。
大正3	1914	8 日本对德参战。	7 第一次世界大战爆发。
大正4	1915	1 日本提出对华"二十一条"（5 承认）。	
大正7	1918	7 富山县爆发米骚动。8 政府宣布出兵西伯利亚。9 原敬内阁成立。	11 第一次世界大战结束。
大正8	1919	1 巴黎和会。4 废除人种差别提案被拒。	3 三一运动。5 五四运动。
大正9	1920	2 普通选举大示威游行。	1 国际联盟成立。11 美国加利福利亚州通过第二次排日土地法。
大正11	1922	2 华盛顿会议，《海军军备限制条约》，签署《九国公约》。	
大正13	1924	2 第二次护宪运动。6 币原外交开始。	7 美国开始实施排日的新移民法。
大正14	1925	4 公布《治安维持法》。5 公布《普通选举法》。	

续表

日本历法	公历	日本	世界
昭和2	1927	3 国民革命军进驻南京（南京事件）。	
昭和2	1927	3 片冈直温财政部长失言、东京渡边银行停业，昭和金融恐慌开始。4 实施延期偿付措施。6 日本向山东出兵。	
昭和4	1929		10 世界大恐慌开始。
昭和5	1930	1 黄金出口解禁。4 签订《伦敦海军条约》，出现侵犯统帅权问题。11 浜口雄幸被枪杀身亡，世界大恐慌波及日本（昭和恐慌）。	1 伦敦海军军备会议。
昭和6	1931	9 九一八事变爆发，政府制定不扩大方针。10 关东军轰炸锦州，军事行动扩大。12 再次禁止黄金出口。	
昭和7	1932	1 暗杀昭和天皇未遂（樱田门事件），上海事变。3 "满洲国建国宣言"。5 五一五事变。10 李顿调查团发布报告书。	1 美国史汀生国务卿发表"不承认"立场。11 富兰克林·罗斯福当选美国总统（1933年3月就任）。
昭和8	1933	2 发表退出国际联盟宣言。	1 希特勒就任德国总理。
昭和10	1935	2 天皇机关说问题发生。4 检举美浓部达吉有不敬罪。8 政府发表《关于澄清国体之声明》。	
昭和11	1936	2 二·二六事件发生。7 东京获得奥运会举办权。	

续表

日本历法	公历	日本	世界
昭和12	1937	7 卢沟桥事件发生（中日战争的开端）。 8 大山大尉事件发生。 11 日德意三国缔结防共协定。12 日军占领南京（南京大屠杀）。	4 德国轰炸西班牙格尔尼卡。12 中国国民政府迁都重庆，意大利退出国际联盟。
昭和13	1938	3 《国家总动员法》通过。 5 日军开始轰炸重庆。 7 日本放弃举办东京奥运会。	3 德国与奥地利合并。 9 《慕尼黑协定》通过。
昭和14	1939	美国通报废除《日美通商航海条约》。	8 《苏德互不侵犯条约》缔结 9 第二次世界大战爆发。
昭和15	1940	9 日本军进驻法属印度支那北部，日德意三国订立三国同盟。 10 大政翼赞会成立。 11 纪元2600年大典。	6 德军占领巴黎，法国投降。
昭和16	1941	4 日苏缔结中立条约。 6 举办东亚运动会。 11 御前会议制定对英美最终方针，美国赫尔国务卿提出赫尔备忘录。 12 日军登陆马来半岛，袭击夏威夷珍珠港（太平洋战争爆发），日本对英美宣战。	6 苏德战争开始。 8 英美发表《大西洋宪章》 12 中国国民政府（重庆）对日本宣战，德国、意大利对美国宣战。
昭和17	1942	2 日本占领新加坡，英军投降，翼赞政治体制协会成立。 3 占领仰光，爪哇岛的荷兰军和法军投降。4 举行翼赞选举。 5 珊瑚海海战，进攻莫尔兹比港失败，翼赞政治会成立。 6 中途岛海战。	11 英美联军登陆北非，开始反击。苏联军队在斯大林格勒进行总反攻。

续表

日本历法	公历	日本	世界
昭和 18	1943	2 从瓜达尔卡纳尔岛撤退。5 阿图岛日军全军覆没。11 召开大东亚会议。	8 缅甸宣布独立。9 意大利投降。10 菲律宾宣布独立。
昭和 20	1945	3 东京大空袭。8 美国在广岛、长崎投放原子弹，苏联对日参战，接受《波兹坦公告》，天皇发表广播讲话。9 投降签字仪式。	2 雅尔塔会议，英美空袭德累斯顿。5 德国投降。8 印度尼西亚宣布独立。11 纽伦堡审判开庭。
昭和 21	1946	1 二战中的领导人开始被开除公职。2 驻日盟军总司令提出宪法草案，改换新日元。4 战后首次大选（女性国会议员产生）。5 远东国际军事法庭开庭。11《日本国宪法》颁布。	7 中国国共两党发生激烈内战。
昭和 22	1947	5《日本国宪法》开始实施。12 颁布新《民法》。	8 印度宣布独立
昭和 24	1949	3 实施道奇方针（财政紧缩）。4 设定汇率，1 美元兑换 360 日元。	10 中华人民共和国宣布成立。12 国民党退守台湾。
昭和 25	1950	10 海上保安厅派遣海上扫雷队。	6 朝鲜战争爆发。9 联合国军登陆仁川。10 联合国军登陆元山。
昭和 26	1951	9 签订《旧金山和平条约》及《日美安保条约》。	
昭和 28	1953	7 电视节目开播。	7 缔结《朝鲜战争停战协定》。
昭和 30	1955	10 社会党合并。11 自由民主党成立（日本保守政党合并）。	

续表

日本历法	公历	日本	世界
昭和31	1956	10 缔结《日苏共同宣言》。 12 日本加入联合国。	
昭和35	1960	12 政府制订国民收入倍增计划。	
昭和39	1964	10 东海道新干线开通。举办东京奥运会。	
昭和46	1971	6 签订《冲绳返还协定》（1972年5月回归日本）。	8 美国推行保卫美元政策。
昭和47	1972	9 发表《日中联合声明》（中日邦交正常化）。	2 尼克松访问中国。
昭和48	1973	10 第一次石油危机。	10 第四次中东战争爆发。
昭和53	1978	8 签订《日中和平友好条约》。	
平成2	1990	2 泡沫经济崩溃。	10 东西德统一。
平成3	1991		12 苏联解体。
平成7	1995	1 阪神大地震。 3 地铁沙林毒气事件。	
平成13	2001		9 美国9·11恐怖袭击。

说明："日本""世界"两栏下的数字为月份。

执笔者介绍

（排名按分担章节的先后顺序，所列职务为本书 2007 年 6 月在日本出版时的任职）

主编

鸟海靖　　　东京大学名誉教授

上村俊弘　　中央大学文学部兼任讲师
清水善仁　　京都大学大学文书馆助教
白石烈　　　中央大学大学院文学研究科在读博士
刑部芳则　　中央大学大学院文学研究科在读博士
小风秀雅　　御茶水女子大学大学院教授
国雄行　　　首都大学东京大学院人文科学研究科准教授
今村千文　　中央大学大学院文学研究科在读博士
小宫一夫　　国学院大学法学部非常勤讲师
服部光浩　　中央大学大学院文学研究科在读博士

执笔者介绍

郭连友	北京日本学研究中心副教授
铃木淳	东京大学大学院人文社会系研究科、文学部准教授
铃木俊夫	东北大学大学院经济学研究科教授
原田环	县立广岛大学人间文化学部教授
米田佐代子	综合女性史研究会代表
季武嘉也	创价大学文学部教授
长田彰文	上智大学文学部教授
服部龙二	中央大学综合政策学部准教授
本宫一男	横滨市立大学国际综合科学部教授
仓山满	国士馆大学体育学部非常勤讲师
五十岚宪	中央大学大学院文学研究科在读博士
古川隆久	日本大学文理学部教授
矢野信幸	中央大学文学部兼任讲师
渡边昭夫	和平・安全保障研究所副会长
仓田秀也	杏林大学综合政策学部教授

图书在版编目(CIP)数据

近代日本的机运/(日)鸟海靖编;欧文东,李群译.—北京:社会科学文献出版社,2014.6
(阅读日本书系)
ISBN 978-7-5097-5803-8

Ⅰ.①近… Ⅱ.①鸟…②欧…③李… Ⅲ.①日本-历史-1853~2001 Ⅳ.①K313

中国版本图书馆CIP数据核字(2014)第058702号

·阅读日本书系·

近代日本的机运

编　者／〔日〕鸟海靖
译　者／欧文东　李群

出版人／谢寿光
出版者／社会科学文献出版社
地　址／北京市西城区北三环中路甲29号院3号楼华龙大厦
邮政编码／100029

责任部门／近代史编辑室 (010) 59367256　责任编辑／徐碧姗　赵薇
电子信箱／jxd@ssap.cn　责任校对／徐兵臣　王彩霞
项目统筹／徐思彦　责任印制／岳阳
经　销／社会科学文献出版社市场营销中心 (010) 59367081　59367089
读者服务／读者服务中心 (010) 59367028

印　装／北京季蜂印刷有限公司
开　本／889mm×1194mm　1/32　印　张／18.125
版　次／2014年6月第1版　字　数／359千字
印　次／2014年6月第1次印刷
书　号／ISBN 978-7-5097-5803-8
著作权合同
登记号　／图字01-2012-5640号
定　价／59.00元

本书如有破损、缺页、装订错误,请与本社读者服务中心联系更换
▲ 版权所有　翻印必究